Beck'sche Elementarbücher

Einführung in die Politikwissenschaft

Von Dirk Berg-Schlosser,
Herbert Maier und Theo Stammen

Zweite, neubearbeitete Auflage

VERLAG C.H.BECK MÜNCHEN

CIP-Kurztitelaufnahme der Deutschen Bibliothek

Berg-Schlosser, Dirk
Einführung in die Politikwissenschaft / von Dirk Berg-Schlosser, Herbert Maier und Theo Stammen. – 2., neubearb. Aufl. – München : Beck, 1977. –
(Beck'sche Elementarbücher)
ISBN 3 406 06992 4

NE: Maier, Herbert:; Stammen, Theo:

ISBN 3 406 06992 4

Zweite, neubearbeitete Auflage 1977
Umschlagentwurf: Walter Kraus, München

Gesamtherstellung: Passavia Passau
Printed in Germany

Inhalt

C. *Teilgebiete der Politikwissenschaft*

D. *Anwendungsbereiche der Politikwissenschaft*

E. *Anhang*

Vorwort

In den letzten Jahren sind, nun endlich auch im deutschen Sprachraum, eine Reihe von Einführungen in die Politikwissenschaft unter leicht abgewandelten Bezeichnungen erschienen. Bei näherem Hinsehen und der Verwendung in politikwissenschaftlichen Lehrveranstaltungen stellte sich aber bald heraus, daß diese recht unterschiedlicher Art sind und z. T. unterschiedliche Zwecke verfolgen. Einige erwiesen sich weniger geeignet als Einführung denn als Lektüre für Fortgeschrittene, wobei gelegentlich auch Wortwahl und Satzbau der Autoren den Zugang z. T. unnötig erschwerten. Andere stellten sich in der Themenauswahl als zu eng oder in der Darstellung als z. T. zu einseitig heraus und ließen eine differenzierte systematische Erfassung und eigenständige theoretische Durchdringung der Materie vermissen. Wieder andere beschränkten sich vorwiegend auf (sicherlich nützliche!) praktische Hinweise für das Studium der Politikwissenschaft, ohne selbst eine auch inhaltlich breitere und theoretisch aufgearbeitete Darstellung dieses Fachgebietes in Angriff zu nehmen. Nun bilden sich die Verfasser des vorliegenden Bandes nicht ein, alle diese hier kurz aufgezeigten Besonderheiten und z. T. auch Schwächen der bisherigen Einführungen in einem „glücklichen Wurf" auf einmal überwunden zu haben. Sie wollten lediglich auf die hier noch bestehende Lücke aufmerksam machen und selbst einen Beitrag zu ihrer möglichen Schließung leisten. Diese Einführung ist daher nicht unbedingt in Konkurrenz zu den anderen zu sehen, sondern versucht in ausgewogener Form und in möglichst klarer Darstellungsweise das mit zu berücksichtigen, was die anderen offen lassen oder z. T. bereits voraussetzen. Andere „Einführungen" bleiben daneben als Ergänzung für besondere Teilbereiche oder als Fortführung für Fortgeschrittene durchaus von Bedeutung.

In dieser Einführung wird der Versuch unternommen, die wichtigsten Probleme und Bereiche der Politikwissenschaft kurz, aber unter Verwendung einer weitgehend einheitlichen Begriffs- und Kategorienbildung darzustellen. Diese Begriffsbildung soll soweit wie möglich dem Rechnung tragen, was heute, trotz vieler weiter bestehender Kontroversen, als Minimalkonsensus über einige Grundlagen und Grundmodelle der Disziplin im Sinne eines sich abzeichnenden, zumindest vorläufig brauchbaren wissenschaftlichen Paradigmas angesehen werden kann. Im Hinblick auf die theoretische Grundlegung des Faches und seiner verschiedenen Dimensionen, die hieraus abgeleiteten verschiedenartigen Theorieansätze und die systematische Zuordnung der einzelnen Teilgebiete kann dieser Band vielleicht selbst einen, wenn auch sicherlich bescheidenen, Beitrag zur Klärung einiger strittiger Punkte leisten. Er stellt damit zwangsläufig selbst ein gewisses Paradigma, also ein Abbild des Wissenschaftsverständnisses einer Disziplin, dar. Dort, wo ein solcher Konsensus oder bestehende Möglichkeiten der Einigung nicht aufgezeigt werden konnten oder aufgrund der spezifischen Problematik, z. B. auch in bezug auf die Art der normativen Grundlegung der Politikwissenschaft, zumindest im gegenwärtigen Stadium nicht erwartet werden kann, sollten die bestehenden unterschiedlichen Positionen nach Möglichkeit allerdings nicht verschleiert, sondern in ihrer Gegensätzlichkeit so klar wie möglich zum Ausdruck gebracht werden.

Darüber hinaus war es ein Anliegen der Verfasser, sich soweit wie möglich klar und in allgemein verständlicher Form auszudrücken, so daß diese „Einführung“ auch ihren eigentlichen Zweck, den in diesem Fach noch nicht vorgebildeten Laien an die Materie der Politikwissenschaft heranzuführen, erfüllen kann. Damit sollte auch dem „Elementar-Charakter“ dieser Reihe Rechnung getragen werden. Andererseits erfordern komplexe Tatbestände oft auch eine differenzierte Ausdrucksweise und den Gebrauch angemessener fach-spezifischer Begriffe. Im Einzelfall galt es daher, zwischen wissenschaftlicher Erfordernis einerseits und Einfachheit der Darstellung andererseits einen beiden Gesichtspunkten gerecht werdenden Kompromiß zu finden. Dies ist den Verfassern sicherlich nicht in jedem einzelnen Punkt gelungen, und erst ein „Zwiegespräch“ zwischen ihnen und den Lesern, zu dem hiermit nachdrücklich eingeladen werden soll, wird hier vielleicht Abhilfe schaffen können.

Der vorliegende Band gliedert sich in vier Hauptteile. Der erste dient der allgemeinen Einführung und der kurzen Darlegung der geschichtlichen Entstehung und Entwicklung des Faches, besonders auch im deutschsprachigen Raum. Der zweite bemüht sich um eine systematische Grundlegung der Politikwissenschaft, wobei vor allem die Darstellung der verschiedenen Dimensionen der politischen Realität, der aus diesen erwachsenden unterschiedlichen Theorieansätze und ihr jeweiliges Verhältnis zur politischen Praxis im Vordergrund stehen. Der dritte Teil versucht dann auf systematische Weise, die verschiedenen Teilgebiete der Politikwissenschaft aufzuschlüsseln, kurz inhaltlich zu skizzieren und an einigen Beispielen darzulegen. Im vierten Teil schließlich werden einige der möglichen Anwendungen der Politikwissenschaft in Lehre und praktischer Politik dargelegt. Jedem Teil und seinen Einzelkapiteln sind Hinweise zu wichtigen ausgewählten Werken der jeweils einschlägigen weiterführenden Literatur beigefügt.

Es sei noch angemerkt, daß der Text dieses Buches aus einer Vorlesung hervorgegangen ist, die die Verfasser gemeinsam unter dem Titel „Einführung in die Politikwissenschaft“ bisher viermal vor Studenten vorgetragen haben: dreimal an der Pädagogischen Hochschule Rheinland, Abt. Aachen, einmal am Erziehungswissenschaftlichen Fachbereich der Universität Augsburg. Aus den Diskussionen mit den Studenten haben die Verfasser manche Anregung, vor allem hinsichtlich der Darstellungsweise und der Auswahl der Probleme, erhalten, wofür sie den beteiligten Studenten an dieser Stelle herzlich danken möchten.

Obwohl sich die Verfasser sowohl bei den zugrundeliegenden Vorlesungen als auch bei der oft weitreichenden redaktionellen Umarbeitung für den Druck wiederholt um eine gemeinsame Klärung und Übereinkunft sowohl in der Gesamtkonzeption als auch in der Durchführung einzelner Teile bemühten und obwohl die von einem Einzelnen verfaßten Abschnitte mehrfach der Kritik der Mitautoren unterzogen wurden, um auf diesem Wege möglichst eine Gemeinschaftsarbeit zustandezubringen, bleibt letztlich jeder Autor für die von ihm verfaßten Abschnitte dieser „Einführung" verantwortlich – vor allem auch für ihre Unzulänglichkeiten. Deswegen sei hier angegeben, wer welche Teile geschrieben hat: *Th. Stammen* verfaßte die „Einführung" und den „Systematischen Teil" bis auf die Abschnitte „Der empirisch-analytische Theorie-Ansatz" und „Empirisch-analytische Methoden", die von *D. Berg-Schlosser* stammen, sowie den Abschnitt „Idiographische Methoden", den *H. Maier* schrieb. *H. Maier* und *Th. Stammen* verfaßten ferner den Abschnitt „Politische Philosophie" der „Teilgebiete der Politikwissenschaft", die sonst sämtlich von *D. Berg-Schlosser* geschrieben wurden – mit Ausnahme der Unterabschnitte „Der Input-Bereich" und „Die zentralen politischen Entscheidungsinstitutionen", für die *Th. Stammen* verantwortlich ist. Den Teil „Anwendungsbereiche der Politikwissenschaft" („Politikwissenschaft und praktische Politik" und „Politikwissenschaft und politische Bildung") verfaßte *Th. Stammen*. Die Literaturliste stellten gemeinsam *H. Maier* und *R. Kunz* zusammen. Die Schlußredaktion des Textes lag in Händen von *Th. Stammen*.

Die Reinschrift des Manuskripts besorgten Frau *U. Peters* und Frau *E. Zaum*, Sekretärinnen am Lehrstuhl Politikwissenschaft der PH Aachen, wofür die Verfasser ihnen an dieser Stelle herzlich danken möchten. Dank gebührt auch dem Verlag C. H. Beck, der sich des Manuskripts für seine „Elementarbücher" annahm und die durch den Hochschulwechsel der Autoren von Aachen nach Augsburg entstandene Verzögerung in der Fertigstellung des Manuskripts geduldig trug.

Frühjahr 1974

Dirk Berg-Schlosser
Herbert Maier
Theo Stammen

Vorwort zur zweiten Auflage

Die vorliegende zweite Auflage dieser Einführung erfuhr inhaltlich keine wesentlichen Veränderungen. Lediglich in Kapitel 3 „Die Lehre vom politischen System“ wurde eine Umstellung vorgenommen. Der Abschnitt „Vergleichende Politikwissenschaft“ erscheint hier als selbständiges Kapitel.

Einige Fakten, die durch neuere Entwicklungen überholt wurden, sind verbessert worden. In die Bibliographie wurden zwischenzeitlich erschienene, wichtige Titel neu aufgenommen. Ein vollständiges Namensregister soll die Beschäftigung mit einzelnen Forschern oder Klassikern des politischen Denkens erleichtern. Das Sachwortregister umfaßt ausgewählte, nach Meinung der Autoren relevante Begriffe und soll dem Studierenden die Einordnung des Begriffs in den Gesamtkontext der Politikwissenschaft erleichtern.

Verantwortlich für die Neubearbeitung zeichnet H. Maier.

Augsburg, Sommer 1977

Dirk Berg-Schlosser
Theo Stammen
Herbert Meier

A. Einführung

1. Zum Begriff „Politikwissenschaft"

Auffallend und verwunderlich wird derjenige, der sich mit Politikwissenschaft zu beschäftigen beginnt, die Tatsache finden, daß im deutschen Sprachbereich eine Vielzahl von Bezeichnungen für dieses Fach nebeneinander im Kurs sind: „Politische Wissenschaft", „Politische Wissenschaften", „Wissenschaft von der Politik", „Wissenschaftliche Politik", „Politologie" und „Politikwissenschaft". Unsere Nachbarn haben es da einfacher; in Frankreich ist der Begriff „science politique" ebenso unumstritten in Geltung wie im angelsächsischen Bereich „political science".

Die angeführten deutschen Begriffe sind allesamt erst nach dem Zweiten Weltkrieg bei uns in Umlauf gebracht worden; sie können durchweg als Versuch gelten, die englische oder französische Bezeichnung „political science" oder „science politique" angemessen zu übersetzen; so signalisiert die Verschiedenheit der deutschen Termini zunächst nicht so sehr eine Differenz in der Sache, als vielmehr ein Übersetzungsproblem, weswegen sie an dieser Stelle auch lediglich einer *sprachlichen* Kritik unterzogen werden sollen:

1. „Wissenschaft von der Politik" ist eine sicher richtige und unmißverständliche, gleichwohl aber relativ umständliche deutsche Formulierung, die in der Praxis recht unhandlich wirkt und deswegen nicht sonderlich glücklich ist.

2. „Politische Wissenschaft" ist die häufig verwendete wörtliche Übersetzung von „political science"; ihr Problem ist das mögliche oder gar naheliegende fatale Mißverständnis von „politisch" im Sinne von „politisiert"; wegen dieser naheliegenden Assoziation handelt es sich um keine günstige Begriffsbildung, und man sollte sie eher zu meiden suchen.

3. „Politische Wissenschaften" ist mit der gleichen Problematik behaftet. Der Plural soll darauf verweisen, daß sich verschiedene Disziplinen kooperativ oder integrativ um den Gegenstandsbereich der Politik bemühen. Damit steht dieser Begriff in engem Zusammenhang zu dem älteren deutschen Begriff „Staatswissenschaften", demgegenüber er jedoch eine wichtige Erweiterung des Objektbereiches vom bloß Staatlichen auf das Politische überhaupt signalisiert. Gleichwohl wird man auch diesen Begriff wegen des oben unter 2. genannten möglichen Mißverständnisses besser vermeiden.

4. „Wissenschaftliche Politik" ist dem umgekehrten Mißverständnis

ausgesetzt; hier wird nämlich die Assoziation nahegelegt, es handle sich hier um eine „verwissenschaftlichte Politik" – also um eine *Praxis*, der die Wissenschaft zu Hilfe kommt, während der Begriff doch eine *Wissenschaft*, also eine theoretische Disziplin bezeichnen soll. Aus diesem Grunde wird man auch diese Begriffsbildung nicht für besonders glücklich und brauchbar halten können.

5. „Politologie" ist eine jener künstlichen Wortschöpfungen, die ohne Kenntnis der griechischen Wortbildungsgesetze gemacht worden ist; eigentlich müßte es „Politikologie" heißen – ein Ausdruck, der in den Niederlanden zur Bezeichnung dieser Wissenschaft im Gebrauch ist. Die deutsche Form „Politologie" wird man trotz ihrer bestechenden Kürze und Handlichkeit aus diesem Grunde nicht gerne propagieren wollen.

6. „Politikwissenschaft" ist von allen aufgeführten Termini ohne Zweifel die beste, unproblematischste, unmißverständlichste und zugleich handlichste Bezeichnung für dieses Fach, die sich heute deswegen auch zu Recht als die gebräuchlichste in den meisten, auch öffentlichen, Zusammenhängen (z. B. als Lehrstuhlbezeichnung) durchgesetzt hat. Analog zu „Rechtswissenschaft" oder „Wirtschaftswissenschaft" gibt sie eindeutig zu erkennen, welcher Objekt- oder Gegenstandsbereich hier wissenschaftlich bearbeitet werden soll. Im Folgenden wird wegen dieser sichtlichen Vorteile vorzugsweise dieser Begriff verwendet.

In allen aufgeführten Begriffen kam das Wörtchen „politisch" oder „Politik" vor. Es deutet an, daß sich diese Wissenschaft mit dem „Politischen" oder der „Politik" – was immer darunter zu verstehen ist – als ihrem eigentlichen Gegenstand befaßt; es wird zugleich bereits erkennbar, daß für diese Wissenschaft konstitutiv ist, was je unter „politisch" oder „Politik" verstanden wird. Es sei hier bereits darauf verwiesen, daß es in der Gegenwart in der Politikwissenschaft eine *Pluralität* konkurrierender Bestimmungen des Politischen nebeneinander gibt und somit verschiedene Auffassungen davon, was „Politikwissenschaft" inhaltlich und theoretisch-methodisch ist. Es wird eine der wichtigsten Aufgaben des Teils *B* dieser Einführung sein, diese verschiedenen Auffassungen von Politikwissenschaft, in denen sich zugleich unterschiedliche Theorie- und Methodenansätze erkennen lassen, vorzustellen und zu erläutern.

2. Herkunft und Tradition der Politikwissenschaft

In fast allen zeitgenössischen Darstellungen der Politikwissenschaft findet sich der Hinweis darauf, die Politikwissenschaft sei eine sehr *alte* und eine sehr *junge* Wissenschaft zugleich. So paradox diese Aussage auch klingen mag – sie entspricht exakt den wissenschaftsgeschichtlichen Tatsachen; zur Aufklärung dieses merkwürdigen Sachverhalts werden wir wenigstens einen kurzen Blick auf die *Geschichte* der Politikwissenschaft werfen müssen.

Vorangestellt seien jedoch zunächst einige allgemeinere Bemerkungen über Sinn und Zweck wissenschaftsgeschichtlicher Erörterungen. Man könnte ja durchaus den Standpunkt vertreten, in einer Wissenschaft gelte stets der letzte oder neueste Forschungsstand und insofern sei es – gerade auch für den Neubeginnenden – müßig, sich mit früheren, zurückliegenden und offensichtlich „überwundenen" Stufen der theoretischen und methodologischen Entwicklung einer Wissenschaft zu befassen. Es sei zumindest für das Verständnis des *gegenwärtigen Zustandes* einer solchen Wissenschaft – wie hier der Politikwissenschaft –, in die eine Einführung gegeben werden soll, absolut unerheblich, welche geschichtliche Entwicklung diese Disziplin durchgemacht habe.

Mag ein solcher pragmatischer und ganz auf die Gegenwart bezogener Standpunkt auch mancher Wissenschaft angemessen und für sie vernünftig erscheinen (z. B. für Naturwissenschaften), so lehnen wir ihn gleichwohl als vordergründig ab; Wissenschaftsgeschichte ist unserer Auffassung nach vielmehr ein wichtiger Aspekt einer jeden Wissenschaft, insofern sie ein wesentlicher Bestandteil einer umfassenden Wissenschaftstheorie ist, die – in Form einer philosophischen Reflexion – die Fragen nach den Grundaxiomen und Prämissen, nach den erkenntnistheoretischen Grundlagen einer Wissenschaft im Zusammenhang der allgemeinen Wissenschaftstheorie stellt. Wissenschaftsgeschichte kann viel zur Klärung dieser für jede Wissenschaft grundlegenden Fragen beitragen, indem sie die *Geschichte* dieser Fragen und Antworten in die Betrachtung einbezieht und so die Basis für eine aktuelle Reflexion dieser Probleme legt. Wissenschaftsgeschichte bietet somit die *historische Dimension* des Gespräches der Wissenschaft mit sich selbst zur Klärung ihrer (erkenntnistheoretischen und methodologischen, aber auch gesellschaftsbezogenen) Voraussetzungen.

Anzufügen bleibt, daß Wissenschaftstheorie im angeführten Verständnis (und damit zugleich auch Wissenschaftsgeschichte als ihr Bestandteil) eine *philosophische* Arbeit ist, die den Bereich und auch das Vermögen einer einzelnen wissenschaftlichen Disziplin übersteigt. Das bedeutet, daß jeder fachspezialisierte Wissenschaftler, will er seine eigene Wissenschaft ernst und umfassend betreiben und ihre erkenntnistheoretischen Grundlagen selbständig reflektieren und nicht nur einfach unbefragt hinnehmen, diese philosophische Arbeit mitzuleisten hat. Es kann als ein wichtiges Ergebnis der jüngeren wissenschaftstheoretischen und -soziologischen Diskussion auch in der Bundesrepublik gelten, daß diese Dimension wissenschaftlicher Reflexion (wieder) stärker ins Bewußtsein und damit zugleich in den Vollzug wissenschaftlicher Arbeit einbezogen worden ist.

Um zur Politikwissenschaft zurückzukehren: das soeben allgemein Gesagte trifft auch für sie zu; über den eigentümlichen Doppelcharakter dieser Wissenschaft als alter und zugleich junger Wissenschaft z. B. vermag gerade auch die Betrachtung der *Geschichte* dieser Disziplin, ihrer Herkunft, Entwicklung und Tradition viel, wenn nicht alles beizutragen.

Vorhin war festgestellt worden, die Politikwissenschaft sei zugleich eine alte und eine junge Wissenschaft. Es kommt jetzt darauf an, den Sinn dieser paradoxen Aussage aufzuhellen. Geht man von der landläufigen Erfahrung aus, daß die zeitgenössische Politikwissenschaft eine *Sozialwissenschaft* ist, und berücksichtigt zugleich, daß diese heute so stark in den Vordergrund getretenen, häufig als „Modewissenschaften“ bezeichneten Sozialwissenschaften sich erst im 19. und 20. Jahrhundert in ihrer heutigen Form entwickelt und differenziert haben und zugleich auch zu Universitätsdisziplinen wurden, so wird man verstehen können, wieso die Politikwissenschaft von vielen als eine junge Wissenschaft bezeichnet wird.

Diese Perspektive ist indes *einseitig*; sie unterschlägt, daß es Politikwissenschaft schon längst vorher gegeben hat – als Teil der Philosophie hatte sie bereits im klassischen Kanon der Wissenschaften seit der griechischen Antike ihren festen und ausgezeichneten Platz (Aristoteles bezeichnete sie als „Königswissenschaft“). Hieraus wieder wird verständlich, warum andere Vertreter der Politikwissenschaft mit Recht diese klassische Tradition der Politikwissenschaft betonen und sie unter die ältesten Wissenschaften rechnen können.

Politikwissenschaft als moderne Sozialwissenschaft – Politikwissenschaft als Teildisziplin der klassischen Philosophie, allein aus dieser spannungsreichen Zuordnung wird deutlich, daß die Politikwissenschaft eine beträchtliche Entwicklung durchgemacht hat – nicht nur im zeitlichen, sondern erst recht auch in einem ihre Substanz betreffenden Sinn. Eine Einführung in die Politikwissenschaft wird diese Spannweite zu berücksichtigen haben und deswegen die wichtigsten Etappen dieser Entwicklungsgeschichte skizzieren müssen, um auf diese Weise verständlich zu machen, wie und unter welchen Bedingungen sich der Übergang der Politikwissenschaft von der klassischen Philosophie zur modernen Sozialwissenschaft vollzog und inwieweit die ältere Tradition der klassischen Philosophie auch in der zeitgenössischen Politikwissenschaft noch weiterwirkt; es soll auf diese Weise gelingen, zugleich auch die durch alle historischen Verwandlungen gleichbleibende und durchgehende Identität der Politikwissenschaft – falls es etwas Derartiges gibt – sichtbar zu machen.

Vorweg darf man allgemein feststellen, daß die Menschen zu allen Zeiten und unter allen Bedingungen der Kultur stets über Politik und politische Probleme – über Ordnung und Herrschaft, Autorität und Freiheit usw. – nachgedacht haben. Dieses Nachdenken über Politik scheint eine dem Menschen eigene Besonderheit zu sein, die sich in vielen frühen literarischen Zeugnissen aufgehoben findet – im abendländischen Bereich können als Zeugnisse dafür Homer und Hesiod, Herodot und die griechischen Tragiker Aischylos und Sophokles gelten.

Man wird jedoch diese Art der Reflexion über politische Probleme noch keineswegs als „Politikwissenschaft" ausgeben können, allenfalls handelt es sich um eine *Vorstufe* dazu. Verfolgt man demgegenüber die wichtigsten Etappen der Politikwissenschaft im abendländischen Bereich, so fällt auf, daß sie sich stets in *Krisenzeiten* zu besonderer Blüte entwikkelt hat: als philosophisch-kritische Reflexion über die Erfahrung einer problematisch gewordenen politischen Ordnung der jeweiligen Gegenwart. Dieses Phänomen, das sowohl an antiken als auch an neuzeitlichen Beispielen belegt werden kann, berechtigt dazu, Politikwissenschaft fürs erste als „Krisenwissenschaft" oder als zeitkritische Wissenschaft, die Kritik an krisenhaften Zuständen der Gesellschaft zu verschiedenen Zeiten der Geschichte übt, zu bezeichnen. Diese Charakterisierung der Politikwissenschaft als zeitkritische Wissenschaft gilt z. B. für deren Anfänge bei Platon und Aristoteles, aber auch für die politischen Theorien eines Machiavelli, Hobbes, Rousseau, Hegel oder Marx. Demgemäß läßt sich Politikwissenschaft – wenigstens in einigen ihrer hervorragenden Erscheinungsweisen – als eine systematische Form der philosophischen Zeitkritik verstehen.

Dem ist noch Folgendes zuzufügen: eine derartige Kritik der Zeit setzt voraus, daß derjenige, der die Zeit kritisiert, einen *Maßstab* besitzt, an dem er die je gegebenen Verhältnisse kritisch mißt und in Vergleich zu dem jene als kritisch und verbesserungswürdig erscheinen. Insofern geht Politikwissenschaft als Zeitkritik stets über das Faktische der Verhältnisse hinaus und sucht nach Wegen, eine bessere, vernünftigere politische Ordnung für die Menschen zu entwerfen und für ihre Verwirklichung einzutreten. Dabei können die Maßstäbe der Kritik sehr verschiedener Art sein, d. h. auf sehr unterschiedlichen philosophischen und anthropologischen Grundlagen aufbauen. An einigen besonders markanten Beispielen wird gleich diese Form der Politikwissenschaft als systematische und philosophische Zeitkritik vorgeführt werden. Doch zuvor sei noch eine andere Variante der Politikwissenschaft kurz vorgestellt.

Denn neben dieser zeitkritischen Variante der Politikwissenschaft lassen sich im Verlauf ihrer Geschichte Beispiele einer anderen aufweisen, die sich für die bestehende politische Ordnung ausspricht und für ihre ideenmäßigen Grundlagen eintritt und sie rechtfertigt, sie dabei grundsätzlich bejaht (*affirmativ* zu ihr steht) oder sie sogar gegen Angriffe von anderer Seite verteidigt (*apologetisch* verfährt). Diese affirmative oder apologetische Einstellung kann sehr vordergründig sein, wobei sich Politikwissenschaft dann als willfähriges Herrschaftsinstrument für außer ihr liegende Zwecke hergibt; sie kann aber auch ebensogut von wohlfundierten und kritisch-rational durchgearbeiteten philosophischen und anthropologischen Grundlagen und unter Wahrung einer kritischen Distanz zu der verteidigten politischen Ordnung entwickelt werden.

Es kann auch durchaus der Fall eintreten, daß eine ursprünglich zeitkritisch konzipierte Version der Politikwissenschaft im weiteren Verlauf der Geschichte unter anderen politischen und sozialen Bedingungen zur Verteidigung (Apologie) anderer politischer Verhältnisse und ihrer Ordnungskonzeptionen herangezogen oder umgedeutet wird; die Grenzen zwischen den beiden bezeichneten Varianten der Politikwissenschaft sind also nicht starr, sondern fließend. Man darf jedoch mit Blick auf die gesamte Geschichte der Politikwissenschaft feststellen, daß sich die Politikwissenschaft vorzüglich in krisenhaften Umbruchsituationen und kritischen Epochen der Geschichte als zeitkritisch-philosophische Wissenschaft zu besonderer und über den aktuellen Anlaß weit hinaus reichender, allgemeingültiger Größe entfaltet hat, während ihre „Schrumpfung ... zu einer bloßen Beschreibung und Verteidigung der jeweils bestehenden Institutionen ... typisch geblieben ist für stabile Situationen“.[1]

Politikwissenschaft als Teil der praktischen Philosophie in Antike und Mittelalter

Das zuletzt Gesagte gilt in einem ausgezeichneten Sinn für die Politikwissenschaft der griechischen Antike. „Die Begründung der politischen Wissenschaft, der *epistéme politiké,* durch Platon und Aristoteles entsprang der hellenischen Krise.“[2]

Platon (427–347 v. Chr.) hat als erster im Abendland Politikwissenschaft als philosophische Zeitkritik entwickelt und mit ihrer Hilfe den problematischen Zustand der damaligen griechischen, vornehmlich der athenischen Polis kritisiert. Sein Maßstab war philosophischer oder philosophisch-psychologischer Art, insofern für Platon die Ursache der Verwilderung der zeitgenössischen politischen Zustände in einer Verwilderung der „Seele“ (psyche) der damals lebenden Menschen lag. Seine philosophische Kritik zielte darauf ab, dagegen die psychischen Bedingungen einer neuen inneren Ordnung (Seelenordnung) des Menschen aufzuweisen und damit zugleich auch die positiven Voraussetzungen für die äußere politische Ordnung zu entwickeln; diese Analyse vollzieht Platon vor allem in seinem Hauptwerk „Politeia“. Hier entsteht also Politikwissenschaft als philosophische Reflexion über den zeitgenössischen Menschen und die Ordnung seiner Seele wie über die (äußere) Ordnung seines Lebens mit zeitkritischem Bezug auf die damalige Polis im Gesamtzusammenhang der platonischen Philosophie: Politikwissenschaft als Zeitkritik ist hier Teil der allgemeinen Philosophie.

Bei Aristoteles (384–322) bleibt dieser Zusammenhang von zeitkritischer Philosophie und Politikwissenschaft nicht nur prinzipiell erhalten, sondern wird umfassend systematisiert. Bekanntlich ist Aristoteles der erste große Systematiker der Wissenschaften im abendländischen Bereich; in seiner Gruppierung der Wissenschaften in *theoretische* und *praktische* Disziplinen findet auch die Politikwissenschaft, die er eine „Königswissenschaft" *(episteme kyriotata)* nennt, ihren systematischen Ort: im Rahmen der *praktischen Philosophie;* diese umfaßt neben der *Ethik* und *Ökonomik* auch die *Politik*: als die Wissenschaften vom individuellen Verhalten, vom Verhalten des Menschen in der Hausgemeinschaft *(oikos)* und in der Polis.

Im Rahmen dieser praktischen Philosophie besitzt die Politikwissenschaft *(epistéme politiké)* deswegen einen besonderen Rang, weil nach aristotelischer Sicht menschliches Leben erst in der Polis wesenhaft sich erfüllen kann. Die Polis als der Ort der wesenhaften Erfüllung des Menschen zieht somit vorzüglich die kritisch-philosophische Reflexion auf sich; und Aristoteles hat in seiner „Politik" und in seiner „Verfassung Athens" in ähnlicher Weise wie Platon – wenn auch auf einer breiteren empirischen Basis – Politikwissenschaft in zeitkritischer Absicht betrieben. Dabei bleibt auch bei ihm trotz aller Systematisierung der Wissenschaften der innere Zusammenhang dieser Politikwissenschaft mit den anderen Gebieten der Philosophie, besonders der praktischen Philosophie, voll gewahrt, was sich speziell in der engen wechselseitigen Durchdringung der beiden aristotelischen Schriften „Nikomachische Ethik" und „Politik" zeigt.

Diese Konzeption von Politikwissenschaft als philosophisch begründeter Zeitkritik findet sich auch bei anderen prominenten Vertretern der Antike: so z. B. bei Polybios (201–120) und vorzüglich bei Cicero (104 bis 43), mit dem wichtigen Unterschied jedoch, daß nicht mehr die griechische Polis der Bezugspunkt ist, sondern der römische Staat und seine Staatspraxis, die – wie speziell aus Ciceros Schriften hervorgeht – auf den ethischen Grundsätzen der Stoa beruht. „Höchstes Ziel des Lebens ist nicht mehr die philosophische Schau der Idee, sondern die Verwirklichung der Gemeinschaft in der römischen *respublica*" (so Cicero im „Traum des Scipio" in seiner staatsphilosophisch bedeutsamsten Schrift „De Re Publica").

Unter dem Einfluß des sich ausbreitenden Christentums kommt es in der Krisenzeit der Spätantike zu einer grundlegenden Neuorientierung des Denkens über Politik und zu einer Neubewertung politischer Ordnung, die exemplarisch im Werk des Augustinus (354–430) erfaßbar wird. In „De Civitate Dei" (Gottesstaat) entwickelt Augustinus in einer durch die Eroberung Roms durch Alarich (410) heraufbeschworenen Krise des römischen Imperiums und zugleich auch des frühen Christentums, das 380 durch Kaiser Theodosius zur obligatorischen Religion aller römischen

Bürger erhoben worden war, die Lehre von den „zwei Bürgerschaften" und wendet sich damit gegen die antike Identifizierung oder Verschmelzung von Politik und Religion (Kult), eine Position, die für das abendländische Denken über Politik von folgenreicher Bedeutung werden sollte.

Insofern jedoch im frühen Christentum das menschliche Leben im Diesseits im Vergleich zum erwarteten jenseitigen ewigen Leben nur den Charakter des Vorläufigen und Übergangs für sich beanspruchen konnte, bestand kein Erfordernis danach, dem politischen Bereich durch die Ausbildung einer besonderen politischen Theorie Selbständigkeit und eigenständigen Wert zuzuerkennen. So kam es dann dazu, daß sich das politische Denken der spätantiken und frühmittelalterlichen Zeit „fast durchweg in die Form der Fürstenspiegel kleidete, deren genus über Isidor von Sevilla auf Augustins Portrait des gerechten Herrschers in „De Civitate Dei" zurückgeht"[3] und in denen die politischen Normvorstellungen in Form von ethischen Verhaltensanweisungen an den Herrscher gefaßt sind.

Erst die Wiederentdeckung und -erneuerung der aristotelischen Philosophie im Mittelalter im Rahmen der scholastischen Philosophie verhalf auch der systematischen politischen Theorie zu einer neuen Blüte, die sich vor allem in den Schriften des Thomas von Aquin (1224–1275) erkennen läßt. Hier wird die aristotelische anthropologische Grundauffassung vom Menschen als einem *zoon politikon* (politischen Lebewesen) in der lateinischen Formel des *animale sociale* wiederaufgenommen; soziales Leben der Menschen und politische Ordnung gewinnen im Rahmen des scholastischen Systems eine wichtige Funktion auf dem Wege der dem Menschen von Gott aufgegebenen Vervollkommnung; die politische Ordnung soll die innerweltlichen Voraussetzungen für diese Vervollkommnung des Menschen schaffen und besitzt dadurch – neben der Kirche und ihrer Funktion für die Heilsgewinnung – einen eigenständigen Wert. Inhaltlich entscheidet sich Thomas dabei für das *regimen mixtum* (die gemischte Regierungsform), in dem der Herrscher auf die Unterstützung durch Räte und das Volk angewiesen ist.

Es ist nicht uninteressant, nebenbei zu bemerken, daß durch die Scholastik die aristotelischen Schriften zur Politik im Mittelalter erneut entscheidende Bedeutung für den akademischen Unterricht in Politik gewinnen; der akademische Politikunterricht an den Hochschulen und Universitäten bleibt bis zum Ausgang des 18. Jahrhunderts weitgehend auf der aristotelischen Grundlage bestehen.

Politikwissenschaft seit Beginn der Neuzeit

Mit Beginn der Neuzeit, ihren grundlegenden politischen Krisen und wissenschaftlichen Umwälzungen kommt es auch zu einer gründlichen Neuorientierung, ja Neubegründung der Politikwissenschaft.

Auslösende Momente dafür sind einerseits der Zerfall der weltlichen und geistigen Ordnung des Mittelalters und der sie begründenden Ideen, andererseits die Heraufkunft des modernen Nationalstaats, der – zunächst in England und Frankreich, dann auch in modifizierter Form als Territorialstaat im Bereich des deutschen Reiches – auf ganz neuen Prinzipien: Souveränität, Staatsräson, territoriale Herrschaft, rationale Verwaltung, Absolutismus etc., gründet und nicht zuletzt mit der Durchsetzung der Trennung von weltlicher und geistlicher Sphäre die Säkularisierung (Verweltlichung) des Politischen und seine Konstituierung als eine eigenständige Sphäre bewirkt; schließlich seit Galilei noch die Heraufkunft der modernen empirisch orientierten Naturwissenschaften auf der methodologischen Basis der Mathematik, die seither einen bestimmenden Einfluß auf alle anderen, nicht zuletzt auch auf die philosophischen, sozialen und politischen Wissenschaften ausübt; Galileis Physik wird so zum erstrebenswerten Vorbild für Philosophie und Politische Theorie.

In dieser allgemeinen Situation zu Beginn der Neuzeit erfolgt die Neubegründung der Politikwissenschaft, die jetzt entschieden auf die neuartige politische Realität (moderner Staat) hin orientiert ist und sich zugleich den theoretischen und methodologischen Errungenschaften der neuen Naturwissenschaften verpflichtet weiß. Daß damit auch prinzipiell die bewußte Abkehr von der durch Platon und Aristoteles begründeten politiktheoretischen Tradition gegeben ist, versteht sich von selbst und ist an einigen der folgenreichsten Ausprägungen dieser neuen politischen Wissenschaft besonders augenfällig zu erkennen. Die Neuzeit bedeutet somit auch auf dem Gebiet der Politikwissenschaft eine Revolution.

Das geht besonders klar aus dem politischen Denken des Florentiners Niccolo Machiavelli (1469–1527) hervor. Machiavelli gilt zu Recht als der eigentliche Begründer dieser neuen Politikwissenschaft. Zweierlei ist an seinem Denken über Politik kennzeichnend: einmal, daß es ganz wesentlich durch die Krisensituation Oberitaliens, die durch die z. T. kriegerischen Rivalitäten zwischen den verschiedenen italienischen Stadtstaaten sowie durch die Interventionen der außeritalienischen Großmächte Deutsches Reich und Frankreich gekennzeichnet ist, bestimmt wird, insofern also auch eine zeitkritische Wissenschaft darstellt; zum anderen, daß Machiavelli in dieser kritischen Situation seines Vaterlandes Politik als Wissenschaft nicht mehr als Teil der traditionalen praktischen Philosophie begreift; in seinen Schriften „Principe“ und „Discorsi“ (1513/1515) entwickelt er vielmehr eine politische Theorie als reine Machtlehre, in der es ihm nicht mehr um die anthropologisch-ethischen Probleme der Wesenserfüllung des Menschen in und durch politische Ordnungen, sondern sehr konkret und „realistisch“ um die Techniken des Erwerbs, des Besitzes und der Verteidigung politischer Macht unter den Bedingungen des frühneuzeitlichen modernen Staates geht, zu welchen Zwecken letztlich jedes Mittel – wenn es nur den gewünschten Erfolg verspricht – recht ist. Dieser zynische „Machiavellismus“ hat – trotz der offiziellen Ablehnung, die er lange Zeit (eigentlich bis ins 18. Jahrhundert) erfuhr – die von der Staatsräson geprägte praktische Politik des frühen modernen Staates nachhaltig beeinflußt.

Mit einer etwas anderen Akzentuierung – auf das Problem der Staatssouveränität – hat diese neue politische Theorie sich in ebenfalls sehr einflußreicher Form in den Schriften des Franzosen *Jean Bodin* (1530 bis 1596) und vor allem des Engländers *Thomas Hobbes* (1588–1679) entfalten können. Der Einfluß der neuzeitlichen Philosophie – etwa der des Engländers *Francis Bacon* (1561–1621) – und des modernen rationalen Naturrechts ist für diese Theoretiker, trotz aller noch bestehenbleibender Beziehungen zum traditionellen politischen Denken (vor allem bei Bodin) bezeichnend, indem sie nunmehr versuchen, Politikwissenschaft „more geometrico“ (nach geometrischer Methode) zu betreiben. Dabei steht die Absicht, den modernen Staat in seiner souveränen Macht mit Notwendigkeit zu begründen, im Vordergrund dieser Theorien. Aufgrund der Erfahrungen der bürgerkriegsähnlichen Auseinandersetzungen in Frankreich und England in der Folge der Reformation sehen diese Autoren die entscheidende Funktion des modernen Staates in der absoluten Sicherstellung und Bewahrung von Frieden und Ordnung. Zu diesem obersten Zweck sollten dem Staat gegen die Individuen und die Gruppen der Gesellschaft alle Machtmittel als Zwangsinstrumente zur Verfügung stehen; während die Menschen sich – um eben der Erhaltung dieses für ihr Leben wichtigen Friedens willen – der Staatsgewalt zu unterwerfen haben, in der die oberste Souveränität zusammengefaßt ist. So werden diese Theoretiker als Begründer einer neuen politischen Wissenschaft zugleich die Theoretiker des absoluten Staates, demgegenüber den Individuen nichts als das Leben und ihr Recht auf privates Eigentum und private, auf den Bereich des Wirtschaftens bezogene Freiheit bleiben. Im Rahmen dieser Konstruktion kann es allerdings Akzentverschiebungen innerhalb der Theorien geben, je nach dem, ob es dem Autor mehr auf die Begründung der Staatssouveränität oder der bürgerlichen Freiheit ankommt.

Im Zusammenhang mit der von England ausgehenden und dann sowohl nach Amerika als auf den europäischen Kontinent übergreifenden bürgerlichen Emanzipationsbewegung des 17. und 18. Jh. gewinnen solche politischen Theorien zunehmend an Einfluß und Bedeutung, die von naturrechtlich begründeten, vorstaatlichen Rechten und Freiheiten der menschlichen Individuen ausgehen und Staat und Staatstätigkeit auf die Erhaltung und Bewahrung dieser Rechte und Freiheiten verpflichten. Das ist sowohl in der politischen Philosophie des Engländers *John Locke*

(1632–1704), der mit seinen „Two Treatises of Government" (1690) zu den einflußreichsten Theoretikern des beginnenden bürgerlichen Zeitalters gehört und maßgeblichen Einfluß auf die amerikanische Unabhängigkeitserklärung gewann, der Fall, als auch – in modifizierter Weise – für die deutschen Naturrechtslehrer *Samuel Pufendorf* (1632 bis 1694), *Christian Thomasius* (1655–1728) und *Christian Wolff* (1679 bis 1754), die mit ihren politischen Lehren die ideenmäßige Begründung des deutschen aufgeklärten Absolutismus lieferten, der sich bekanntlich durch seine am Wohl der Untertanen orientierte Regierungs- und Verwaltungstätigkeit deutlich vom monarchischen Absolutismus französischer Prägung abhebt, wenngleich er den Bürgern nur bürgerliche, aber keine politische Freiheit einräumt.

Die Lockesche Konzeption – der auf dem modernen rationalen Naturrecht und seiner Vertragslehre begründeten Politik mit ihrer wichtigen Konsequenz des gewaltenteilenden Konstitutionalismus – hat auf dem europäischen Kontinent in dem Werk „L'Esprit des Lois" (Der Geist der Gesetze) (1748) des Franzosen *Montesquieu* (1684–1755) eine ebenfalls auch die junge USA beeinflussende Weiterentwicklung erfahren, in der die gemischte Verfassung des damaligen Großbritanniens wegen ihrer Gewaltenverteilung als Vorbild herausgestellt wurde.

Auf der Basis dieser zu Beginn der Neuzeit neubegründeten Politikwissenschaft bauen schließlich auch die bürgerlichen politischen Theorien auf, die im Vorfeld der amerikanischen und (vor allem) französischen Revolution des ausgehenden 18. Jh. entstanden und auf diese einen zum Teil bestimmenden Einfluß ausübten. Hier ist vor allen Dingen die politische Philosophie des Genfers *Jean Jacques Rousseau* (1712–1778) zu nennen, der in seinem „Diskurs über den Ursprung und die Grundlagen der Ungleichheit unter den Menschen" (1754) und im „Contrat Social" (1762) mit seinen zeitkritischen Ideen über den Natur- und Gesellschaftszustand sowie über den Gesellschaftsvertrag und den Gemeinwillen („volonté générale") die Frage nach der Legitimität politischer Ordnungen auf radikale Weise erneuerte und damit Gedanken entwickelte, die heute zum klassischen Arsenal der Demokratietheorie gehören.

In den seit der Unabhängigkeitserklärung (1776) selbständigen dreizehn britischen Kolonien in Nordamerika, die sich 1787 die bis heute geltende Verfassung der USA gaben, hatten politische Theorien von Beginn an einen hervorragenden Anteil an der Grundlegung und Entwicklung verfassungspolitischer Konzeptionen, wie sie in der jungen Union realisiert wurden. Sie schöpften dabei aus dem klassischen abendländischen Erbe ebenso wie aus den politischen Lehren eines Locke und Montesquieu; so entstand hier bereits zugleich mit dem politischen Gemeinwesen eine Politikwissenschaft, die in *Thomas Jefferson* (1743–1826) und *John Adams* (1735–1826) ihre hervorragenden Vertreter und in dem von *Ha-*

milton, *Madison* und *Jay* verfaßten „Federalist" (1787/88) den bis heute nachwirkenden vorbildlichen Ausdruck gefunden hat.

Die Ereignisse der französischen Revolution haben durch die ganz Europa betreffenden Auswirkungen ihrer Ideen wie kaum ein anderes politisches Ereignis der Neuzeit das politische Denken der Zeitgenossen stimuliert. So entstanden die wichtigsten politischen Strömungen des 19. und 20. Jh. (Liberalismus, Konservatismus, Radikalismus und Sozialismus) aus Denkanstößen, die die französische Revolution vermittelte, und in diesem Kontext bildeten sich recht verschiedene politische Theorien aus, denen jedoch die kritische Auseinandersetzung mit der französischen Revolution und ihren Ideen gemeinsam ist. Von europäischer Bedeutung ist hier vor allem der Engländer *Edmund Burke* (1729–1797), der durch seine in nahezu alle europäischen Sprachen übersetzten „Betrachtungen über die Französische Revolution" (1790) und die darin enthaltene scharfe Kritik an der französischen Revolution den modernen politischen Konservatismus, auch gerade in Deutschland, maßgeblich beeinflußte. Die politische Gedankenwelt des deutschen Idealismus, d. h. die Philosophie von *Immanuel Kant* (1724–1804), *Fr. Schiller* (1759–1805), *J. G. Fichte* (1762–1814) und vor allem *G. W. Fr. Hegel* (1770–1832) sind ebenfalls nachhaltig von den Ideen der französischen Revolution geprägt worden.

Bemerkenswert an der in der ersten Hälfte des 19. Jahrhunderts zu großem Einfluß gelangenden Hegelschen Staatsphilosophie ist, wie stark hier der Einfluß geschichtsphilosophischer Konzeptionen geworden ist, durch den die Bedeutung des modernen rationalen Naturrechts, das die politische Theorie des 17. und 18. Jahrhunderts eindeutig beherrscht hatte, zurückgedrängt wird. Das Entscheidende an diesem geschichtsphilosophisch bestimmten politischen Denken ist, daß die Geschichte der Menschheit als ein dialektisch verlaufender, progressiver Gesamtprozeß interpretiert wird, der einen erkennbaren und vorhersehbaren Verlauf nehmen wird. Der Erkennende kann nicht nur die Gesetze der Geschichte feststellen, sondern er kann jetzt zugleich auch seine kontemplative Haltung gegenüber der Geschichte verlassen und zur politischen Praxis übergehen – d. h. selber mit dafür sorgen, daß die objektiven Gesetze der Geschichte im tatsächlichen Verlauf ihre Erfüllung finden.

Dieses politische Denken hat im Werk von *Karl Marx* (1818–1883) seine auch für das 20. Jahrhundert einflußreichste Ausprägung gefunden. Dabei ist Politikwissenschaft – soweit sie sich auf diesen geschichtsphilosophischen oder (wie bei Marx) historisch-materialistischen Ansatz stützt – wieder von ihrem Ausgangspunkt her gesehen Kritik an den bestehenden Verhältnissen der Zeit, die durch die Perspektive der kommenden objektiven Entwicklung der Geschichte entsprechend den ihr zugrundeliegenden Gesetzen beurteilt wird. Sie (die Politikwissenschaft) bleibt aber grundsätzlich der geschichtsphilosophischen Konzeption verhaftet und teilt mit ihr die Schwierigkeiten der Verifizierung der gesetzlichen Annahmen über den Verlauf der Geschichte und reicht in die Nähe politischer Ideologien und entsprechender politischer Strategien. Es ist kein Zufall, daß die Ideologien der politischen Massenbewegungen des 20. Jahrhunderts (z. B. die kommunistischen) auf diesen geschichtsphilosophisch begründeten Varianten politischer Theorie basieren.

Das 19. Jahrhundert hat jedoch neben dieser speziellen Art politischer Theorie, die eine enge Verbindung von Theorie und Praxis anstrebte und sich vielfach lediglich als „Anleitung zum Handeln" (Lenin) verstand, auch andere, stärker empirisch-analytisch orientierte Formen politischer Wissenschaft hervorgebracht. Auch für diese Richtungen kommt der Anstoß aus der zeitgeschichtlichen Situation, die durch ein hohes Maß an sozialen, politischen und ökonomischen Umstrukturierungen der alten Verhältnisse (etwa in der Konsequenz der „industriellen Revolution") gekennzeichnet ist. So hat z. B. der Franzose *Alexis de Toqueville* (1805 bis 1859) in der Vorrede zu seinem Werk „Die Demokratie in Amerika" davon gesprochen, daß „eine völlig neue Welt ... einer *neuen politischen Wissenschaft*" bedürfe – eine Forderung, die das 19. Jahrhundert in seiner zweiten Hälfte durch die verschiedenen Ansätze zur modernen empirischen Sozialwissenschaft, wie sie im 20. Jahrhundert zur vollen Entfaltung gelangt sind, eingelöst hat. Viele Namen wären hier zu nennen; der von *Max Weber* (1864–1920) mag wegen seiner überragenden Bedeutung und der anhaltenden wissenschaftlichen Wirkung seines Werkes bis heute für sie stehen. In seinem unvollendeten Hauptwerk „Wirtschaft und Gesellschaft" (1921) hat Weber auch den politischen Phänomenen, dem modernen Staat, der staatlichen Bürokratie, den aufkommenden politischen Parteien und Interessengruppierungen als einer der ersten wissenschaftliche Beachtung geschenkt und Forschungsrichtungen auf diesen verschiedenen Gebieten initiiert, die noch heute zum Kernbestand der politischen Soziologie und empirischen Politikwissenschaft gehören. Im 20. Jahrhundert haben sich diese empirisch-analytischen politikwissenschaftlichen Ansätze besonders intensiv in den angelsächsischen Ländern (USA und Großbritannien) entfalten können; daher rührt die bis heute bestehende Tatsache, daß die Politikwissenschaft dieser Länder im internationalen Vergleich tonangebend ist. Die modernen sozialwissenschaftlichen Forschungsmethoden und -strategien (wie Umfragen, Interviews, statistische Erhebungen etc.) haben dieser empirischen Richtung viel Erfolg und weite Verbreitung gebracht. Unter dem Einfluß zeitgenössischer Wissenschaftstheorien haben diese Richtungen heute einen hohen Grad an Theoretisierung und Formalisierung, z. T. Mathematisierung erfahren, was sich besonders an den heute dominierenden Forschungstheorien und -methoden erkennen läßt.

Erwähnenswert ist an dieser Stelle noch, daß Politikwissenschaft als moderne Sozialwissenschaft eigentlich heute nur in westlichen Ländern und in einigen von diesen stark bestimmten Staaten der sogenannten Dritten Welt in nennenswertem Umfang und in wissenschaftlicher Unabhängigkeit auch als akademische Disziplin an den Universitäten und Hochschulen betrieben wird. In den sozialistischen oder kommunistischen Staaten hat sich unter der Herrschaft der marxistisch-leninistischen Gesellschaftstheorie bis heute noch kaum eine eigenständige Politikwissenschaft entwickeln können; das gilt u. a. auch für die DDR. Erst in allerjüngster Zeit lassen sich erste Ansätze politikwissenschaftlicher Forschung auf empirischer Grundlage ausmachen.

3. Zur Geschichte der Politikwissenschaft in Deutschland

Da wir es in unserer Einführung nicht zuletzt auch immer mit der *deutschen* Politikwissenschaft zu tun haben, mit ihrem gegenwärtigen Entwicklungsstand und Differenzierungsgrad speziell auch an den Hochschulen, wird es angebracht sein, im Rahmen dieser einleitenden entwicklungsgeschichtlichen Skizze kurz gesondert auf die Geschichte der deutschen Politikwissenschaft einzugehen; dabei können jedoch nur die Hauptentwicklungslinien berücksichtigt werden.

Hinsichtlich der *älteren Tradition* der deutschen Politikwissenschaft wird man summarisch feststellen können, daß sie sich – wie die allgemeine deutsche Bildungs- und Geistesgeschichte – durchaus im Rahmen der gemeineuropäischen Entwicklung vollzog, die – wie oben bereits beschrieben – von der klassischen Antike her ihre formale und inhaltliche Prägung erfahren hat und auf dieser Basis bis weit ins 18. Jahrhundert in Deutschland wie überall sonst in Europa an den Universitäten und Hochschulen vom Mittelalter an bis zum ausgehenden 18. Jahrhundert Politikwissenschaft beinahe ausschließlich „more Aristotelico“, d. h. in Orientierung an den aristotelischen Schriften zur Ethik und Politik gelehrt wird. Politikwissenschaft wurde damals „den Studenten im Rahmen der allgemeinen philosophischen Vorbildung in der Artistenfakultät an Hand der Schriften des Aristoteles, Ciceros, Augustins und später der Scholastiker vermittelt. Seit dem 16. Jahrhundert verselbständigt sich dann der ethisch-politische Unterricht in Form fester Lehrstühle (professiones Ethices vel Politices), die ergänzend neben die theoretisch-philosophischen treten. Diese Lehrtradition bildet im Abendland bis zum Ausgang des 18. Jahrhunderts den festen Rahmen wissenschaftlichen Umgangs mit der Politik. Noch die modernen Bewegungen des Naturrechts und Völkerrechts, die Souveränitätslehre Bodins und die ältere Wirtschafts- und Verwaltungslehre ordnen sich ihm ein“.[4]

Aufgrund dieser Traditionsverflechtungen „zeigt das deutsche politische Denken in seinen lehr- und schulmäßigen Ausformungen eine überwiegend *konservative* Gestalt." „Von Melanchthon auf der Basis eines philologisch angereicherten und verfeinerten Aristotelismus erneuert, tradiert es fast zwei Jahrhunderte lang ohne große Veränderungen die alten Lehrgehalte der praktischen Philosophie mit Einschluß der Ökonomik und des öffentlichen Rechts".[5]

Was die neuen, stark von den aufkommenden modernen Naturwissenschaften beeinflußten Ansätze des politischen Denkens betrifft, wie sie seit Machiavelli und dann im 17. Jahrhundert durch Fr. Bacon, Th. Hobbes, B. Spinoza etc. entwickelt wurden und in deren Zentrum einerseits das moderne rationale Naturrechts- und Vertragsdenken, sowie andererseits die Souveränitäts- und Staatsräsonlehre stehen, so hat das deutsche politische Denken an ihnen nur sehr zurückhaltend und mehr nehmend als gebend teilgenommen, was nicht zuletzt seinen sozialgeschichtlichen Grund in der vergleichsweisen Zurückgebliebenheit der politischen, sozialen und wirtschaftlichen Verhältnisse im damaligen Deutschland infolge der Auswirkungen des 30jährigen Krieges hat. Während sich in Westeuropa – vor allem in England und Frankreich – bereits der moderne Nationalstaat mit zentralistischer politischer Struktur und rationaler Verwaltungsorganisation durchgesetzt hatte, bestand in Deutschland nach wie vor das aus dem Mittelalter stammende „Römische Reich deutscher Nation" mit dem Kaiser an der Spitze weiter; nur *im Rahmen* dieses Reiches – so problematisch es in staatspolitischer wie verfassungsrechtlicher Hinsicht auch mit Beginn der Neuzeit geworden war – konnten sich Ansätze zur Ausbildung von modernen Staatsstrukturen und -praktiken auf der Ebene der Territorialstaaten (z. B. in Österreich, Preußen und Bayern) allmählich herausbilden.

Mit dem weiteren Bestand des Reiches blieb auch das diesem zugeordnete politische Denken in Deutschland als „Reichsdenken" weiterhin gültig und in Kraft. Nur vereinzelt gibt es in dieser Epoche im Bereich des Deutschen Reiches politische Denker wie Althusius und Pufendorf, die die Entwicklungen im westlichen politischen Denken nicht nur verfolgen, sondern sogar maßgebend mitbestimmen. Doch das sind Ausnahmen; für das normale politische Denken in Deutschland gilt: „Weder Machiavelli noch Bodin noch Hobbes hatten für die deutsche Staatslehre des 16. und 17. Jahrhundert geschrieben. Sie blieben bis zum 18. Jahrhundert, ja bis zur Schwelle der Revolution im konservativen „Teutschen Fürstenstaat" im Grunde außerhalb der Diskussion".[6]

Ein nicht unwesentlicher Einfluß auf diese stark konservative und traditionelle Ausprägung des wissenschaftlichen Denkens über Politik in Deutschland ist der Reformation und dem daraus entstehenden Luthertum zuzuschreiben. Bedeutend stärker als in den westlichen Ländern wurde z. B. durch die lutherische Staatstheorie der Pflichtgedanke – sowohl für das Verhalten des Herrschers als auch des Untertanen – betont. Dadurch entwickelte sich schon sehr früh eine spezifisch deutsche Tendenz des politischen Denkens, die man später – unter den allerdings gründlich andersartigen Rahmenbedingungen des 19. und 20. Jahrhunderts – als „sozialstaatlich", „wohlfahrtsstaatlich" bezeichnete. Nicht so sehr die bürgerlichen Rechte und Freiheiten als vielmehr die politischen und sozialen Pflichten gewinnen in diesem Denken Vorrang; eine entsprechende staatliche Verwaltung griff unter der Legitimation der Wohlfahrtspflege und Fürsorge für den einzelnen wie für die Gruppen oft tief in die Freiheit des privaten Bereichs in der damaligen Gesellschaft ein. Entsprechend entwickelten sich in Deutschland Staatswissenschaften, die es als ihre Hauptaufgabe ansahen, dem aufgeklärt-absolutistischen Herrscher gutausgebildete, loyale Diener (Beamte) für alle Sparten des Staatsdienstes und der öffentlichen Verwaltung bereitzustellen. So entwickelte sich in Deutschland neben der klassischen Version der akademischen Lehre von der Politik in der Nachfolge der aristotelischen Tradition eine eigentümliche Variante, die als „Polizeywissenschaft", „Kameralwissenschaft" oder „Verwaltungswissenschaft" deutlich dem jeweiligen herrschenden politischen System verpflichtet und dienstbar war.

Erst gegen Ende des 18. Jahrhunderts kam es durch die stark von der englischen und französischen Aufklärungsphilosophie geprägte klassische deutsche Philosophie, die sich zu einem entscheidenden Teil aus der unmittelbaren geistigen Auseinandersetzung mit den Ideen und Ereignissen der französischen Revolution entfaltete (Kant, Schiller, Fichte, Hölderlin, Hegel etc.), zu einem bedeutsamen *Traditionsbruch* mit dem bisherigen politischen Denken und zugleich auch der gemeineuropäischen Tradition der Politikwissenschaft als praktischer Philosophie im aristotelischen Verständnis. Vor allem durch Kants Angriff auf die eudaimonistische Ethik wurde die klassische Schulphilosophie auch in ihren politiktheoretisch relevanten Teilen entscheidend kritisiert und in Frage gestellt. Man kann *cum grano salis* sagen, daß durch diese fundamentale Kritik Kants die an der klassischen Tradition orientierte Politikwissenschaft in Deutschland verschwindet. Es kommt noch hinzu, daß unter den Bedingungen des 19. Jahrhunderts Politikwissenschaft sich in Deutschland auch gerade im akademischen Bereich auflöst und ihr angestammter Gegenstandsbereich von da an bis ins 20. Jahrhundert von einer Reihe anderer Wissenschaften wie Geschichte, Staatswissenschaft (als juristische Disziplin) und Wirtschaftswissenschaft besetzt wird, so daß der Verlust einer eigenständigen Politikwissenschaft zunächst nicht weiter auffiel.

Dieser Zustand blieb – trotz der verschiedentlichen Bemühungen auch prominenter deutscher Wissenschaftler – wie z. B. Max Weber und Hermann Heller – bis ins 20. Jahrhundert bestehen; auch während der kurzen Epoche der Weimarer Republik gelang es nicht, auch nicht durch einen neuen Anschluß an westliche Entwicklungen auf diesem Gebiet, die Politikwissenschaft als eine selbständige Wissenschaft wiederzubegründen und unter die akademischen Disziplinen einzureihen.

Erst nach dem *Zweiten Weltkrieg*, genauer: zu Beginn der 50er Jahre kam es – vor allem unter dem starken Einfluß der westlichen Besatzungsmächte – zu einer gründlichen Veränderung der Situation. In ihrem Bemühen, in Deutschland nach der Überwindung von Hitlers totalitärem Nationalsozialismus erneut eine demokratische politische Ordnung aufzubauen, kamen die westlichen Besatzungsmächte, vor allem die Amerikaner, auf den Gedanken, die bei ihnen heimische „political science" oder „science politique" in Deutschland als „Politikwissenschaft" mit betont *politisch-pädagogischer Zielsetzung* – gewissermaßen als „Demokratiewissenschaft" – neu zu begründen. Aus diesen Überlegungen wurde zu Beginn der 50er Jahre, unmittelbar nach Gründung der Bundesrepublik Deutschland, Politikwissenschaft als selbständige Wissenschaft wieder etabliert und sehr schnell an den deutschen Hochschulen und Universitäten als Studienfach in verschiedenen Fakultäten eingeführt, wobei zumindest für den Anfang die starke politisch-pädagogische Orientierung charakteristisch war. Erst mit der Zeit hat sich die Politikwissenschaft in der BRD von der primären Aufgabenstellung der politischen Bildung etwas emanzipiert und sich zu einer modernen Sozialwissenschaft – zugleich mit der Soziologie – entwickelt, wobei ihr Bemühen darauf gerichtet war, sich an den Universitäten gegenüber den anderen seit langem etablierten Wissenschaften wie Geschichte und Staatslehre als strenge Wissenschaft durchzusetzen. Hinzu kam, daß sich mit der Zeit der Einfluß der angelsächsischen Politikwissenschaft auch hinsichtlich der politikwissenschaftlichen Theorie- und Methodendiskussion sowie der empirisch-sozialwissenschaftlichen Forschungstechniken und -strategien bemerkbar machte. Dadurch ergab sich eine bis heute deutlich erkennbare Verlagerung der Akzentuierung politikwissenschaftlicher Fragestellungen von mehr philosophischen und geistesgeschichtlichen Problemen auf empirisch-analytische Probleme. Neben die Analyse innenpolitischer Problembereiche (wie politische Willensbildung, Verbände und Parteien, Wahlen etc.) trat dann zunehmend auch die der internationalen Beziehungen und Außenpolitik, sowie die politikwissenschaftliche Entwicklungsländerforschung, die bestimmte Rückwirkungen auf die politikwissenschaftliche Forschung in anderen Bereichen, z. B. im Bereich der Innenpolitik und Analyse politischer Systeme, hatten.

Erst in allerjüngster Zeit läßt sich eine erneute Interessenverschiebung im Bereich der deutschen Politikwissenschaft beobachten: Politische Bildung, Didaktik der Politischen Bildung und verwandte Probleme gewinnen – wieder – stärkere Bedeutung. Die Gründe dafür liegen nicht zuletzt in der seit der Mitte der 60er Jahre veränderten hochschulpolitischen Gesamtsituation in der Bundesrepublik.

Inzwischen ist in der Bundesrepublik längst der Moment eingetreten, wo an allen Universitäten und Hochschulen ein oder mehrere Lehrstühle für Politikwissenschaft eingerichtet und besetzt worden sind. Hatten sich anfänglich die Vertreter dieses Faches zumeist aus den Nachbardisziplinen rekrutiert: aus Geschichte, Soziologie, Rechtswissenschaft und Wirtschaftswissenschaften, so kann die Politikwissenschaft inzwischen hinreichend den wissenschaftlichen Nachwuchs in ihren eigenen Reihen ausbilden.

Was die inhaltliche Orientierung der politikwissenschaftlichen Forschung in der Bundesrepublik angeht, so hat sich seit ihrer Neukonstituierung ebenfalls ein bemerkenswerter Wandel vollzogen. Anfänglich dominierte fast allgemein eine an der klassischen Auffassung der Politikwissenschaft als praktischer Philosophie orientierte Form. Ihr entsprach auch die erwähnte stark politisch-pädagogische Zuwendung der frühen Nachkriegspolitikwissenschaft. Fast gleichzeitig damit bildete sich zudem eine an dem angelsächsischen Vorbild ausgerichtete Form empirisch-analytischer Politikwissenschaft aus, die ihre Aufgabe als „Demokratiewissenschaft" in der möglichst exakten Analyse aller innenpolitischen Prozesse sah, vor allem jener Phänomene, die – wie die politische Willensbildung, das Parteiwesen, die Wahlen, der Parlamentarismus – zusammen die „demokratische Komponente" des politischen Systems ausmachten. Daneben gab es anfänglich nur sehr vereinzelt politikwissenschaftliche Ansätze auf der theoretischen Grundlage des Marxismus als Geschichts- und Gesellschaftstheorie. Seit der Mitte der 60er Jahre hat sich dieses Bild nicht unwesentlich geändert. Durch die einfache Tatsache, daß die erste Generation deutscher Politikwissenschaftler der Nachkriegszeit – unter ihnen so hervorragende Persönlichkeiten wie W. Abendroth, A. Bergstraesser, E. Fraenkel, C. J. Friedrich, F. A. Hermens, H. O. von der Gablentz und E. Voegelin – inzwischen aus der akademischen Lehre ausgeschieden ist und jüngeren Fachvertretern Platz gemacht hat, haben sich auch die Akzente in der theoretischen Orientierung innerhalb der deutschen Politikwissenschaft verschoben. So hat sich z. B. in den letzten Jahren die Richtung der deutschen Politikwissenschaft, die in irgendeiner Form von der marxistischen Gesellschafts- und Geschichtstheorie beeinflußt ist, stark vergrößert. Dagegen ist die an der klassischen politikwissenschaftlichen Tradition orientierte Richtung nicht mehr von der gleichen Dominanz wie in den Anfangsjahren. Dagegen hat die empirisch-analytische Richtung der Politikwissenschaft durch die intensive Rezeptionsarbeit an den vor allem durch die angelsächsischen Politikwissenschaftler entwickelten modernen sozialwissenschaftlichen Theorien, Methodologien, Forschungsansätzen und Strategien ganz allgemein an Bedeutung gewonnen und ist vielfach – auch gerade unter dem Gesichtspunkt der vorgelegten Forschungsergebnisse – zur wohl erfolgreichsten und ergiebigsten Richtung der zeitgenössischen deutschen Politikwissenschaft geworden.

Mit dieser Akzentverschiebung hinsichtlich der Theorieansätze einher geht eine Akzentverschiebung in bezug auf die verschiedenen Disziplinen der Politikwissenschaft. Die anfänglich besonders intensiven Bemühungen auf dem Gebiete der politischen Philosophie und Ideengeschichte sind vergleichsweise zurückgegangen; demgegenüber hat vor allem die wissenschaftliche Erforschung der internationalen Beziehungen in den letzten Jahren sehr an Boden gewonnen. Im Bereich der Innenpolitik, in dem früher die Erforschung des (im engeren Sinne verstandenen) Regierungssystems dominierte, sind in der Gegenwart die Bemühungen um die Erforschung der soziokulturellen und sozioökonomischen Voraussetzungen und Bedingungen politischer Systeme in den Vordergrund getreten. Besondere Beachtung finden seit einigen Jahren zunehmend auch allgemeinere sozialwissenschaftliche Wissenschaftstheorien und ihre Diskussion, an der allerdings die Politikwissenschaft bisher mehr nehmend als gebend beteiligt ist. Auf all diesen Feldern spiegelt die deutsche Politikwissenschaft der Gegenwart im großen und ganzen die vorherrschenden Tendenzen der zeitgenössichen internationalen, vorzüglich westlichen Politikwissenschaft wider, zu der sie (die deutsche Politikwissenschaft) in einem vielfältigen – auch wiederum bisher mehr nehmenden als gebenden – Kontakt steht.

B. Systematischer Teil

1. Vorbemerkung

Trotz der heutigen Ausdifferenzierung der Politikwissenschaft in eine ganze Reihe von Einzel- oder Unterdisziplinen, auf die in Teil C. im einzelnen noch ausführlich einzugehen sein wird, handelt es sich bei ihr im Rahmen der zeitgenössischen Wissenschaften doch insgesamt um eine durchaus identifizierbare Einheit, die sich etwa von den anderen Sozialwissenschaften (z. B. der Soziologie) trotz mancher Berührungspunkte und Überschneidungen deutlich abgrenzen läßt.

Es wird die Hauptaufgabe des folgenden systematischen Teils dieser Einführung sein, diese innere Einheit (Systematik) der Politikwissenschaft von den Grundlagen her zu entfalten und verständlich zu machen. Es ist dabei vorweg festzustellen, daß es sich um eine Einheit in der Vielfalt oder eine vielfältige Einheit handelt, und es wird darauf ankommen, den Reichtum an Spannungen und divergierenden Tendenzen innerhalb der zeitgenössischen Politikwissenschaft nicht zu unterschlagen, sondern möglichst voll sichtbar zu machen.

Bei dieser Bemühung werden verschiedene Richtungen einzuschlagen sein:

1. Es wird zunächst darauf ankommen, den für die Politikwissenschaft grundlegenden Begriff der „Politik" oder des „Politischen" zu analysieren. Vordergründig gesehen verkörpert sich ja die Einheit dieser Wissenschaft wesentlich darin, daß sie im Unterschied zu anderen Sozialwissenschaften sich erklärtermaßen und übereinstimmend mit „Politik" oder dem „Politischen" befaßt. Zu klären, was unter diesen Begriffen der „Politik" und des „Politischen" je verstanden wird, wird für die Systematik dieser Wissenschaft von außerordentlicher Wichtigkeit sein.

2. Wenn die in der Politikwissenschaft heute vertretenen Politik-Begriffe systematisch analysiert worden sind, wird es – von den dabei ermittelten Erfahrungen her – sinnvoll sein zu versuchen, die Dimensionen der politischen Realität als des Gegenstandsbereiches der Politikwissenschaft aufzuweisen, in ihrem inneren Zusammenhang verständlich zu machen und daraus Konsequenzen für die politikwissenschaftliche Forschung abzuleiten. Dies ist umso wichtiger, als heute vielfach – wie nachher noch zu zeigen ist – diese verschiedenen Dimensionen der politischen Realität in der Forschungspraxis isoliert und unvermittelt nebeneinanderstehen. Ihre Integration zu einer Einheit oder zu einem Gesamtbild der

politischen Realität ist demzufolge für die systematische Darstellung der Politikwissenschaft als Wissenschaft von konstitutiver Bedeutung.

3. Vor diesem Hintergrund wird es dann möglich sein, die wichtigsten *Theorieansätze* der zeitgenössischen Politikwissenschaft, auf die der Student bei seiner Arbeit heute stets aufmerksam wird, von ihren philosophischen und wissenschaftstheoretischen Grundlagen her zu entwickeln und hinsichtlich ihrer forschungspraktischen Auswirkungen vergleichend vorzustellen. Dabei wird eine Konzentration auf die drei bedeutsamsten Richtungen angebracht sein – auf den „ontologisch-normativen", den „empirisch-analytischen" und den „dialektisch-historischen" Theorieansatz.

4. Ergänzend dazu soll anschließend versucht werden, auf die erkenntnisbedingenden Faktoren einzugehen und ihre Auswirkungen auf die genannten Theorieansätze aufzuweisen. Hier wird dann auch der systematische Ort sein, auf die erkenntnisleitenden Interessen in der Politikwissenschaft einzugehen.

5. Damit ist zugleich der Boden dafür vorbereitet, das Verhältnis von Theorie und Praxis für die Politikwissenschaft zu bedenken; es ist daran zu erinnern, daß Politikwissenschaft ja seit der Antike als „praktische Wissenschaft" verstanden wurde, und zu fragen, auf welche Weise *heute* Politikwissenschaft als moderne Sozialwissenschaft auch noch eine *praktische* Dimension besitzt, d. h. zur politischen Praxis in Beziehung tritt, wobei die vorgenommene Differenzierung der Politikwissenschaft nach verschiedenen dominanten Theorieansätzen hier wieder aufzunehmen und zu berücksichtigen ist.

6. Nach diesen systematischen Erörterungen der Politik-Begriffe und Theorieansätze können dann die im Bereich der Politikwissenschaft als moderne Sozialwissenschaft heute gebräuchlichen *Methoden* vorgestellt werden. Auch hier wird es erforderlich sein, die volle Bandbreite der methodischen Möglichkeiten wenigstens zu skizzieren, um so auch in diesem Bereich die Vielfältigkeit und Differenziertheit der gegenwärtigen Politikwissenschaft vor Augen zu führen.

2. Begriffe des Politischen

Es war bereits anläßlich der sprachkritischen Betrachtung der verschiedenen Bezeichnungen des Faches Politikwissenschaft abschließend darauf hingewiesen worden, daß sich die Politikwissenschaft – darin stimmen die verschiedenen Selbstbezeichnungen durchaus überein – mit dem „Politischen" oder der „Politik" als ihrem speziellen Gegenstandsbereich befassen und daß es somit für die Politikwissenschaft eine *Mehrzahl* divergierender und konkurrierender Bestimmungen des Politischen nebeneinander gebe und somit mehr oder weniger unterschiedliche Auffassungen davon, was Politikwissenschaft inhaltlich von ihrer Gegenstandsbestimmung her betrachtet und theoretisch-methodisch sei.

Unsere nächste Aufgabe wird nun sein müssen, diese verschiedenen Politik-Begriffe der zeitgenössischen Politikwissenschaft näher zu analysieren und auch die Konsequenzen zu erörtern, die sich von daher für Aufbau und Orientierung der Politikwissenschaft ergeben.

Es mag zunächst schwer verständlich sein, daß die Vertreter einer Wissenschaft wie der Politikwissenschaft sich offensichtlich nicht einig werden können über eine Definition des von dieser Wissenschaft zu bearbeitenden Gegenstandsbereichs – schwer verständlich vor allem dann, wenn man davon ausgeht, daß der Gegenstandsbereich einer Wissenschaft in der Regel als ein Teilbereich der den Menschen umgebenden Außenwelt doch objektiven und damit eindeutigen Charakter habe. Demgegenüber ist jedoch geltend zu machen, daß die „Politik" oder das „Politische" keineswegs ein einfach (mit Händen) greifbarer Bestandteil der Außenwelt ist. Schon die sehr vielseitige und oft widersprüchliche Verwendung der Begriffe „politisch" und „Politik" in der Alltagssprache läßt erkennen, daß einer exakten und allgemeinverbindlichen Definition des Politischen und der Politik erhebliche Hindernisse und Schwierigkeiten entgegenstehen.

Hieraus ist zu folgern, daß die Bildung eines Politik-Begriffes als Bezeichnung für den Gegenstandsbereich der Politikwissenschaft bereits eine theoretische oder erkenntnistheoretische Reflexion voraussetzt, durch die jeweils ein unbestimmtes Maß Subjektivität des Theoretikers in die Begriffsbildung einfließt, woraus sich verständlicherweise mehr oder minder große Differenzen in der Bestimmung des Begriffsinhalts ergeben.

Man wird diese Tatsache verschiedener, voneinander abweichender Politik-Begriffe nicht bedauerlich finden müssen, desgleichen auch nicht die Pluralität politikwissenschaftlicher Richtungen, die sich aus diesen Differenzen über den Grundbegriff notwendigerweise ergeben; man wird auch nicht für sich eine ein für allemal geltende und prinzipielle Entscheidung für den einen oder anderen dieser Politik-Begriffe zu treffen haben, sondern wird diese vielmehr unter der Perspektive unterschiedlicher, alternativer Forschungsstrategien zu sehen haben, die nicht zuletzt von ihren unterschiedlichen Leistungsmöglichkeiten im konkreten Forschungsprozeß her zu beurteilen sind; auch wird man auf die selektive (aussiebende) Funktion derartiger Politik-Begriffe achten müssen; sie (die Politik-Begriffe) werfen ein verschieden dichtes Netz über die politische Realität und gelangen so zumeist auch zu bemerkenswert anderen Ergebnissen.

Auf eine Schwierigkeit, die sich aus der bezeichneten Pluralität der Politik-Begriffe ergibt, sei noch kurz hingewiesen, die nämlich, bündige oder eindeutige Begriffsdefinitionen von der „Politik“ oder dem „Politischen“, wie sie etwa herkömmlicherweise von Wörterbüchern oder Lexika erwartet werden, zu bieten. Diese in der Sache begründete Schwierigkeit ist wohl auch der Hauptgrund dafür, daß eine ganze Reihe von gängigen Nachschlagewerken und Wörterbüchern der Politikwissenschaft überhaupt keinen speziellen Artikel „Politik“ enthalten – so etwa das bekannte Fischerlexikon „Staat und Politik“ von E. Fraenkel und K. D. Bracher oder das „Handlexikon zur Politikwissenschaft“ von A. Görlitz – und sich so an der eigentlich notwendigen Erörterung der Problematik des Politik-Begriffs „vorbeidrücken“.

Im Folgenden sollen die wichtigsten Politik-Begriffe, wie sie in der zeitgenössichen Politikwissenschaft Verwendung finden, in kurzen Charakterisierungen vorgestellt werden, wobei zugleich versucht werden soll, die jeweilige Problematik dieser Politikverständnisse, speziell im Hinblick auf ihre wissenschaftspraktische Leistungsfähigkeit zu kennzeichnen. Es sei dabei noch darauf verwiesen, daß diese Übersicht über die wichtigsten Politik-Begriffe der Gegenwart in einem engen Bezug zu den nachfolgenden Erörterungen über die dominanten Theorieansätze in der zeitgenössischen Politikwissenschaft steht und in diesem Zusammenhang zu sehen ist.

Der normativ-ontologische Politik-Begriff

Wir beginnen die Übersicht über die heute gebräuchlichen Politik-Begriffe mit jenem, für den sich in der Literatur (zu Recht) die Bezeichnungen „normativ-ontologisch“ oder „normativ“, mitunter auch „essentialistisch“ eingebürgert haben. Wir haben es hier mit dem wohl ältesten und traditionsreichsten Politik-Begriff zu tun, der auf die Gründer dieser Wissenschaft in der griechischen Antike, auf Platon und Aristoteles, zurückgeht und deswegen nicht selten auch als „klassisch“ bezeichnet wird.

Wie der Hinweis auf Platon und Aristoteles bereits signalisiert, gehört dieser Politik-Begriff in jene Tradition, die Politikwissenschaft als einen Teil der praktischen Philosophie begreift – eine Konzeption, die von der Antike über das Mittelalter und die Neuzeit bis in die Gegenwart immer wieder namhafte Vertreter gefunden hat (vgl. dazu den historischen Überblick im Teil A).

Normativ nennt man diesen Begriff der Politik deswegen, weil er sich nicht einfach auf eine gegebene, empirische politische Realität bezieht und zu deren wissenschaftlicher Analyse beiträgt, sondern sich auf ein an bestimmten Gütern und Zwecken orientiertes politisches Handeln bezieht, durch das der handelnde Mensch zur wesenhaften Erfüllung seiner Existenz gelangen kann. Ein menschliches Leben der vollendeten Tugend setzt eine bestimmte soziale Ordnung voraus, die somit als die entscheidende Bedingung der Ermöglichung dieses tugendhaften „guten Lebens" und damit zugleich als der zentrale Gegenstand der Politikwissenschaft als praktischer Philosophie gilt.

Wie die politischen Theorien Platons und Aristoteles' auf je verschiedene Weise zeigen, liegt dem normativ-ontologischen Politikverständnis ein anthropologisches Prinzip zugrunde, d. h. es orientiert sich an einem bestimmten Typus des „wahren Menschentums", das als Maßstab für die richtige politische Ordnung einer Gesellschaft fungiert und zugleich auch das entscheidende Kriterium einer Kritik der bestehenden Verhältnisse abgeben kann. Das normative Moment dieses Politik-Begriffes gelangt also vorzüglich in einem nicht empirisch-faktisch, sondern als Norm verstandenen Ordnungsbegriff zur Anschauung.

Ontologisch ist dieser Begriff des Politischen in jenem spezifischen Sinne, wie ihn E. Voegelin folgendermaßen formuliert hat: „Die Voraussetzung des Unternehmens, das über bloße Meinungen („doxai") zur Wissenschaft („episteme") von der Ordnung vordringen will, ist eine *durchgearbeitete Ontologie*, die alle Seins-Bereiche, vor allem den welt-jenseitigen, göttlichen, als real anerkennt und nicht versucht, die höherstufigen Seins-Bereiche durch Kausalerklärungen auf niederstufige zu ‚reduzieren'."[1] Es handelt sich hier mithin um eine sehr *spezielle* Ontologie (= Seinslehre), wie sie nur im Rahmen einer metaphysischen Philosophie vorstellbar ist. Die Hervorhebung des *Besonderen* an dieser Ontologie ist deswegen wichtig, weil in einem etwas anderen, weiteren Verständnis von „ontologisch" es durchaus seinen guten Sinn hat, daß jedes menschliche Denken und mithin erst recht jede Philosophie als systematische Form solchen Denkens *ontologisch* ist, insofern es logische (vernünftige) Aussagen über das Sein (Wesen) des Seienden macht – so verschieden diese Aussagen auch sein mögen. In diesem Sinne von „ontologisch" ist auch K. Marx ein „Ontologe" und seine Gesellschaftstheorie eine „Ontologie des gesellschaftlichen Seins" (G. Lukács).

Der normativ-ontologische Politik-Begriff bezieht sich indes nicht auf diesen sehr weiten und allgemeingültigen Begriff von „ontologisch", sondern auf den der klassischen abendländischen Metaphysiktradition.

Der realistische Politik-Begriff

Neben und in steter Auseinandersetzung mit dem normativ-ontologischen Politik-Begriff hat sich seit den Sophisten der Antike und vor allem seit Machiavelli zu Beginn der europäischen Neuzeit ein *realistischer Politik-Begriff* zur Geltung, später sogar zur Vorherrschaft zu bringen vermocht, für den politisches Handeln nicht mehr unter dem normativen Gesichtspunkt der „guten Ordnung" und der Ermöglichung eines tugendhaften „guten Lebens" steht und zu beurteilen ist, sondern ein faktisches, mit dem Phänomen der *Macht* weithin identisches Problem ist. Unter dem Einfluß des neuzeitlichen naturwissenschaftlichen Denkens geriet für dieses Politikverständnis die Sphäre der ethisch begründeten *Ziele* und *Zwecke* politischen Handelns, insofern über sie keine objektiven und nach den strengen methodischen Grundsätzen der neuen Philosophie gesicherten Erkenntnisse möglich waren, aus dem Blick; dafür gewinnen die *Mittel* des politischen Handelns absoluten Vorrang; so ist es kein Zufall, daß nunmehr der Begriff der *Macht* zum Schlüsselbegriff und zur entscheidenden Kategorie für das Verständnis des Politischen wird.

In wahrhaft klassischer Form hat Machiavelli dieses instrumentale oder technische Politikverständnis in seinem Buch „Der Fürst" entfaltet – so wenn er dort in der literarischen Form eines „Fürstenspiegels" seinem Fürsten oft zynische Ratschläge gibt, wie man am besten und wirksamsten politische Macht erobert und behauptet. Dieser Politik-Begriff findet sich aber auch bei Thomas Hobbes – so etwa in dem Satz „Non veritas sed voluntas facit legem" (Nicht die Wahrheit, sondern der Wille schafft das Gesetz) – wobei unter „Wille" hier die überlegene Herrschaftsgewalt des Hobbesschen „Leviathan", des Staates, verstanden ist.

Auch für die moderne politische Soziologie und Politikwissenschaft ist dieses Politikverständnis, das wir das „realistische" nannten, in Geltung geblieben; das ist vor allem das Verdienst von Max Weber. In seiner berühmten Rede „Politik als Beruf" trifft er u. a. zwei Feststellungen, die für den realistischen Politikbegriff wesentlich sind:

1. wenn er schreibt: „Vom Standpunkt der soziologischen Betrachtung ist ein ‚politischer Verband' und insbesondere ein ‚Staat' nicht aus dem Inhalt dessen zu definieren, was er tut [...]. Man kann vielmehr den modernen Staat soziologisch letztlich nur definieren aus einem spezifischen *Mittel*, das ihm, wie jedem politischen Verband, eignet: das der physischen Gewaltsamkeit."

2. Wenn er definiert: „‚Politik' würde für uns also heißen: Streben nach Machtanteil oder nach Beeinflussung der Machtverteilung, sei es zwischen Staaten, sei es innerhalb eines Staates zwischen Machtgruppen, die er umschließt. Wenn man von einer Frage sagt: sie sei eine ‚politische' Frage, [...] so ist damit immer gemeint: Machtverteilungs-, Machterhaltungs- oder Machtverschiebungsinteressen sind maßgebend für die Antwort auf diese Frage [...]. Wer Politik treibt, erstrebt Macht: Macht entweder als Mittel im Dienst anderer Ziele – idealer oder egoistischer –, oder Macht ‚um ihrer selbst willen': um das Prestigegefühl, das sie gibt, zu genießen."

Deutlich wird hier der Politik-Begriff instrumentalisiert, auf die Mittel reduziert, zum anderen auf die Machtproblematik konzentriert; andere Gesichtspunkte finden – als wissenschaftlich irrelevant – keine Beachtung mehr. Die Wirkung des Max Weberschen Politik-Begriffs läßt sich in nahezu allen modernen politikwissenschaftlichen oder soziologischen Definitionen von Politik wiedererkennen; so nicht zuletzt auch in dem Titel eines bekannten Buches des amerikanischen Politologen Laswell: „Who Gets What, When, How?"

Nun kann es keinen Zweifel darüber geben, daß Politik mit Macht, Machterwerb und Machtbehauptung zu tun hat; es ist jedoch etwas anderes, wenn man Macht zum zentralen oder gar einzigen Merkmal des Politischen erhebt. Das hat zur Folge, daß der Politik-Begriff, allein auf Macht bezogen, auf nahezu alle soziale Beziehungen ausgeweitet wird; denn in nahezu allen sozialen Beziehungen wird sich Macht beobachten lassen: nicht nur in öffentlichen, sondern auch in privaten Verhältnissen. M. Weber selbst hat den Macht-Begriff als „amorph" bezeichnet und damit auf diese weite Streuung der Macht im sozialen Bereich hingewiesen. Braucht man diesen amorphen Macht-Begriff als konstitutives Merkmal des Politischen, so wird entsprechend nahezu jede soziale Beziehung in diesem Sinne „politisch" und das Ziel, ein begriffliches Merkmal zu gewinnen, durch das die Differenzierung politischer von sozialen Phänomenen möglich wird, fällt dahin. Hier liegt eine der Schwächen des „realistischen" Politik-Begriffs, der in dieser Hinsicht der Ergänzung durch weitere charakterisierende und spezifizierende Merkmale des Politischen bedarf.

Das Freund-Feind-Kriterium des Politischen

Als ein bestimmter Unterfall dieses realistischen Politik-Begriffs ist im deutschen Bereich seit dem Ausgang der Weimarer Republik eine Bestimmung des Politischen sehr einflußreich gewesen, für die die Unterscheidung in Freund und Feind konstitutiv ist und die eng mit dem Namen des Staatsrechtlers Carl Schmitt verbunden ist. Carl Schmitt hat 1932 in seiner Schrift „Der Begriff des Politischen" folgende Bestimmung des Politischen gegeben:

„Die spezifisch politische Unterscheidung, auf welche sich die politischen Handlungen und Motive zurückführen lassen, ist die Unterscheidung von *Freund* und *Feind*. Sie gibt eine Begriffsbestimmung im Sinne eines Kriteriums, nicht allerschöpfende Definition oder Inhaltsangabe. Insofern sie nicht aus anderen Kriterien ableitbar ist, entspricht sie für das Politische den relativ selbständigen Kriterien anderer Gegensätze: Gut und Böse im Moralischen, Schön und Häßlich im Ästhetischen usw. Jedenfalls ist sie selbständig, nicht im Sinne eines eigenen neuen Sachgebiets, sondern in der Weise, daß sie weder auf einem jener anderen Gegensätze oder auf mehreren von ihnen begründet, noch auf sie zurückgeführt werden kann" (26/27). Und weiter: „Feind ist nur der *öffentliche*

Feind [...] Den Feind im politischen Sinne braucht man nicht persönlich zu hassen, und erst in der Sphäre des Privaten hat es einen Sinn, seinen „Feind“, d. h. seinen Gegner, zu lieben [...] Der politische Gegensatz ist der intensivste und äußerste Gegensatz und jede konkrete Gegensätzlichkeit ist um so politischer, je mehr sie sich dem äußersten Punkt, der Freund-Feindgruppierung, nähert“ (29/30).

Wie jedem anderen, so liegt auch diesem Politikverständnis ein bestimmtes Menschenbild zugrunde. Interessant ist, daß Carl Schmitt in seiner Schrift über den „Begriff des Politischen“ den allgemeinen (und damit auch für seine eigene Theorie geltenden) Satz aufstellt, „daß alle echten politischen Theorien den Menschen als ‚böse‘ voraussetzen, d. h. als keineswegs unproblematisches, sondern als ‚gefährliches‘ und dynamisches Wesen betrachten“. Er verweist dabei nicht zufällig u. a. auch auf Thomas Hobbes, der bekanntlich seine politische Theorie auf den natürlichen feindlichen Gegensatz zwischen den Menschen aufbaut und vom „Krieg aller gegen alle“ („bellum omnium contra omnes“) und vom „Menschen als Wolf des Menschen“ („Homo homini lupus“) spricht. Diese (pessimistische) anthropologische Prämisse liegt auch dem Freund-Feind-Kriterium des Politischen, das eigentlich nur ein *Feind*-Kriterium ist, zugrunde.

Hierin ist auch der Hauptgrund zu sehen, weswegen sich die nach 1945 erneuerte Politikwissenschaft in Deutschland mit kaum einem anderen Politikverständnis häufiger und kritischer auseinandergesetzt hat als mit dem von Carl Schmitt. Speziell von dem normativ-ontologischen Ansatz her wurde dem Feind-Kriterium das des Friedens (so etwa bei D. Sternberger: Der Begriff des Politischen) entgegengesetzt.

Der marxistische Politik-Begriff

Erst seit der Mitte der 60er Jahre ist zusätzlich zu den bereits behandelten Politikverständnissen noch ein auf dem Marxismus fußender Begriff des Politischen für die Politikwissenschaft relevant geworden. Diese Tatsache hängt mit der allgemeineren Tatsache zusammen, daß seit dieser Zeit innerhalb der Sozialwissenschaften – speziell auch in der Bundesrepublik – eine starke Rezeption marxistischer Denkelemente stattgefunden hat, die die Theoriebildung in diesen Disziplinen bedeutend beeinflußt hat. Es ist dabei sogleich darauf aufmerksam zu machen, daß Marxismus in diesem Zusammenhang in verschiedenen Varianten wirksam wurde – einmal als orthodoxer Marxismus mit betonter Anlehnung an den offiziellen Marxismus-Leninismus der Sowjetunion und der anderen sozialistischen Staaten, zum anderen als neomarxistische Strömungen, von denen die „Kritische Theorie“ der Frankfurter Schule um Horkheimer, Adorno und Habermas von besonderem Gewicht ist.

Trotz beachtlicher Differenzen im einzelnen lassen sich gewisse allgemeine und gemeinsame Züge an diesem Politikverständnis feststellen: zunächst, daß Politik im Rahmen einer umfassenden materialistischen Gesellschafts- und Geschichtstheorie verstanden wird und von diesem Bezugsrahmen ihre Deutung erfährt; zum andern (und spezieller), daß Politik in diesem Denken eine abgeleitete Größe darstellt, die auch nicht isoliert, sondern nur im Zusammenhang und mit Rückbezug auf die sozioökonomischen Verhältnisse angemessen analysiert und verstanden werden kann.

Hier sei zunächst der Politik-Begriff des orthodoxen Marxismus etwas näher bestimmt. Politik ist nach diesem Denksystem „eine soziale Erscheinung, die mit den Klassen und dem Staat notwendig entsteht, mit diesen sich entwickelt und vergeht. Sie wird jeweils durch die jeweilig herrschenden Produktionsverhältnisse und dementsprechende Klassenbeziehungen bestimmt. Die Ziele und Aufgaben, die von einer Klasse im eigenen Interesse verfolgt werden, drücken den Klassencharakter aus und sind Inhalt der Politik. Diese Ziele und Aufgaben bestimmen die Methoden und Mittel, die Art und Weise und die Formen des politischen Kampfes. Die Politik umfaßt nicht nur die Verhältnisse und Beziehungen der Klassen und Schichten innerhalb eines Staates (Innenpolitik), sondern auch die Verhältnisse und Beziehungen zwischen den Staaten und Nationen (Gebiet der Außenpolitik), wobei die Außenpolitik im wesentlichen die Fortsetzung der Innenpolitik ist. Sie umfaßt auch die politische Ideologie.

Die Politik der historisch überlebten Klassen – in unserer Epoche die Politik der imperialistischen Bourgeoisie – wirkt gegen den gesellschaftlichen Fortschritt. Die Politik der von der marxistisch-leninistischen Partei geführten Arbeiterklasse ist im Unterschied zur Politik aller bisherigen Klassen eine Politik zur eigenen Befreiung und zugleich zur Befreiung der Menschheit von Ausbeutung, Krisen und Kriegen und zur Gestaltung der sozialistischen und kommunistischen Gesellschaft.“[2]

Politik – so hat Lenin einmal festgestellt – „das ist der Kampf zwischen den Klassen“ um die Staatsmacht. Das Wichtigste an der Politik sei „die Teilnahme an den Angelegenheiten des *Staates*, Leitung des Staates, die Bestimmung der Formen, Aufgaben und des Inhalts der Tätigkeit des Staates“. Dieser Leninsche Politikbegriff hat zunächst eine gewisse Ähnlichkeit mit dem von Max Weber; um ihn indes voll zu verstehen, muß man seine Einbettung in die marxistische Klassenkampf- und Ökonomie-Theorie ebenso berücksichtigen wie den Bezug zum historischen Materialismus.

Wichtig ist ferner, daß wir es bei dem orthodoxen marxistischen Politik-Begriff nicht mit einem theoretisch-wissenschaftlichen Begriff, der primär der wissenschaftlichen Analyse politischer Realität dient, zu tun haben, sondern mit einem praktisch-politischen Begriff, der – nach Lenin – eine „Anleitung zum Handeln“ darstellt.

Gerade hierin unterscheiden sich die verschiedenen Ausformungen des Politikverständnisses in den neomarxistischen Theorien der Gegenwart; sie besitzen allesamt ein distanzierteres Verhältnis zur politischen Praxis und stellen sich stärker als analytische Konzeptionen für wissenschaftliche Zwecke dar. Dabei halten sie an den entscheidenden Elementen des Marxismus – seiner Gesellschaftstheorie und seiner Geschichtskonzeption – fest.

Es wird bei der Behandlung der Theorieansätze (weiter unten) noch genauer darauf einzugehen sein, wie in der „Kritischen Theorie" als einer besonders prominenten Variante neomarxistischen Denkens die Kategorien „Geschichtlichkeit" und „Totalität" konstitutive Bedeutung für die Gesellschaftsanalyse und -kritik besitzen; hier ist nur noch anzumerken, daß das Politikverständnis dieser kritischen Theorie ebenfalls entscheidend von den Kategorien „Geschichtlichkeit" und „Totalität" bestimmt wird.

Der Politik-Begriff der modernen empirisch-analytischen Sozialwissenschaften

Eines der leicht einsichtigen Hauptprobleme der bisher referierten Politik-Begriffe liegt in ihrer „Operationalisierung", d. h. in ihrer wissenschaftspraktischen Verwendung als analytische Kategorien im Verfahren wissenschaftlicher Forschung.

Das trifft sowohl für den „normativ-ontologischen" als auch für den „realistischen" Politik-Begriff zu; beide greifen mit Formeln wie „gutes und tugendhaftes Leben", „richtige oder gute politische Ordnung", „Gemeinwohl" oder „Macht" und „Herrschaft" auf Begriffe aus der politischen Alltagssprache zurück, die nur sehr schwer oder überhaupt nicht zu definieren und somit kaum mit eindeutigem Inhalt in der exakten empirisch-analytischen Arbeit verwendbar sind.

Das trifft kaum weniger auch für die verschiedenen Varianten des marxistischen oder neomarxistischen Politikverständnisses zu – etwa für die logisch sehr problematischen Grundkategorien der „Kritischen Theorie", „Geschichtlichkeit" und „Totalität".

Das ist der Grund, warum diesen Politik-Begriffen insgesamt gegenüber von seiten der auf Exaktheit drängenden empirisch-analytischen Sozialwissenschaften immer wieder Bedenken hinsichtlich ihrer forschungspraktischen Brauchbar- und Leistungsfähigkeit entgegengebracht werden. Eine kritische Stimme stehe hier für viele:

„Für Forschungen auf dem Gebiet staatlicher Politik und Verwaltung gibt es gegenwärtig keine unbestrittenen theoretischen Grundlagen. Die Zeit, in der die Praktische Philosophie mit Ethik und Naturrecht als selbstevidenten Ausgangspunkten Fragen und Antworten konturierte, ist vorbei. ‚Macht' wird als Grundbegriff nur noch zögernd genannt und dann nur für einen partiellen Aspekt des Ganzen. ‹Staat› ist eine sehr unbestimmte, analytisch wenig brauchbare Kategorie geblieben mit der Gefahr, daß, ergänzend und verdichtend, Tradition und Vorurteil einfließen. ‹Government› leidet an der entgegengesetzten Schwäche, ins Institutionelle und Organisatorische präzisiert und so nicht mehr aus sich heraus verständlich zu sein".[3]

Aus dieser Problematik heraus wird die Suche der empirischen Sozialwissenschaften nach einem Politik-Begriff, der diese Schwächen vermeidet und einen möglichst hohen Grad an Operationalisierbarkeit im Rahmen sozialwissenschaftlicher Analysen politischer Phänomene aufweist, verständlich. In jüngster Zeit hat sich hier folgende Entwicklung ergeben: „In dieses theoretische Vakuum scheint seit einigen Jahren der Begriff des *politischen Systems* vorzudringen und sich mangels konkurrierender Konzepte rasch auszubreiten. Dies geschieht hauptsächlich in der Form von Modellentwürfen, die verschiedenartige Schemata für Struktur und Ablauf politischer Prozesse zur Diskussion stellen."[4]

Die Verwendung des Begriffs „politisches System" als empirisch-analytische Grundkategorie in der zeitgenössischen Politikwissenschaft signalisiert, daß nunmehr – mit einer gewissen Verspätung gegenüber der Soziologie – auch in der Politikwissenschaft das System-Denken Eingang gefunden hat. Diese Entwicklung ist vor allem mit den Namen von drei amerikanischen Politikwissenschaftlern verbunden, die – von durchaus unterschiedlichen Ansätzen aus – analog zur soziologischen Grundkategorie „soziales System" („social system") für die empirische Erforschung politischer Phänomene die Kategorie „politisches System" („political system") entwickelt haben: David Easton, Karl W. Deutsch und Gabriel A. Almond. Da in einem späteren Zusammenhang noch ausführlich auf diesen systemtheoretischen Ansatz einzugehen sein wird (vgl. weiter unten S. 158 ff.), können wir uns hier auf eine sehr knappe Bestimmung der wichtigsten Aspekte des dem „politischen System" zugrundeliegenden Politikverständnisses begnügen.

Es ist dabei getrennt auf *beide* Elemente des Begriffs – „politisch" und „System" – einzugehen. Der System-Begriff als solcher ist allgemein durch zwei Momente charakterisiert:

a) durch die Interdependenz (Wechselverhältnis) aller Teile. „Als allgemeinstes Merkmal von Systemen wird dabei zunächst angesehen, daß es sich um einen Zusammenhang miteinander verbundener Teile handelt".[5]

b) durch die *Grenze (Abgrenzung)* gegenüber einer komplexen Umwelt. „Man könnte sagen, daß erst die Abgrenzung zu einem Außen ein System zum System macht."[6]

Insofern das Charakteristikum „Interdependenz" sich auf die Binnenstruktur, das Charakteristikum „Grenze", „Abgrenzung" sich auf die Umweltbeziehungen eines Systems bezieht, läßt sich von einem System insgesamt sagen, „daß es ein Ganzes ist, das in einer komplexen und veränderlichen Umwelt seine Identität bewahrt".[7] Diese ganz allgemeine Bestimmung eines Systems gilt ebenso für eine Maschine wie auch von einer Gesellschaft (= soziales System). Sie gilt auch für das *politische System.*

Zu dessen spezieller Definition gehört allerdings noch die Bestimmung dessen, was in diesem Zusammenhang unter „politisch" zu verstehen ist. Obwohl die Bestimmung von „politisch" bei den wichtigsten Theoretikern des „politischen Systems" zumindest was die gewählte Begrifflichkeit angeht nicht einheitlich ist, besteht doch allgemeines Einverständnis darüber, daß das *Politische* am politischen System zunächst mit der *legitimen physischen Zwangsgewalt* in einer Gesellschaft zu tun hat. Damit wird eine der Grundbestimmungen des „realistischen" Politik-Begriffs von M. Weber, hier aber in Kombination mit dem System-Gedanken, übernommen. Wie schon ausgeführt, orientiert sich dieser Politik-Begriff einseitig an den *Mitteln*, nicht den Zielen der Politik. Nicht zuletzt aus diesem Grunde haben die Theoretiker des „politischen Systems" eine lediglich auf die Mittel bezogene Bestimmung des Politischen noch nicht als zureichend empfunden und weitere Bestimmungsmomente angeführt. So hat z. B. D. Easton das politische System durch zwei Elemente charakterisiert:

a) Das politische System sei ein *Entscheidungssystem,* dessen Entscheidungen besondere *Relevanz* haben, da sie die Verteilung von Gütern betreffen. Diese Verteilung geschehe *autoritativ*, da sie in der Regel respektiert werden müsse und das System *Sanktionen* für abweichendes Verhalten bereithalte.

b) Die Sanktionen besäßen Geltung für die *gesamte Gesellschaft.*[8]
Auch diese Bestimmung des Politischen am politischen System ist anderen Interpreten noch nicht hinreichend präzis erschienen, sie haben weitere Präzisierungen versucht, auf die hier nicht im Detail eingegangen werden kann.

Wichtig für unseren Zusammenhang ist, daß der auf der Kategorie des politischen Systems aufbauende Politik-Begriff – das wird die nähere Erläuterung des systemtheoretischen Ansatzes noch bestätigen – gegenüber den anderen Politik-Begriffen, wie sie oben erläutert wurden, den Vorteil einer bedeutend leichteren und effektiveren Operationalisierung besitzt; er kann somit – etwa in der Form eines ausgearbeiteten Modells – unmittelbar zur Grundlage für konkrete empirische Analysen politischer Gesamt- und Teilphänomene sowohl der Innenpolitik als auch der Internationalen Politik verwendet werden. Wie jeder der behandelten anderen Politik-Begriffe, so hat allerdings auch der am politischen System orientierte gewisse Nachteile, von denen die oft kritisierte, allzu starre Statik des System-Modells, an dem dynamische Prozesse des sozialen und politischen Wandels nur schwer darzustellen und zu erklären sind, wohl der wichtigste, aber durchaus nicht absolut unüberwindbare ist.

3. Die forschungsstrategische Funktion und die selektive Wirkung der Politik-Begriffe

Der Überblick über die zeitgenössischen Politik-Begriffe ging nicht auf Vollständigkeit aus; er sollte lediglich mit den *Haupttypen* der heute in der Politikwissenschaft nebeneinander gebräuchlichen Politik-Begriffe bekanntmachen.

Er bedarf jedoch jetzt noch der Ergänzung durch die Erörterung der forschungsstrategischen Funktion und der selektiven Wirkung dieser Politik-Begriffe. Gerade diese selektive Wirkung wird häufig übersehen; gleichwohl ist die Einsicht darin sowohl für die konkrete politikwissenschaftliche Forschung als auch für die kritische Reflexion politikwissenschaftlicher Theoriebildung von außerordentlich großer Bedeutung.

Der Vergleich der betrachteten Politik-Begriffe läßt schnell erkennen, daß durch sie recht verschiedene Apekte der komplexen sozialen Realität hervorgehoben und als „politische" qualifiziert werden: mal ist es die Problematik des „guten Lebens" im praktisch-philosophischen Sinn und der darauf bezogenen „richtigen politischen Ordnung", mal ist es das Problem der Macht, des Machterwerbs und der Machtbehauptung, oder aber das Problem des Klassenkampfes als des Grundgesetzes aller Geschichte, die Feind-Beziehung oder die „autoritative Verteilung von Gütern", die die Grundlage und den Hauptinhalt des jeweiligen Politik-Begriffs ausmachen. Es versteht sich von selbst, daß – gewissermaßen als Kehrseite der Medaille – mit diesen Akzentuierungen einzelner Aspekte der sozialen Realität als „politische" auf der anderen Seite zugleich andere Aspekte abgeblendet und aus der Betrachtung ausgeschlossen werden, somit keine Berücksichtigung bei der Konstitution des Politik-Begriffs finden; z. B. das Problem der normativ verstandenen „guten Ordnung" nicht bei dem „realistischen" Politik-Begriff, das Thema des Klassenkampfes nicht bei dem „normativ-ontologischen" Politik-Begriff. Es gibt natürlich auch gewisse Überschneidungen der Aspekte dieser Politik-Begriffe. Aber gerade in dieser Abblendung oder Ausschließung bestimmter anderer Aspekte und in ihrer Nichtberücksichtigung bei der Konstitution der Politik-Begriffe ist die selektive Wirkung dieser Begriffe begründet.

Nun könnte man versucht sein, diese selektive Wirkung einseitig negativ zu bewerten: als ein spezielles wissenschaftliches *Manko* eben dieser dargestellten Politik-Begriffe, als ein Manko, das sich bei einem *umfassenden* Politik-Begriff vermeiden ließe, insofern dieser das „wirklich Politische" in seinem ganzen Umfang in den Blick brächte und somit den Erkenntnisabsichten der Politikwissenschaft optimal Genüge täte.

Demgegenüber ist jedoch in Erinnerung zu rufen, daß das „Politische", um das es hier geht, nicht einen eindeutig umrissenen, objektiven und somit exakt definierbaren Sach- oder Gegenstandsbereich der sozialen Welt darstellt, von dem es entsprechend einen eindeutigen und objektiv „richtigen" Begriff geben könnte. Vielmehr gilt, daß der Bildung eines solchen Politik-Begriffs jeweils ein auf die soziale Realität gerichteter Erkenntnisprozeß vorausgeht, in dem bestimmte Einzelaspekte oder -phänomene dieser Realität als genuin „politisch" qualifiziert und somit als für den zu bildenden Politik-Begriff konstitutiv erklärt werden. Das bedeutet, daß der Vorgang der Begriffsbildung ein schöpferischer, spontaner Vorgang ist, in dem unweigerlich ein bestimmtes Maß an Subjektivität des Erkennenden in die Begriffsbildung mit eingeht. Es wäre jedoch falsch, hierbei lediglich subjektive Willkür im Spiele zu vermuten. Es ist vielmehr so, daß der Erkennende bei der Bildung eines solchen Politik-Begriffs auf vielfältige Weise durch die untersuchte soziale Realität selbst bestimmt und von ihr sozial, wirtschaftlich, weltanschaulich etc. bedingt ist, und daß diese Bedingungsfaktoren sich auf irgendeine Weise in der Begriffsbildung niederschlagen. Auf diese sozialen Bedingungen der Politik-Begriffe wird im folgenden Abschnitt unter einigen Gesichtspunkten eingegangen werden.

Ein Politik-Begriff der besprochenen Art erweist sich also als das Ergebnis eines komplexen Erkenntnisprozesses; er selber, durch die Selektion bestimmter Aspekte der sozialen Realität konstituiert, wirkt nun seinerseits im weiteren politikwissenschaftlichen Forschungsprozeß wieder selektiv-formend und konstruierend auf die Erkenntnis ein, indem er von vornherein die Aufmerksamkeit lediglich auf bestimmte, von ihm her als relevant definierte Aspekte der sozialen Realität lenkt, andere hingegen unberücksichtigt läßt. Die selektive Wirkung der Politik-Begriffe erweist sich von der Art der Begriffs-Konstitution her gesehen als unvermeidlich.

Von der Einsicht in die Unvermeidbarkeit der Selektionswirkung der Politik-Begriffe her wird man zögern, die gebräuchlichen Politik-Begriffe einfach und leichthin in „richtige" und „falsche" zu klassifizieren. Zwar wird man nicht einem Relativismus der Standpunkte das Wort reden können und die verschiedenen Politik-Begriffe als schlechthin *gleichwertig* bezeichnen wollen.

Man wird vielmehr von zwei Seiten her eine kritische Einschätzung derselben vornehmen können und müssen:

a) Einmal von seiten ihrer praktischen Leistungsfähigkeit und Brauchbarkeit im konkreten Forschungsprozeß her; die schon mehrfach erwähnte Problematik der Operationalisierung oder Operationalisierbarkeit der Politik-Begriffe gehört hierher. Man wird auf diese Frage keine zeitlos-allgemeingültige Antwort finden und damit eine ein für allemal geltende Qualifizierung der Politik-Begriffe vornehmen können, insofern die Brauchbarkeit und Leistungsfähigkeit eines solchen Begriffs vom Politischen her sehr von der speziellen Erkenntnisabsicht im Rahmen eines Forschungsvorhabens abhängt. Hier kommt es darauf an, den unter forschungsstrategischen Gesichtspunkten optimalen, d. h. leistungsfähigsten und brauchbarsten Politik-Begriff auszuwählen und der Forschungsarbeit zugrundezulegen.

b) Andererseits lassen sich jedoch aus einem direkten Vergleich der Politik-Begriffe und der von ihnen an der sozialen Realität als „politisch" hervorgehobenen Aspekte gewisse Kriterien für eine kritische Beurteilung gewinnen. Man wird auf diese Weise feststellen können, daß z. B. der eine Politik-Begriff relativ eng, der andere relativ weit gefaßt ist; daß der eine ganze Dimensionen der sozialen Realität als politisch irrelevant unberücksichtigt läßt, die der andere als besonders konstitutiv betrachtet; schließlich, daß der eine Politik-Begriff Kausalitäten und Abhängigkeitsverhältnisse zwischen einzelnen Aspekten des Politischen herstellt, die von einem anderen Politik-Begriff gerade umgekehrt gesehen werden. Die Problematik, die sich aus dieser qualitativen Verbindung verschiedener Politik-Begriffe oder doch einzelner Elemente aus ihnen zu einem umfassenderen Politik-Begriff, der sowohl der politischen Realität angemessener als auch für die praktische Forschungsarbeit in allen Bereichen der Politikwissenschaft brauchbarer ist, ergibt, wird uns gleich noch näher zu beschäftigen haben.

4. Wissenschafts- und sozialgeschichtliche Bedingungen der Politik-Begriffe

Eine letzte Überlegung sei noch an die Erörterung der Politik-Begriffe angeschlossen. Die behandelten Politik-Begriffe waren unter dem Gesichtspunkt ihrer zeitgenössischen Relevanz ausgewählt worden. Dabei hatte ihre Betrachtung eine Reihe erheblicher Unterschiede sowohl hinsichtlich des Umfangs als auch hinsichtlich der Akzentuierung des Politischen erbracht, so daß die Frage naheliegt, auf welche Weise die beschriebene Pluralität von Politik-Begriffen überhaupt zustande gekommen sein könnte.

Wir haben bereits oben als Erklärung ausgeschlossen, daß hier einfach subjektive Willkür und damit Zufall im Spiele sei, und zugleich darauf hingewiesen, daß der Erkennende, etwa bei der Konstitution eines solchen Politik-Begriffs, vielfältigen Bedingungen ausgesetzt sei.

Diese Problematik soll jetzt unter zwei Gesichtspunkten etwas weiter behandelt werden, wobei einerseits wichtige *innerwissenschaftliche*, andererseits wichtige *außerwissenschaftliche* Bedingungsfaktoren der Politik-Begriffe angeführt werden sollen.

Innerwissenschaftlich, d. h. von seiten der inneren (theoretischen wie methodischen) Entwicklung der Wissenschaft im Allgemeinen, der Politikwissenschaft in diesem Kontext im Besonderen, wird man folgendes allgemeines Bedingungsverhältnis der Politik-Begriffe konstatieren können: Es besteht ein unmittelbar einsichtiger Zusammenhang zwischen der generellen Entwicklung der Wissenschaft seit der Antike und der speziellen Entwicklung der Politikwissenschaft; das hatte bereits der einleitende historische Überblick deutlich gemacht; dem bleibt lediglich noch anzufügen, daß die Politik-Begriffe ebenfalls durch die allgemeine Entwicklung der Wissenschaft bestimmt sind. Wenn z. B. in der Antike und im Mittelalter Wissenschaft weitgehend mit Philosophie identisch ist und Politikwissenschaft als Teil der praktischen Philosophie begriffen wird, so wirkt sich diese epochale Wissenschaftsbestimmung auch determinierend auf den dominanten Politik-Begriff aus, der in diesem Kontext notwendigerweise ein „normativ-ontologischer" Politik-Begriff sein wird. Als dann mit Beginn der Neuzeit das wissenschaftliche Denken allgemein sich unter dem Einfluß der aufkommenden Naturwissenschaften grundlegend wandelte, wirkte sich diese Wandlung – wie wir am Beispiel Hobbes gesehen haben – auch auf die Politikwissenschaft aus; es wurde entsprechend ein neuer, von der naturwissenschaftlichen Methodik weitgehend bestimmter Politik-Begriff in Geltung gebracht, aus dem die normative Dimension der klassischen praktischen Philosophie als wissenschaftlich irrelevant verschwunden war. Ähnliches läßt sich auch von der weiteren Wissenschaftsentwicklung, die einerseits unter dem Einfluß der dialektisch-historischen Philosophie Hegels und der (davon stark bestimmten) Marxschen Geschichts- und Gesellschaftstheorie, andererseits unter dem Einfluß des modernen Positivismus stand, wie er besonders in den empirisch-analytischen Sozialwissenschaften des ausgehenden 19. Jahrhunderts zur Wirksamkeit und Geltung kam, aussagen: jedesmal wurde die Politikwissenschaft charakteristisch umgeformt und zugleich entstanden neue Politik-Begriffe, die dem dominanten Stil der Wissenschaft in diesen Epochen entsprachen.

Stets – so kann man aus diesen Aussagen verallgemeinernd ableiten – hat die Veränderung der herrschenden Wissenschaftsform die Politikwissenschaft und auch die von ihr ausgearbeiteten Politik-Begriffe entscheidend bestimmt und bedingt. Das wäre – grob skizziert – ein *innerwissenschaftlicher* Vorgang, der die Pluralität der zeitgenössischen Politik-Begriffe mit erklären kann, dem wir seinerseits an dieser Stelle keine weiteren, ihn betreffenden sozialgeschichtlichen Erklärungen hinzufügen wollen.

Kaum minder bedeutsam sind indes *außerwissenschaftliche* Bedingungsfaktoren für die Konstitution verschiedener Politik-Begriffe. Ihre Zahl ist groß, so daß eine vollständige Behandlung den Rahmen dieser Einführung sprengen würde. Es sei deswegen an dieser Stelle der Blick lediglich auf einen dieser außerwissenschaftlichen Faktoren gelenkt, den wir für besonders wichtig halten. Gemeint ist die Tatsache, daß der Bereich des Politischen – einmal abgesehen davon, was man im einzelnen darunter verstehen mag –, historischen Modifikationen beträchtlicher Art unterworfen gewesen ist. Das Politische hat im Laufe der Geschichte – wiederum für unseren Zusammenhang seit der Antike – grundlegende Wandlungen durchgemacht, die sich natürlicherweise in den Politik-Begriffen der verschiedenen Epochen widerspiegeln. So war z. B. für Platon und Aristoteles selbstverständlich die griechische Polis ihrer Zeit der Bezugspunkt ihrer politisch-philosophischen Reflexionen; bis heute erinnert der Name „Politik“ an diesen Bezug. Mit dem Ende der politischen Bedeutung der Polis und dem Entstehen weltumspannender Reiche (unter Alexander und dann später als „Imperium Romanum“ etc.) mußte folgerichtig auch die Wissenschaft von der Politik sich auf ein durchaus von der Polis verschiedenes Objekt beziehen. Antike und Mittelalter gemeinsam war Einheit der politischen und sozialen Sphäre; oder anders formuliert: es gab (noch) keine Trennung von Staat und Gesellschaft; die antike und mittelalterliche „bürgerliche Gesellschaft“ (griech. „koinonia politike“, lat. „societas civilis“) war durchaus – im Unterschied zur modernen bürgerlichen Gesellschaft – ein allein politisches Phänomen. Darauf verweisen Begriffe wie „Respublica sive Societas Civilis“. Zugleich waren beide Sphären als Einheit umfassender als heute, insofern das Religiöse oder Kultische als integraler Bestandteil dazugehörte.

Seit der Neuzeit hat sich eine allgemeine Differenzierung dieser Sphären durchgesetzt: der weltlichen von der religiösen oder kultischen (im Vorgang der Säkularisierung), der politischen von der sozialen (im Vorgang der Herausbildung des modernen Staates und der modernen bürgerlichen Gesellschaft). Die Trennung von Staat und Gesellschaft, von politischer und sozialer Sphäre, die für die Neuzeit charakteristisch ist, brachte eine Entgesellschaftung des Politischen (des Staates) und eine Entpolitisierung der Gesellschaft (der modernen bürgerlichen Gesellschaft) mit sich – im deutlichen Unterschied zur klassisch antiken und mittelalterlichen Einheit von politischer und sozialer Sphäre. Für geraume Zeit erweist sich das Politische in der Neuzeit auf das Staatliche reduziert – speziell etwa im absolutistischen Staat. Es kann nicht wundernehmen, daß diese tiefgreifenden Wandlungen der politischen Realität sich auf die Politikwissenschaft und die Konstitution der Politik-Begriffe maßgeblich ausgewirkt haben. So stellt sich zum Beispiel im Werk Machiavellis aufs deutlichste der auf das Staatliche und zugleich Machtmäßige reduzierte

Begriff des Politischen ein, der der Veränderung der politischen Sphäre zu Beginn der Neuzeit weitgehend entspricht.

Erst die bürgerlichen Revolutionen in England (im 17. Jahrhundert) und in Amerika und Frankreich (18. Jahrhundert) sowie deren Auswirkungen auf die anderen europäischen Staaten im Verlauf des 19. Jahrhunderts haben – im Zusammenhang mit dem sukzessiven Prozeß der Demokratisierung – eine allmähliche Wiederverschränkung der politischen (staatlichen) und gesellschaftlichen (und wirtschaftlichen) Sphäre heraufgebracht. Diese und andere tiefgreifende Wandlungen der politischen Struktur in den westlichen Industriestaaten sind natürlich nicht ohne Einfluß auf die Begriffsbildung der Politikwissenschaft geblieben. Und erst in den letzten Jahrzehnten haben sich auf Grund der Kenntnisnahme der sozialen, politischen, wirtschaftlichen und kulturellen Probleme der sog. Entwicklungsländer wiederum tiefgreifende Veränderungen in den Grundbegriffen der Politikwissenschaft ergeben.

Man sieht also – und das zu zeigen, war hier unsere Absicht –, daß als einer der wirksamsten außerwissenschaftlichen Bestimmungsfaktoren der Politik-Begriffe die geschichtlichen Wandlungen des politischen Bereichs selber anzusehen sind. Auf andere Aspekte der Sozialgebundenheit politikwissenschaftlicher Forschung wird im Zusammenhang der Erörterung der Theorie-Ansätze noch einzugehen sein.

5. Dimensionen der politischen Realität

Ein auch nur oberflächlicher Vergleich der von uns behandelten Politik-Begriffe untereinander läßt unmittelbar erkennen, daß durch sie recht verschiedene Aspekte der sozialen Realität als „politisch" qualifiziert werden; einmal ist es das (normativ oder qualitativ verstandene) „gute Leben" und die entsprechende „richtige Ordnung", ein andermal die (realistisch gemeinte) „Macht", die Technik ihres Erwerbs und ihrer Behauptung, zum dritten die „Freund-Feind-Beziehung", ferner der (geschichtsphilosophisch und politökonomisch interpretierte) „Klassenkampf" oder schließlich die (empirisch analysierte) „autoritative Zuteilung von Gütern in einer Gesellschaft", die das Charakteristische und Wesentliche des Politischen ausmachen sollen. Weitere andere Bestimmungen des Politischen kommen vor.

Auch wenn man sich der (positiv zu bewertenden) selektiven Funktion derartiger Politik-Begriffe erinnert, so wird einem doch angesichts so disparater begrifflicher Bestimmungen des Politischen ein Unbehagen und eine Verlegenheit darüber entstehen, ob sich denn diese auf den ersten Blick kaum miteinander zu vermittelnden Antworten überhaupt *auf ein und denselben Tatbestand* beziehen oder nicht vielmehr auf durchaus *verschiedene Realitäten,* für die nur zufällig und willkürlich die gleichlautende Bezeichnung „politisch“ verwendet wird.

Um auf diese wichtige Frage eine zureichende Antwort zu gewinnen, wollen wir im Folgenden festzustellen versuchen, ob sich die in den verschiedenen Politik-Begriffen vorliegenden Aussagen als Aussagen über verschiedene Dimensionen ein und desselben, möglicherweise sehr komplexen Gegenstandes erweisen und erklären lassen oder nicht; wenn ja, dann wird weiter zu fragen sein, in welcher systematischen Zuordnung diese Dimensionen zueinander stehen. Aus einer befriedigenden Antwort auf das Problem der Zuordnung der verschiedenen Dimensionen wird sich schließlich die Frage nach den Konsequenzen oder „Kosten“ ergeben, die sich aus der *Isolierung* einer einzelnen Dimension des Politischen, wie wir sie in den Bestimmungen der behandelten Politik-Begriffe nahezu durchweg doch feststellen können, für die Erkenntnisaufgabe der Politikwissenschaft notwendig ergeben.

Eine Antwort auf die erste Frage, ob sich nämlich die verschiedenen Politik-Begriffe als Aussagen über verschiedene Dimensionen ein und desselben Gegenstandes auffassen lassen oder nicht, kann sich nicht einfach durch ein additives Verfahren, d. h. auf dem Wege der Addition der verschiedenen Politik-Bestimmungen, ergeben. Zwar können wir von den Politik-Definitionen *ausgehen,* dürfen in ihnen aber zunächst kaum mehr als lediglich *Hinweise* sehen, aus denen diese Dimensionen jeweils erst interpretativ erschlossen werden müssen; erst danach kann dann das Problem der *Zuordnung* dieser Dimensionen zueinander erörtert werden.

In der Reihenfolge unserer Behandlung der Politik-Begriffe läßt sich dementsprechend folgendes feststellen:

a) Der *normativ-ontologische* Politik-Begriff weist mit seinen Bestimmungen „gutes Leben“, „richtige Ordnung“ in eine Dimension (regulativer) Ideen, von der her politische Praxis allererst Sinn und Maß empfängt. Wir können hier somit von einer für diesen Politik-Begriff *konstitutiven Dimension der normativen oder regulativen Ideen* sprechen.

b) Der *realistische* Politik-Begriff stellt demgegenüber mit der Bestimmung „Macht“ eine konkrete soziale Beziehung in den Mittelpunkt, die M. Weber so definiert: „Macht bedeutet jede Chance, innerhalb einer sozialen Beziehung den eigenen Willen auch gegen Widerstreben durchzusetzen, gleichviel worauf diese Chance beruht.“[1] Hier wird die zentrale Bestimmung des Politischen von einer speziellen Art sozialer Interaktionen oder Beziehungen – eben den *Macht*beziehungen – abgeleitet. M. Weber spricht wohl auch von Herrschaftsbeziehungen, weil ihm der Machtbegriff „soziologisch *amorph*“ (gestaltlos) und der Herrschaftsbegriff entsprechend präziser ist, als von der „Chance, für einen Befehl bestimmten Inhalts bei angebbaren Personen Gehorsam zu finden“. Entsprechend definiert M. Weber auch den Staat von dieser spezifischen Interaktionsart

„Macht- oder Herrschaftsbeziehung" her als „ein auf das Mittel der legitimen (d. h. als legitim angesehenen) Gewaltsamkeit gestütztes *Herrschafts*verhältnis von Menschen über Menschen".[2] Somit ließe sich hier von einer für diesen Politik-Begriff konstitutiven *Interaktions-* oder *Handlungsdimension* sprechen.

c) Auch die von Carl Schmitt entwickelte Freund-Feind-Bestimmung des Politischen weist in die gleiche Richtung, insofern sie ebenfalls in der Feindschaft eine spezielle Form sozialer Beziehung oder Interaktion zur Grundlage des Politischen erhebt; auch hier ist mithin die Dimension der Handlung oder Interaktion die für das Politische konstitutive Dimension.

d) Mit einer charakteristischen Modifikation trifft dies auch für die marxistische Bestimmung des Politischen als Moment des Klassenkampfes zu; auch dieser Klassenkampf ist ja eine besondere Form der (kollektiven) sozialen Beziehungen oder Interaktionen; die Modifikation gegenüber den voran besprochenen Politik-Begriffen liegt indes darin, daß dieser Klassenkampf im Marxismus letztlich als ein nichteigenständiges, sondern abgeleitetes Phänomen verstanden wird, das auf antagonistische Gegensätze in der ökonomischen Produktionssphäre zurückgeführt wird: auf die Spannung und Auseinandersetzung zwischen den (mehr statischen) Produktionsverhältnissen einerseits und den (mehr dynamischen oder revolutionären) Produktionskräften andererseits; so ist z. B. im „Kommunistischen Manifest" von „der Empörung der modernen Produktionskräfte gegen die modernen Produktionsverhältnisse, gegen die Eigentumsverhältnisse" die Rede. Im strikten Sinn handelt es sich somit beim marxistischen Politik-Begriff gar nicht um eine genuine Bestimmung des Politischen, sondern um die Reduktion des Politischen auf eine *andersartige* Dimension menschlicher Beziehungen, eben auf die des Ökonomischen.

e) Auch der Politik-Begriff der modernen, empirisch-analytisch orientierten Sozialwissenschaften akzentuiert diese Handlungs- oder Interaktionsdimension bei der Bestimmung des Politischen stark. Der Einfluß der Weberschen soziologischen Theorie schlägt sich auch hier darin nieder, daß die Macht- oder Herrschaftsbeziehungen für das Politische konstitutive Bedeutung besitzen. Es treten bei diesem empirisch-analytischen Politik-Begriff je nach Akzentuierung jedoch auch noch andere Dimensionen in Erscheinung, die bisher nicht erwähnt wurden und die ebenfalls als für das Politische konstitutiv erachtet werden: so z. B. *die Dimension der subjektiven Einstellungen oder Attitüden* menschlicher Individuen gegenüber objektiv gegebenen politischen Macht- und Herrschaftsbeziehungen oder normativen Ideen. Diese Dimension der subjektiven Einstellungen oder Attitüden gewinnt dadurch eigenständige Bedeutung für die Bestimmung des Politischen, daß auf ihr der *subjektiv gemeinte Sinn* politischen Verhaltens (etwa von Wählern bei einer Wahlentscheidung) zum

Gegenstand empirisch-analytischer politikwissenschaftlicher Forschung gemacht werden kann.

Schließlich wäre auch noch eine weitere Dimension zu nennen, die ebenfalls – diesmal im Kontext verschiedener Politik-Begriffe, wenn auch mit unterschiedlich starker Akzentuierung – als konstitutiv für das Politische erachtet wird: die *institutionelle* Dimension, oder besser gesagt: die Dimension der Institutionen als der Regelsysteme politischen Verhaltens.

Die Durchmusterung der verschiedenen von uns besprochenen Politik-Begriffe führte uns somit auf mehrere Dimensionen, die alle – wenn auch von verschiedener Seite – als konstitutiv für die Bestimmung des Politischen bezeichnet werden: Die Dimension der normativen oder regulativen Ideen, die Dimension der Macht- oder Herrschaftsbeziehungen, die Dimension der subjektiven Einstellungen und Attitüden und die Dimension der Institutionen.

Handelt es sich nun bei diesen verschiedenen Dimensionen um solche *ein und desselben* Gegenstandes? Oder anders gefragt: sind alle aufgeführten Dimensionen in gleicher Weise und zugleich als konstitutiv für das Politische, den Gegenstand der Politikwissenschaft, anzusprechen? – Wir wollen behaupten, daß dem so ist; d. h. daß das Politische oder die politische Realität als Gegenstand der Politikwissenschaft ein *mehrdimensionales Phänomen* ist, in das die oben aus den verschiedenen Politik-Begriffen nacheinander gewonnenen Dimensionen der normativen Ideen, der Macht- und Herrschaftsbeziehungen, der subjektiven Einstellungen wie der Institutionen integriert sind. Zum Verständnis dieser These ist folgendes weiter auszuführen:

„Die politische Realität als Objekt der Politikwissenschaft hat die Eigentümlichkeit, daß sie sich qualitativ grundsätzlich von den Realitäten unterscheidet, die z. B. Objekt der Naturwissenschaften sind. Oder anders gewendet: für die Politikwissenschaft – aber nicht nur für sie allein, sondern eigentlich für alle Sozialwissenschaften als Wissenschaften vom Menschen – gilt, daß sie sich in ihrem Erkenntnisprozeß nicht auf Gegenstände der Natur, auf einfache Tatsachen der natürlichen Außenwelt bezieht – wie das bei den Naturwissenschaften der Fall ist –, sondern daß sie es je und je mit einer von den Menschen durch gesellschaftliches oder kollektives Handeln bewirkten, von ihnen durch gemeinsame Anstrengung erhaltenen und in diesem Prozeß auf vielfältige Weise beständig und immer wieder aufs neue interpretierten und Sinndeutungen unterworfenen Realität zu tun hat, mit einer Realität also, die – in ihren vorfindbaren und beschreibbaren Strukturen – *objektiv* und – durch den ihr durch die Menschen verliehenen Sinn – *subjektiv zugleich* ist."[3]

Als *objektiv* im Sinne außerweltlich vorfindbarer und beschreibbarer Strukturen sind die oben näher bezeichneten Dimensionen der Macht- und Herrschaftsbeziehungen sowie die der Institutionen zu verstehen, als *subjektiv* entsprechend die der regulativen oder normativen Ideen sowie die der subjektiven Einstellung und Attitüden und des subjektiv gemeinten Sinns.

Beide „Seiten" der politischen Realität, die objektive wie die subjektive, sind in gleicher Weise als konstitutiv für diese Realität anzusehen.[4] Nach diesem Verständnis ist die menschliche Gesellschaft allgemein – als Gegenstandsbereich der Sozialwissenschaften (und damit auch der Politikwissenschaft) – „mehr als (lediglich) eine Tatsache oder ein Ereignis in der Außenwelt, das ein Beobachter wie ein Naturphänomen untersuchen könnte. Zwar ist ihr Außenweltcharakter eine der Komponenten ihres Seins, aber im ganzen ist sie eine kleine Welt, ein Kosmion, von innen her mit Sinn erfüllt durch die menschlichen Wesen, die sie in Kontinuität schaffen und erhalten als Modus und Bedingung ihrer Selbstverwirklichung." Mittel dieser Selbstverwirklichung ist nicht zuletzt „eine hochentwickelte Symbolik in verschiedenen Graden von Kompaktheit und Differenzierung – vom Ritus über den Mythos zur Theorie –; . . . und die Symbole lassen seinen[5] Sinn aufleuchten, indem sie seine innere Struktur, die Relationen zwischen seinen Gliedern und Gruppen von Gliedern sowie auch seine Existenz als Ganzes transparent machen. Die Selbsterhellung der Gesellschaft durch Symbole ist (somit) ein integraler Bestandteil der sozialen Realität, man kann sogar sagen, ihr wesentlicher Bestandteil, denn durch eine solche Symbolisierung erfahren die Menschen die Gesellschaft, deren Glieder sie sind, als mehr denn eine bloße Zufälligkeit oder Annehmlichkeit; sie erfahren sie als Teil ihres menschlichen Wesens."[6]

Mit diesem Aufriß der politischen Realität und ihrer Differenzierung in eine objektive und eine subjektive Seite, wodurch die früher aus den einzelnen Politik-Begriffen erarbeiteten Dimensionen sich durchaus als solche ein und desselben Gegenstandes erweisen, ist zugleich implicite bereits einiges über die weitere Frage der *Zuordnung* dieser Dimensionen zueinander ausgesagt. Insgesamt läßt sich von einer *allseitigen Interdependenz*, d. h. von einer *wechselseitigen Zuordnung* der Dimensionen sprechen.

Das bedeutet, daß die Dimensionen der regulativen Ideen und der subjektiven Einstellungen sowie des subjektiv gemeinten Sinns auf die Dimensionen der politischen Handlungen (Interaktionen) und Institutionen bezogen sind – als den Kontext, in dem sie zur Wirksamkeit gelangen und Modifizierungen erfahren. Der Bezug ist jedoch nicht einseitig in dem Sinne, daß Handlungen und Institutionen regulative Ideen und subjektive Sinnsetzungen determinieren; die regulativen oder normativen Ideen und auch die subjektiven Sinnsetzungen oder -deutungen der an politischen Interaktionen Beteiligten regulieren und normieren durch ihre intersubjektive Geltung und Anerkennung Handlungsabläufe und Interaktionszusammenhänge und legitimieren politische Institutionen. In diesem Sinne erweist sich politisches Handeln durchgängig als sinnerfüllt und -bestimmt und als an intersubjektiv verstandene oder verstehbare Regeln und Leitideen gebunden; ebenso können politische Institutionen als institutionalisierte Regelsysteme kommunikativer Art verstanden werden, als durchgebildete Ensembles von intersubjektiv geltenden Regeln, durch die politische Interaktionen in einer Gesellschaft bestimmt und reguliert werden, und die ihrerseits wiederum von intersubjektiv anerkannten Ordnungskonzeptionen als ihrer Legitimationsgrundlage abhängig sind. Es sei hier noch darauf hingewiesen, daß die regulativen Ideen wie die subjektiven Einstellungen und Sinndeutungen ihrerseits auch wieder mit individuellen und kollektiven Interessen in einem wechselseitigen Verhältnis stehen.

Nimmt man diese allseitige Interdependenz oder die wechselseitige Zuordnung der verschiedenen Dimensionen der politischen Realität in der skizzierten Weise an, so wird man daraus die Folgerung zu ziehen haben, daß eine politikwissenschaftliche Analyse der politischen Realität, die ihrem Gegenstand gerecht werden will, es sich nicht einfach leisten kann, eine Dimension dieser Realität willkürlich von den anderen zu isolieren und als eigenständige und einzige zu traktieren. Sie wird sich vielmehr dieser wechselseitigen Zuordnung der verschiedenen Dimensionen der politischen Realität bewußt sein müssen, kann jedoch bei der Bearbeitung dieser Realität durchaus unterschiedliche Akzente und Schwerpunkte auf einzelne der verschiedenen Dimensionen setzen.

Damit ist auch bereits eine Antwort auf die letzte Frage in diesem Zusammenhang, auf die Frage nach den „Kosten" oder Konsequenzen, angedeutet, die sich aus der (wie wir jetzt sagen müssen: unsachgemäßen) *Isolierung* und *Verabsolutierung* einer einzelnen Dimension des Politischen notwendig für die Erkenntnisaufgabe und -leistung der Politikwissenschaft ergeben: die Isolierung einer einzelnen Dimension der politischen Realität und ihre Verabsolutierung zur einzigen und wesentlichen wird notwendig zu einer Verkürzung des Gegenstandes und damit zum Verfehlen der eigentlichen Erkenntnisaufgabe der Politikwissenschaft führen müssen.

So gewinnt unsere Untersuchung aus dieser Reflexion über die Dimensionen der politischen Realität und ihre Zuordnung nachträglich noch ein Bewertungskriterium für die vorher analysierten Politik-Begriffe. Unabhängig von der Konstatierung ihrer selektiven Funktion wird man jetzt bei ihrer Beurteilung stets danach fragen müssen, inwiefern sie der *Mehrdimensionalität* der politischen Realität überhaupt Rechnung tragen und gerecht werden und nicht vielmehr lediglich eine Dimension des Politischen isolieren und verabsolutieren. Hinsichtlich der oben behandelten Politik-Begriffe darf hier global festgestellt werden, daß nur die wenigsten von ihnen dieser Forderung entsprechen und daher nur eine einseitige und unzureichende Gegenstandskonstitution für diese Wissenschaft leisten, die sich dann notwendig auch nachteilig auf die konkrete Forschungsarbeit auswirken muß.

Die Problematik, die hier von der Seite der Politik-Begriffe angegangen wurde, wird sich in ähnlicher Weise auch von den Theorie-Ansätzen, wie wir sie in der zeitgenössischen Politikwissenschaft antreffen können, ebenfalls stellen. Sie wird damit auch die nachfolgenden Erörterungen zu diesen Theorieansätzen mitbestimmen.

6. Theorie-Ansätze in der Politikwissenschaft

Vorbemerkung

Als erstes wichtiges Charakteristikum der Systematik zeitgenössischer Politikwissenschaft erwies sich die *Pluralität* nebeneinander bestehender und miteinander konkurrierender *Politik-Begriffe.* Hinsichtlich der nun zu behandelnden politikwissenschaftlichen Theorie-Ansätze ist von der gleichen Tatsache auszugehen: die zeitgenössische Politikwissenschaft erweist sich auch durch eine *Pluralität, nebeneinander bestehender und miteinander konkurrierender Theorie-Ansätze* charakterisiert.

Diese Parallelität sollte nicht überraschen; denn zwischen Politik-Begriffen und politikwissenschaftlichen Theorie-Ansätzen besteht ein enger systematischer Bezug, den man in einer ersten Annäherung mit Fr. Naschold allgemein etwa so bestimmen kann: während die Politik-Begriffe das *Außen*-Verhältnis der Politikwissenschaft zur Gegenstandssphäre bestimmen, liegt die Hauptfunktion der Theorie-Ansätze im *Innen*-Verhältnis der Wissenschaft zu sich selbst; genauer heißt das: die Politik-Begriffe haben sich als begriffliche „Kürzel" für die in einem besonderen Erkenntnisprozeß konstituierte Gegenstandssphäre der Politikwissenschaft erwiesen, wobei durch die Akzentuierung oder Selektion verschiedener Dimensionen der komplexen sozialen Realität als „politisch" eben diese Verschiedenheit der Politik-Begriffe zustandekommt. Der Konstituierung der Politik-Begriffe liegt also ein Erkenntnisprozeß zugrunde, in dem – außer den noch zu behandelnden erkenntnisleitenden Interessen – die jeweils grundlegenden Prinzipien und Voraussetzungen in den Politik-Begriff eingehen, die auf der anderen Seite auch für die Theorie-Ansätze konstitutiv sind. Über diese fundamentalen Prinzipien und Voraussetzungen sind somit Politik-Begriffe und Theorie-Ansätze auf die Weise miteinander verbunden, daß zwischen einzelnen Theorie-Ansätzen und Politik-Begriffen eine wesentliche Korrespondenz hinsichtlich dieser Prinzipien und Voraussetzungen besteht; das wird gleich bei der Behandlung einzelner Theorie-Ansätze deutlich werden. Für sich genommen erscheinen die Theorie-Ansätze zudem als verschiedenartige Systeme von Regeln, die den konkreten einzelnen Erkenntnis- und Forschungsvorgang in dem durch den Politik-Begriff bereits vorstrukturierten Gegenstandsbereich des Politischen leiten.

Wir haben somit auch hinsichtlich der Theorie-Ansätze eine Pluralität zu berücksichtigen, die nicht einfach durch eine Differenzierung in „wahre" und „falsche" Theorie-Ansätze zugunsten eines derselben aufgehoben werden kann. Die gegenwärtige Situation in der Politikwissenschaft – und hierin spiegelt diese lediglich die allgemeinere Situation der zeitgenössischen Sozialwissenschaften – ist durch eben dieses Nebeneinander mehrerer verschiedener Theorie-Ansätze bestimmt. Wie schon die Behandlung der Politik-Begriffe, so kann auch die Darstellung der Theorie-Ansätze nicht auf quantitative Vollständigkeit ausgehen; vielmehr müssen wir uns auch hier eine Beschränkung auf die wesentlichen und heute besonders einflußreichen Theorie-Ansätze auferlegen. So gesehen, haben wir es in der zeitgenössischen Politikwissenschaft vornehmlich mit den folgenden *drei* Theorie-Ansätzen zu tun:

1. dem *ontologisch-normativen,*
2. dem *empirisch-analytischen* und
3. dem *dialektisch-historischen.*

Die Reihenfolge, in der diese Theorie-Ansätze hier aufgeführt und anschließend nacheinander behandelt werden, ist weder zufällig-willkürlich, noch soll sie irgendeine Rangfolge oder Bewertung ausdrücken; sie entspricht vielmehr der *historischen Reihenfolge* des Auftretens dieser Theorie-Ansätze in der Politikwissenschaft (vgl. dazu auch den historischen Überblick über die Geschichte der Politikwissenschaft im einleitenden Teil).

Bevor in die Einzelbehandlung dieser drei Theorie-Ansätze eingetreten werden kann, mag es nicht unwichtig sein, darauf hinzuweisen, daß diese drei Theorie-Ansätze allesamt nicht spezifisch und ausschließlich *politikwissenschaftlich* zu nennen sind; sie sind vielmehr charakteristisch für die Systematik der zeitgenössischen Sozialwissenschaften ganz allgemein. Damit erweist sich die Politikwissenschaft in ihrer heutigen Ausformung wissenschaftstheoretisch eindeutig als eine moderne sozialwissenschaftliche Disziplin, die die wissenschaftstheoretischen und -methodologischen Probleme der modernen Sozialwissenschaften unter dem speziellen, auf das Politische eingegrenzten Gesichtspunkt spiegelt. Das gilt in besonderem Maße für den empirisch-analytischen Theorie-Ansatz und seine verschiedenen Varianten, aber auch für den historisch-dialektischen, der ja in der von Hegel und Marx bestimmten Tradition einer allgemeinen Gesellschafts- und Geschichtstheorie entstanden ist; weniger vielleicht heute indes vom normativ-ontologischen Theorie-Ansatz, weil dieser in den anderen modernen Sozialwissenschaften neben der Politikwissenschaft – etwa in der Soziologie – gegenwärtig keine große Rolle mehr spielt.

Der normativ-ontologische Theorie-Ansatz

Über den normativ-ontologischen Theorie-Ansatz wissen die meisten neueren „Einführungen in die Politikwissenschaft" vergleichsweise wenig Aufschlußreiches mitzuteilen, während sie hingegen sowohl dem empirisch-analytischen als auch dem dialektisch-historischen Theorie-Ansatz, insbesondere aber auch der unter dem Titel „Positivismusstreit" bekannten wissenschaftstheoretischen Kontroverse zwischen diesen beiden[1] durchweg viel Raum und Aufmerksamkeit widmen.

Das dürfte vor allem *zwei* Gründe haben: einmal die Tatsache, daß der normativ-ontologische Theorie-Ansatz – wie bereits im historischen Überblick und bei der Erörterung des entsprechenden Politik-Begriffs gezeigt wurde – seiner Herkunft nach auf die griechische Antike und deren klassische Philosophie zurückgeht und seine vorbildlichen Autoren in Platon und Aristoteles hat, die ja zugleich auch als die eigentlichen Begründer der Politikwissenschaft gelten. Eine angemessene Darstellung des normativ-ontologischen Theorie-Ansatzes setzt also einen Rückgriff auf seine antiken Ursprünge voraus, was wiederum ein Eingehen auf den allgemeinen philosophischen Kontext, d. h. auf die Philosophie Platons und Aristoteles, nötig macht. Dies geschieht in der zeitgenössischen Politikwissenschaft allenfalls im Zusammenhang einer mehr dogmengeschichtlich orientierten politischen Ideengeschichte,[2] seltener jedoch im Zusammenhang wissenschaftstheoretischer Erörterungen. Der andere Grund ist darin zu sehen, daß die meisten neueren Einführungen vom Standpunkt entweder des empirisch-analytischen oder des dialektisch-historischen Theorie-Ansatzes geschrieben sind, so daß sich in die Darstellung des normativ-ontologischen Theorie-Ansatzes von vornherein die kritischen Vorbehalte dieser Wissenschaftstheorien gegenüber der normativ-ontologischen deutlich zur Geltung bringen und der normativ-ontologische Ansatz entsprechend selten aus seinen eigenen Voraussetzungen und im Hinblick auf seine spezifische Zielsetzung interpretiert wird.[3] Gerade das aber soll demgegenüber in unserer, notgedrungen auch nur skizzenhaften, Behandlung dieses Theorie-Ansatzes versucht werden. Dazu wird zunächst hilfreich sein, wenn wir trennen zwischen der *klassischen* Variante des normativ-ontologischen Ansatzes und seiner *zeitgenössischen* Variante, und zuerst auf den klassischen Ansatz als den grundlegenden eingehen.

Hier wiederum wird es gut sein, von vorneherein zwei Momente herauszuheben:

1. Daß die politische Philosophie Platons und Aristoteles' in einem sehr konkreten, genauer gesagt: *zeitkritischen* Bezug zu der ihr zeitgenössischen griechischen, speziell athenischen Polis und ihren praktisch-politischen Ordnungsproblemen stand, daß sie in einer Zeit entstand, „in der alle politischen Traditionen erschüttert waren und noch keine Tradition politischer Philosophie existierte" (L. Strauss). Mit anderen Worten: „In der Krise der Polis in und nach dem Peloponnesischen Krieg (431–404), die sich am Regime der Dreißig und der (gleichermaßen abgelehnten) restaurierten Demokratie als unüberwindliche Krankheit enthüllt, geht Platon (427–347) – in ständiger Auseinandersetzung mit dem Arete-Begriff der Sophisten und ihren Machtlehren – zu einer radikalen Kritik der herrschenden politischen Gesinnung über, die die Ursache der Zerrüttung und Ordnungslosigkeit in einer falschen Auffassung von Mensch und Gesellschaft aufdeckt. Gegenüber der Gefangenheit in Machtpolitik und egozentrischer Selbstbehauptung fordert er ein grundsätzliches Umdenken des Menschen, seine Öffnung gegenüber der in den Ideen auffindbaren Ordnung des Seins und seine Zuwendung zum ‚Wissen des Guten'."[4]

2. Daß diese zeitkritische Reflexion über den desolaten Zustand der athenischen Polis und die Zerrüttung ihrer geistigen Grundlagen sich im Element einer umfassenden metaphysischen Philosophie vollzieht und aus ihr ihren normativ ontologischen Charakter gewinnt.

Beide Momente sind dergestalt eng aufeinander bezogen, daß man zunächst einmal feststellen darf, daß es sich bei diesem Theorie-Typ keineswegs – wie zeitgenössische Interpretationen mitunter den Eindruck erwecken – um das Produkt eines weltabgewandten, d. h. erfahrungsfremden, rein spekulativen und deduzierenden Philosophierens handelt; vielmehr gilt, daß „die politische Theorie der griechischen Klassik durch die unmittelbare Verbindung zwischen der Philosophie der Politik und dem politischen Leben des Philosophen als *polites*, als Bürger der Polis, in der er lebt und für die er schreibt, gekennzeichnet"[5] ist.

Eindrucksvoll hat Platon diese eigentümliche Theorie-Praxis-Beziehung einmal an seiner persönlichen Entwicklung, zum anderen am Schicksal seines Lehrers Sokrates aufgewiesen. Wie Platon im VII. Brief bekennt, neigte er in jungen Jahren aus Überzeugung dazu, sich „auf die Politik zu werfen" und an der Verwaltung des Staates zu beteiligen. Die konkrete Erfahrung der unmittelbaren Zeitgeschichte – das ist wichtig – jedoch mit den verschiedenen Staats- und Verfassungskrisen und -revolutionen in Athen, vor allem aber der Prozeß und der Tod des Sokrates, insgesamt also der Anblick, „wie alles drunter und drüber ging", erzeugten in ihm eine Art Schwindel und brachten ihn zu der Einsicht, daß für ihn die Übernahme eines Staatsamtes unter diesen Bedingungen mit der Vernunft nicht vereinbar sei. „Ich hörte zwar nicht auf, darüber nachzudenken, wie wohl einmal eine Besserung eintreten könnte auf diesem Gebiete und speziell in der Staatsorganisation, aber für das Handeln wartete ich immer auf den rechten Moment, und schließlich bekam ich in bezug auf alle Staatswesen der Gegenwart den Eindruck, daß sie alle miteinander elend regiert seien." In dieser verworrenen und schwierigen Situation findet Platon für sich schließlich zu der Erkenntnis: „So sah ich mich gezwungen, nur noch die wahre Philosophie anzuerkennen und festzustellen, daß man allein von ihr ausgehend vollständig erkennen könne, worin Gerechtigkeit im Staat und im Privatleben bestehe, und daß wahrhaftig das Menschengeschlecht nicht aus dem Unglück herauskommen würde, bevor ein Schlag wahrer und echter Philosophen an die Staatsverwaltung gelangte, oder dann, bevor die regierenden Kreise in den Städten durch ein göttliches Wunder ernsthaft zu philosophieren begännen."[6]

Bereits aus dieser persönlichen Erfahrung Platons wird erkennbar, welch entscheidende Bedeutung er in der kritischen politischen Situation seiner Zeit der Philosophie für die individuelle wie für die gesellschaftlich-politische Lebensführung beimißt, insofern sie allein für ihn die zentrale Frage nach der Gerechtigkeit im politischen und privaten Leben zu beantworten vermag.

Noch klarer und inhaltlicher wird die Bestimmung der Philosophie – auch wieder mit starkem Bezug auf die Krise der athenischen Polis und ihre erschütterten Grundlagen – in der platonischen Deutung von Leben und Denken des Sokrates expliziert. Die Krise der Polis, die für Platon nicht zuletzt darauf beruhte, daß „unsere Stadt nicht mehr in den Sitten und Lebensgewohnheiten unserer Väter"[7] lebte und diese „uralten heimischen Sitten" ihre die Menschen in ihrem politischen Handeln bestimmende Kraft verloren hatten, erweist sich als der eigentliche Entstehungsgrund dieser neuen politischen Philosophie, insofern Sokrates durch sie gezwungen wird, auf die erschütterten Grundlagen der Polis hin zu reflektieren und nach neuen, solideren Bestimmungsgründen für das politische Handeln und Verhalten des Menschen zu suchen. So sehr zunächst die Poliskrise Erschütterung und Schwanken der Lebensorientierung auslöst, so ist sie doch zugleich auch – positiv genommen – die Chance, aus einem traditional gebundenen Verhalten heraus zur Selbständigkeit des Denkens und Fragen auch gerade in bezug auf die Fundamente der Polis zu gelangen; ebendies ist die eigentümliche Leistung des Sokrates gewesen, und deswegen ist sein Denken für die Begründung einer selbständigen, normativ-ontologisch orientierten Politik-Theorie so entscheidend gewesen. „Mit der Frage ‚Was ist das?', gerichtet auf das Zentrum der Unruhe, auf das dem Menschen und seiner Gemeinschaft Zuträgliche, gewann Sokrates den archimedischen Punkt, der es ihm ermöglichte, die

Polis sowohl aus den Angeln zu heben wie auch neu zu begründen. Politik als Wissenschaft von der Polis konnte erst gedacht werden, nachdem der denkende Sohn der Polis eine Distanz gelegt hatte zwischen sich und dem väterlichen Stadtstaat ... so war nun die Polis vor das Tribunal der Vernunft gefordert. Sie mußte sich dadurch rechtfertigen, daß sie Auskunft gab über ihr Was und Wozu. So begann die Wissenschaft von der Politik."[8]

Näher besehen erweist sich die von Sokrates in der Krisensituation inaugurierte Wissenschaft der Politik mit Notwendigkeit als ein philosophisches Fragen nach dem Wesen des Menschen als dem maßgebenden Bezugspunkt der Polis-Ordnung. Insofern kann man von einem *anthropologischen Prinzip* der platonisch-sokratischen Theorie der Politik sprechen, das einerseits maßgebendes Prinzip der politischen Gesellschaft und ihrer wissenschaftlichen Interpretation, andererseits zugleich auch Grundkategorie der von Sokrates–Platon gegen die bestehende Polis vorgetragenen Gesellschafts- und Staatskritik ist.[9]

Dabei ist wichtig festzustellen, daß Sokrates–Platon das Sein oder Wesen des Menschen nicht einfach als ein statisch oder gegenständlich Gegebenes oder Vorhandenes, als „Beschaffen-Sein", sondern als „Tätig-Sein" denkt – „als eine Weise des Lebens";[10] oder in einer anderen Wendung: „Der Mensch ist für sich selbst als Mensch nicht einfach da, sondern er selbst lebt sich selbst dar. Er setzt das, was für ihn ‚Mensch' heißt, ständig begehrend und wollend in Handlung um."[11] Dabei faßt er alles, was ihm begehrenswert erscheint, als ein Gut auf. „Gut ist also der Inbegriff des vom Menschen Erstrebten oder für ihn Erstrebenswerten." Hier zeigt sich, wie sich für Sokrates–Platon die Frage nach dem Wesen des Menschen, das als auf Güter hin orientiertes Streben oder Tätig-Sein gedacht wird, „unweigerlich in die Frage nach dem, was für den Menschen gut ist," umsetzt. „Die Bestimmung des Guten wird (somit) zum Schlüssel für ein funktionelles Verständnis der menschlichen Natur"[12] und damit auch für den Begriff der wahren Polis. Entsprechend gilt die Hauptbemühung der politischen Philosophie *Platons* der theoretisch-praktischen Erkenntnis des Guten. Insofern jedoch eine einfache Betrachtung aller oder vieler empirischer Fälle, in denen Menschen einzelne verschiedene Güter erstreben, zu keiner allgemeinen Erkenntnis führen kann, kommt es letztlich darauf an, das An-sich-Gute als das letzte und höchste Worumwillen des menschlichen Handelns, von dem alle erstrebenswerte empirischen Güter in ihrer Qualitätsbestimmung abhängig sind, zum Gegenstand und Bezugspunkt des politischen Philosophierens zu machen.

Dieses höchste Gut, das den Gütern vor- und übergeordnet und ihre Rangordnung bestimmend gedacht wird, ist nicht lediglich der gedachte letzte Bezugspunkt menschlichen Handelns wie er durch die Analyse der Güterordnung auf logischem Wege erschlossen wird, sondern die verbindliche und verpflichtende Norm menschlichen Handelns, nach der gehandelt werden *soll*. Es besitzt welttranszendenten, göttlichen Charakter und ist zugleich das höchste Ordnungsprinzip der Wirklichkeit, in der der Mensch lebt, d. h. damit auch der Polis als der menschlichen Lebensgemeinschaft.

Hier wird spätestens offenbar, daß für diesen Theorie-Typ, den Platon aus der Erfahrung der Krise der Polis heraus entfaltet, – wenngleich er von einem anthropologischen Prinzip ausgeht – nicht einfach der Mensch das Maß aller Dinge ist im Sinne des Sophisten Protagoras, sondern im Gegenteil, daß dieses anthropologische Prinzip dadurch, daß ihm in dem höchsten Gut, auf das sich der Mensch in seinem Streben und Handeln hinorientiert, ein zweites Prinzip zugesellt wird, erst seine inhaltliche Bestimmung erhält dergestalt, „daß nicht eine willkürliche Idee vom Menschen als einem weltimmanenten Wesen zum Instrument gesellschaftlicher Kritik wird, sondern die Idee des Menschen, der seine wahre Natur entdeckt hat durch die Entdeckung seiner wahren Beziehung zu Gott.“[13] Das bedeutet, daß das anthropologische Prinzip der sokratisch-platonischen Politik-Theorie letztlich in einem theologischen Prinzip seine Fundierung findet.

Daß das Wissen um diese Beziehung des anthropologischen Prinzips auf ein transzendentes theologisches Prinzip dem Menschen nicht einfach gegeben ist, dafür ist die Krise der Polis und vor allem die Erschütterung ihrer geistigen Grundlagen gerade das beste Indiz, das zugleich offenbart, daß die sophistische These vom Menschen als dem Maß aller Dinge mit die entscheidende Ursache für die geistige und politische Unordnung der Zeit ist. Das Wissen um das Wesen des Menschen und seinen Bezug zur Transzendenz muß vielmehr erst in der philosophischen Reflexion gewonnen werden. Wie dies geschieht und welch verwandelnde Wirkung dieses Wissen auf den Menschen ausübt, dies zu zeigen ist nicht zuletzt der Sinn des bekannten „Höhlengleichnisses“ in Platons „Politeia“ (7. Buch), in dem die *periagogé*, d. h. die Umkehr oder Abwendung vom Schein und der Unwahrheit der menschlich-diesseitigen Welt und die Hinwendung zur Wahrheit der Idee symbolisch dargestellt und die platonische Einsicht formuliert wird, „daß unter dem Erkennbaren als letztes und nur mit Mühe die Idee des Guten gesehen wird; hat man es aber gesehen, so muß man die Überlegung anstellen, daß sie für alles die Urheberin alles Richtigen und Schönen ist ... Sie muß man erblickt haben, wenn man für sich oder im öffentlichen Leben vernünftig handeln will.“ (Politeia, 517b).

Durch diesen von der Frage nach dem Wesen des Menschen ausgelösten Rekurs auf die Idee des Guten gewinnt Platon einerseits den Maßstab zur kritischen Beurteilung der zeitgenössischen Polis, andererseits zugleich auch den Ansatz zur theoretischen Begründung seiner „Polis der

Idee als paradigmatischer Konstruktion einer Sozialordnung ..., in der sein philosophischer Menschentypus Ausdruck finden sollte."[14]

Aristoteles hat sich im Prinzip dieser von Platon grundgelegten normativ-ontologischen Politik-Theorie angeschlossen. Entsprechend beginnen seine beiden politischen Hauptwerke – die „Nikomachische Ethik" und die „Politik" – übereinstimmend mit der These von der Orientierung des menschlichen Strebens und Handelns am Guten. „Jede Kunst und jede Lehre, ebenso jede Handlung und jeder Entschluß scheint irgendein Gut zu erstreben. Darum hat man mit Recht das Gute als dasjenige bezeichnet, wonach alles strebt" (Nik. Eth. 1094,a 1). „Da wir sehen, daß jeder Staat eine Gemeinschaft ist und jede Gemeinschaft um eines Gutes willen besteht (denn alle Wesen tun alles um dessentwillen, was sie für gut halten), so ist es klar, daß zwar alle Gemeinschaften auf irgendein Gut zielen, am meisten aber und auf das unter allen bedeutendste Gut jene, die von allen Gemeinschaften die bedeutendste ist und alle übrigen in sich umschließt. Diese ist der sogenannte Staat und die staatliche Gemeinschaft" (Politik, 1252,a 1ff.).

Wie Platon, so unterscheidet auch Aristoteles – entsprechend den vielen Handlungen, Künsten und Wissenschaften – viele Ziele – Ziele, die sich oft in einem Unter- und Überordnungsverhältnis zueinander befinden können; das Ziel des Handelns aber, „das wir um seiner selbst willen wollen und das andere um seinetwillen", das ist „das Gute und das Beste". Diesem Guten und Besten, dessen Erkennen für das Leben von großem Gewicht ist, ist die „wichtigste und leitendste Wissenschaft" zugeordnet. „Dies scheint die *politische Wissenschaft (epistéme politiké) zu sein*. Denn sie bestimmt, welche Wissenschaften in den Staaten vorhanden sein müssen, welche ein jeder lernen muß und bis zu welchem Grade man sie lernen muß ... Da sie sich also der übrigen praktischen Wissenschaften (= Strategik, Ökonomik, Rhetorik – T. St). bedient und außerdem Gesetze darüber erläßt, was man zu tun und zu lassen habe, so dürfte ihr Ziel die Ziele aller anderen mit umfassen; dann wäre also dieses das Gute für den Menschen *(tó anthrópinon agathón)*. Mag nämlich auch das Gute dasselbe sein für den Menschen und den Staat, so scheint es doch größer und vollkommener zu sein, das Gute für den Staat zu greifen und zu bewahren" (Nik. Ethik, 1094,a 18 ff.).

In anderer, ebenfalls für die Ausbildung des normativ-ontologischen Theorie-Ansatzes wichtiger Hinsicht weicht Aristoteles vom platonischen Konzept politischer Philosophie merklich ab; so wenn er das dem Menschen zugängliche Wissen allgemein unter zwei Gesichtspunkten differenziert:

a) einmal nach dem Gesichtspunkt der jeweiligen *Zielsetzung (telos)*; hier unterscheidet er drei Formen der Wissenschaft: die *theoretische*, die *praktische* und die *poietische*. Dabei zielt die theoretische Wissenschaft auf Wahrheit und Exaktheit, die praktische auf die Tat bzw. das Handeln des Menschen und die poietische auf das Werk oder das Hervorbringen des Werks (Met. E, 1025, b 19 ff.);

b) zum anderen nach dem Gesichtspunkt der erreichbaren Exaktheit oder Wahrheit: „Wir werden uns ... mit demjenigen Grade von Bestimmtheit begnügen müssen, der dem gegebenen Stoffe entspricht. Denn man darf nicht bei allen Fragen die gleiche Präzision verlangen ... (Denn) es kennzeichnet den Gebildeten, in jedem Gebiet nur so viel Präzision zu verlangen, als es die Natur des Gegenstandes zuläßt“ (Nik. Eth. 1094,b 12 ff.; 23 ff.).

Diese zuletzt angeführte Differenzierung ist für die Politikwissenschaft als praktische Wissenschaft insofern bedeutsam, als sie im Vergleich zu den theoretischen Wissenschaften (nur) einen geringeren Grad an Exaktheit oder Wahrheit, das heißt hier nur Wahrscheinlichkeit in ihren Aussagen erreichen kann; und dies aus drei Gründen: „erstens in Rücksicht auf *Absicht und Zweck* der Politik, zweitens in Rücksicht auf die *Materie* der Politik und drittens durch Beboachtung des *Orts* dieser Materie innerhalb der Wirklichkeit und damit zugleich der ihr entsprechenden Wissenschaft innerhalb der Wissenschaft im Ganzen“.[15]

Was das erste, die Zwecke der Politik, betrifft, so stellt Aristoteles fest, „daß jede Untersuchung über das Handeln im *Umriß* und nicht mit mathematischer Genauigkeit geführt werden darf“ (Nik. Eth., 1104,a 1). Für den Bereich der Politik bemüht sich Aristoteles „um eine Wissenschaft eigener Prägung, die nicht nur die Prämissen für die nachfolgende Verwirklichung liefert, sondern die, unbeschadet ihres Charakters als Wissenschaft, durchdrungen und in ihrem eigenen Wesen konstituiert wird von dem zu verwirklichenden Ziel.“[16]

Zum anderen stellt Aristoteles fest, „daß die Untersuchungen sich nach der Materie richten müssen“ (Nik. Eth. 1104,a 4). Daraus folgt für den Bereich der Politik und der Politikwissenschaft: „Im Bereich der Handlungen und des Förderlichen gibt es nichts Stabiles ... Dies gilt schon vom Allgemeinen und erst recht vom Einzelnen, wo sich nichts genau festlegen läßt“ (Nik. Eth. 1104, a 5). Das bedeutet, der Bereich der Politik enthält kein gesetzmäßig notwendiges Geschehen, über das es entsprechend apodiktische Aussagen geben könnte, sondern lediglich „Begebnisse, die gelegentlich auch anders verlaufen können, als die vernünftige Erwartung annimmt. Statt Ursachen anzugeben, muß die Politik sich vielfach mit Tatsachenfeststellung begnügen, und sie erlaubt Aussagen von nur ‚beschränkter Allgemeinheit‘ im Sinne des ‚meist aber nicht immer‘“.

Von der Lokalisierung des Politischen in der Gesamtwirklichkeit her gewinnt Aristoteles schließlich noch ein drittes Kriterium für die Exaktheitsproblematik: „Das Politische gehört in ein Mittelreich zwischen dem

Notwendigen, dem eine streng allgemeine Wissenschaft zugeordnet ist, und dem der Wissenschaft unzugänglichen Reich des Zufalls".[17] Aus dieser Zwischenstellung ergibt sich für Aristoteles auch der spezielle Erkenntnisweg für die Politikwissenschaft: es ist nicht der (von den Prinzipien) „absteigende Weg", sondern der (zu den Prinzipien hinanführende) „aufsteigende Weg" *(epagogé)*.[18]

„Wir dürfen nicht übersehen, daß ein Unterschied besteht zwischen den Untersuchungen, die von den Prinzipien ausgehen, und denen, die zu den Prinzipien hinführen ... Man muß nämlich vom Bekannten ausgehen. Dies ist aber ein Doppeltes: ein Bekanntes für uns und ein Bekanntes an sich. Wir werden wohl mit dem für uns Bekannten anfangen müssen. Darum muß der, der über das Schöne und Gerechte und überhaupt über die politische Wissenschaft hören will, eine gute Lebensführung aufweisen; denn der Ausgangspunkt ist das Daß, und wenn dieses hinreichend sichtbar geworden ist, dann wird es nicht mehr des Warum bedürfen. Wer nun diese Lebensführung besitzt, der kennt entweder die Prinzipien schon oder dürfte sie leicht begreifen" (Nik. Eth. 1095, a 31 ff.).

So gewinnt die politische Wissenschaft durch Aristoteles auf der von Platon begründeten Basis eine Präzisierung und Profilierung, die nicht zuletzt auch ihre Stellung im Gesamtsystem der Wissenschaften betrifft. War politische Philosophie im Denken Platons noch ungeschieden von den anderen Zweigen der Philosophie (Metaphysik, Ethik etc), so besteht die für die abendländische Wissenschaftsentwicklung epochemachende Leistung des Aristoteles gerade in der Ausdifferenzierung des Wissenschaftssystems und dessen Spezifizierung in eine Vielzahl von Spezialwissenschaften. Dabei dient dem Aristoteles die erwähnte Klassifizierung des menschlichen Wissens in theoretisches, praktisches und poietisches Wissen als oberster Gliederungsgesichtspunkt; entsprechend gehören die Metaphysik und verwandte Wissenschaften unter die *theoretischen*, während die politische Wissenschaft unter die *praktischen* Wissenschaften gerechnet wird, wo sie zusammen mit Ethik und Ökonomik die bekannte Trias der praktischen Wissenschaften bildet.

Diese Klassifizierung der Wissenschaften durch Aristoteles entsprechend der Differenzierung des menschlichen Wissens ist nicht nur von musealem Interesse; sie ist deswegen wissenschaftsgeschichtlich gesehen außerordentlich bedeutsam, weil sie im Abendland die Systematik der Wissenschaften das Mittelalter und die Neuzeit hindurch geprägt hat und bis ins 18. Jahrhundert in Geltung geblieben ist; sie hat somit auch die Stellung der Politik als Wissenschaft unter den praktischen Wissenschaften bestimmt. Entsprechend dieser Wissenschaftstradition ist auch – wie vor allem H. Maier in seinen Untersuchungen zur Geschichte der Politikwissenschaft an den deutschen Universitäten vom 16. bis 18. Jahrhundert gezeigt hat – an den Hochschulen gelehrt worden – formal und inhaltlich an den aristotelischen Schriften der praktischen Philosophie, der „Nikomachischen Ethik“ und der „Politik“ vor allem, orientiert.[19]

Aus Motiven, die denen der antiken Anfänge normativ-ontologischer Politiktheorie bei Platon und Aristoteles durchaus vergleichbar sind, hat es im 20. Jahrhundert Versuche zu deren Erneuerung oder Wiederbelebung gegeben, die auch gerade auf die Wiedergründung der Politikwissenschaft in Deutschland nach 1945 einen bestimmenden Einfluß gehabt haben, in jüngster Zeit aber durch die beiden anderen Theorie-Ansätze stark in den Hintergrund gedrängt worden sind.

Dabei wurden vorwiegend *zwei* Argumente immer wieder zur Begründung dieser Erneuerungsversuche angeführt: ein *wissenschaftskritisches* Argument, das den Verfall der Politikwissenschaft und des politischen Denkens für die Gegenwart unter der Wirkung positivistischer Wissenschaftslehre einerseits, geschichtsphilosophisch begründeter Ideologien andererseits beklagt, und ein *zeitkritisch-politisches* Argument, das – unter dem unmittelbaren Eindruck ideologisch begründeter totalitärer Regime im 20. Jahrhundert (faschistischer Nationalsozialismus und kommunistischer Stalinismus) und der Erfahrung des zweiten Weltkrieges – den Verfall der Politik für die Gegenwart feststellt.

Was das wissenschaftskritische Argument näherhin angeht, so spricht z. B. W. Hennis in seinem Buch „Politik als praktische Philosophie“, das er eine „Studie zur *Rekonstruktion* der politischen Wissenschaft“ nennt, davon, „daß die Zurückdrängung philosophischer Orientierung und Problemstellung die desolate gegenwärtige Lage der politischen Wissenschaft charakterisiere.“ Der gegenwärtige Zustand der Politikwissenschaft sei „die Folge des Ausweichens vor aller normativen Bestimmung des politisch zu Fordernden und Aufgegebenen.“ Oder ähnlich an anderer Stelle: „Die politische Wissenschaft hat den sie motivierenden Fragenzusammenhang aus den Augen verloren.“[20]

Nahezu die gleiche Argumentation findet sich bei zwei anderen namhaften Vertretern des zeitgenössischen normativ-ontologischen Theorie-Ansatzes: bei E. Voegelin und L. Strauß. So geht z. B. E. Voegelins programmatische Studie „Die neue Wissenschaft der Politik“ (deutsch 1959) von der These aus, daß in der zeitgenössischen Politikwissenschaft „das Bewußtsein der Prinzipien verlorengegangen“ sei (20); die Politikwissenschaft habe sich entsprechend „von der Zerstörung der Wissenschaft durch den Positivismus, der für die zweite Hälfte des 19. Jahrhunderts charakteristisch war“ zu erholen.

Dabei wird die zerstörerische Wirkung des Positivismus aus zwei Ursachen abgeleitet: aus der weitverbreiteten Annahme, „daß die Methoden der mathematisierenden Wissenschaften von der Außenwelt durch besondere Leistungsfähigkeit ausgezeichnet seien, und daß die anderen Wissenschaften ähnliche Erfolge erzielen würden, wenn sie dem Beispiel folgten“; und aus dem darauf aufbauenden Glauben, „daß die naturwissenschaftlichen Methoden ein Kriterium für theoretische Relevanz lieferten, ... daß eine Erforschung der Wirklichkeit nur dann wissenschaftlichen Charakter habe, wenn sie die Methoden der Naturwissenschaft anwendet; daß die Probleme, die in anderen als naturwissenschaftlichen Termini ausgedrückt werden müssen, Scheinprobleme seien; daß im besonderen metaphysische Fragen, auf die eine Antwort mit den Mitteln der Wissenschaften von Phänomenen der Außenwelt nicht möglich ist, nicht gestellt werden dürfen; daß Seinsbereiche, die der Erforschung mit naturwissenschaftlichen Methoden unzugänglich sind, irrelevant seien; und, in äußerster Konsequenz, daß Seinsbereiche dieser Art nicht existierten.“ (20/21)

Besondere Gefährlichkeit besitzt nach Voegelin die zweite Annahme, „insofern als sie die Theorie der Methode unterordnet und damit den Sinn der Wissenschaft verkehrt.“ (21)

Es ist nicht uninteressant, daß bei der weiteren Verfolgung dieses wissenschaftskritischen Arguments sowohl E. Voegelin als auch L. Strauß und W. Hennis sich jeweils intensiv und kritisch mit der einflußreichen soziologischen Theorie von Max Weber auseinandersetzen, in dessen Werk für sie der sozialwissenschaftliche Positivismus seinen Höhepunkt erlebt.[21]

Eng verbunden mit diesem wissenschaftskritischen Argument erscheint das zeitkritisch-politische, in dem gewissermaßen die praktischen Konsequenzen aus dem Verfall der Politikwissenschaft und ihrer Prinzipien für die Politik gezogen werden und in den Erscheinungsformen totalitärer Massenbewegungen des 20. Jahrhunderts der Verfall der Politik unmittelbar anschaulich konstatiert wird – als Folge eben des Verlusts der politischen Prinzipien.

In einer solchen Situation muß es für diese Autoren doppelt dringlich erscheinen, die verlorengegangenen Prinzipien der Politik für Theorie und Praxis wiederzugewinnen. Dieser Absicht dienen die genannten Arbeiten der führenden Vertreter dieser Theorie-Richtung. Dabei wird übereinstimmend davon ausgegangen, daß diese in praktischer Absicht unternommene Wiederherstellung der Politikwissenschaft – so Voegelin – „nicht ohne Rückgriff auf die platonisch-aristotelische *episteme* möglich sei (12). „Diese Unterscheidung von Wissenschaft *(episteme)* und Meinung *(doxa)*) sowie die rationale Grundlegung der *episteme* durch Analyse ist von Platon und Aristoteles geleistet worden. Ihre Gültigkeit ist von Zeit und Ort unabhängig; ihre Wiederherstellung ist nicht das willkürliche Aufgreifen einer historisch bedingten Ansicht, sondern die theoretische *conditio sine qua non* der Politischen Wissenschaft. Der Rückgriff betrifft also die theoretische Grundlegung der Wissenschaft von menschlicher und gesellschaftlicher Ordnung, nicht etwa die besondere Form einer Theorie der Polis, die sie angenommen hat ... Die Schöpfung der Politischen Wissenschaft durch Platon und Aristoteles ist möglich geworden durch die ontologische Einsicht, daß der Mensch an allen Seinsbereichen, vom anorganischen bis zum geistigen, teilhat. Die Ratio des Menschen, und mit ihr die Ordnung seiner Seele, konstituiert sich durch seine Teilhabe, seine *participatio* an der welt-jenseitigen, göttlichen Ratio. Eine Wissenschaft vom rationalen Handeln des Menschen in Gesellschaft wird dadurch möglich, daß alle untergeordneten und teilhaften Zwecksetzungen des Handelns bezogen werden auf einen höchsten Zweck, auf ein *summum bonum*, d. h. auf die Ordnung der Existenz durch Orientierung am „unsichtbaren Maß“ göttlichen Seins. Die Voraussetzung des Unternehmens, das über bloße Meinungen *(doxai)* zur Wissenschaft *(episteme)* von der Ordnung vordringen will, ist eine durchgearbeitete Ontologie, die alle Seinsbereiche, vor allem den welt-jenseitigen, göttlichen, als real anerkennt und nicht versucht, die höherstufigen Seinsbereiche durch Kausalerklärungen auf niederstufige zu „reduzieren“. Unter Rationalität ist daher die Anerkennung der Seinsverfassung zu verstehen; unter Irrationalität jeder Versuch, Teile der Seinsverfassung von der Betrachtung auszuschließen oder ihre Existenz zu bestreiten.“ (13/14)

Entsprechend der dominanten Orientierung des zeitgenössischen normativ-ontologischen Theorie-Ansatzes auf die Zurückgewinnung der verlorengegangenen *Prinzipien* des Politischen hat sich diese Richtung der Politikwissenschaft vorwiegend auf Probleme der politischen Philosophie und Ideengeschichte konzentriert. Hier liegen – wenn man die Literatur überblickt – ihre großen Leistungen.[22] Schwieriger war es indes, diesen prinzipiellen Standpunkt auch in den anderen Bereichen der Politikwissenschaft – so in der Analyse politischer Systeme oder der internationalen Beziehungen – einzubringen. Hier wird man – selbst bei gutem Willen – nicht viel mehr als Ansätze und Versuche konstatieren können.[23] Als ein programmatischer Entwurf in diese Richtung kann W. Hennis Aufsatz „Aufgaben einer modernen Regierungslehre“ (1965), dessen Ansatz einer Regierungslehre nach den Worten des Verfassers selbst unmittelbar an sein Buch „Politik und praktische Philosophie“ anschließt, verstanden werden; eine systematische Realisierung dieses Entwurfs steht indes noch aus, sieht man einmal von den schon angeführten Einzelstudien von W. Hennis[24] ab.

Insofern also die eigentliche Leistung des zeitgenössischen normativ-ontologischen Theorie-Ansatzes auf dem Gebiet der politischen Philosophie und Ideengeschichte liegt, ist auch zu verstehen, weswegen dieser Theorie-Ansatz in der zeitgenössischen Politikwissenschaft der 70er Jahre nur noch eine untergeordnete Rolle gegenüber dem empirisch-analytischen und historisch-dialektischen spielt: im Verhältnis zu Analysen politischer Systeme und ihrer gesellschaftlichen und ökonomischen Voraussetzungen und Bedingungen sowie der internationalen Beziehungen ist die Beschäftigung mit politischer Philosophie und Ideengeschichte im Vergleich zu den 50er und auch noch frühen 60er Jahren heute stark zurückgegangen.

Der empirisch-analytische Theorienansatz

Im Gegensatz zu den beiden anderen Theorieansätzen, dem bereits behandelten normativ-ontologischen und dem gleich anschließend zu behandelnden dialektisch-historischen, die beide in bestimmten, erkenntnistheoretisch begründeten normativen Positionen wurzeln, klammert der empirisch-analytische Theorieansatz normative Erwägungen als Bestimmungsfaktoren für die Analyse konkreten politischen Geschehens bewußt aus. Er beschränkt sich daher auf die mit „neutralen" Instrumenten erfaßbaren „Objekt-" und „Subjekt"-Aspekte der politischen Realität.[25] Er versucht also, strikt zwischen dem jeweils erkennbaren „Sein" und dem vielleicht für wünschenswert gehaltenen „Sollen" zu trennen. Er nimmt daher in dieser Hinsicht eine andere methodische Grundhaltung ein als die beiden erstgenannten. Das heißt natürlich nicht, daß Wertvorstellungen nicht auch *Untersuchungsgegenstand* empirisch-analytischer Forschung sein können oder daß bei der Auswahl eines zu untersuchenden Problems und der Verwertung der Ergebnisse empirisch-analytischer Forschung nicht auch subjektive Werthaltungen oder normative Erwägungen eine Rolle spielen.[26] Das von den Vertretern dieser Forschungsrichtung aufgestellte Postulat der „Wertfreiheit" empirisch-analytischer Forschungen[27] besagt vielmehr, daß die eigentliche Untersuchung selbst so wenig wie möglich einem vorgefaßten „bias" unterliegen darf, um nicht in nur das eigene bewußte oder unbewußte Wunschdenken bestätigende Aussagen zu verfallen.[28] Wenn auch dies dem *einzelnen* Forscher nicht gelingen mag, so bleibt dies doch Aufgabe der wissenschaftlichen Disziplin insgesamt. Drei einander ergänzende Wege bieten sich an, der Erfüllung dieses Postulats näherzukommen. Zum ersten ist jeder empirisch-analytisch arbeitende Wissenschaftler angehalten, seine eigenen wertenden Prämissen, aber auch die sein Denken möglicherweise bestimmenden individuellen psychologischen und sozialen Einflußfaktoren selbstkritisch zu überprüfen und nicht unkontrolliert in seine Untersuchungsverfahren und ihre Ergebnisse einfließen zu lassen. Zum zweiten ist es ein Gebot sozialwissenschaftlicher Fairness, zur leichteren Überprüfbarkeit empirischer Ergebnisse durch andere, genau wie die jeweils benutzten Quellen auch, die eigenen wertenden Prämissen so weit wie möglich explizit zu machen. Dies schließt die Forderung nach weitgehend deskriptiven Formulierungen, im Gegensatz zur Verwendung einer häufig sehr präskriptiven Sprache durch viele Normativisten, mit ein. Zum dritten schließlich, und das ist letzten Endes wohl das wirksamste Verfahren, unterliegen empirische Untersuchungen bestimmter Sachverhalte immer auch der Kritik durch Fachkollegen. Die verschiedenen subjektiven Wertprämissen, die die einzelnen Wissenschaftler hierbei haben mögen, dienen dabei als gegenseitiges Korrektiv und können dann in einer kritischen, offen geführten Diskussion in ihrem wechselseitigen Einfluß erkannt und „neutralisiert" werden. Dieser nie völlig abgeschlossene Prozeß kann dann zu einem weitgehend inter-subjektiven Konsensus aller mit der jeweiligen Materie befaßten Wissenschaftler als der nächstmöglichen Annäherung an die „objektive" Wahrheit führen. Die auf diese Weise gewonnene intersubjektive Überprüfbarkeit empirisch-analytischer Untersuchungen macht den Kernpunkt der „wissenschaftlichen Methode" aus.[29] Streng wissenschaftlich-logisch kann das jeweils gewonnene Resultat, da es immer auch jeder zukünftigen Kritik gegenüber offen gehalten werden muß, niemals als endgültig „verifiziert" angesehen werden, wenn es auch vielfach empirisch bestätigt wurde. Eine einzelne „Falsifizierung", also Widerlegung einer bestimmten Theorie, führt dagegen zwangläufig zu einer Modifizierung oder gar einem Fallenlassen der ursprünglichen Hypothesen, da diese nunmehr keine Allgemeingültigkeit mehr beanspruchen können.[30] Das heißt allerdings nicht, daß es wissenschaftsstrategisch sinnvoll wäre, sich allein immer nur auf mögliche Falsifizierungen bestehender Theorien zu verlegen oder umgekehrt nach Möglichkeit nur Theorien mit einem Abstraktionsgrad aufzustellen, der eine Falsifikation sehr schwierig macht oder in unabsehbare Fernen rückt.[31] Denn soziale Relevanz und Brauchbarkeit bestimmter Theorien bestimmen sich ja nicht nur aus ihrem abstrakten Wahrheitsgehalt, sondern vor allem auch aus den konkreten Problemen und Nöten einer Gesellschaft oder bestimmter Gruppen, zu deren Lösung die Theorie etwas beitragen soll. Und daß hier normative Erwägungen eintreten müssen, steht für „kritische Rationalisten", bzw., je nach dem auf welcher Seite der Polemik man sich im „Werturteilsstreit" befindet, für „Neo-Positivisten" außer Frage.

Empirisch-analytische Untersuchungsmethoden können zwei verschiedenen Zielsetzungen dienen: Die eine ist historisch („idiographisch") ausgerichtet, d. h. sie versucht, bestimmte einzelne geschichtliche Ereignisse so umfassend und korrekt wie möglich zu beschreiben. Wichtig hierbei ist vor allem eine saubere Quellenanalyse, aber auch ein gewisses „Einfühlungsvermögen" in die Denk- und Handlungsweisen (also der „Subjekt"-Aspekte) derjenigen Personen, deren Handeln man beschreiben will. Dieser letztgenannte Gesichtspunkt ist vor allem unter dem Begriff „Hermeneutik" bekannt geworden.[32] Ziel ist in jedem Fall die möglichst getreue Beschreibung eines einzelnen, in Raum und Zeit genau festgelegten und abgeschlossenen Ereignisses, also z. B. Verlauf und Ausgang einer

Schlacht und die hierfür wichtigen Hintergründe, aber auch z. B. die Entstehung und der genaue Wortlaut der „Magna Charta“ u. ä. Wissenschaftlichen Charakter erhält dieses Vorgehen dadurch, daß es sich dem Postulat der wissenschaftlichen Methode nach der intersubjektiven Überprüfbarkeit der Ergebnisse unterwirft. Im Gegensatz hierzu steht eine *systematische* („nomothetische“, d. h. theorie- und gesetzbildende) Zielsetzung, und nur mit dieser haben wir es in diesem Zusammenhang zu tun. Sie ist für die sogenannten „Erfahrungswissenschaften“ kennzeichnend, also im Bereich der Sozialwissenschaften z. B. für die Soziologie, die Nationalökonomie, aber auch die empirisch-analytischen Bereiche der Politikwissenschaft usw. Hier wird nicht mehr versucht, Einzeltatbestände möglichst korrekt zu erfassen und zu beschreiben, sondern aus der Fülle von Einzelphänomenen heraus verallgemeinernde Aussagen über gewisse Regelmäßigkeiten und „Gesetzmäßigkeiten“ in diesen Abläufen zu treffen, die für in Raum und Zeit genauer definierte weitere Bereiche Gültigkeit haben oder sogar, im Extremfall, als universell anzusehen sind. Geschichtliche Ereignisse liefern hierzu als „Steinbruch“ nur die notwendigen empirischen Daten. Aussagen über bestimmte Gesetzmäßigkeiten erlauben dann auch innerhalb definierbarer Grenzen bestimmte Prognosen, zumindest über die Wahrscheinlichkeit des Eintretens bestimmter Sachverhalte.[33] Die einzelnen Schritte, die hierbei zu einer Theorie- bzw. Gesetzbildung führen und die grundsätzlich für alle Erfahrungswissenschaften Gültigkeit haben, bauen dabei wie folgt aufeinander auf:[34]

1. *Vortheoretische Überlegungen:* Diese beziehen sich auf alle Vorgänge, die die Erfassung und Aufstellung eines „Problems“ betreffen. Neben der für jeden Forscher wichtigen Aufgabe, sich über seine eigene Motivation für die Bearbeitung bestimmter Problemstellungen Rechenschaft abzulegen, umfassen diese vor allem: eine klare Formulierung des Problems (z. B. „was sind die wichtigsten Determinanten des Wählerverhaltens?“), eine deutliche Abgrenzung des Forschungsgegenstandes, sowohl in Raum und Zeit, als auch inhaltlich (z. B. BRD von 1949 bis 1969, Wählerverhalten bei Bundestagswahlen), eine Zergliederung und Klassifizierung der Problemelemente (z. B. Einordnung in ein Systemmodell parlamentarischer Demokratie), also hier nach den Funktionen der „Interessenartikulierung“ und „-aggregierung“ und den diese im einzelnen inhaltlich und strukturell näher bestimmenden Elementen.[35]

2. *Hypothesenbildung:* Diese besteht in der Aufstellung bestimmter, aufgrund der vortheoretischen Überlegungen und anderweitig gemachter Erfahrungen, plausibel erscheinender Annahmen über den Einfluß bestimmter Faktoren auf das zu erklärende Phänomen. Der Einfluß der verschiedenen möglichen Variablen (x_1, x_2, etc) auf die abhängige Variable (y), wird hierbei sowohl qualitativ als auch, wenn möglich, quantitativ in bestimmter Weise postuliert (z. B. „das Wählerverhalten in der

BRD ist vom Einkommen der betreffenden Personen abhängig"). Diese Hypothese ist, wenn sie in dieser ausschließlichen und allgemeinen Form aufgestellt wird, leicht falsifizierbar, da auch andere Faktoren, wie Religionszugehörigkeit, Alter, Wohnort, Geschlecht, Bildungsniveau usw. einer Person eine Rolle spielen. Der Grad der Unabhängigkeit dieser verschiedenen Variablen und das Ausmaß, zu dem sie die beobachtete Variationsbreite („Varianz") der tatsächlich zu beobachtenden Fälle erklären können, muß daher mit komplexeren Hypothesen erfaßt werden.

3. *Operationalisierung:* Um empirisch-analytisch brauchbar zu sein, müssen Hypothesen dann in konkret handhabbare empirische Werkzeuge umgesetzt („operationalisiert") werden. Zur Ermittlung des Einkommens einer Person kann man z. B. eine Tabelle zur Selbsteinschätzung bei einer repräsentativen Umfrage („survey") aufstellen. Für die korrekte Umsetzung der Hypothese von Bedeutung sind hierbei vor allem die gewählten Kategorien (z. B. Monatseinkommen zwischen DM O und 499,–; 500,– und 999,– usw.), aber auch die Beurteilung der Frage, ob die Interviewten sich korrekt einstufen u. ä. Daher muß auch die *Validität* („Gültigkeit") des Instruments getestet werden, z. B. durch eine Überprüfung mit Angaben beim Finanzamt, durch eine Beurteilung des Lebensstandards der Befragten (als eine Art „face validity") usw. Darüber hinaus muß dann die Zuverlässigkeit („reliability") dieses Verfahrens geprüft werden, also die Frage, ob bei wiederholten Untersuchungen mit demselben Instrument in gewissen Grenzen identische Ergebnisse erzielt werden. Solche Validitäts- und Zuverlässigkeitstests sind im Hinblick auf das Einkommen einer Person noch relativ einfach. Viel schwieriger gestalten diese sich z. B. bei Fragen zu politischen Einstellungen („Attitüden") u. ä.[36]

Bei der Operationalisierung bestimmter Hypothesen können daher immer ein gewisser Unschärfegrad und Verzerrung gegenüber der ursprünglichen Problemstellung auftreten, die es so weit wie möglich, wozu wiederum bestimmte „Tests" der Instrumente dienen mögen, auszuschalten gilt.

4. *Die eigentliche Theoriebildung:* Die systematische Überprüfung operationalisierter Hypothesen an konkreten empirischen Sachverhalten kann dann zur Aufstellung von „Theorien" führen. Als allgemeinste Definition kann man eine Theorie als ein System allgemeiner Sätze zur Erklärung von Einzelphänomenen verstehen. Sie dient also dazu, eine Erklärung dafür zu geben, warum sich zwei oder mehr Faktoren unter bestimmten Bedingungen und in bestimmter Relation miteinander verändern und unter welchen Bedingungen ähnliche Phänomene zu erwarten sind. Sie besteht also immer aus genauer angegebenen „wenn – dann – Relationen". Ein (nicht zutreffendes!) Beispiel für eine solche, in diesem Fall „deskriptive" (s. u.) Theorie ist z. B. die Aussage: „Das Wahlverhal-

ten in der BRD wird zu 60% vom Einkommen, zu 20% von der Religionszugehörigkeit, zu 10% vom Wohnort und zum restlichen Teil von verschiedenen anderen Faktoren bestimmt." Von „Gesetzen" spricht man dann, wenn eine Theorie eine vielfache Bestätigung gefunden hat. Aber auch diese haben immer nur vorläufigen Charakter, d. h. eine mögliche Falsifizierung, die vielleicht eine Modifizierung der ursprünglichen Theorie nötig macht, kann nie ausgeschlossen werden. In einem etwas abgewandelten Sprachgebrauch kann man „Theorie" auch als den Oberbegriff für eine Vielzahl von „Gesetzen" verstehen,[37] wobei letztere im Sinne bestätigter Einzelhypothesen definiert werden. So faßt z. B. die Newton'sche Gravitations-„theorie" die verschiedenen Kepler'schen „Gesetze" über die Bewegung der Planeten im Sonnensystem in einer einheitlichen Formulierung zusammen. Aber auch im Sinne eines noch nicht bestätigten Systems von Hypothesen, deren „theoretischer" Charakter in diesem Sinne gerade in ihrer Vorläufigkeit besteht, wird der Begriff der Theorie gelegentlich verwendet. Im Gegensatz zu Gesetzen und Theorien, die jeweils allgemeine Aussagen über bestimmte Einzelphänomene zum Inhalt haben, legen „Randbedingungen" den jeweils besonderen Gültigkeitsbereich solcher Aussagen und die Arten der Modfizierungen, die im Einzelfall für die Anwendung eines Gesetzes berücksichtigt werden müssen, näher fest.[38]

Drei Arten von Theorien, die ein unterschiedliches Abstraktionsniveau aufweisen, lassen sich, grob gesprochen, unterscheiden:

1. *Deskriptive Theorien:* Diese stellen relativ simple Verallgemeinerungen bestimmter empirisch ermittelter Tatbestände dar, z. B. des Wahlverhaltens einer bestimmten Bevölkerungsgruppe („Wähler mit einem Monatseinkommen zwischen DM 500,– und DM 1499,– wählen zu 65% SPD"). Hierbei ergibt sich das Problem der „Induktion", d. h. des Schließens von einer Vielzahl von Einzeltatbeständen auf allgemeine Sätze. Im strengen wissenschaftslogischen Sinne ist dies, da auch die simpelste Induktion bereits eine vorgefaßte Fragestellung und Hypothesenbildung und damit ein deduktives Element voraussetzt, nicht möglich.[39] Deskriptive Theorien dieser Art haben daher meist nur einen sehr eng umrissenen Gültigkeitsbereich. Sie sind zwar für die Erklärung bestimmter Einzelprobleme von Nutzen, ihr Erkenntniswert für weiter greifende generalisierende Aussagen bleibt jedoch, wenn sie auf dieser Stufe verharren, gering.

2. *Systematische Theorien:* Empirisch ermittelte Regelmäßigkeiten werden hierbei in Beziehung gesetzt zu stärker abstrahierende theoretischen Annahmen, die auch über die Kausalität der beobachteten Prozesse und nicht nur über ihr bloßes statistisches Zusammenfallen etwas aussagen. Ein Beispiel hierfür sind theoretisch begründete Aussagen über bestimmte Determinanten des Wählerverhaltens, wie z. B. die „Klassenlage" im

Sinne der marxistischen Theorie. Diese erklärt, sofern sie erfahrungswissenschaftlich und nicht dogmatisch verstanden wird, das Eintreten einer bestimmten konkret beobachteten Wählergruppe für eine bestimmte Partei aus der „objektiven Interessenlage“, d. h. der Stellung im Produktionsprozeß, dieser Gruppe. Die Reichweite solcher systematischer Theorien ist erheblich größer als die der erstgenannten und kann eine fruchtbare kumulative empirische Forschung in die Wege leiten.

3. *Deduktive Theorien:* Diese leiten sich aus bestimmten, ihrerseits nicht überprüften Axiomen ab, wie dies z. B. auch für die Mathematik oder viele der naturwissenschaftlichen Theorien gilt. Ein politikwissenschaftliches Beispiel hierfür ist Downs' „Ökonomische Theorie der Demokratie“.[40] Aus der Grundannahme, daß jeder politisch Handelnde versucht, seinen eigenen unmittelbaren politischen Nutzen zu maximieren (analog zur Annahme der Profitmaximierung des „homo oeconomicus“ in der Wirtschaftstheorie), leitet er bestimmte Aussagen, z. B. auch wieder über das Wählerverhalten, ab. Dies erfolgt auf eine strikt logische, oft auch mathematisch formulierte Weise. Über den Realitätsgehalt solcher Theorien ist damit aber noch nichts ausgesagt. In der Tat erweisen sich viele der Axiome solcher Theorien häufig als außerordentlich realitätsfern. Sie sind daher auch in der Politikwissenschaft relativ selten. Gerade durch die „Reinheit“ ihrer Annahmen ermöglichen sie aber oft interessante und in sich konsistente Hypothesenbildungen, an denen dann die Abweichungen der empirischen Realität deutlich gemacht werden können.

Während diese Klassifizierung von Theorien vor allem auf die Art des Vorgehens bei der Theorienbildung und den jeweiligen Abstraktionsgrad in bezug auf die zugrundegelegten Annahmen abstellte, können Theorien auch noch nach ihrem Umfang (z. B. „partiell“ oder „allgemein“ („general“))[41] und ihrer Reichweite (in Raum und Zeit) unterschieden werden.

Am fruchtbarsten für den sozialwissenschaftlichen Bereich sind wohl die systematischen Theorien. Diese können dann u. U. als nützliche „Theorien der mittleren Reichweite“[42] Anwendung finden, also als in Raum und Zeit näher eingegrenzte sozialwissenschaftliche Aussagen mit einem gewissen Abstraktionsgehalt, wie z. B. eine „Theorie des Wählerverhaltens in der BRD“. Diese läßt naturgemäß keine Schlüsse über das politische Verhalten in Deutschland vor 200 Jahren oder über Wählerverhalten in Afrika heute zu, sie erlaubt aber u. U. Rückschlüsse auf das Wählerverhalten in anderen heutigen westlichen Demokratien.

Die Reichweite der Gültigkeit der jeweiligen Theorie kann hierbei jeweils einigermaßen genau angegeben und empirisch überprüft werden. Aus heuristischen Gründen ist dabei im konkreten Fall immer ein Kompromiß nötig zwischen der Genauigkeit und Ausführlichkeit der jeweiligen Aussage einerseits und ihrer Generalisierbarkeit, dem Abstraktionsniveau und ihrer Reichweite andererseits. Weder eine bloße Anhäufung akribisch beschriebener Einzeltatbestände („Materialhuberei") noch inhaltsleere, platte Abstraktionen oder gar Tautologien wie „politische Interessen bestimmen das Wählerverhalten" sind hierbei sinnvoll. Partielle Theorien mit mittlerer Reichweite scheinen daher für die Sozialwissenschaften heute am vielversprechendsten zu sein.

An dieser Stelle konnte nur auf einige grundsätzliche Aspekte des empirisch-analytischen Theorieansatzes eingegangen werden. Innerhalb dieses Ansatzes sind eine Vielzahl spezifischer Theorien entwickelt worden, die sich auf unterschiedliche Sachgebiete beziehen und jeweils unterschiedliche Grade der Abstraktion, des Umfangs, der Reichweite usw. aufweisen. Auf diese wird jeweils im Zusammenhang mit der konkret behandelten Materie (z. B. der Lehre vom politischen System, der vergleichenden Politikwissenschaft, der Behandlung der internationalen Politik usw.[43]) eingegangen.

Der historisch-dialektische Theorie-Ansatz

Der dritte und letzte der hier zu behandelnden Theorie-Ansätze hat sich erst in jüngster Zeit – genauer: seit etwa Mitte der 60er Jahre – im Rahmen der zeitgenössischen Politikwissenschaft in nennenswertem Maße zur Geltung bringen können, hat indes in relativ kurzer Zeit vor allem im Bereich der deutschen Politikwissenschaft, gerade auch unter den jüngeren Fachvertretern, beträchtlichen, wenn nicht sogar entscheidenden Einfluß in Forschung und Lehre errungen.

Auch hierfür waren wieder zwei Gründe bestimmend: ein zeitgeschichtlich-politischer und ein wissenschaftskritischer. Beide werden in einer neuen Einführung in die „Kritische Politikwissenschaft" auf folgende Weise charakterisiert und untereinander in engen Bezug gesetzt:

„Als im Verlauf der sechziger Jahre bis dahin verdeckte gesellschaftliche Widersprüche so offenkundig wurden, daß sie auch die Universitäten erreichten, zeigte sich sehr schnell, daß sie den begrifflichen Rahmen der bislang von Politikwissenschaftlern gestellten Fragen sprengten. Das Paradigma politikwissenschaftlicher Lehre und Forschung erwies sich als zu eng, um die durch eine außerparlamentarische Opposition und antikapitalistische Bewegungen erzeugte Relativierung eines vorwiegend ahistorisch gedachten ‚Regierungs- und Industriesystems' auch nur zu begreifen. Die Fachvertreter waren sprachlos. In dieser Situation begann eine neue Generation von Politologen, sich mit den Voraussetzungen und Grundlagen ihrer Disziplin kritisch auseinanderzusetzen und dabei die erkenntnistheoretischen und gesellschaftspraktischen Beschränkungen der vorherrschenden Wissenschaftsauffassungen von Politikanalyse zu erkennen.

Der ausgelöste, vielfältige Prozeß einer immer noch fortdauernden ideologiekritischen Reflexion hat ergeben, daß Politikanalyse eines neuen Begriffes ihrer erkenntnistheoretischen Grundlagen und damit ihres Erkenntnisgegenstandes sowie eines Bewußtseins von ihrem Erkenntnisinteresse mit seinen Konsequenzen für Forschung und Lehre bedarf, wenn sie ‚zur Erweiterung von Freiheit und Selbstbestimmung in allen Bereichen der Gesellschaft' beitragen will."[44]

Dieses Zitat, das hier nicht auf seine logische Konsistenz und seinen Wahrheitsgehalt zu überprüfen ist, kann als charakteristisch für die Motivation des historisch-dialektischen Theorie-Ansatzes in der Politikwissenschaft gelten; es enthält – wie gleich im einzelnen noch zu zeigen ist – auch bereits die entscheidenden Grundbegriffe dieses Theorie-Ansatzes.

Dabei ist dieser Theorie-Ansatz durchaus nicht neu und hat bereits vorher im Rahmen der Sozialwissenschaften, speziell der Soziologie, eine gewisse, wenn auch durchaus nicht dominante oder zentrale Rolle gespielt, hat aber auch hier in den letzten Jahren eine starke Belebung und Steigerung seiner Wirksamkeit, besonders im Rahmen der Soziologie, erfahren.

Als Theorie-System geht der dialektisch-historische Ansatz in seinen Grundlagen auf zwei maßgebliche und einflußreiche philosophische Theoreme des 19. Jahrhunderts zurück: a) auf die (idealistische) *Geschichtsphilosophie* von Hegel und b) auf die – stark von Hegel her bestimmte – (historisch-materialistische) *Gesellschaftstheorie* von Marx; beide Theoriebereiche wurden im historisch-dialektischen Theorie-Ansatz zu einer Einheit integriert, die jedoch verschiedene Variationen zuläßt.

Aus der Geschichtsphilosophie Hegels hat der dialektisch-historische Ansatz vor allem das Axiom übernommen, daß die Geschichte vernünftig sei und es in ihr vernünftig zugehe. Diese geschichtsphilosophische These Hegels, wie sie vor allem in seinen (späten) „Vorlesungen über die Philosophie der Geschichte" (zuerst 1822/23 gehalten) entfaltet wurde, soll hier durch einige zentrale Zitate näher charakterisiert und in ihrer Konsequenz aufgewiesen werden:

„Der einzige Gedanke, den die Philosophie mitbringt (wenn sie sich der Geschichte zuwendet – T. St.) ist (aber) der *einfache Gedanke der Vernunft*, daß die Vernunft die Geschichte beherrsche, daß es also in der Weltgeschichte vernünftig zugegangen sei."(20)[45] Daß der Begriff „vernünftig" bei Hegel nicht einfach im Verständnis der Alltagssprache zu nehmen ist, sondern auf die Vernünftigkeit der Geschichte als Ganzes abzielt, geht aus einem weiteren Satz hervor: „Es hat sich also erst aus der Betrachtung der Weltgeschichte selbst zu ergeben, daß es vernünftig in ihr zugegangen ist, daß sie der *vernünftige, notwendige Gang des Weltgeistes* gewesen, des Geistes, dessen Natur zwar immer ein und dieselbe ist, der aber in dem Weltdasein diese seine Natur expliziert."(22) So hängt für Hegel der Satz, „die Vernunft regiere die Welt und habe sie regiert, mit der Frage von der Möglichkeit der Erkenntnis Gottes zusammen" (27), und die Betrachtung der Weltgeschichte wird konsequenterweise zur „Theodizee", zur „Rechtfertigung Gottes". „In der Tat liegt mir nirgend eine größere Aufforderung zu solcher versöhnender Erkenntnis als in der Weltgeschichte. Diese Aussöhnung kann nur durch die Erkenntnis des Affirmativen erreicht werden, in welchem jenes Negative zu einem Untergeordneten und Überwundenen verschwindet, durch das Bewußtsein, teils was in Wahrheit der Endzweck der Welt sei, teils daß derselbe in ihr verwirklicht worden sei und nicht das Böse neben ihm sich letztlich geltend gemacht habe." (28) Indes dazu bedarf es nach Hegel der näheren Bestimmung der Vernunft in der Geschichte: „Die Frage, was die Bestimmung der Vernunft an ihr selbst sei, fällt, insofern die Vernunft in Beziehung auf die Welt genommen wird, mit der Frage zusammen, was der Endzweck der Welt sei." (29) Zu dessen näherer Bestimmung ist wichtig zu wissen, „daß unser Gegenstand, die *Weltgeschichte*, auf dem geistigen Boden vorgeht" (29). Somit ist für sie „der Geist und der Verlauf seiner Entwicklung ... das Substantielle" der Weltgeschichte (29). „Der Geist ist ... auf dem Theater, auf dem wir ihn betrachten, in der Weltgeschichte, in seiner konkretesten Wirklichkeit" (29). Die Substanz oder das Wesen dieses Geistes ist für Hegel die Freiheit. „Es ist dies eine Erkenntnis der spekulativen Philosophie, daß die Freiheit das einzige Wahrhafte des Geistes sei." (30)

Freiheit des Geistes wird weiter als Beisichselbstsein gedacht. „Dies (das Beisichselbstsein) eben ist die Freiheit, denn wenn ich abhängig bin, beziehe ich mich auf ein Anderes, das ich nicht bin; ... frei bin ich, wenn ich bei mir selbst bin. Dieses Beisichselbstsein des Geistes ist Selbstbewußtsein, das Bewußtsein von sich selbst" (30).

Nach dieser abstrakten Bestimmung des Geistes kann nach Hegel von der Weltgeschichte gesagt werden, „daß sie die Darstellung des Geistes sei, wie er sich das Wissen, was er an sich ist, erarbeitet. Die Weltgeschichte ist der Fortschritt im Bewußtsein der Freiheit – ein Fortschritt, den wir in seiner Notwendigkeit zu erkennen haben" (32).

Zusammenfassend sagt Hegel: „Es ist also als die Bestimmung der geistigen Welt – ... – als der *Endzweck der Welt* das Bewußtsein des Geistes von seiner Freiheit und eben damit die Wirklichkeit seiner Freiheit überhaupt angegeben worden." (33) Die Freiheit sei sich der Zweck, den sie ausführe, und der einzige Zweck des Geistes. Dieser Endzweck sei das, worauf in der Weltgeschichte hingearbeitet worden, dem alle Opfer auf dem weiten Altar der Erde und in dem Verlauf der langen Zeit gebracht worden (33).

Aufs Ganze gesehen interpretiert Hegel den Gang der Weltgeschichte als einen „Fortgang zum Besseren, Vollkommeneren" und unterstellt eine

„wirkliche Veränderungsfähigkeit, und zwar zum Besseren – einen Trieb zur Perfektibilität" (74).

Dieser „Fortgang zum Besseren" wird von Hegel nicht als gradlinige, aufsteigende Progression vorgestellt, vielmehr ist „die Entwicklung ... im Geist ein harter unendlicher Kampf gegen sich selbst. Was der Geist will, ist, seinen eigenen Begriff zu erreichen; aber er selbst verdeckt sich denselben, ist stolz von Genuß in dieser Entfremdung seiner selbst" (76).

So stellt „die Weltgeschichte" in Hegels Geschichtsdeutung „den *Stufengang* der Entwicklung des Prinzips, dessen *Gehalt* das Bewußtsein der Freiheit ist, dar" (77). Abstrakt faßt Hegel diese (drei) Stufen, die „die Grundprinzipien des allgemeinen Prozesses" sind, auf folgende Weise: „die erste Stufe (ist) das ... Versenktsein des Geistes in die Natürlichkeit, die zweite das Heraustreten desselben in das Bewußtsein seiner Freiheit ... Die dritte Stufe ist die Erhebung aus dieser noch besonderen Freiheit in die reine Allgemeinheit derselben, in das Selbstbewußtsein und Selbstgefühl des Wesens der Geistigkeit" (77).

Diese Zitate aus Hegels „Vorlesungen zur Philosophie der Geschichte" mögen genügen, die geschichtsphilosophische Komponente, die in den historisch-dialektischen Theorie-Ansatz eingegangen ist, an ihrem Ursprung bei Hegel zu charakterisieren.

Aus der historisch-materialistischen Gesellschaftstheorie von Karl Marx hat der historisch-dialektische Theorie-Ansatz einmal das Axiom übernommen, daß – wie Marx im „Kommunistischen Manifest" schreibt – „die Geschichte aller bisherigen Gesellschaft ... die Geschichte von Klassenkämpfen" sei. Dieser von Marx universalhistorisch formulierten axiomatischen Aussage gesellt sich die andere noch hinzu, daß die antagonistischen Klassengegensätze (Klassenkämpfe) ihren Grund in dem „Widerspruch zwischen Produktivkräften und der Verkehrsform" haben.[46] Dieser Konflikt zwischen den (dynamischen) Produktivkräften und den (mehr statischen) Produktionsverhältnissen sei das eigentliche Bewegungsgesetz der Geschichte der menschlichen Gesellschaft. Nirgends hat Marx die theoretischen Grundlagen seines Gesamtsystems und alle dazu entwickelten Grundbegriffe knapper und konziser formuliert als im (stark autobiographischen) Vorwort zur „Kritik der politischen Ökonomie – erstes Heft" (1859). Deswegen sei diese wichtige Stelle hier insgesamt angeführt:

„Das allgemeine Resultat, das sich mir ergab und, einmal gewonnen, meinen Studien zum Leitfaden diente, kann kurz so formuliert werden: In der gesellschaftlichen Produktion ihres Lebens gehen die Menschen bestimmte, notwendige, von ihrem Willen unabhängige Verhältnisse ein, Produktionsverhältnisse, die einer bestimmten Entwicklungsstufe ihrer materiellen Produktivkräfte entsprechen. Die Gesamtheit dieser Produktionsverhältnisse bildet die ökonomische Struktur der Gesellschaft, die reale Basis, worauf sich ein juristischer und politischer Überbau erhebt, und welcher bestimmte gesellschaftliche Bewußtseinsformen entsprechen. Die Produktionsweise des materiellen Lebens bedingt den sozialen, politischen und geistigen Lebensprozeß überhaupt. Es ist nicht das Bewußtsein der Menschen, das ihr Sein, sondern umgekehrt ihr gesellschaftliches Sein, das ihr Bewußtsein bestimmt. Auf einer gewissen Stufe ihrer Entwicklung geraten die materiellen Produktivkräfte der Gesellschaft in Widerspruch mit den vorhandenen Produktionsverhältnissen oder, was nur ein juristischer Ausdruck dafür ist, mit den Eigentumsverhältnissen, innerhalb deren sie sich bisher bewegt hatten. Aus Entwicklungsformen der Produktivkräfte schlagen diese Verhältnisse in Fesseln derselben um. Es tritt dann eine Epoche sozialer Revolution ein. Mit der Veränderung der ökonomischen Grundlage wälzt sich der ganze ungeheure Überbau langsamer oder rascher um. In der Betrachtung solcher Umwälzungen muß man stets unterscheiden zwischen der materiellen, naturwissenschaftlich treu zu konstatierenden Umwälzung in den ökonomischen Produktionsbedingungen und den juristischen, politischen, religiösen, künstlerischen oder philosophischen, kurz, ideologischen Formen, worin sich die Menschen dieses Konfliktes bewußt werden und ihn ausfechten. Sowenig man das, was ein Individuum ist, nach dem beurteilt, was es sich selbst dünkt, ebensowenig kann man eine solche Umwälzungsepoche aus ihrem Bewußtsein beurteilen, sondern muß vielmehr dieses Bewußtsein aus den Widersprüchen des materiellen Lebens, aus dem vorhandenen Konflikt zwischen gesellschaftlichen Produktivkräften und Produktionsverhältnissen erklären. Eine Gesellschaftsformation geht nie unter, bevor alle Produktivkräfte entwickelt sind, für die sie weit genug ist, und neue höhere Produktionsverhältnisse treten nie an die Stelle, bevor die materiellen Existenzbedingungen derselben im Schoße der alten Gesellschaft selbst ausgebrütet worden sind. Daher stellt sich die Menschheit immer nur Aufgaben, die sie lösen kann, denn genauer betrachtet wird sich stets finden, daß die Aufgabe selbst nur entspringt, wo die materiellen Bedingungen ihrer Lösung schon vorhanden oder wenigstens im Prozeß ihres Werdens begriffen sind. In großen Umrissen können asiatische, antike, feudale und modern bürgerliche Produktionsweisen als progressive Epochen der ökonomischen Gesellschaftsformation bezeichnet werden. Die bürgerlichen Produktionsverhältnisse sind die letzte antagonistische Form des gesellschaftlichen Produktionsprozesses, antagonistisch nicht im Sinne von individuellem Antagonismus, sondern eines aus den gesellschaftlichen Lebensbedingungen der Individuen hervorwachsenden Antagonismus, aber die im Schoße der bürgerlichen Gesellschaft sich entwickelnden Produktivkräfte schaffen zugleich die materiellen Bedingungen zur Lösung dieses Antagonismus. Mit dieser Gesellschaftsformation schließt daher die Vorgeschichte der menschlichen Gesellschaft ab."[47]

Damit sind die beiden wichtigsten ideengeschichtlichen Bestandteile des historisch-dialektischen Theorie-Ansatzes im Rückgriff auf Hegel und Marx aufgewiesen und gekennzeichnet; es ist damit zugleich deutlich gemacht, daß wir es beim historisch-dialektischen Theorie-Ansatz mit einem überwiegend marxistischen Theorie-Ansatz zu tun haben, der hinsichtlich seiner gegenwärtigen Erscheinungsformen dadurch bestimmt ist, daß Marxismus heute in verschiedenen Varianten auftritt: als orthodoxer Marxismus in der Gestalt des parteioffiziellen Marxismus-Leninismus der sozialistischen Staaten und als Neomarxismus vornehmlich in westlichen Ländern, der in sich wieder eine Reihe meist nationaler Varianten aufweist, von denen die „Kritische Theorie" der sog. Frankfurter Schule um Horkheimer, Adorno und Habermas, der man auch H. Marcuse zurechnen darf, zu den philosophisch durchgebildetsten und einflußreichsten gehört. Da diese Richtung für die deutsche Politikwissenschaft seit einigen Jahren von besonderer Bedeutung ist, wird sie in unserer weiteren Betrachtung im Vordergrund stehen.

Zunächst ist jedoch noch allgemein hinsichtlich der Auswirkungen der historisch-dialektischen Theorie, wie sie sich aus dem Marxismus herleitet, auf die zeitgenössische Politikwissenschaft mit Kl. v. Beyme festzustellen, daß „die Politikwissenschaft ... bis heute keine eigenständige Disziplin in sozialistischen Ländern ist". Während es in der Sowjetunion zwar eine Vereinigung für Politische Wissenschaft (im Rahmen der „International Political Science Association") gebe, die jedoch überwiegend aus Staatsrechtlern bestehe, und während es lediglich in Polen und der CSSR gewisse Tendenzen gebe, das Fach Politikwissenschaft unabhängig von der Soziologie oder dem Staatsrecht werden zu lassen, sei in keinem sozialistischen Land Politikwissenschaft als Fach an den Universitäten vertreten; am wenigsten entwickelt sei die Politikwissenschaft in der DDR, „wo es nicht einmal eine Vereinigung für die Politologie gibt".[48] Die Gründe dafür faßt v. Beyme auf folgende Weise zusammen: "Vorerst wird die ‚Politologie' noch als ‚bürgerliche Wissenschaft' abqualifiziert, in der ‚umfangreiche empirische Forschungen durchgeführt' werden, ‚die das Ziel verfolgen, die Politik der imperialistischen Bourgeoisie ... zu rechtfertigen'. Neben dieser Ideologiefunktion erfüllt die ‚Politologie' eine praktische Funktion. Sie besteht darin, aufgrund der durchgeführten empirischen Untersuchungen Erkenntnisse für die praktische Politik der imperialistischen Bourgeoisie zum Zwecke der Erhaltung und Festigung ihrer Macht zu liefern. Während in der kritischen Theorie des Westens gerade der mangelnde Praxisbezug kritisiert wird, wurde in der Perzeption der marxistischen Sozialwissenschaftler der Nutzen der Politikwissenschaft zur Akkumulation von Herrschaftswissen stark übertrieben. Als dritte Funktion wird der bürgerlichen Politologie nachgesagt, daß sie letztlich auf die ‚Verbreitung des Antikommunismus' abziele."[49]

Während somit also im Herrschaftsbereich des Marxismus-Leninismus sich bisher keine eigenständige Politikwissenschaft – auch nicht mit Orientierung am historisch-dialektischen Theorie-Ansatz – hat bilden können, haben – wie oben bereits allgemein angedeutet – neomarxistische Richtungen, speziell die „Kritische Theorie", seit Mitte der 60er Jahre einen rasch anwachsenden Einfluß auf die Politikwissenschaft – auch gerade in der Bundesrepublik – gewonnen. Wie aus dem oben mitgeteilten Zitat aus K. Tudyka „Kritische Politikwissenschaft" ersichtlich, war dafür die innenpolitische Krisensituation jener Jahre, die auch die Studentenbewegungen auslöste, auslösendes Moment, so daß auch bei diesem Theorie-Ansatz – ähnlich wie beim normativ-ontologischen in seinen verschiedenen Varianten – ein *zeitkritischer* Aspekt festzustellen ist.

Im Folgenden soll uns jedoch vornehmlich die *systematische Gestalt* dieses Theorie-Ansatzes interessieren; zu diesem Zwecke werden wir zunächst auf die leitenden *Grundkategorien* des historisch-dialektischen Theorie-Ansatzes eingehen; davon verdienen die folgenden drei besondere Aufmerksamkeit: *a) Geschichtlichkeit, b) Totalität* und *c) Dialektik.*

a) Geschichtlichkeit: Eine auch nur knappe Analyse der Kategorie der Geschichtlichkeit im Rahmen des historisch-dialektischen Theorie-Ansatzes darf nicht unterschlagen, daß das Sprachsymbol „Geschichtlichkeit" in der zeitgenössischen Philosophie von recht verschiedenen Strömungen als Bezeichnung für eine Grundkategorie reklamiert und benutzt wird – mit jeweils deutlich unterschiedlichem gedanklichem Inhalt. So muß sich die historisch-dialektische Theorie z. B. den Terminus „Geschichtlichkeit" mit der Existentialontologie M. Heideggers teilen, wo „die Geschichtlichkeit des Daseins als eine konkretere Ausarbeitung der Zeitlichkeit" des Daseins verstanden wird,[50] aber auch mit der (von Heidegger stark beeinflußten) hermeneutischen Philosophie H. G. Gadamers, in der „die Geschichtlichkeit des Verstehens zum hermeneutischen Prinzip" erhoben wird.[51]

Der Begriff „Geschichtlichkeit" steht darüber hinaus in einem engen Bezug zum Verständnis von „Geschichte", wie es z. B. in der Philosophie von I. Kant anzutreffen ist. Geschichte im Sinne von Weltgeschichte erscheint im Denken Kants als regulative Idee mit Erfahrung überschreitendem, transzendentem Sinn, insofern regulative Ideen oberste Gesichtspunkte zur Verarbeitung, Systematisierung des schon verstandesmäßig erschlossenen Erfahrungsmaterials darstellen. „Die (regulativen) Ideen gehen vom Gesichtspunkt des Ganzen, der Totalität, des Unbedingten aus und lenken die Forschung nach diesem hin, um dadurch darzutun, daß keine erreichte Grenze der Analyse und Synthese als letzte, nicht weiter überschreitbare betrachtet werden darf. Das absolute Ganze der Erfahrung ist nicht gegeben, aber es ist dem Denken aufgegeben, sich in die Richtung zu ihm zu bewegen, ohne daß ein Abschluß wirklich möglich ist."[52] Auf die Geschichte bezogen, hat Kant in seiner kleinen Schrift „Idee zu einer Geschichte in weltbürgerlicher Absicht" folgendes ausgeführt:

„Ein philosophischer Versuch, die allgemeine Weltgeschichte nach einem Plane der Natur, der auf die vollkommene bürgerliche Vereinigung in der Menschengattung abziele, zu bearbeiten, muß als möglich und selbst für diese Naturabsicht beförderlich angesehen werden.

Es ist zwar befremdlicher und, dem Anscheine nach, ungereimter Anschlag, nach einer Idee, wie der Weltlauf gehen müßte, wenn er gewissen vernünftigen Zwecken angemessen sein sollte, eine *Geschichte* abfassen zu wollen; es scheint, in einer solchen Absicht könne nur ein *Roman* zustande kommen. Wenn man indessen annehmen darf, daß die Natur, selbst im Spiele der menschlichen Freiheit, nicht ohne Plan und Endabsicht verfahre, so könnte diese Idee doch wohl brauchbar werden; und, ob wir gleich zu kurzsichtig sind, den geheimen Mechanismen ihrer Veranstaltung durchzuschauen, so dürfte diese Idee uns doch zum *Leitfaden* dienen, ein sonst *planloses Aggregat* menschlicher Handlungen, wenigstens im Großen, als ein *System* darzustellen."[53]

Wie wir bereits oben bei der Charakterisierung der geschichtsphilosophischen Traditionskomponente anhand der Hegelschen Geschichtsphilosophie gesehen hatten, geht diese über das Verständnis der Geschichte und Geschichtlichkeit als regulative Idee im Sinne Kants deutlich hinaus, insofern hier die Vernünftigkeit der Geschichte als ein „Fortgang zum Besseren, Vollkommeneren" aufgrund der Annahme eines „Triebs zur Perfektibilität" und der Endzweck der Geschichte im „Bewußtsein des Geistes von seiner Freiheit" gesehen wird.

Diese idealistisch-philosophische Deutung der (Welt-)Geschichte als zielgerichteter Gesamtprozeß ist – in materialistischer Umkehrung – bekanntlich auch gerade für den Marxismus, d. h. zunächst einmal für Marx bestimmend gewesen. Viele Marx-Interpreten weisen darauf hin; so z. B. E. Topitsch: „Besteht für Hegel der Sinn der Weltgeschichte in der Selbstverwirklichung und Selbstbegreifung des Geistes, so liegt er für den atheistischen Feuerbach-Schüler (= Marx, T. St.) in der Verwirklichung des ‚totalen', des ‚tief allsinnigen' Menschen."[54]

Indes läßt sich das Marxsche Geschichtsverständnis nicht lediglich auf diese eine Perspektive einer materialistisch umgedeuteten Hegelschen Geschichtsphilosophie festlegen; es hat vielmehr auch andere, ebenfalls konstitutive Perspektiven, die sich im Marxschen Werk entfalten und die untereinander bemerkenswerte Differenzen aufweisen. Dies in diesem Zusammenhang zu erwähnen, ist deswegen bedeutsam, weil sich die verschiedenen zeitgenössischen Richtungen des Marxismus nicht zuletzt gerade in der Deutung der Geschichte – entsprechend den verschiedenen Deutungen, die sie im Werk von Marx erfährt – unterscheiden.

Mit H. Fleischer lassen sich *drei* Ansätze Marxscher Geschichtsinterpretation unterscheiden:

„1. Der Ansatz beim universalen Sinnbezug: Geschichte ist Werden des Menschen – für den frühen Marx von 1844 noch im Sinne einer idealen Wesensbestimmung gedacht, im späteren Werk von Marx und Engels mehr ‚naturalistisch' als ‚Menschwerdung des Affen', Genesis einer neuen Species (Anthropologischer oder anthropogenetischer Ansatz).

2. Der Ansatz bei der konkret-historischen Praxis der Menschen: Geschichte ist die mehr blinde als zielstrebige Resultante des bedürfnisgeleiteten und situationsbezogenen Handelns der Individuen und Gruppen (Pragmatologischer Ansatz).

3. Der Ansatz bei der objektiven Struktur- und Prozeßlogik des sozialhistorischen Geschehens: Geschichte ist ein gesetzmäßig ablaufender naturhistorischer Prozeß (Nomologischer Ansatz)."[55]

Diese drei Varianten finden sich bei Marx in verschiedenen Arbeiten näher expliziert, die für verschiedene Stufen seines Denkens stehen. Die *erste* findet sich vor allem in den frühen, sogenannten „Pariser Manuskripten" (1844). Geschichte ist hier „ein wirklicher Teil der Naturgeschichte, des Werdens der Natur zum Menschen". Die Weltgeschichte ist „nichts anderes als die Erzeugung des Menschen durch die menschliche Arbeit, als das Werden der Natur für den Menschen". Dabei unterscheidet Marx zwischen der in der Geschichte „werdenden Gesellschaft" und der „gewordenen Gesellschaft"; die letztere „produziert den Menschen (im) ganzen Reichtum seines Wesens, den reichen und tief allsinnigen Menschen als die stete Wirklichkeit". Der Weg dahin führt durch die Entfremdung und ihre Aufhebung; auf diesem Wege werden verschiedene Formen des „Kommunismus" durchlaufen, dessen letzte „die positive Aufhebung des Privateigentums als menschlicher Selbstentfremdung" und damit die „Aneignung des menschlichen Wesens durch und für den Menschen" bringt. Der vollendete Kommunismus, zugleich vollendeter Humanismus und Naturalismus ist „die wahrhafte Auflösung des Widerstreites zwischen dem Menschen mit der Natur und mit dem Menschen, die wahre Aufhebung des Streits zwischen Existenz und Wesen, zwischen Vergegenständlichung und Selbstbetätigung, zwischen Freiheit und Notwendigkeit, zwischen Individuum und Gattung. Es ist das aufgelöste Rätsel der Geschichte und weiß sich als diese Lösung."[56]

Die *zweite* wird in den beiden gemeinsam mit Fr. Engels verfaßten Schriften „Die heilige Familie" (1845) und „Die deutsche Ideologie" (1847) expliziert. Auf dieser Stufe kennen Marx und Engels „nur eine einzige Wissenschaft, die Wissenschaft der Geschichte". Diese Wissenschaft der Geschichte beginnt „da, wo die Spekulation aufhört, beim wirklichen Leben" als „die wirkliche, positive Wissenschaft" mit der „Darstellung der praktischen Betätigung, des praktischen Entwicklungsprozesses der

Menschen". Mit dieser positiven Wissenschaft und ihrer „Darstellung der Wirklichkeit" verliert „die selbständige Philosophie ... ihr Existenzmedium". Oder: „Ganz im Gegensatz zur deutschen Philosophie, welche vom Himmel auf die Erde herabsteigt, wird hier von der Erde zum Himmel gestiegen. ... Es wird von den wirklich tätigen Menschen ausgegangen und aus ihrem wirklichen Lebensprozeß auch die Entwicklung der ideologischen Reflexe und Echos dieses Lebensprozesses dargestellt."

An anderer Stelle der „Deutschen Ideologie" heißt es: „Die Voraussetzungen, mit denen wir beginnen, sind keine willkürlichen, keine Dogmen, es sind wirkliche Voraussetzungen, von denen man nur in der Einbildung abstrahieren kann. Es sind die wirklichen Individuen, ihre Aktion und ihre materiellen Lebensbedingungen, sowohl die vorgefundenen wie die durch ihre eigene Aktion erzeugten. Diese Voraussetzungen sind also auf rein empirischem Wege konstatierbar."

Aus dieser Perspektive ergibt sich für die Geschichte als Weltgeschichte folgendes: „Die Geschichte ist nichts als die Aufeinanderfolge der einzelnen Generationen, von denen jede die ihr von allen vorhergegangenen übermachten Materiale, Kapitalien, Produktionskräfte exploitiert, daher also einerseits unter ganz veränderten Umständen die überkommene Tätigkeit fortsetzt und andrerseits mit einer ganz veränderten Tätigkeit die alten Umstände modifiziert."

Eine geschichtsphilosophische Gesamtkonzeption des Geschichtsverlaufs scheint hier aufgegeben, zumindest tritt sie nicht mehr in Erscheinung. Stattdessen zielt die Geschichtsbetrachtung der „Deutschen Ideologie" mehr auf die „Koordination zwischen den einzelnen Komponenten oder Bereichen gesellschaftlicher Betätigung".[57] Dies kommt vor allem in folgender Stelle zum Ausdruck:

„Diese Geschichtsauffassung beruht also darauf, den wirklichen Produktionsprozeß, und zwar von der materiellen Produktion des unmittelbaren Lebens ausgehend, zu entwickeln und die mit dieser Produktionsweise zusammenhängende und von ihr erzeugte Verkehrsform, also die bürgerliche Gesellschaft in ihren verschiedenen Stufen, als Grundlage der gesamten Geschichte aufzufassen und so sowohl in ihrer Aktion als Staat darzustellen, wie die sämtlichen verschiedenen theoretischen Erzeugnisse und Formen des Bewußtseins Religion, Philosophie, Moral etc., etc. aus ihr zu erklären und ihren Entstehungsprozeß aus ihnen zu verfolgen, wo dann natürlich auch die Sache in ihrer Totalität (und darum auch die Wechselwirkung dieser verschiedenen Seiten aufeinander) dargestellt werden kann."[58]

Die *dritte* und letzte Variante hat ihre zugespitzte Konkretisierung in dem bereits zitierten Vorwort zur „Kritik der politischen Ökonomie" (1859), in den „Grundrissen" (1857/58) und im Vor- und Nachwort zum „Kapital" gefunden. Hier treten die Menschen als die Akteure der Geschichte ganz zurück; Personen – das sind für Marx auf dieser Stufe seines Denkens lediglich noch „Personifikation ökonomischer Kategorien, ... Träger von bestimmten Klassenverhältnissen und Interessen"; zusammenfassend heißt es dort: „Weniger als jeder andere kann mein Standpunkt, der die *Entwicklung der ökonomischen Gesellschaftsformation* als einen *naturgeschichtlichen Prozeß* auffaßt, den einzelnen verantwortlich machen für Verhältnisse, deren Geschöpf er sozial bleibt, so sehr es sich auch subjektiv über sie erheben mag."[59] Entsprechend heißt es in den „Grundrissen": „Die Gesellschaft besteht nicht aus Individuen, sondern drückt die Summe der Beziehungen, Verhältnisse aus, worin diese Individuen zueinander stehen."[60] Dieser Gesellschaft, die nicht mehr aus Individuen bestehend gedacht wird, sondern als Formation von Beziehungen, und ihrer Entwicklung liegt ein „Naturgesetz ihrer Bewegung" zugrunde, und Marx bezeichnet es als den „letzten Endzweck dieses Werkes (= „Kapital", T. St.), das ökonomische *Bewegungsgesetz* der modernen Gesellschaft zu enthüllen."[61]

Diese letzte Deutung der Geschichtlichkeit ist die, die im Marxismus-Leninismus kanonische Geltung erlangt hat. Entsprechend wird dort Geschichte verstanden als „Entwicklungsprozeß in Natur und Gesellschaft; im engeren Sinne: der Verlauf des objektiven und in seiner Mannigfaltigkeit gesetzmäßigen Entwicklungsprozesses der Gesellschaft vom Niederen zum Höheren, der mit der Bewegung der Gesellschaftsordnungen – ihrer Entstehung, Entwicklung, ihrem Untergang und ihrer Ablösung durch eine neue – identisch ist." Der orthodoxe historische Materialismus geht davon aus, „daß in der Geschichte wie in der Natur allgemeine, wesentliche und notwendige Zusammenhänge existieren, die die Wiederholbarkeit und Regelmäßigkeit bestimmter gesellschaftlicher Prozesse ausdrükken; er geht ... davon aus, daß Existenz und Entwicklung der Gesellschaft bestimmten Gesetzmäßigkeiten unterliegen."[62] Hier wird also der „nomologischen" Deutung der Geschichte der Vorrang gegeben. In den verschiedenen Richtungen des Neomarxismus, u. a. auch in der Kritischen Theorie, wird stärker der „anthropologische oder anthropogenetische" Ansatz der marxschen Geschichtsinterpretation aufgenommen; daraus entsteht dann – um mit J. Habermas zu reden – eine „Geschichtsphilosophie in praktischer Absicht".[63]

b) Totalität: Ähnlich wie bei „Geschichtlichkeit" handelt es sich bei der Kategorie „Totalität" ebenfalls um einen Begriff, der auch sonst in der philosophischen Terminologie vorkommt; so z. B. bei I. Kant im Sinne einer regulativen Idee im oben erläuterten Verständnis.[64] Bei Hegel findet sich sodann dieser Terminus oft, z. B. in den „Vorlesungen über Philosophie der Geschichte":

„Der Gesichtspunkt der philosophischen Weltgeschichte ist ... nicht einer von vielen allgemeinen Gesichtspunkten, abstrakt herausgehoben, so daß von den anderen abgesehen würde. Ihr geistiges *Prinzip* ist die *Totalität aller Gesichtspunkte.* Sie betrachtet das konkrete, geistige Prinzip der Völker und seine Geschichte und beschäftigt sich nicht mit einzelnen Situationen, sondern mit einem allgemeinen Gedanken, der sich durch das Ganze hindurchzieht ... Die Geschichte hat vor sich den konkretesten Gegenstand, der alle verschiedenen Seiten der Existenz in sich zusammenfaßt; ihr Individuum ist der Weltgeist ... Das *Allgemeine* ... ist das *unendlich Konkrete,* das alles in sich faßt, das überall gegenwärtig ist, weil der Geist ewig bei sich ist ..."[65]

Unmittelbar aus der Hegelschen Philosophie ist die Kategorie der „Totalität" von Marx übernommen worden. Für Marx ist die „konkrete Totalität als Gedankentotalität, als ein Gedankenkonkretum, in fact ein Produkt des Denkens, des Begreifens; keineswegs aber des außer oder über der Anschauung und Vorstellung denkenden und sich selbst gebärenden Begriffs, sondern der Verarbeitung von Anschauungen und Vorstellung in Begriffe."[66]

In späterer Zeit war es vor allem G. Lukacs, der der Kategorie der Totalität wieder „jene methodologische Zentralstelle zuwies, die sie in den Werken von Marx immer hatte". In der bedeutenden Aufsatzsammlung „Geschichte und Klassenbewußtsein" (1923) stellte Lukacs sogar folgende extreme These auf:

„Nicht die Vorherrschaft der ökonomischen Motive in der Geschichtserklärung unterscheidet entscheidend den Marxismus von der bürgerlichen Wissenschaft, sondern der Gesichtspunkt der *Totalität.* Die Kategorie der Totalität, die allseitige bestimmende Herrschaft des Ganzen über die Teile ist das Wesen der Methode, die Marx von Hegel übernommen und originell zur Grundlage einer ganz neuen Wissenschaft umgestaltet hat ... Die Herrschaft der Kategorie der Totalität ist der Träger des revolutionären Prinzips in der Wissenschaft."

Im Vorwort zur Neuausgabe von „Geschichte und Klassenbewußtsein" (1967) hat Lukacs diese These eine „Hegelsche Überspannung" genannt, „indem (er) die methodologische Zentralstelle der Totalität in Gegensatz zur Priorität des Ökonomischen brachte". Trotz dieser späteren Revision bleibt aber die Explikation der Kategorie der Totalität durch Lukacs wichtig. Dazu heißt es u. a.:

„Erst in diesem Zusammenhang, der die einzelnen Tatsachen des gesellschaftlichen Lebens als Momente der geschichtlichen Entwicklung in eine *Totalität* einfügt, wird eine Erkenntnis der Tatsachen, als Erkenntnis der Wirklichkeit möglich. Diese Erkenntnis geht von den ... einfachen, reinen, unmittelbaren, natürlichen Bestimmungen aus, um von ihnen zu der Erkenntnis der konkreten Totalität als der gedanklichen Reproduktion der Wirklichkeit fortzuschreiten. Diese konkrete Totalität ist für das Denken keineswegs unmittelbar gegeben." Und: „Diese Totalitätsbetrachtung, die sich scheinbar so stark von der unmittelbaren Wirklichkeit entfernt, die die Wirklichkeit scheinbar so ‚unwissenschaftlich' konstruiert, ist in Wahrheit die einzige Methode, die Wirklichkeit gedanklich zu reproduzieren und zu erfassen. Die konkrete Totalität ist also die eigentliche Wirklichkeitskategorie."[67]

Eine ähnlich zentrale Rolle spielt die Kategorie der „Totalität" in der Kritischen Theorie der Frankfurter Schule bei M. Horkheimer, Th. W. Adorno und J. Habermas. Vor allem die beiden zuletzt Genannten haben im Zusammenhang mit den unter dem Titel „Positivismusstreit" bekannt gewordenen Kontroversen mit Popper und Albert diese Kategorie und ihre Stellung im Erkenntnisprozeß der Kritischen Theorie zu bestimmen gesucht. In seiner Entgegnung auf Poppers Vortrag „Die Logik der Sozialwissenschaften" stellt Adorno fest:

„Die gesellschaftliche Totalität führt kein Eigenleben oberhalb des von ihr Zusammengefaßten, aus dem sie selbst besteht. Sie produziert und reproduziert sich durch ihre einzelnen Momente hindurch ... So wenig aber jenes Ganze vom Leben, von der Kooperation und dem Antagonismus seiner Elemente abzusondern ist, so wenig kann irgendein Element auch bloß in seinem Funktionieren verstanden werden ohne Einsicht in das Ganze, das an der Bewegung des Einzelnen selbst sein Wesen hat. System und Einzelheit sind reziprok und nur in ihrer Reziprozität zu erkennen." An diese Deutung des Totalitäts-Begriffs hat J. Habermas in seinem Aufsatz „Analytische Wissenschaftstheorie und Dialektik" angeknüpft. Dabei wird Totalität der Gesellschaft „in dem streng dialektischen Sinne" begriffen, „der es verbietet, das Ganze organisch aufzufassen nach dem Satze: es sei mehr als die Summe ihrer Teile; ebensowenig aber ist Totalität eine Klasse, die sich umfangslogisch bestimmen ließe durch ein Zusammennehmen aller unter ihr befaßten Elemente". Wichtig ist in diesem Zusammenhang, daß Habermas den Begriff „Totalität" klar von dem des „Systems", wie er in der empirisch-analytischen Sozialwissenschaft heute umfassend verwendet wird, abgrenzt. Vom Begriff des Systems wird gesagt, daß er „nur formal den interdependenten Zusammenhang von Funktionen bezeichnen kann, die ihrerseits etwa als Beziehungen zwischen Variablen sozialen Verhaltens interpretiert werden. Der Systembegriff selber bleibt dem analysierten Erfahrungsbereich so äußerlich wie die theoretischen Sätze, die ihn explizieren". Diese Äußerlichkeit oder „Gleichgültigkeit des Systems" schlage notwendigerweise gegenüber seinem Anwendungsbereich um in eine *Verfälschung* des Objekts. „Die zugunsten einer allgemeinen Methodologie vernachlässigte Struktur des Gegenstandes verurteilt die Theorie, in die sie nicht eindringen kann, zur Irrelevanz ... In den Sozialwissenschaften ... gibt es eine Rache des Objekts, wenn das noch im Erkennen befangene Subjekt den Zwängen eben der Sphäre verhaftet bleibt, die es doch analysieren will. Davon macht es sich erst in dem Maße frei, in dem es den gesellschaftlichen Lebenszusammenhang als eine die Forschung selber noch bestimmende Totalität begreift. Zugleich büßt damit die Sozialwissenschaft ihre vermeintliche Freiheit in der Wahl der Kategorien und Modelle ein; sie weiß nun, daß ‚sie nicht über unqualifizierte Daten verfügt, sondern einzig über solche, die durch den Zusammenhang der gesellschaftlichen Totalität strukturiert sind'."[68]

Wie schwer die Kategorie der „Totalität" begrifflich klar bestimmbar ist, geht nicht zuletzt auch noch aus folgendem Adorno-Text hervor: „Die Interpretation der Fakten geleitet zur Totalität, ohne daß diese selbst Faktum wäre. Nichts sozial Faktisches, das nicht seinen Stellenwert in jener Totalität hätte. Sie ist allen einzelnen Subjekten vorgeordnet, weil diese auch in sich selbst ihrer *contrainte* gehorchen und noch in ihrer monadologischen Konstitution, und durch diese erst recht, die Totalität vorstellen. Insofern ist sie das Allerwirklichste."[69]

Deswegen, weil der Begriff der „Totalität" nach der Aussage von Habermas „die Grenzen formaler Logik überschreitet",[70] bildet er in der empirisch-analytischen Kritik des historisch-dialektischen Theorie-Ansatzes den zentralen Stein des Anstoßes und zugleich den geeigneten Angriffspunkt, den historisch-dialektischen Theorie-Ansatz insgesamt infragezustellen. So sieht z. B. H. Albert in dem Bestreiten der Möglichkeit einer logischen Analyse des Begriffs „Totalität" durch Habermas die Tendenz, den Begriff der Analyse überhaupt zu entziehen, und damit eine „Immunisierungsstrategie". Zusammenfassend stellt H. Albert zu den Grundkategorien der historisch-dialektischen Theorie fest:

„Die von den Hegelianern praktizierte Überanstrengung der Begriffe, die sich vor allem bei Worten wie ‚Totalität', ‚dialektisch' und ‚Geschichte' zeigt, läuft meines Erachtens auf nichts anderes hinaus als auf ihre ‚Fetischisierung' – . . . –, auf einen Wortzauber, vor dem ihre Gegner leider meist zu früh die Waffen strecken."[71] Man wird diese Kritik hinsichtlich ihrer Wahl der Wörter – „Wortzauber" – vielleicht etwas überzogen finden können; wird ihr jedoch materiell insofern weitgehend zustimmen können, daß die historisch-dialektische Theorie gerade mit der Kategorie der „Totalität" und ihrer dialektischen Interpretation in einen schwerverständlichen „Jargon der Eigentlichkeit" hineingerät, den Adorno an der heideggerischen Existentialontologie so gründlich kritisierte. Man wird jedoch sachlich dem historisch-dialektischen Theorie-Ansatz gegenüber seinen empirisch-analytischen Kritikern zugutehalten können, daß mit der Kategorie der „Totalität" auf ein erkenntnistheoretisches Problem verwiesen wird, das in der hermeneutischen oder phänomenologischen Philosophie in ähnlicher Weise, wenn auch mit anderen Termini, behandelt wird, das Problem nämlich, daß der Erkennende von dem Gegenstand oder Gegenstandsbereich, auf den sich seine wissenschaftliche Erkenntnisabsicht richtet, und seiner Struktur *vorgängig* etwas verstanden haben muß – etwa im Sinne eines (positiv verstandenen) *Vor-Urteils*.[72] Habermas spricht nicht zufällig im Hinblick auf dieses Problem von der „natürlichen *Hermeneutik* der sozialen Lebenswelt", an die sich die kritische Theorie anschließe und die sie gerade mittels der Kategorie der Totalität „dialektisch durchzudenken" trachte.[73] Die Bedeutung dieser vorgängigen Erfahrung der Gesellschaft als Totalität besteht dann darin, daß sie den Entwurf der Theorie eben dieser Gesellschaft lenkt.[74]

Nun ist aber an vielen Verwendungen der Kategorie „Totalität" in der kritischen Theorie ersichtlich, daß ihre Anwendung nicht auf diesen erkenntnistheoretischen Zusammenhang – analog zur Hermeneutik – beschränkt bleibt, Totalität also nicht nur als ein „Gedankenkonkretum" (Marx) verstanden wird. So etwa, wenn Adorno provokativ formuliert, „Totalität sei die Gesellschaft als Ding an sich, mit aller Schuld von Verdinglichung".[75] Gerade durch dieses Schwanken in der Verwendung des Begriffs „Totalität" resultiert die Mehrdeutigkeit und letztlich auch die Unklarheit des darunter Gedachten oder Vorgestellten, das so nicht ganz zu Unrecht sich der Kritik etwa des Kritischen Rationalismus Popperscher Prägung ausgesetzt sieht.

c) Dialektik: Was von den Kategorien „Geschichtlichkeit" und (noch stärker) „Totalität" galt, trifft in noch viel größerem Maße für die dritte Grundkategorie des historisch-dialektischen Theorie-Ansatzes, der Kategorie der „Dialektik", zu: aus ihren vielartigen und widersprüchlichen Verwendungsformen ist nur schwer ein klares Verständnis darüber zu gewinnen, was eigentlich unter „Dialektik" oder „dialektisch" zu denken und zu verstehen sei. Das hat verschiedene Gründe: zunächst einmal liegt es wiederum daran, daß die Begriffe „Dialektik" und „dialektisch" in einem noch weiterreichenden Sinne als „Geschichtlichkeit" und „Totalität" der allgemeinen Terminologie der abendländischen Philosophie angehören und in ihr seit Platon und Aristoteles mit wechselndem Inhalt verwendet wurden. Ein Blick in die historischen Wörterbücher der Philosophie belehrt darüber eindringlich.[76] Hinzu kommt noch, daß „Dialektik" und „dialektisch" heute längst nicht mehr lediglich der philosophischen Fachsprache angehören, sondern darüberhinaus eine nahezu inflationäre, meist positive Verwendung in den verschiedenen Wissenschaften und vor allem auch in der modernen Alltagssprache gefunden haben. Schließlich darf man mit W. Becker sagen, daß in der gegenwärtigen Marx-Diskussion, in der dieser Begriff naturgemäß einen hohen Kurs- und wichtigen Stellenwert besitzt, „die virtuose Geläufigkeit im Umgang mit der Vokabel ‚Dialektik' und die Unklarheit über ihre bestimmtere Fassung vollends in reziprokem Verhältnis" zueinander stehen.[77]

Diese Gründe, die die heutige allgemeine Verworrenheit der Diskussion über „Dialektik" zur Folge haben, stehen auch selbst einer Kurzcharakterisierung derselben für die Zwecke unserer „Einführung“ hinderlich im Wege.

Deswegen müssen wir – soll auch nur etwas einigermaßen Konkretes unter dem Begriff „Dialektik“ gedacht werden – davon ausgehen, daß „Dialektik“ ihren modernen, auch gerade für den historisch-dialektischen Theorie-Ansatz maßgebenden Sinn im Kontext der Philosophie Hegels erhalten hat und in dieser Fassung auch für die Gesellschafts- und Geschichtstheorie von Marx bestimmend geworden ist. Damit ist ein Rückgriff auf Hegel unerläßlich. Leider ist es jedoch völlig unzureichend, die Hegelsche Dialektik lediglich als den bekannten Dreischnitt Thesis–Antithesis–Synthesis darzustellen, wie es vereinfachend häufig gerade in Lehrbüchern geschieht, wo dann die Dialektik als eine den Gegenständen rein äußerliche Methode erscheint. Damit wäre nichts als ein aussageschwaches „formales Geklapper“ beschworen, von dem her keine wirkliche Aufklärung über Dialektik möglich ist.[78] Es ist vielmehr notwendig, sich – wenn auch in verkürzender Weise – zunächst Hegels ursprünglicher *Erfahrung* und damit seines *Problems* zu versichern, zu dessen Bewältigung er seine Dialektik erst entfaltete. Interessant ist, daß dieses auslösende Problem nicht – wie vielleicht zu erwarten wäre – im Bereich der spekulativen Philosophie lag, sondern in der von Hegel während seiner Tübinger Studienzeit begonnenen Auseinandersetzung mit Religion und Politik, wie sie sich in den sogenannten „Theologischen Jugendschriften“ Hegels[79] niedergeschlagen hat. Aus ihnen ist ersichtlich, daß für Hegel die Erstarrung der christlichen Religion zur „Positivität“ *das* Problem war. Dabei steht der Begriff „Positivität“ auf dieser Stufe des Hegelschen Denkens für das, was später von ihm „Entfremdung“ oder „Entäußerung“ genannt wird. In diesem Sinne ist „positives“ Christentum für Hegel eine religiöse Lehre, die keine gestaltende Kraft mehr für das Leben besitzt, die vielmehr zum toten Buchstaben erstarrt ist, deren Inhalt zudem in einem unversöhnlichen Gegensatz zu vernünftig begründetem Wissen steht. Was Hegel bewegt, ist die Frage, wie diese „Tatsache der Zerreißung des Menschen in einen glaubenden und einen wissenden“, der für ihn (Hegel) zugleich „die Zerreißung in den privaten Menschen und den Staatsbürger“ auf politischer Ebene entspricht,[80] aufzuheben sei. Hegel kommt dabei zu der Einsicht, daß die in diesen beiden Hinsichten zerstörte Einheit des Menschen nur wiedergewonnen werden kann, „wenn der ‚tot‘ gewordene Glauben wieder lebendige Macht des Lebens wird, derart, daß die Religion nicht Sache der bloßen subjektiven Innerlichkeit bleibt oder ihr Glaube zur toten Formel wird, sondern daß er das tägliche gesellschaftliche Leben durchwaltet“, also wieder „Volksreligion“ im antiken Sinne wird. Dies ist für Hegel nur denkbar, wenn der Antagonismus zwischen Glauben und Wissen (Vernunft) aufgehoben, „versöhnt“ wird.[81]

Wichtig ist nun für die weitere Entwicklung der Hegelschen Dialektik, daß Hegel in diesen Frühschriften die Tatsache der „Positivität" der Religion nicht nur beklagend konstatiert, sondern von der *Notwendigkeit* des Positivwerdens der Religion überzeugt ist, zugleich aber darüber hinausgeht und auf die Möglichkeit einer Aufhebung dieser (notwendigen) Positivität sinnt. Die Lösung dieses Problems, auf die Hegel schließlich kommt, ist von grundlegender Bedeutung für sein gesamtes philosophisches System; sie stellt gewissermaßen den Grundriß dar, auf dem der Systembau später errichtet wird. Sie geht aus von einer philosophischen Reflexion über das Verhältnis Mensch–Gott; dieses Verhältnis ist das spezifische und zentrale Moment der Religion; „in der Religion setzt sich der Mensch in Verhältnis zu dieser Mitte (= Gott, T. St.), in welche alle seine sonstigen Verhältnisse zurückgehen, und erhebt sich damit auf die höchste Stufe des Bewußtseins."[82] Ist Gott so als das Prinzip des Seins und die Mitte des Menschen gedacht, so kommt es Hegel jetzt darauf an, das *Verhältnis* des Menschen zu dieser Mitte als eine *lebendige* Beziehung zu denken; das ist nur dann möglich, wenn Gott nicht als ein *starres Objekt* dem menschlichen *Subjekt* gegenübersteht, denn zwischen Subjekt und Objekt kann keine *lebendige* Beziehung vorgestellt werden; diese Art des Begreifens des Objekts durch das Subjekt ist für Hegel stets ein *Beherrschen.* Lebendig kann diese Beziehung nur sein als Beziehung zwischen *Subjekt* und *Subjekt*, d. h. als ein Verhältnis, in dem der Andere eben nicht als totes Objekt, sondern als lebendiges Du erscheint und als solches *anerkannt* wird. Entsprechend denkt Hegel Gott als das Prinzip des Seins und als erste Substanz als *Subjekt.* Die Anerkennung dieses Subjekts Gott und damit die lebendige Beziehung zwischen Mensch und Gott vollzieht sich für Hegel in der *Liebe*, die somit „allein das lebendige Verhältnis des Menschen zu Gott ist" und die von Hegel auch als „Einssein im Getrenntsein" verstanden wird.[83]

Hier liegt der Keim der Hegelschen Dialektik, und so unterschiedliche Interpreten wie L. Landgrebe und G. Lukacs haben übereinstimmend die Bedeutung der theologischen Jugendschriften für die Genese der Dialektik hervorgehoben. So stellt L. Landgrebe fest, daß in diesen theologischen Jugendschriften, obwohl hier das Wort „Dialektik" noch nicht auftaucht", doch der *Sache nach* bereits die *lebendige religiöse Beziehung des Menschen zu Gott als das dialektische Urverhältnis dargestellt* (ist), *in dem bereits das ganze Schema* der Dialektik im Keime enthalten ist als das der Entfaltung *jenes Einsseins im Getrenntsein:* Sich selbst dem Anderen als Anderen gegenübersetzen, dabei sich seiner selbst als des von ihm Getrennten bewußt werden und diese Trennung doch wieder im Bewußtsein der Einheit mit ihm aufheben."[84] Und G. Lukacs hebt in seinem Werk „Der junge Hegel" (zuerst 1948) hervor, „daß der zentrale, philosophisch wie historisch entscheidende Begriff, mit dem Hegel in dieser Periode arbeitet, der der Positivität ist. In der bisher erreichten Form der Hegelschen Philosophie, in der Gegenüberstellung von subjektiver Selbsttätigkeit und Freiheit und toter Objektivität, Posivität, ist im Keime eine Zentralfrage der späteren entfalteten Dialektik Hegels enthalten: diejenige Frage, die Hegel später mit dem Terminus „Entäußerung" zu bezeichnen pflegt und in der – nach den späteren umfassend und systematisch gewordenen Anschauungen Hegels – das ganze Problem der Gegenständlichkeit im Denken, in der Natur und in der Geschichte enthalten ist."[85]

Gerade diese letzten Worte von Lukacs geben bereits die Richtung an, in der sich die in den theologischen Jugendschriften von Hegel begründete und entfaltete Denkform weiter entwickeln sollte: Hegel geht von der Frage nach dem Verhältnis Mensch – Gott weiter zur Frage nach dem Sein. Auch das geschieht noch zunächst im Rahmen der theologischen Jugendschriften, wo Hegel z. B. in dem Fragment „Glaube und Sein" sagt: „Vereinigung und Sein sind gleichbedeutend".[86] Gemeint ist damit, daß das Sein das alles Seiende aktiv Vereinigende sei (insofern alles Seiende Sein hat, „ist"), daß zugleich aber auch vor jedem Urteil des Menschen über Seiendes gleichwelcher Art diesem Urteilenden das Sein vorweg gegeben sein muß als eben dieses tätige Vereinigende; ohne diese vorgegebene Gewißheit des Seins als Vereinigung im Bewußtsein kann es keine Urteile über Seiende geben (in denen ja „ist" gesagt wird) und entsprechend auch keine fortschreitende Erkenntnis. So wird das dialektische Prinzip des Einsseins im Getrenntsein auch für die allgemeine Philosophie und die Erkenntnistheorie Hegels grundlegend.

Umfassend hat Hegel dieses grundlegende Verständnis von Dialektik in seinem ersten publizierten Hauptwerk „Phänomenologie des Geistes" (1807), in dem viele Interpreten eines der wenigen großen Werke der abendländischen Philosophie sehen, entfaltet, indem er zunächst die „Dialektik der sinnlichen Gewißheit", sodann unter dem vielzitierten und häufig mißverstandenen Titel „Herrschaft und Knechtschaft" die „Dialektik des Selbstbewußtseins" expliziert hat.[87] Vorweg hat er in der „Einleitung" am Beispiel der Struktur des Satzes, am Verhältnis von Subjekt und Prädikat zueinander, die dialektische Bewegung des Denkens, die in der eigentümlichen Lebendigkeit der Sache ihren Grund hat, dargestellt. Die Dialektik des Seienden findet hier wiederholt metaphorischen Ausdruck, so wenn Hegel etwa schreibt: „Die Knospe verschwindet in dem Hervorbrechen der Blüte, und man könnte sagen, daß jene von dieser widerlegt wird; ebenso wird durch die Frucht die Blüte für ein falsches Dasein der Pflanze erklärt, und als ihre Wahrheit tritt jene an die Stelle von dieser. Diese Formen unterscheiden sich nicht nur, sondern verdrängen sich auch als unverträglich miteinander. Aber ihre flüssige Natur macht sie zugleich zu Momenten der organischen Einheit, worin sie sich nicht nur nicht widerstreiten, sondern eines so notwendig als das andere ist, und diese gleiche Notwendigkeit macht erst das Leben des Ganzen aus."[88]

Es kann hier natürlich nicht im einzelnen der Entfaltung der Hegelschen Dialektik in seinem System nachgegangen werden, was auf eine durchgehende Darstellung des Gesamtsystems hinauslaufen würde. Es soll jedoch zum Abschluß noch eine wichtige spätere Explikation der Dialektik durch Hegel zitiert werden, die sich in der „Enzyklopädie der philosophischen Wissenschaften" findet (§ 81). Dort heißt es: „Die Dialektik wird gewöhnlich als eine äußere Kunst betrachtet, welche durch Willkür eine Verwirrung in bestimmten Begriffen und einen bloßen *Schein von Widersprüchen* in ihnen hervorbringt, so daß nicht diese Bestimmungen, sondern dieser Schein ein Nichtiges und das Verständige dagegen vielmehr das Wahre sei. Oft ist die Dialektik auch weiter nichts als ein subjektives Schaukelsystem von hin und herübergehendem Räsonnement, wo der Gehalt fehlt und die Blöße durch solchen Scharfsinn bedeckt wird, der solches Räsonnement erzeugt. – In ihrer eigentümlichen Bestimmtheit ist die Dialektik vielmehr die eigene, wahrhafte Natur der Verstandesbestimmungen, der Dinge und des Endlichen überhaupt. Die Reflexion ist zunächst das Hinausgehen über die isolierte Bestimmtheit und ein Beziehen derselben, wodurch diese in Verhältnis gesetzt, übrigens in ihrem isolierten Gelten erhalten wird. Die Dialektik dagegen ist dies *immanente* Hinausgehen, worin die Einseitigkeit und Beschränktheit der Verstandesbestimmungen sich als das, was sie ist, nämlich als ihre Negation darstellt. Alles Endliche ist dies, sich selbst aufzuheben. Das Dialektische macht daher die bewegende Seele des wissenschaftlichen Fortgehens aus und ist das Prinzips, wodurch allein *immanenter Zusammenhang und Notwendigkeit* in den Inhalt der Wissenschaft kommt, so wie in ihm überhaupt die wahrhafte, nicht äußerliche Erhebung über das Endliche liegt." In dem ersten Zusatz zu diesem Paragraphen der „Enzyklopädie" führt Hegel noch ergänzend aus: „Das Dialektische gehörig aufzufassen und zu erkennen ist von der höchsten Wichtigkeit. Es ist dasselbe überhaupt das Prinzip aller Bewegung, alles Lebens und aller Betätigung in der Wirklichkeit. Ebenso ist das Dialektische auch die Seele alles wahrhaft wissenschaftlichen Erkennens ... Alles, was uns umgibt, kann als ein Beispiel des Dialektischen betrachtet werden. Wir wissen, daß alles Endliche, anstatt ein Festes und Letztes zu sein, vielmehr veränderlich und vergänglich ist, und dies ist nichts anderes als die Dialektik des Endlichen, wodurch dasselbe, als an sich das Andere seiner selbst, auch über das, was es unmittelbar ist, hinausgetrieben wird und in sein Entgegengesetztes umschlägt ... Was das Vorkommen der Dialektik in der geistigen Welt und näher auf dem Gebiet des Rechtlichen und Sittlichen anbetrifft, so braucht hier nur daran erinnert zu werden, wie, allgemeiner Erfahrung zufolge, das Äußerste eines Zustandes oder Tuns in sein Entgegengesetztes umzuschlagen pflegt, welche Dialektik dann auch vielfältig in Sprichwörtern ihre Anerkennung findet."[89]

K. Marx, der in seinem Denken von keinem stärker als von Hegel bestimmt wurde, hat sich und seinen junghegelianischen Altersgenossen schon in den „Pariser Manuskripten" die Gretchenfrage gestellt: „Wie halten wir es nun mit der Hegelschen Dialektik?"[90] und dabei festgestellt, daß (außer ihm) nur L. Feuerbach „ein ernsthaftes, ein kritisches Verhältnis zur Hegelschen Dialektik" gehabt habe (639). Er selber hat sich in eben den „Pariser Manuskripten" in der Auseinandersetzung mit der Hegelschen „Phänomenologie des Geistes", die er die „wahre Geburtsstätte und das Geheimnis der Hegelschen Philosophie" nennt (641), darum bemüht, eine Kritik der Hegelschen Dialektik zu bieten, die zugleich die Fehler *und* das Positive daran zu bewerten versucht. Den Fehler Hegels sieht Marx darin, daß bei Hegel „die ganze *Entäußerungsgeschichte* und die ganze *Zurücknahme* der Entäußerung ... nichts als die *Produktionsgeschichte* des abstrakten, d. i. absoluten Denkens, des logisch spekulativen Denkens" ist (643). Daher enthält für Marx die „Phänomenologie" nur „die verborgene, sich selbst noch unklare und mystifizierende Kritik, aber insofern sie die *Entfremdung* des Menschen – wenn auch der Mensch nur in der Gestalt des Geistes erscheint – festhält, liegen in ihr *alle* Elemente der Kritik verborgen und oft schon in einer weit den Hegelschen Standpunkt überragenden Weise *vorbereitet* und *ausgearbeitet*." (644)

Das Positive, das „Große an der Hegelschen Phänomenologie und ihrem Endresultat – der Dialektik der Negativität als dem bewegenden und erzeugenden Prinzip" besteht für *Marx* darin, „daß Hegel die Selbsterzeugung des Menschen als einen Prozeß faßt, die Vergegenständlichung als Entgegenständlichung, als Entäußerung und Aufhebung dieser Entäußerung; daß er also das Wesen der *Arbeit* faßt und den gegenständlichen Menschen, wahren, weil wirklichen Menschen als Resultat seiner eigenen *Arbeit* begreift" (645).

Damit steht für Marx Hegel bereits „auf dem Standpunkt der modernen Nationalökonomie. Er erfaßt die *Arbeit* als das Wesen, als das sich bewährende Wesen des Menschen; er sieht nur die positive Seite der Arbeit, nicht ihre negative. Die Arbeit ist das *Fürsichwerden des Menschen* innerhalb der *Entäußerung* oder als *entäußerter* Mensch. Die Arbeit, welche Hegel allein kennt und anerkannt, ist die *abstrakt geistige*." (646)

Hieran kann Marx bei seiner philosophischen und politökonomischen Explikation der menschlichen Entfremdung und ihrer Aufhebung, in der die Entfremdung des menschlichen Selbstbewußtsein nur „im Wissen und Denken sich spiegelnder Ausdruck der *wirklichen* Entfremdung des menschlichen Wesens ist" (647), unmittelbar anknüpfen. Insofern wird verstehbar, wieso Marx – trotz aller Kritik – die Hegelsche Dialektik als die „Grundform aller Dialektik“ verstehen kann; es kommt darauf an, daß sie ihre „mystische Form“ abstreife;[91] das bedeutet für Marx die Umwandlung oder Umkehrung von der *idealistischen* zur *materialistischen Dialektik*. Betont man dieses Umkehrungsmoment, dann wird jener (spätere) Marx-Satz verständlich, nachdem seine „dialektische Methode ... der Grundlage nach von der Hegelschen nicht nur verschieden (ist), sondern ihr direktes Gegenteil. Für Hegel ist der Denkprozeß, den er sogar unter dem Namen Idee in ein selbständiges Subjekt verwandelt, der Demiurg des Wirklichen, das nur seine äußere Erscheinung bildet. Bei mir ist umgekehrt das Ideelle nichts anderes als das im Menschenkopf umgesetzte und übersetzte Materielle.“[92]

Wichtig ist nun für die Geschichte der modernen Dialektik – und das eben zeigen die oben zitierten kritischen Sätze Marxens gegen die Hegelsche „Phänomenologie“ implizite – daß es Marx bei seiner materialistischen Dialektik primär um den Menschen, seine Entfremdung und Aufhebung der Entfremdung, d. h. also um historische und gesellschaftliche Prozesse der Menschengeschichte geht. Seine Dialektik ist also wesentlich *Dialektik des Historischen und Gesellschaftlichen*. Seine dialektische Methode als „Darstellungsform“ ist auf die Geschichte und die Gesellschaft gerichtet.

Erst Fr. Engels entwickelte zudem eine „Dialektik der *Natur*“ (so in dem Buche dieses Titels und im „Anti-Dühring“). Diese Ausweitung der Dialektik durch Engels, die nicht nur eine quantitative, sondern zugleich eine qualitative Veränderung der Dialektik war, insofern sich diese „aus einer kritischen Methodologie in prozessualistische Ontologie verwandelt“,[93] ist von weitreichender Bedeutung für die Entwicklung der nachmarxschen Dialektik vor allem deswegen, weil sie in dieser Form zur herrschenden Lehre des heutigen orthodoxen Marxismus-Leninismus in den sozialistischen Staaten wurde. Dabei ging Engels davon aus, „daß in der *Natur* dieselben dialektischen Bewegungsgesetze im Gewirr der zahllosen Veränderungen sich durchsetzen, die auch in der *Geschichte* die scheinbare Zufälligkeit der Ereignisse beherrsche.“[94] Ganz allgemein definiert Engels Dialektik dann als „Wissenschaft von den allgemeinen Bewegungs- und Entwicklungsgesetzen der Natur, der Menschengesellschaft und des Denkens.“[95] In *drei* Bereichen ist die Dialektik also wirksam: in der Natur, der Geschichte (Gesellschaft) und im Denken. Entsprechend unterscheidet Engels *objektive* und *subjektive* Dialektik voneinander: „Die Dialektik, die sogenannte *objektive*, herrscht in der ganzen Natur, und die sogenannte *subjektive* Dialektik, das dialektische Denken, ist nur der Reflex der in der Natur sich überall geltend machenden Bewegung in Gegensätzen, die durch ihren fortwährenden Widerstreit und ihr schließliches Aufgehen ineinander, resp. in höhere Formen, eben das Leben der Natur bedingen.“[96]

Wie schon angedeutet ist die Engelsche Version der Dialektik die für den orthodoxen Marxismus-Leninismus maßgebende Lehre geworden. Ein Blick etwa in das parteiamtliche Lehrbuch „Grundlagen der marxistisch-leninistischen Philosophie"[97] beweist das. Auch sie unterscheidet zwischen *objektiver* und *subjektiver* Dialektik. *Objektiv* ist Dialektik als allgemeine Gesetzlichkeit der Bewegung und Entwicklung der Außenwelt; subjektive Dialektik wird die Widerspiegelung der objektiven Dialektik im Bewußtsein genannt. Das Charakteristische der objektiven Dialektik findet seine Artikulation in den *drei Grundgesetzen,* die Engels schon folgendermaßen formulierte:

„Umschlag von Quantität in Qualität – Gegenseitiges Durchdringen der polaren Gegensätze und Ineinander-Umschlagen, wenn auf die Spitze getrieben – Entwicklung durch den Widerspruch oder die Negation der Negation – Spirale Form der Entwicklung."[98]

Gegen diese nicht mehr von Marx, sondern vor allem von Engels bestimmte Interpretation der Dialektik, wie sie heute den orthodoxen Marxismus-Leninismus beherrscht, hat sich – außer den philosophischen Marx-Interpreten aus der westlichen Welt – vor allem die stark auf *Hegel* zurückgreifende Kritische Theorie der Frankfurter Schule verwahrt. So spricht J. Habermas von der *„objektivistisch verstümmelten Dialektik,* die, mit Engels' eigenen Worten, weiter nichts als die Wissenschaft von den allgemeinen Bewegungs- und Entwicklungsgesetzen der Natur, der Menschengesellschaft und des Denkens ist". In ihr spreche sich ein allgemeines ontologisches Gesetz aus, das alle Seinsbereiche gleichermaßen bestimmen soll, während für Marx Dialektik „wesentlich historisch und eine Dialektik der Natur, unabhängig von gesellschaftlichen Bewegungen, undenkbar" gewesen sei. Engels habe die „Dialektik der Geschichte zu einer Disziplin neben den Disziplinen der Natur und der Logik *degradiert*". „Die Welt wird als eine in ihrer Materialität begründete Einheit aufgefaßt und als ein Entwicklungsprozeß, dessen Wesen mit Hilfe der dialektischen Methode gedeutet werden kann. Dabei soll die Pseudodialektik des Umschlags von Quantität in Qualität es erlauben, über den Vulgärmaterialismus hinauszugehen und quantitativ unterschiedene Seinsweisen für die tote, die lebendige und die bewußtseinsfähige Materie zu setzen, ohne daß dadurch die These der allgemeinen Materialität der Welt aufgegeben werden müßte."[99]

Die Kritische Theorie versucht demgegenüber auf die ursprüngliche Gestalt des Historischen Materialismus von *Marx* und die implizite Dialektik der Geschichte und Gesellschaft zurückzugreifen.[100]

Wir haben die Kategorie der *Dialektik* deswegen absichtlich ausführlicher als die anderen dargestellt, weil sich an ihr heute im umgangssprachlichen Gebrauch die größte „Redundanz" zeigt. In der strengen wissenschaftlichen Diskussion hat diese universale Kategorie eben deswegen sich einer besonders scharfen Kritik ausgesetzt gesehen – so etwa durch den Kritischen Rationalismus, wie ihn K. Popper vertritt. Popper hat in einer so speziellen Abhandlung „Was ist Dialektik?"[101] die „unglückliche Rolle" dargestellt, die die Dialektik nicht nur in der Philosophie, sondern auch in der Theorie der Politik gespielt hat.

Soviel an dieser Stelle über die drei Grundkategorien des historisch-dialektischen Theorie-Ansatzes, die sich allesamt als schwierige, zum Teil auch unter den sie bejahenden und benutzenden Autoren als ausgesprochen kontroverse Kategorien erwiesen haben. So ist leicht verständlich, daß – eben aufgrund der inhaltlichen Modifikationen dieser Grundkategorien – der historisch-dialektische Theorie-Ansatz kein absolut einheitlicher oder eindeutiger ist, sondern in verschiedenen Varianten auftritt, die – auf die Gegenwart bezogen – zu den verschiedenen Varianten des zeitgenössichen Marxismus in enger Beziehung stehen.

Wie bereits eingangs erwähnt, hat dieser Theorie-Ansatz mit seinen verschiedenen Varianten – seit einigen Jahren speziell auch in der BRD – neben dem empirisch-analytischen und dem normativ-ontologischen Ansatz einen zunehmend bestimmenden Einfluß auf die Sozialwissenschaften im Allgemeinen, auf die Politikwissenschaft im Besonderen gewonnen, von dem auch die allgemeine öffentliche Meinungs- und Bewußtseinsbildung – etwa in der Demokratiediskussion – bestimmt wird.

Es versteht sich in dieser Situation beinahe von selbst, daß es für den Bereich der Politikwissenschaft deswegen noch nicht genügen kann, lediglich mit den wichtigsten Grundkategorien dieses Theorie-Ansatzes bekannt gemacht zu haben. Abschließend sei aus diesem Grunde auf die konkretere Auswirkung dieses Theorie-Ansatzes in der Politikwissenschaft noch anhand eines Beispiels näher eingegangen, in dem sich bestimmtere konzeptionelle Ausformungen für diesen Wissenschaftsbereich zumindest andeuten. Es gibt nämlich inzwischen zumindest Versuche, auf der Basis dieses historisch-dialektischen Theorie-Ansatzes für die Politikwissenschaft ein Paradigma (im oben bereits erläuterten Verständnis von Th. Kuhn) zu entwickeln. Diese Versuche unterscheiden sich sowohl hinsichtlich ihres *Umfangs* als auch hinsichtlich ihrer *Intensität* und *Differenziertheit.*

Ein Gesamtparadigma – wenn auch nur in Form einer groben Umrißskizze – liegt in K. Tudykas Buch „Kritische Politikwissenschaft" vor, auf das hier deswegen kurz eingegangen werden soll.[102]

Bereits im Zusammenhang der Erörterung des Politik-Begriffs (17 ff.) gibt Tudyka bestimmte Bestandteile eines solchen Paradigmas kritischer Politikwissenschaft an, wenn er kritisiert, daß „die Rückbesinnung auf die Marxschen Kategorien der Kritik der politischen Ökonomie ... mancherorts jegliche politikwissenschaftliche Identität verlorengehen lassen (hat) zugunsten von ökonomischen Modellanalysen". Er bezeichnet es als „eine Fehlentwicklung kritisch sich begreifender Politikanalyse, im Studium der gesellschaftlichen Gesamtentwicklung konturenlos zu versinken und sich unterschiedslos mit Ökonomie zu vermengen oder sich gar einem ökonomischen Reduktionismus zu verschreiben." (17)

Durch diese und weitere Abgrenzungen, durch die u. a. die orthodoxmarxistische These, der Staat sei ein *Überbau*-Phänomen angesichts der heutigen umfassenden Staatsinterventionen in Wirtschaft und Gesellschaft als obsolet abgewiesen wird, kommt Tudyka zur Bestimmung eines Politik-Begriffs, der für sein Paradigma kritischer Politikwissenschaft zum entscheidenden Kriterium erhoben wird: „Diese Interessen, die die Klassen oder ihre Fraktionen verfolgen und mit Hilfe des Staatsapparates durchzusetzen anstreben oder als herrschende Klasse realisieren, bilden den Inhalt der Politik" und damit auch den Gegenstand der Politikwissenschaft. Oder noch deutlicher: „Das zentrale Kriterium wissenschaftlicher Analyse von Politik ... ist der *Klassenkampf* ... Der politische Prozeß (d. h. vor allem der politische Willensbildungsprozeß – T. St.) ist – unter verschiedenen Vermittlungen – eine abhängige Variable des Klassenkampfes." (23/22)

Entsprechend zu diesem Politik-Begriff heißt es dann im Abschnitt über das Paradigma der kritischen Politikwissenschaft: „Das Grundparadigma kritischer Politikanalyse bilden die Beziehungen zwischen den Klassen, ihre Konflikte. Sie sind nicht nur zentraler Erkenntnisgegenstand der Disziplin, sondern auch als Widerspruchsverhältnis methodisches Prinzip und durch ihre Tendenz nach Aufhebung erkenntnisleitendes Interesse. Der Klassenkonflikt ist das wesentliche Bestimmungsmerkmal von Phänomenen, die nicht zufällig auch im Alltag als bedeutsamste Schwerefelder von Politik betrachtet werden: das Wirken gesellschaftlicher Kräfte, die Funktion des Staatsapparates und die internationalen Beziehungen." (38)

Nach diesem Paradigma-Entwurf wirkt sich das zentrale Kriterium Klassenkampf in allen Sachbereichen der Politikwissenschaft grundlegend aus: er ist das Kriterium der Analyse der politisch relevanten gesellschaftlichen Kräfte: der Verbände und Parteien; er ist aber auch das Kriterium der Analyse des Staatsapparates. Dabei wird Staat hier mit einem Zitat aus Engels definiert – als „das Eingeständnis, daß diese Gesellschaft sich in einem unlösbaren Widerspruch mit sich selbst verwickelt, sich in unversöhnliche Gegensätze gespalten hat, die zu bannen sie ohnmächtig ist. Damit aber diese Gegensätze, Klassen mit widerstreitenden ökonomischen Interessen, nicht sich und die Gesellschaft in fruchtlosem Kampf verzehren, ist eine scheinbar über der Gesellschaft stehende Macht nötig geworden, die den Konflikt dämpfen, innerhalb der Schranken der ‚Ordnung' halten soll; und diese aus der Gesellschaft hervorgegangene, aber sich über sie stellende, sich ihr mehr und mehr entfremdende Macht ist der Staat".[103] Schließlich ist der Klassenkampf auch das zentrale Kriterium für die Analyse der Internationalen Politik oder Beziehungen; dazu stellt Tudyka fest: „Kritische Analyse internationaler Beziehungen in ihrer Totalität ist Analyse von Gesellschaften mit ungleicher Arbeitsteilung und unterschiedlichem Entwicklungsstand, die in einem System von Beziehungen aufeinander gerichtet sind." (51) Dieses System stellt sich aus der Perspektive der kritischen Politikwissenschaft dreifach gegliedert dar: 1. als das „kapitalistische Zentrum mit seinen inneren Widersprüchen ...", 2. als die „auf dieses Zentrum scheinbar unlösbar bezogenen und durch ihren noch wachsenden Rückstand ihm objektiv entgegengesetzten ... in Unterentwicklung gehaltenen, früheren Kolonien und Einflußsphären der kapitalistischen Industriegesellschaften" und 3. als die „von beiden abgesetzten durch ihre organisierte antikapitalistische Entwicklung und doch gleichzeitig in ihre Antagonismen hineingezogenen ... sozialistischen Länder" (53). Aus diesem Blickwinkel des zentralen Kriteriums Klassenkampf stellt sich dann „das Internationale System ... nicht als System von Nationen und Staaten, sondern als komplexe *globale Klassengesellschaft* (dar), deren Gegensätze die Dimensionen eines internationalen Klassenkampfes tendenziell angenommen haben." (57).

Dies mag als Beispiel des Versuchs eines (im einzelnen inhaltlich noch nicht näher ausgearbeiteten) Gesamtparadigmas der Politikwissenschaft aus der Perspektive des historisch-dialektischen Theorie-Ansatzes gelten; für einzelne Sachbereiche oder Teilgebiete der Politikwissenschaft – z. B. die Lehre von den politischen System oder die der Internationalen Beziehungen – gibt es Einzelentwürfe, die entsprechend differenzierter durchgearbeitet sind.[104]

7. Das Problem der erkenntnisbedingenden Faktoren

Vorbemerkung

Wie bereits eingangs unserer Darstellung der Theorie-Ansätze bemerkt, ging die Absicht nicht dahin, eine zahlenmäßig *vollständige* Übersicht über diese Theorien im Rahmen der zeitgenössischen Politikwissenschaft zu geben. Wir mußten uns vielmehr für die Zwecke dieser „Einführung" auf die relevanten und einflußreichen Theorien beschränken und konnten es aus diesem Grunde bei der Behandlung des *normativ-ontologischen*, des *empirisch-analytischen* und des *historisch-dialektischen* Theorie-Ansatzes belassen. Unter diesem begrenzenden Gesichtspunkt mußte z. B. darauf verzichtet werden, den *phänomenologischen* Theorie-Ansatz zu referieren, der sich an der zentralen Kategorie der „natürlichen Lebenswelt" orientiert und der in jüngster Zeit durch die an E. Husserl anknüpfenden Arbeiten von A. Schütz und seinen Schülern P. Berger und Th. Luckmann im Bereich der Soziologie wachsenden Einfluß gewinnt und intensiv diskutiert wird.[1] Das vor allem deswegen, weil dieser Theorie-Ansatz bisher im Bereich der Politikwissenschaft (noch) keinen nennenswerten Widerhall gefunden hat.

Im Anschluß an die systematische Darstellung der drei wichtigsten Theorie-Ansätze müssen jetzt noch eine Reihe von Problemen diskutiert werden, die ihnen gemeinsam sind und die hier unter dem Sammelbegriff „erkenntnisbedingende Faktoren" zusammengefaßt werden.

Es darf als ein Verdienst des historisch-dialektischen Theorie-Ansatzes gewertet werden, daß diese Problematik der erkenntnisbedingenden Faktoren heute im Rahmen der wissenschaftstheoretischen Diskussionen einen breiten Raum einnimmt, und es kann weiterhin als ausgemacht gelten, daß diese Problematik für die Erkenntnistheorie der *Sozial*wissenschaften von besonderer Relevanz ist, insofern hier gilt, „daß der von Subjekten veranstaltete Forschungsprozeß dem objektiven Zusammenhang, der erkannt werden soll, durch die Akte des Erkennens hindurch selber zugehört".[2]

Für die Zwecke unserer „Einführung" werden wir gut daran tun, die komplexe Gesamtproblematik der erkenntnisbedingenden Faktoren in *drei* Problembereiche zu untergliedern, die sich folgendermaßen bezeichnen lassen:

1. das Problem der *allgemeinen sozialen Bedingtheit* wissenschaftlicher Theorien oder wissenschaftlicher Erkenntnis;
2. das Problem der *erkenntnisleitenden Interessen* und
3. das Problem des *Verhältnisses von Theorie und Praxis.*

Es versteht sich dabei, daß diese drei Problembereiche hier nicht allgemein, sondern vorwiegend im Hinblick auf die besprochenen drei Theorie-Ansätze in der Politikwissenschaft behandelt werden.

Das Problem der allgemeinen sozialen Bedingtheit wissenschaftlicher Theorien oder wissenschaftlicher Erkenntnis

Es bedarf kaum eingehender Erläuterung, daß diese Problematik ihre besondere Relevanz für die Sozialwissenschaften besitzt, insofern diese einerseits die soziale Realität im Ganzen oder in Teilaspekten zum Gegenstand haben, andererseits zugleich selber im umgreifenden Kontext dieser sozialen Realität eingeordnet sind und von ihr her vielfältige Bestimmung erfahren, so daß zwischen Subjekt und Objekt mithin ein bedingendes *Wechselverhältnis* besteht.

An dieser Stelle werden wir zunächst nur die *eine* Seite dieses Wechselverhältnisses behandeln und nach der allgemeinen sozialen Bedingtheit wissenschaftlicher Theorien und Erkenntnis fragen.

Wir gehen dabei davon aus, daß Wissenschaftliches Erkennen oder Wissenschaftliches Tun eine soziale Tätigkeit ist, die *Personen* (Individuen als Wissenschaftler) in *Kooperation* mit anderen Personen (Wissenschaftlern), die untereinander in einem Kommunikations- oder Interaktionszusammenhang stehen, (Wissenschaft als soziales System) im Kontext eines größeren, umgreifenden *sozialen Systems* (Gesamtgesellschaft) betreiben. Auf diese Weise stellt sich das Problem der sozialen Bedingtheit wissenschaftlicher Erkenntnis unter *drei* Aspekten dar:

a) unter dem Aspekt der *Persönlichkeit* oder *Individualität* des Wissenschaftlers,

b) unter dem Aspekt *Wissenschaft* als soziales System und

c) unter dem Aspekt *Gesamtgesellschaft* als allgemeinster Bedingungshorizont für wissenschaftliche Erkenntis.

Entsprechend soll das Problem der allgemeinen sozialen Bedingtheit wissenschaftlicher Erkenntnis unter diesen Aspekten betrachtet werden.

Was den erkenntnisbedingenden Faktor der *Persönlichkeit* betrifft, so sei hier nicht auf den wohl eher in die Psychologie gehörenden Aspekt der (unterschiedlichen) schöpferischen Spontaneität und Begabung des individuellen Wissenschaftlers, Probleme wahrzunehmen und Problemlösungen zu finden, hingewiesen, ohne daß indes bestritten werden soll, daß auch von dieser individualpsychologischen Seite her eine wesentliche Bedingung wissenschaftlicher Erkenntnis gegeben ist; es sei hier auch nicht auf die von individueller Willkür und rational kaum begründbarer Neigung abhängigen, unterschiedlichen Forschungsinteressen einzelner Wissenschaftler näher eingegangen, so sehr sie den wissenschaftlichen Erkenntnisfortschritt stimulieren; bedeutender erscheint uns hingegen als erkenntnisbedingender Faktor das, was man die *Moralität* des Wissenschaftlers nennen könnte, insofern er sein wissenschaftliches Tun – wie jedes andere menschliche Tun – moralisch-ethischer Reflexion auf Sinn und Wert hin unterwirft. Daß dies zwar ein sehr allgemeines Problem ist, auf das jedoch jeder einzelne von seinem individuellen weltanschaulichen Standort und aufgrund seines speziellen Wertbewußtseins antwortet, steht fest. Hier sei anhand eines literarischen Zeugnisses *ein* Beispiel für solcherart moralisch-ethische Einschätzung und Beurteilung wissenschaftlicher Tätigkeit und damit für die moralische Verantwortlichkeit des Wissenschaftlers vor seinem Gewissen und der Menschheit gegeben: das Beispiel des Galilei aus *B. Brechts* „Das Leben des Galilei“: Am Ende seiner Laufbahn entwickelt Galilei seinem Schüler Andrea Sarti seine Auffassung von Sinn und Zweck der Wissenschaft und gibt zugleich eine ethisch-moralische Beurteilung seiner eigenen wissenschaftlichen Leistung:

„In meinen freien Stunden, deren ich viele habe, bin ich meinen Fall durchgegangen und habe darüber nachgedacht, wie die Welt der Wissenschaft, zu der ich mich selber nicht mehr zähle, ihn zu beurteilen haben wird ... Ich halte dafür, daß das einzige Ziel der Wissenschaft darin besteht, die Mühseligkeit der menschlichen Existenz zu erleichtern. Wenn Wissenschaftler, eingeschüchtert durch selbstsüchtige Machthaber, sich damit begnügen, Wissen um des Wissens willen aufzuhäufen, kann die Wissenschaft zum Krüppel gemacht werden, und eure neuen Maschinen mögen nur neue Drangsale bedeuten. Ihr mögt mit der Zeit alles entdekken, was es zu entdecken gibt, und euer Fortschritt wird doch nur ein Fortschreiten von der Menschheit weg sein. Die Kluft zwischen euch und ihr kann eines Tages so groß werden, daß euer Jubelschrei über irgendeine Errungenschaft von einem universalen Entsetzensschrei beantwortet werden könnte. – Ich hatte als Wissenschaftler eine einzigartige Möglichkeit. In meiner Zeit erreichte die Astronomie die Marktplätze. Unter diesen ganz besonderen Umständen hätte die Standhaftigkeit eines Mannes große Erschütterungen hervorrufen können. Hätte ich widerstanden, hätten die Naturwissenschaftler etwas wie den hippokratischen Eid der Ärzte entwickeln können, das Gelöbnis, ihr Wissen einzig zum Wohle der Menschheit anzuwenden! Wie es nun steht, ist das Höchste, was man erhoffen kann, ein Geschlecht erfinderischer Zwerge, die für alles gemietet werden können. Ich habe zudem die Überzeugung gewonnen, Sarti, daß ich niemals in wirklicher Gefahr schwebte. Einige Jahre lang war ich ebenso stark wie die Obrigkeit. Und ich überlieferte mein Wissen den Machthabern, es zu gebrauchen, es nicht zu gebrauchen, es zu mißbrauchen, ganz wie es ihren Zwecken diente ... Ich habe meinen Beruf verraten. Ein Mensch, der das tut, was ich getan habe, kann in den Reihen der Wissenschaftler nicht geduldet werden."[3]

Der Fall Galilei, der auch durch den Fall Oppenheimer[4] ersetzt werden könnte, weist darauf hin, daß der Wissenschaftler auch als Wissenschaftler eine moralische Person ist und bleibt und daß sein wissenschaftliches Tun ethisch-moralischen Bewertungen unterliegt, daß vor allem die Ziel- und Sinndimension wissenschaftlicher Erkenntnis nicht aus der Wissenschaft selbst heraus zu beantworten ist, sondern eine ethisch-moralische Entscheidung erfordert, mithin durch diese bedingt ist.

Was nun weiter die *Wissenschaft* als erkenntnisbedingenden Faktor angeht, so ist davon auszugehen, daß Wissenschaft nicht nur als ein System von methodisch gewonnenem Wissen zu verstehen ist, sondern zugleich stets auch als *Gemeinschaft* der Wissenschaftler, also als ein soziales System, als ein Kommunikations- und Interaktionszusammenhang von Personen (Wissenschaftler), die im wissenschaftlichen Erkenntnis- und Forschungsprozeß miteinander kooperieren und dabei auf vielfältige Weise von Normen, Regeln oder Konventionen bestimmt sind, die die wissenschaftliche Erkenntnis nicht unwesentlich bedingen. So hat z. B. Th. Kuhn in seinem Buch „Die Struktur wissenschaftlicher Revolutionen" eine „normale Wissenschaft" definiert als „eine Forschung, die fest auf einer oder mehreren Leistungen der Vergangenheit beruht, Leistungen, die von einer bestimmten *wissenschaftlichen Gemeinschaft* eine Zeitlang als *Grundlagen* für ihre weitere Arbeit *anerkannt* werden." Diese Leistungen nennt Kuhn auch *Paradigma* und versteht darunter, „daß einige *anerkannte* Beispiele für konkrete wissenschaftliche Praxis – Beispiele, die Gesetz, Theorie, Anwendung und Hilfsmittel einschließen – *Modelle* abgeben, aus denen bestimmte *festgefügte Traditionen wissenschaftlicher Forschung* erwachsen." Es kann kein Zweifel darüber bestehen, daß solche Paradigmata, so sehr sie einerseits wissenschaftliche Erkenntnisse ermöglichen, andererseits auch durch ihre Festlegungen, Normierungen und Traditionen entscheidende erkenntnisbedingende Faktoren sind. In diesem Sinne schreibt Kuhn: „Das Studium der Paradigmata, natürlich auch solcher, die weit mehr als die soeben genannten spezialisiert sind, ist für den Studierenden die wichtigste Vorbereitung für die Mitgliedschaft in einer bestimmten wissenschaftlichen Gemeinschaft, mit der er später arbeiten will. Da er sich dort Menschen anschließen wird, welche die Grundlagen ihres Gebietes anhand derselben konkreten Modelle kennengelernt haben, wird seine spätere Arbeit selten offene Meinungsverschiedenheiten über Grundprinzipien auslösen. Menschen, deren Forschung auf gemeinsamen Paradigmata beruht, sind denselben Regeln und Normen für die wissenschaftliche Praxis verbunden. Diese Bindung und die offenbare Übereinstimmung, die sie hervorruft, sind Voraussetzungen für eine normale Wissenschaft, d. h. für die Entstehung und Fortdauer einer bestimmten Forschungstradition."[5] Aus dieser Bindung der Wissenschaftler an die *Gemeinschaft* der Wissenschaftler und aus der Anerkennung ihrer Normen und Regeln ergibt sich unmittelbar die Einsicht in den erkenntnisbedingenden Faktor Wissenschaft als spezielles soziales System.

Die *Gesellschaft* insgesamt – als allgemeinster Bezugs- und Bedingungshorizont wissenschaftlicher Forschungen und Erkenntnis – kann hier lediglich andeutungsweise in seiner erkenntnisbedingenden Wirkung aufgewiesen werden.

Bereits das literarische Beispiel Galilei macht deutlich, auf welche einschneidende Weise Wissenschaft und Forschung vom umgreifenden sozialen System (Gesellschaft), das zugleich ja auch immer ein Norm- und Bewertungssystem weltanschaulicher Art ist, bestimmt, determiniert, ja sogar unterdrückt werden kann, wenn das neue Wissen, das die Wissenschaft produziert, die Fundamente der tradierten Ordnung infragezustellen droht. Dieses Problem ist jedoch nicht lediglich anhand historisch weithergeholter Exempla aus „finstren mittelalterlichen Zeiten" zu belegen, sondern ist durchaus zeitlos und aktuell, insofern moderne totalitäre Regime des 20. Jh. ebenfalls wirksam wissenschaftliche Erkenntnisbemühungen, die das politisch motivierte Ideologiesystem auszuhöhlen vermögen, unterdrückt und verboten haben.

Dies sind jedoch nur die Extreme, die das Problem gesellschaftlicher Bedingung wissenschaftlicher Erkenntnisse besonders drastisch aufzeigen. Es darf aber nicht übersehen werden, daß auch in anderen gesellschaftlichen Systemen grundsätzlich ein Bedingungsverhältnis wissenschaftlicher Erkenntnis durch soziale und politische Gegebenheiten besteht. Wissen ist aus der Perspektive der jeweiligen Gesellschaft unterschiedlich nützlich und verwertbar; daraus ergibt sich beinahe zwangsläufig eine unterschiedliche soziale Aufnahme der von den Wissenschaften produzierten und angelieferten Erkenntnissen und Wissensbestände. Technologisch verwertbares Wissen dürfte dabei stets eher willkommen sein als kritisches Wissen, das u. U. das soziale System, in dem es entstand, selber zum Gegenstand hat und möglicherweise infragestellt.

Was hier bisher allgemein von der Bedingung wissenschaftlicher Erkenntnisse durch die soziale und politische Umwelt ausgeführt wurde, gilt in einem zugespitzten Maße für die Ergebnisse der Sozialwissenschaften und damit auch für die Politikwissenschaft. Das von ihnen in aufklärerischer Absicht gewonnene Wissen über die Gesellschaft im Ganzen oder ihrer Teilgebiete wird längst nicht selbstverständlich und in jedem Falle aufgenommen werden; im Gegenteil: die Tatsache, daß bis heute die modernen Sozialwissenschaften eigentlich nur in den westlichen Demokratien zur vollen Entfaltung gekommen sind, in anderen, vor allem den sozialistischen Staaten nach wie vor eine ausgesprochen unterentwickelte Rolle spielen, weist auf die bis zur Unterdrückung gehende Bedingung wissenschaftlicher Erkenntnis durch das soziale und politische System hin. Die Politikwissenschaft ist davon besonders betroffen.

Das Problem der erkenntnisleitenden Interessen

Die Problematik der erkenntnisleitenden Interessen verdankt ihre heutige Aktualität und Aufmerksamkeit J. Habermas; seitdem J. Habermas in zwei Arbeiten das Thema „Erkenntnis und Interesse“ systematisch durcharbeitete, ist dieses Thema nahezu zu einem Topos der gegenwärtigen wissenschaftstheoretischen Diskussion geworden; entsprechend verzichtet auch kaum eine „Einführung in die Politikwissenschaft“ auf seine Erörterung.

In dieser breiten Diskussion haben sich jedoch inzwischen gegenüber dem habermasschen Ausgangspunkt – gerade auch in der politikwissenschaftlichen Literatur – eine Reihe erheblicher Verkürzungen und Vergröberungen ergeben, die es uns geraten sein lassen, die Thematik mit einem relativ ausführlichen Bezug auf die habermassche Exposition des Problems zu eröffnen.

Dabei ist zunächst daran zu erinnern, daß Habermas das Thema der erkenntnisleitenden Interessen – nach verschiedenen Erwähnungen und Hinweisen vor allem in seinem Buch „Theorie und Praxis" – vorzüglich in zwei Arbeiten entwickelt hat, die merkwürdigerweise beide den gleichen Titel „Erkenntnis und Interesse" tragen: a) in einem *Aufsatz* als Druckfassung der Frankfurter Antrittsvorlesung des Verfassers von 1965 (abgedruckt in: Technik und Wissenschaft als ‚Ideologie'" (1968)) und b) in einem *Buch*, das zuerst 1968, sodann 1973 als Taschenbuch mit einem wichtigen neuen Nachwort erschienen ist.

Wir werden uns im folgenden ausschließlich auf den *Aufsatz* „Erkenntnis und Interesse" beziehen, weil er die prägnantere Explikation des Problems der erkenntnisleitenden Interessen enthält. Ausdrücklich greift Habermas hier auf den bekannten Aufsatz von M. Horkheimer „Traditionelle und kritische Theorie" (1937) zurück, in dem der traditionelle Theorie-Begriff der abendländischen Philosophie von Platon bis zur Gegenwart als *interesseloser Anschauung* mit einem kritischen Theorie-Begriff konfrontiert wird, von dem her „reine Theorie" sich als „ontologischer Schein" enthüllt. Horkheimer folgend und weiterdenkend stellt Habermas einen unauflöslichen Zusammenhang von Erkenntnis und Interesse fest. Im Hinblick auf die vorherrschenden Erkenntnisformen konstatiert Habermas:

„Für drei Kategorien von Forschungsprozessen läßt sich ein spezifischer Zusammenhang von logisch-methodischen Regeln und erkenntnisleitenden Interessen nachweisen. Das ist die Aufgabe einer kritischen Wissenschaftstheorie, die den Fallstricken des Positivismus entgeht. In den Ansatz der empirisch-analytischen Wissenschaften geht ein *technisches*, in den Ansatz der historisch-hermeneutischen Wissenschaften ein *praktisches* und in den Ansatz kritisch orientierter Wissenschaften jenes *emanzipatorische* Erkenntnisinteresse ein, das schon den traditionellen Theorien uneingestanden, wie wir sahen, zugrundelag." (155)

Diese zusammenfassende These erläutert Habermas im Hinblick auf jedes einzelne erkenntnisleitende Interesse folgendermaßen und stellt fest:

1. „daß erfahrungswissenschaftliche Theorien die Wirklichkeit unter dem leitenden Interesse an der möglichen informativen Sicherung und Erweiterung erfolgskontrollierten Handelns erschließen. Dies ist das Erkenntnisinteresse an der technischen Verfügung über gegenständliche Prozesse." (157)

2. „daß die hermeneutische Forschung die Wirklichkeit unter dem leitenden Interesse an der Erhaltung und Erweiterung der Intersubjektivität möglicher handlungsorientierender Verständigung erschließt. Sinnverstehen richtet sich seiner Struktur nach auf möglichen Konsensus von Handelnden im Rahmen eines tradierten Selbstverständnisses. Dies nennen

wir, im Unterschied zum technischen, das praktische Erkenntnisinteresse." (158)

3. Was schließlich die kritische Sozialwissenschaft und das ihr zugrundeliegende emanzipatorische Erkenntnisinteresse betrifft, so geht sie nach Habermas über das Ziel der empirisch-analytischen Soziologie, „nomologisches Wissen hervorzubringen", hinaus und „bemüht sich darüber hinaus, zu prüfen, wann die theoretischen Aussagen invariante Gesetzmäßigkeiten des sozialen Handelns überhaupt und wann sie ideologisch festgefrorene, im Prinzip aber veränderliche Abhängigkeitsverhältnisse erfassen." Als Ideologiekritik versucht sie, „daß die Information über Gesetzeszusammenhänge im Bewußtsein des Betroffenen selber den Vorgang der Reflexion auslöst". Ein so kritisch vermitteltes Gesetzeswissen könne auf diesem Wege das Gesetz selbst durch Reflexion zwar nicht außer Geltung, aber außer Anwendung setzen. Die so ausgelöste Selbstreflexion soll das Subjekt aus der Abhängigkeit von hypostasierten Gewalten lösen. „Selbstreflexion ist von einem emanzipatorischen Erkenntnisinteresse bestimmt. Die kritisch orientierten Wissenschaften teilen es mit der Philosophie." (158/159)

Dieser Erläuterung der drei erkenntnisleitenden Interessen folgt deren Begründung. Sie stellen nach Habermas die „Bedingungen möglicher Objektivität" überhaupt dar, d. h. sie sind die Bedingungen, unter denen sich für die Menschen im Lebensvollzug Realität überhaupt erschließt. „Die Einstellung auf technische Verfügung, auf lebenspraktische Verständigung und auf Emanzipation von naturwüchsigem Zwang legt nämlich die spezifischen Gesichtspunkte fest, unter denen wir Realität als solche erst auffassen können." (160)

Von besonderer Wichtigkeit ist in diesem Zusammenhang die weitere Begründung der erkenntnisleitenden Interessen. Habermas spricht davon, daß „die Leistungen des transzendentalen Subjekts ... ihre Basis in der *Naturgeschichte* der Menschengattung haben" (161); oder anders formuliert, daß die erkenntnisleitenden Interessen ihrerseits in „naturgeschichtlichen Interessen" gründen, die als solche „zugleich aus der Natur und *aus dem kulturellen Bruch* mit Natur hervorgehen". (161) Das von Interessen geleitete Erkennen des Menschen ist, auf diese Weise naturgeschichtlich verankert, „im gleichen Maße Instrument der Selbsterhaltung wie es bloße Selbsterhaltung transzendiert".

Die entwickelten Gesichtspunkte über erkenntnisleitende und naturgeschichtliche Interessen, von denen Erkennen abhängig ist, zusammenfassend, schreibt Habermas dann: „Die spezifischen Gesichtspunkte, unter denen wir die Wirklichkeit transzendental notwendig auffassen, legen drei Kategorien möglichen Wissens fest: Informationen, die unsere technische Verfügungsgewalt erweitern; Interpretationen, die eine Orientierung des Handelns unter gemeinsamen Traditionen ermöglichen; und

Analysen, die das Bewußtsein aus der Abhängigkeit von hypostasierten Gewalten lösen. Jene Gesichtspunkte entspringen dem Interessenzusammenhang einer Gattung, die von Haus aus an bestimmte Medien der Vergesellschaftung gebunden ist an Arbeit, Sprache und Herrschaft.“ (162) Oder auf den Lebensprozeß des einzelnen menschlichen Individuums bezogen: „So haften die erkenntnisleitenden Interessen an den Funktionen eines Ich, das sich in Lernprozessen an seine externen Lebensbedingungen anpaßt; das sich durch Bildungsprozesse in den Kommunikationszusammenhang einer sozialen Lebenswelt einübt; und das im Konflikt zwischen Triebansprüchen und gesellschaftlichen Zwängen eine Identität aufbaut.“ (162/3)

Von den drei erkenntnisleitenden Interessen wird das „Interesse an Mündigkeit“ besonders betont. Es schwebe nicht bloß vor, sondern könne apriori eingesehen werden. Die Mündigkeit sei die einzige Idee, deren die Menschen im Sinne der philosophischen Tradition mächtig seien. (163)

Soweit die Hauptlinien der habermasschen Argumentation, durch die der Zusammenhang von Erkenntnis und Interesse aus der Perspektive der erkenntnisleitenden Interessen gedeutet wird. Überraschend ist, daß dies letztlich *naturgeschichtlich*, d. h. durch den Rekurs auf Gattungsbestimmungen des Menschen geschieht.

Wie bereits einleitend bemerkt, hat diese Thematik der erkenntnisleitenden Interessen aufgrund der Arbeiten von Habermas einen breiten Raum in der zeitgenössischen wissenschaftstheoretischen Diskussion erhalten. Dabei ist gerade die naturgeschichtliche Begründung nicht ohne Kritik geblieben.[6] Darauf sei jedoch hier noch nicht eingegangen.

Wichtiger ist es für die Zwecke unserer „Einführung in die Politikwissenschaft“ zunächst zu fragen, welchen Stellenwert die Thematik der erkenntnisleitenden Interessen für die Problematik der Theorie-Ansätze in der zeitgenössischen Politikwissenschaft gewonnen hat. Wie bereits erwähnt, nehmen sich die meisten neueren „Einführungen“ dieser Thematik an; so stellt z. B. Fr. Naschold in seiner kleinen Schrift „Politische Wissenschaft“ (1970) fest: „Jede politikwissenschaftliche Untersuchung – von der Bestimmung des Begriffs des Politischen bis hin zur kleinsten empirischen Analyse – ist ... von *erkenntnisleitenden Interessen* bestimmt.“ Er leitet aus diesem allgemeinen und offensichtlich notwendigen Tatbestand das Postulat ab: „Voraussetzung wissenschaftlicher Objektivität speziell politikwissenschaftlicher Untersuchungen ist deshalb nicht ihre fiktive Voraussetzungslosigkeit, sondern die Reflexion ihres jeweiligen erkenntnisleitenden Interesses und dessen Explizierung, um individuellen Rationalisierungen wie kollektiven Ideologien zu begegnen.“ (23)

Nicht zuletzt durch die Formel „fiktive Voraussetzungslosigkeit“ gibt Naschold zu erkennen, daß er die Problematik der erkenntnisleitenden

Interessen durchaus analog zur Problematik der Wertgebundenheit wissenschaftlicher Erkenntnis verstanden wissen will, wie sie seit M. Weber immer aufs neue im bekannten Werturteilsstreit behandelt worden ist.[7]

Für die weitere Diskussion der erkenntnisleitenden Interessen im Rahmen der Politikwissenschaft ist wichtig, daß Naschold feststellt: „Eine nähere Bestimmung dieser erkenntnisleitenden Interessen für die Politikwissenschaft hat auf *mehreren Ebenen* zu erfolgen" (23).

Die *höhere* Ebene ist die der *Wissenschaftstheorie*; für sie versichert sich Naschold zwar des habermasschen Ansatzes, ohne jedoch dessen anthropologische oder naturgeschichtliche Begründung zu berücksichtigen oder gar zu erwähnen.

Demgegenüber liegen für Naschold die für die politikwissenschaftliche Analyse relevanten erkenntnisleitenden Interessen auf einer zweiten, *konkreteren* Ebene: sie (die erkenntnisleitenden Interessen) sind „auf die gesellschaftspolitischen Bewegungen im Rahmen westlicher liberaler Demokratien – um nur einen Teilbereich herauszugreifen – zurückzuführen, die heute noch politisch virulent oder als konkrete Utopien latent vorhanden sind." Gemeint sind politische Strömungen wie Liberalismus, Konservatismus, Sozialismus etc. Sie seien jedoch in der Regel nicht unmittelbar, sondern vielmehr meist „verdeckt" in den politikwissenschaftlichen Analysen enthalten und schlügen sich in bestimmten analytischen Modellen nieder, die der jeweiligen Analyse als implizierter Bezugsrahmen zugrunde lägen. Am Beispiel des *Systemüberlebensmodells* sowie des *Systemzielmodells* (mit ihren Variationen in Maximierungs- und Optimierungsmodelle) versucht Naschold die Einwirkung gesellschaftspolitisch begründeter erkenntnisleitender Interessen in der Politikwissenschaft exemplarisch sichtbar zu machen und zu belegen.

Es kann kein Zweifel darüber bestehen, daß in der nascholdschen Rezeption die Problematik der erkenntnisleitenden Interessen, sowie sie von *Habermas* zunächst exponiert worden ist, beträchtlich verschoben ist. An die Stelle naturgeschichtlich in der Gattungsgeschichte des Menschen festgemachter erkenntnisleitender Interessen treten hier solche, die sich aus der politischen Option der Politikwissenschaftler für die ein oder andere politische Richtung ergeben, d. h. die letztlich auf modernen parteipolitischen Positionen gründen. Eine Vermittlung zwischen diesen beiden Ebenen und Begründungsformen ist nicht möglich, es sei denn, man will die parteipolitischen Standorte naturgeschichtlich erklären.

Zusammenfassend darf man hinsichtlich der nascholdschen Behandlung des Themas „erkenntnisleitende Interessen" feststellen, daß hier zwar die leitenden Begriffe aus der habermasschen Erörterung der erkenntnisleitenden Interessen übernommen wurden, daß sie jedoch in einem gänzlich neuen Kontext erscheinen, der ihren Sinn grundlegend verändert, so daß eigentlich nicht mehr von derselben Sache gesprochen wird.

Problematischer noch als diese Problemverschiebung erscheint die Vergröberung der Thematik in der „Kritischen Politikwissenschaft" von K. Tudyka. Zwar ist auch hier die habermassche Ausgangsposition verbal wieder aufgenommen, doch wird sie in eine Richtung weiter verfolgt, in der die ursprüngliche habermassche Intention völlig verloren geht. Stattdessen wird (auf sehr mißverständliche Weise) erklärt: „Wissenschaft ist parteilich" (25) und ein erkenntnisleitendes Interesse für die kritische Politikwissenschaft dieses Verständnisses formuliert, das eher an ein politisches Bekenntnis oder Programm denn an eine wissenschaftliche Zielbestimmung gemahnt; danach richtet sich das erkenntnisleitende Interesse der „Kritischen Politikwissenschaft" „auf die globale Verteilung von Lebenschancen und -qualitäten, auf die Ursachen für deren Unterschiedlichkeit, auf das Kalkül der Militärs mit dem Genozid, auf die gesellschaftlichen, national- und interstaatlichen Herrschafts-, Unterdrückungs-, Abhängigkeits- und Entfremdungsbeziehungen, auf deren historische Voraussetzungen und auf die Träger von Strategien zu deren Veränderung" (28). Bedenklich an dieser Bestimmung erscheint vor allem, daß durch das blasse „richten auf" die Differenz zwischen Theorie und Praxis – absichtlich oder unabsichtlich – völlig verwischt wird.

War bei Habermas die Thematik der erkenntnisleitenden Interessen ein integraler Bestandteil der Wissenschafts- und Erkenntnistheorie, so ist in den erwähnten Rezeptionsversuchen durch die zeitgenössische Politikwissenschaft dieser Bezug zu den wissenschafts- und erkenntnistheoretischen Fragestellungen verloren gegangen; hier – bei Tudyka, aber auch schon bei Naschold – wird nicht mehr auf die *internen* Bedingungen der Möglichkeit wissenschaftlicher Objektivität hin reflektiert, sondern auf die *externen* gesellschaftlichen und politischen Interessen, die auf den Erkenntnisprozeß von außen einwirken; die Problematik der erkenntnisleitenden Interessen wird hier somit – unter Beibehaltung der von Habermas entwickelten Terminologie – in die Problematik der allgemeinen sozialen Bedingtheit wissenschaftlicher Erkenntnis, von der oben bereits die Rede war, aufgelöst. Wie sehr Habermas in diesen politikwissenschaftlichen Rezeptionen mißverstanden worden ist, geht aus der Einleitung zur Neuausgabe von „Theorie und Praxis" klar hervor, in der Habermas unter dem Titel „Einige Schwierigkeiten beim Versuch, Theorie und Praxis zu vermitteln" u. a. schreibt: „Die Erkenntnisinteressen sind weder erkenntnispsychologisch noch wissenssoziologisch oder im engeren Sinne ideologiekritisch von Bedeutung; denn sie sind invariant. Noch lassen sie sich andererseits auf das biologische Erbe eines konkreten Antriebspotentials zurückführen; denn sie sind abstrakt. Sie ergeben sich vielmehr aus Imperativen der an Arbeit und Sprache gebundenen soziokulturellen Lebensform. Daher sind technisches und praktisches Erkenntnisinteresse nicht Steuerungen der Kognition, die um der Objektivität der Erkenntnis willen ausgeschaltet werden müßten; sie selbst vielmehr bestimmen den Aspekt, unter dem die Wirklichkeit objektiviert, und damit der Erfahrung allererst zugänglich gemacht werden kann. Sie sind die für sprach- und handlungsfähige Subjekte notwendigen Bedingungen der Möglichkeit von Erfahrung, die auf Objektivität Anspruch erheben kann."[8]

Zu fragen bleibt, was sich aus dieser bisherigen wissenschaftstheoretischen Diskussion der erkenntnisleitenden Interessen für die Logik der Politikwissenschaft ergibt. Dabei wird man verschiedene Aspekte auseinanderzuhalten haben.

Zunächst wird man feststellen müssen, daß die von Habermas ausgelöste philosophische und erkenntnistheoretische Diskussion über „Erkenntnis und Interesse" keineswegs abgeschlossen, sondern eben erst in Gang gekommen ist. Die philosophische Kritik hat sich in den letzten Jahren von den verschiedensten Standpunkten aus mit diesem Problemkreis und einzelnen seiner Aspekte befaßt; J. Habermas hat selber diese Auseinandersetzung im Nachwort zur Neuausgabe von „Erkenntnis und Interesse" (1973) dokumentiert und zu ihr Stellung genommen.[9]

An dieser Diskussion, die letztlich um die Grundlagen und Grundfragen der allgemeinen Erkenntnistheorie geht, wird die Politikwissenschaft als empirische Sozialwissenschaft weder direkt aktiv partizipieren können noch wollen. Die Resultate dieser Diskussion jedoch werden, insofern sie allgemein erkenntnistheoretischen und speziell wissenschaftstheoretischen Charakter besitzen, auch die Logik der Politikwissenschaft betreffen. Als Indiz dafür kann man die bereits vorliegenden, u. E. aber unzureichenden politikwissenschaftlichen Versuche, auf die Problematik der erkenntnisleitenden Interessen einzugehen, bewerten. Das Unzureichende und Zuvermeidende dieser Versuche ist darin zu sehen, daß hier die auch für die Logik der Politikwissenschaft grundlegenden erkenntnistheoretischen Fragestellungen über „Erkenntnis und Interesse" allzufrüh und unvermittelt mit realgeschichtlichen Interessenlagen und -konflikten identifiziert werden; demgegenüber ist zu fordern, daß auch die Politikwissenschaft die Ergebnisse dieser Diskussion auf der wissenschaftstheoretischen Ebene beläßt und in den Zusammenhang der Problematik der Gegenstandskonstitution in ihrer eigenen Forschung aufnimmt. Nur auf dieser Ebene wird es zu einer adäquaten und deswegen auch wissenschaftlich fruchtbaren Rezeption kommen können.

Diesem wissenschaftstheoretischen Komplex gegenüber ist jedoch sogleich geltend zu machen, daß auch auf anderen Ebenen als der wissenschaftstheoretischen sinnvoll von „erkenntnisleitenden Interessen" gesprochen werden kann; insofern ist Naschold zuzustimmen, daß „eine nähere Bestimmung dieser erkenntnisleitenden Interessen für die Politische Wissenschaft auf *mehreren Ebenen* zu erfolgen habe" (23). Man muß jedoch dann diese Ebenen sorgfältig gegeneinander abzugrenzen versuchen, um der Gefahr zu entgehen, daß die verschiedenen Argumentations- und Begründungsversuche durch das gleichlautende Sprachsymbol „erkenntnisleitende Interessen", das – genau genommen – auf jeder dieser Ebenen eine andere inhaltliche Bedeutung besitzt, ineinander verschwimmen und keine logische Distinktion mehr möglich ist.

U. E. hat es Sinn, auf mindestens *drei* Ebenen von „erkenntnisleitenden Interessen" zu sprechen: a) auf der Ebene der Wissenschaftstheorie, wo nach Habermas die Erkenntnisinteressen als „die notwendigen Bedingungen der Möglichkeit von Erfahrung, die auf Objektivität Anspruch erheben kann", erscheinen;[10] b) auf der „konkreten Argumentationsebene der politikwissenschaftlichen Analysen", wo die relevanten erkenntnisleitenden Interessen auf die gesellschaftspolitischen Bewegungen im Rahmen westlicher Demokratien zurückzuführen sind,[11] und c) auf der individuellen Ebene, auf der jeder Wissenschaftler aufgrund bestimmter, aber sehr schwer klassifizierbarer, Persönlichkeitsmomente bestimmte Interessen verfolgt, die seinen persönlichen Forschungsstil sowie dessen Richtung nachhaltig bestimmen. Wenngleich auf allen drei Ebenen eine Bestimmung oder Leitung von Erkenntnis durch Interesssen vorliegt, so besteht doch ein bedeutsamer Unterschied hinsichtlich der Qualität dieser Interessen, der nicht verwischt werden darf.

Das Problem des Verhältnisses von Theorie und Praxis

Im Anschluß an die Thematik der erkenntnisleitenden Interessen ist hier schließlich noch auf das Verhältnis von Theorie und Praxis näher einzugehen, das an dieser Stelle jedoch noch nicht unter dem Aspekt der konkreten Praxisbezüge der Politikwissenschaft, d. h. etwa im Hinblick auf das Verhältnis der Politikwissenschaft zur praktischen Politik und ihrer Durchführung, behandelt wird; die Erörterung dieser Thematik soll dem abschließenden Kapitel dieser „Einführung" ebenso vorbehalten bleiben wie die des Verhältnisses Politikwissenschaft – politische Bildung, das ja auch einen Praxisbezug der Politikwissenschaft darstellt, insofern politische Bildung eine Bemühung um praktisch relevante politische Einstellungen und Verhaltensweisen ist.

Hier geht es vielmehr zunächst um die *Grundlagen* und *Bedingungen* der Möglichkeit dieser später zu behandelnden konkreten Praxisbezüge der Politikwissenschaft. Zum Zwecke ihrer näheren Bestimmung nehmen wir zwei idealtypische Alternativen zu Hilfe, die sich häufig in der Literatur finden und nach denen wissenschaftliches Wissen im Allgemeinen, sozialwissenschaftliches Wissen im Besonderen entweder *Herrschaftswissen* (Stabilisierungswissen) oder *Oppositionswissen* (kritisches Wissen) ist. Unverkennbar wird hier Wissen durch seinen je spezifischen Bezug auf gegebene gesamtgesellschaftliche und politische Situationen qualifiziert.

Mit Hilfe dieser beiden antithetischen Formeln können Sozialwissenschaften aufgrund verschiedener Stellungnahme zur vorgegebenen sozialen Welt oder Praxis entweder als *Herrschaftswissenschaften* oder als *Oppositionswissenschaften* klassifiziert werden. Dabei wird die moderne Soziologie, nachdem C. Brinckmann sie 1919 mit Blick auf ihre Entstehungsgeschichte so bezeichnete, gewöhnlich als Oppositionswissenschaft eingestuft, die Wirtschafts- und Rechtswissenschaften hingegen meist als Herrschaftswissenschaften.

Kriterium der Klassifikation ist dabei jeweils die Stellungnahme der Wissenschaft zum gesellschaftspolitischen *status quo*: ist diese *affirmativ*, d. h. bejahend, und dient wissenschaftliches Wissen dementsprechend direkt oder indirekt der Stabilisierung des gesellschaftspolitischen *status quo*, so spricht man von Herrschaftswissen bzw. von Herrschaftswissenschaften; ist die Stellungnahme zum *status quo* hingegen *kritisch*, vielleicht sogar prinzipiell ablehnend, so liegt Oppositionswissen vor, das je nach seiner graduellen Ausprägung von der auf (systemimmanente Reform gerichteten) Kritik bis zur radikal verneinenden revolutionären Einstellung gegenüber dem gesellschaftspolitischen *status quo* reichen kann.

Auch die Politikwissenschaft wird – wie andere Sozialwissenschaften – in dieses Klassifikationsschema einbezogen. Bemerkenswert ist jedoch, daß die Zuweisung zu einer der beiden Wissensformen nicht eindeutig ist, sondern die Politikwissenschaft in der Literatur teils den Oppositionswissenschaften, teil den Herrschaftswissenschaften zugerechnet wird. Diese schwankende Beurteilung hat wohl zwei Gründe: einen *äußeren*; sie ist relativ zur Vergleichsbasis, d. h. von der als Oppositionswissenschaft klassifizierten Soziologie scheint die Politikwissenschaft vergleichsweise eher als Herrschaftswissenschaft, von den Wirtschafts- oder Rechtswissenschaften eher als Oppositionswissenschaft zu qualifizieren zu sein. Der zweite Grund ist wissenschafts*intern* und steht in enger Beziehung sowohl zu den behandelten Theorie-Ansätzen als auch zum Problem der erkenntnisleitenden Interessen. Danach kann der normativ-ontologische Theorie-Ansatz, der ja von seinen antiken Ursprüngen wie von seinen zeitgenössischen Erneuerungsversuchen her zumeist ein deutlich erkennbares *zeitkritisches* Moment enthält und der mit einem praktischen Erkenntnisinteresse verbunden wird, durchaus als Oppositionswissen qualifiziert werden, wenngleich nicht in extremer (revolutionärer) Weise, sondern mit eher reformatorischer Intention. Der empirisch-analytische Theorie-Ansatz, bei dem wir das Fehlen einer normativen Dimension feststellten und der von Habermas mit einem technischen Erkenntnisinteresse verbunden wird, wird eher und eindeutiger als Herrschaftswissen zu bezeichnen sein, insofern er im Zweck-Mittel-Bereich auf die zweckrational bestimmten Mittel für vorgegebene politische Ziele hin denkt. Schließlich könnte man den historisch-dialektischen Theorie-Ansatz –

nicht zuletzt von seinem eigenen Selbstverständnis her – als eindeutiges Oppositionswissen qualifizieren, insofern er von den erkannten Widersprüchen des gegenwärtig Bestehenden ausgeht und bestrebt ist, diese im Hinblick auf eine „gute Form künftigen Lebens" kritisch aufzulösen.

So einleuchtend und plausibel eine solche Klassifikation politikwissenschaftlicher Richtungen nach den zugrundeliegenden Theorie-Ansätzen und dominanten Erkenntnisinteressen auch scheinen mag, sie kann nicht voll überzeugen; in jeder der drei Klassifikationen lassen sich ohne Konstruktion Fälle aufweisen, die wesentliche Abweichungen zeigen, d. h. mit dem normativ-ontologischen Theorie-Ansatz läßt sich ebenso Herrschaftswissen wie Oppositionswissen mit dem empirisch-analytischen und wieder Herrschaftswissen mit dem historisch-dialektischen Theorie-Ansatz verbinden. Dabei waltet hier keine blinde Willkür vor, sondern es besteht auch in dieser Frage eine entscheidende Abhängigkeit des Wissens in seinen verschiedenen Formen von dem jeweiligen gesamtgesellschaftlichen Zusammenhang – sowohl von seinen objektiven Strukturen als auch von seinen subjektiven Bewußtseinsinhalten. Konkreter gesprochen: es lassen sich unschwer gesamtgesellschaftliche und politische Konstellationen denken, in denen normativ-ontologisch begründetes Herrschaftswissen oder empirisch-analytisch begründetes Oppositionswissen oder historisch-dialektisch begründetes Herrschaftswissen wirksam sind.

Unseres Erachtens gewinnt wissenschaftliches Wissen jeweils den Charakter von Herrschafts- oder Oppositionswissen nicht aus sich selbst heraus, sondern aus den Bedingungen der gesamtgesellschaftlich-politischen Situation, in der es wirksam ist. Auf welche Weise die *konkreten* Praxisbezüge der Politikwissenschaft letztlich auch von solchen gesamtgesellschaftlich-politischen Situationen abhängig sind, wird noch im abschließenden Kapitel gezeigt werden.

8. Schlußbemerkung zu den Theorie-Ansätzen

Die gegenwärtige wissenschaftstheoretische Diskussion in den Sozialwissenschaften mit ihren Auswirkungen auf die Politikwissenschaft ist – im Vergleich zu den 50er und frühen 60er Jahren – durch zweierlei gekennzeichnet: *einerseits* durch die Lebhaftigkeit und Intensität, mit der wissenschaftstheoretische Probleme diskutiert werden: Hatte in den früheren Jahren eher eine Wissenschaftspragmatik vorgeherrscht, in der allenfalls gewisse methodische Fragen oder auch Kontroversen einen Platz hatten, so hat in den letzten Jahren die Diskussion der erkenntnistheoretischen Grundlagen im Vordergrund gestanden, und es hat bisher nicht den Anschein, als wären diese Probleme bereits zureichend geklärt und zuende diskutiert worden. Insgesamt wird man diese Tendenz, die sich nicht zuletzt in der starken Selbstreflexion der von uns oben behandelten drei Theorie-Ansätze auch im Rahmen der Politikwissenschaft artikuliert, positiv bewerten dürfen, insofern diese Selbstreflexion der Wissenschaften auf ihre Prämissen, Prinzipien und erkenntnistheoretischen Grundlagen für den Erkenntnisfortschritt auf allen Gebieten fundamental ist; sie (diese Selbstreflexion) darf indes – wie es in der zeitgenössischen Diskussion mitunter durchaus den Anschein hat – nicht zum *Selbstzweck* werden; an diesem Extrem angelangt, würde die wissenschaftstheoretische Selbstreflexion sich um ihren eigenen Wert für den wissenschaftlichen Fortschritt bringen; denn wissenschaftliches Erkennen ist stets primär auf Objekte (Gegenstände) der Außenwelt gerichtet, die sie zu erkennen sich bemüht; und auch die Wissenschaftstheorie kann ihre Funktion nur darin haben, diese Bemühungen zu unterstützen.

Andererseits ist die wissenschaftstheoretische Situation der Gegenwart durch eine seit verschiedenen Jahren währende, zum Teil recht scharf und polemisch geführte *Kontroverse* zwischen dem empirisch-analytischen und dem historisch-dialektischen Theorie-Ansatz gekennzeichnet, die inzwischen unter dem Namen „Positivismusstreit" – vor allem durch eine gleichnamige Publikation der wesentlichsten Beiträge zu dieser Auseinandersetzung – weithin bekannt geworden ist. Es kann hier im Rahmen einer „Einführung in die Politikwissenschaft" nicht unsere Aufgabe sein, diesen Positivismusstreit als wissenschaftstheoretische Kontroverse darzustellen und zu bewerten; er soll hier aus einem anderen Grunde kurz aufgegriffen werden, insofern er u. E. ein bedenkliches Symptom ist für das Verhältnis, in dem heute die sozialwissenschaftlichen Theorie-Ansätze, bzw. ihre Vertreter, zueinander stehen. Bedenklich nicht deswegen, weil es sich hier um eine Polemik oder Kontroverse, d. h. zu deutsch: um einen wissenschaftlichen *Streit* handelt; im Gegenteil: man wird für Vergangenheit wie Gegenwart wissenschaftliche Kontroversen dieser Art, wo und in welcher Schärfe sie auch immer auftraten bzw. auftreten werden, mit gutem Recht als „das (unentbehrliche) Salz der Wissenschaft" bezeichnen dürfen. Das Bedenkliche liegt vielmehr woanders: in der besonderen *Qualität*, die dieser Positivismusstreit schon sehr bald angenommen hat und die der Soziologe H. Baier, inzwischen Nachfolger Adornos in Frankfurt, einmal treffend so charakterisiert hat:

„Der Streit zwischen den soziologischen Positivisten und Dialektikern hat – ... – schon längst das Stadium eines Streits um die angemessene Methode soziologischer Erkenntnis und soziologischen Handels verlassen. Er hat sich – ... – nun endgültig zu einem Kampf nicht mehr um die rechten *Mittel*, die wir zwecks kontrollierten Erkenntnisgewinns und zwecks kalkulierter Handlungschancen anwenden sollen, sondern unmittelbar zu einem Kampf um die *Aufgaben* soziologischer Wissenschaft entwickelt, denen wir uns in dieser oder jener Front unterordnen sollen ...

Heute zeigt sich in unserer Wissenschaft eine qualitativ ganz *neuartige* Differenz, denn man bestreitet sich wechselseitig nicht nur die Angemessenheit der *Methoden* – ... –, man bekämpft auch nicht nur die *theoretische* Erkenntniseinstellung jeweils des anderen – ..., sondern Positivsten und Dialektiker befehden sich, nimmt man den Kern der Kontroversen, vor allem hinsichtlich ihrer *praktischen* Erkenntnisabsichten, hinsichtlich ihrer Veränderungsinteressen der sozialen Wirklichkeit, die ja ihre theoretischen Arbeiten leiten und aus denen erst ihre Methodologien abzuleiten sind. Das heißt: nicht, *was* und *wie* erkannt werden soll, steht zur Frage, sondern *wozu* wir überhaupt solche Wissenschaft betreiben."[1]

Aus diesen Sätzen geht letztlich hervor, daß die wissenschaftstheoretische Diskussion im Positivismusstreit und seinen Nachwirkungen – nicht so sehr bei den Protagonisten als vielmehr bei den unzähligen Nachfolgern und -rednern – eine *Zuspitzung* erfahren hat, in der nicht mehr so sehr wissenschafts*theoretische*, d. h. für uns: erkenntnistheoretische und methodische Probleme im Zentrum der Diskussion stehen, sondern wissenschafts*politische*. Darin sehen wir das Bedenkliche der Entwicklung.

Um nicht mißverstanden zu werden: es soll hier nicht der Eindruck erweckt werden, als wollten wir dafür plädieren, daß diese wissenschafts*politischen* Reflexionen und Argumentationen, in denen es um die soziale Stellung und Funktion der Wissenschaften und um ihre Zielsetzung geht, die ja stets praktisch relevant sind, aus der wissenschaftlichen Diskussion auszuschalten seien; keineswegs: wir sind vielmehr der Ansicht, daß gerade in einer Demokratie die Verantwortlichkeit der Wissenschaft, die ja primär immer eine solche der Wissenschaftler ist, eine autonome Reflexion und Klärung dieser wissenschaftspolitischen Probleme durch die am wissenschaftlichen Prozeß Beteiligten verlangt, eine einseitig heteronome Bestimmung (etwa durch staatliche oder parteiliche Stellen) der „Produktionskraft Wissenschaft" hingegen – weil sie das absolute Ende aller Freiheit von Forschung und Lehre bedeutet – abzulehnen ist. Bedenklich ist uns einzig und allein die einseitige *Zuspitzung* der wissenschafts*theoretischen* Diskussion auf die wissenschafts*politischen* Fragen – etwa nach dem Schema: sage mir, wie du es mit den erkenntnisleitenden Interessen hältst, und ich sage dir, was deine Wissenschaft wert ist, – eine Zuspitzung, die dann sehr häufig handfest unter dem Titel „Politisierung der Wissenschaften" auftaucht (vgl. die gleichnamige Publikation von P. Brückner / Th. Leithäuser und W. Kriesel). Die Gefahr, die wir in dieser Entwicklung stehen, ist die, daß wissenschaftstheoretische Fragen zu politischen und damit auch politisch *entscheidbaren* Fragen werden oder zu weltanschaulichen Bekenntnisfragen, deren Diskussion sich dann rationaler Argumentation oder Kritik entzieht.

Was in dieser Situation zu fordern ist, ist folgendes: vor allem *Differenzierung* und *Unterscheidung* der Probleme und Argumentationsebenen. Das heißt konkret: die in der Diskussion der Theorie-Ansätze explizierten verschiedenen wissenschafts- oder erkenntnistheoretischen Probleme sind klar von den (mit ihnen durchaus in einem Zusammenhang stehenden) wissenschaftspolitischen Fragen zu trennen, wenn sie angemessen beurteilt werden wollen. Es kann nicht angehen, die wissenschafts- oder erkenntnistheoretische Relevanz von Theorie-Ansätzen – auch in der Politikwissenschaft – mit wissenschaftspolitischen Argumenten beweisen oder bestreiten zu wollen. Das klingt – konfrontiert man diese Sätze mit den Argumentationen in der zeitgenössischen wissenschaftstheoretischen Diskussion, vor allem in den Sozialwissenschaften – ausgesprochen altmodisch; hat jedoch – so glauben wir – eine ziemliche Plausibilität und logische Einsehbarkeit für sich, so daß man um derentwillen gerne den Geruch des Altmodischen ertragen sollte.

Auf die von uns behandelten Theorie-Ansätze und ihr Verhältnis zueinander angewandt, bedeutet dies: man darf sich in der Verfolgung der Frage nach der je spezifischen Leistungsfähigkeit der drei Theorie-Ansätze für die Forschungsaufgaben der Politikwissenschaft nicht zu früh in einen weltanschaulichen oder auch parteipolitischen Streit verwickeln lassen, sondern muß diese Fragen mit Bezug auf die (oben näher beschriebene) Gegenstandssphäre der Politikwissenschaft und auf die daraus sich ableitenden speziellen Erkenntnisaufgaben zu beantworten suchen. Vergleicht man unter einem solchen Gesichtspunkt der Leistungsfähigkeit die drei Theorie-Ansätze der zeitgenössischen Politikwissenschaft untereinander, so wird man – von den verschiedenen Dimensionen der politischen Realität her – diese Theorie-Ansätze unterschiedlich beurteilen müssen, insofern sie jeweils mit verschiedenen *Defiziten* und *Mängeln* behaftet scheinen.

Hier können – wie schon beim kritischen Vergleich der Politik-Begriffe – nur einige wichtige derartige Differenzen hervorgehoben werden – zum Teil in Form der Wiederaufnahme schon gemachter Bemerkungen im Zusammenhang mit der Darstellung der drei Theorie-Ansätze.

Zunächst wird ein Vergleich sehr rasch lehren, daß die von uns oben herausgearbeiteten *Dimensionen* der politischen Realität von den drei Theorie-Ansätzen recht unterschiedlich berücksichtigt werden.

So akzentuiert der *normativ-ontologische Theorie-Ansatz* nicht zufällig die *normative* Dimension des Politischen oder die Dimension der regulativen politischen Ideen und Prinzipien besonders stark; wir haben sowohl an seiner antiken als auch (vielleicht noch stärker) an seiner zeitgenössischen Variante feststellen können, daß auf diesem Gebiet die eigentümliche Leistung dieses Theorie-Ansatzes liegt, der sich deswegen auch nicht zufällig vorwiegend bei der Erörterung dieser normativen Probleme im Bereich der politischen Philosophie und interpretierenden Ideengeschichte entfaltet hat. Im Unterschied zu Platon und Aristoteles, in deren Werken wir neben der philosophischen Reflexion der Prinzipien politischer Ordnung auch vielseitige empirische Analysen finden (vgl. vor allem die „Politik“ des Aristoteles), ist der normativ-ontologische Theorie-Ansatz der Gegenwart – sieht man einmal von einigen bemerkenswerten Ansätzen (vgl. für den deutschen Bereich die Arbeiten von W. Hennis) für die systematische Analyse politischer Systeme mit ihren komplexen Macht- und Herrschaftsbeziehungen relativ unergiebig geblieben; man könnte auch sagen, daß er diese objektive Dimension der politischen Realität vernachlässigt habe.

Genau umgekehrt liegt der Fall des *empirisch-analytischen* Theorie-Ansatzes: hier haben wir allgemein eine bewußte Enthaltsamkeit, sich wissenschaftlich mit normativen Problemen zu befassen. Nicht, daß normative Probleme (Wertprobleme) von diesem Theorie-Ansatz einfach in ihrer Existenz bestritten würden; sie werden sogar als Gegenstand (Objekt) bearbeitet; der Vertreter des empirisch-analytischen Theorie-Ansatzes wird sich jedoch hüten, von seinem wissenschaftlichen Standpunkt aus Wertprobleme entscheiden zu wollen. So fällt bei ihm die normative Dimension – unter dieser speziellen Perspektive – als wissenschaftlich nicht traktierbar einfach aus. Dafür bearbeitet er – die reichen (vor allem quantitativ überwältigenden) Forschungsergebnisse auf allen sozialwissenschaftlichen Gebieten belegen das eindrucksvoll – umso intensiver die anderen Dimensionen der politischen Realität: die *objektive* der Systeme, Strukturen, Institutionen und Organisationen wie die *subjektive* der politischen Einstellungen und Attitüden.

Im Vergleich dazu scheint der *historisch-dialektische* Theorie-Ansatz die skizzierten Dimensionen der politischen Realität gleichmäßiger zu erfassen. Sein normativer Aspekt, der sich vor allem aus seiner geschichtsphilosophischen Grundeinstellung her ergibt, die eine kritische Beurteilung des je Bestehenden im Licht eines theoretisch antizipierten Zukünftigen ermöglicht, war in unserer Darstellung herausgestellt worden. Zugleich – darauf wies die Grundkategorie der „Totalität“ zumindest tendenziell hin – vermochte dieser Theorie-Ansatz auch die *objektive* Dimension der Systeme, Strukturen, Institutionen und Organisationen sowie die *subjektive* der Einstellungen und der Interessen – allerdings unter dem relativ fixierten historisch-materialistischen und ideologiekritischen Gesichtspunkt – in den Blick zu bringen.

Die vergleichende Beurteilung der drei behandelten Theorie-Ansätze muß jedoch auch noch eine andere Problematik in Betracht ziehen, die für eine abschließende Bewertung wichtig ist: die Problematik der *Operationalisierung*. Wir wollen dabei – wie schon im Zusammenhang der vergleichenden Analyse der Politik-Begriffe – unter Operationalisierung die Umsetzung des Theorie-Ansatzes oder seines Kategoriensystems in ein unmittelbar in der Forschung einzusetzendes Konzept verstehen, mit dessen Hilfe wir zu gesicherten und überprüfbaren Ergebnissen gelangen können.

Vergleicht man unter diesem Gesichtspunkt die drei Theorie-Ansätze, so wird die Beurteilung anders ausfallen müssen: hier wird sich herausstellen, daß sich vor allem die Grundkategorien „Geschichtlichkeit", „Totalität" und „Dialektik" des historisch-dialektischen Theorie-Ansatzes einer intersubjektiv allgemein akzeptierten Operationalisierung weitgehend entziehen. Auch der normativ-ontologische Theorie-Ansatz tut sich bei der Operationalisierung seiner stark ethisch bestimmten Grundkategorien „gutes Leben", „richtige Ordnung", „bonum commune" (Gemeinwohl) etc. vergleichsweise schwerer als der empirisch-analytische Theorie-Ansatz etwa mit seinem System-Begriff. Das beruht vor allem darauf, daß das Problem der Operationalisierung für den empirisch-analytischen Theorie-Ansatz bereits bei der Theorie-Bildung eine grundlegende Bedeutung besitzt und bei ihm die intersubjektive Überprüfbarkeit seiner Ergebnisse eines der wichtigsten Wahrheitskriterien darstellt. Gerade von dem Gesichtspunkt der Operationalisierung her gesehen. kann der empirisch-analytische Theorie-Ansatz als der am besten und weitesten durchgearbeitete gelten; und es wird dann niemandem als Zufall erscheinen, wenn die überwiegende Zahl der sozialwissenschaftlichen Forschungsergebnisse, wie sie heute auch für unser Alltagsleben vielfältig relevant geworden sind, auf der Basis des empirisch-analytischen Theorie-Ansatzes gewonnen wurden.

Die Beantwortung der Frage nach der wissenschaftlichen Leistungsfähigkeit und Brauchbarkeit der verschiedenen Theorie-Ansätze kann also nicht einfach zugunsten *eines* und damit zuungunsten der beiden anderen Theorie-Ansätze ausfallen. Sie darf auch nicht von einem isolierten Gesichtspunkt aus getroffen werden. Wie schon bei der Beurteilung der Politik-Begriffe, so kommt es auch hier entscheidend auf die Zusammenfassung und Berücksichtigung verschiedener Gesichtspunkte an, von der her dann diese Frage entschieden werden kann.

Diese Feststellung soll nun nicht den Eindruck erwecken, hier werde letztlich hinsichtlich der Beurteilung oder Einschätzung der verschiedenen Theorie-Ansätze einem *Relativismus* oder *Neutralismus* das Wort geredet, was bekanntlich stets die Gefahr mit sich bringt, daß die schließlich doch zu machende Option für den einen oder anderen dieser Theorie-Ansätze dann nicht aufgrund wissenschaftlicher Erwägungen, sondern aufgrund sachfremder, entweder politischer oder vielleicht sogar gänzlich irrationaler getroffen wird. Unseres Erachtens kann eine angemessene Entscheidung für den einen oder anderen Theorie-Ansatz (von den besprochenen drei oder weiteren anderen denkbar möglichen) nur aus einer gründlichen Reflexion über die politische Realität und ihre Konstitution erfolgen, die versucht, die verschiedenen Dimensionen dieser Realität sowie deren Interdependenz zu erkennen, und in Grundkategorien begrifflich angemessen zu artikulieren. Das bedeutet nicht zuletzt auch, daß diese Theorie-Ansätze nicht einfach als fixe Größen vorgegebener Art zu verstehen sind, sondern als Resultate eben dieses Reflexionsprozesses über die politische Realität und ihre Konstitution.

Da es sich bei der politischen Realität – wie mehrfach erwähnt – nicht einfach um eine bloß *objektive*, d. h. zur Außenwelt gehörige Realität handelt, sondern vielmehr um eine solche, die stets zugleich objektiven und auch subjektiven Charakter besitzt und in die der Wissenschaftler, insofern er zugleich auch als Mitglied der Gesellschaft notwendig schon immer vielfältig als in seine umgreifende Lebenswelt verflochten ist, werden in die begriffliche Fassung der politischen Realität und damit in die Theoriebildung der Politikwissenschaft unausweichlich stets auch außerwissenschaftlichc, d. h. allgemein lebensgeschichtliche Momente eingehen, die nicht auszuschalten, wohl aber bewußt zu machen sind.

9. Methodenprobleme der Politikwissenschaft

Vorbemerkung

Eine Systematik der modernen Politikwissenschaft ist mit der Darstellung ihrer Grundbegriffe und Theorie-Ansätze noch nicht komplett und an ihr Ende gelangt; sie hat zudem auch noch den *Methodenproblemen* dieser Wissenschaft Rechnung zu tragen. Das soll auf den folgenden Seiten in einer für die Zwecke unserer „Einführung“ verkürzten Form geschehen, die auch hier keinen Anspruch auf Vollständigkeit in irgendeiner Hinsicht erheben will, sondern eine Verdeutlichung der Methodenproblematik an einigen ausgewählten Beispielen versucht.

Zuvor sind jedoch noch einige *Vorfragen* zu klären, die uns zugleich Gelegenheit geben werden, eine Art Aufriß für die nachfolgende Behandlung der Methodenprobleme zu entwerfen.

Zunächst stellt sich im Hinblick auf die Politikwissenschaft die Frage, ob es eine spezifische Methode oder spezifische Methoden der Politikwissenschaft gibt. Hinter dieser Frage steht die Auffassung der Politikwissenschaft als einer modernen Sozialwissenschaft. Von dieser Auffassung her ist die gestellte Frage zu *verneinen* und demgegenüber zugleich zu konstatieren, daß wir es im Bereich der Methoden analog mit der gleichen Situation zu tun haben wie bei den Theorie-Ansätzen; genau wie dort ist auch hier die Feststellung zu treffen, daß es im Bereich der modernen Politikwissenschaft, die sich als Sozialwissenschaft versteht, keine spezifisch politikwissenschaftliche(n) Methode(n) gibt, daß vielmehr die Methodologie (Methodenlehre) der Politikwissenschaft „integraler Bestandteil einer allgemeinen sozialwissenschaftlichen Methodenlehre ist".[1]

Diese Feststellung hat zur Folge, daß sich die nachfolgenden Methodenerörterungen notwendigerweise auf einem ähnlichen Abstraktionsniveau bewegen müssen wie die der Theorie-Ansätze; erörtert werden müssen mithin allgemeine sozialwissenschaftliche Methodenprobleme, die auch für die Politikwissenschaft ihre Geltung haben.

Die zweite Vorfrage ist komplizierter; sie bezieht sich auf das Verhältnis der Methoden zu den behandelten Theorie-Ansätzen und lautet: Bestehen zwischen bestimmten Theorie-Ansätzen und bestimmten Methoden direkte und eindeutige Zuordnungsverhältnisse etwa derart, daß einem bestimmten, etwa dem normativ-ontologischen Theorie-Ansatz bestimmte und nur diese Methoden zuzuordnen sind, die im Zusammenhang mit den empirisch-analytischen oder historisch-dialektischen Theorie-Ansatz keinen Sinn und Funktion besitzen könnten? – Diese Frage, die eine (noch näher zu besprechende) Differenzierung zwischen Theorien und Methoden bereits voraussetzt, wird in der Literatur unterschiedlich beantwortet; die einen – z. B. Fr. Naschold in seiner Einführung „Politische Wissenschaft" (51) – *verneinen* sie: „Überdies stellt sich im Gegensatz zu einigen früheren Ansichten immer deutlicher heraus, daß es keine direkte und eindeutige Beziehung zwischen Theoriebegriff und Methode gibt, ... daß keinem der drei diskutierten Theoriebegriffe eindeutig eine Methode zugeschrieben werden kann." Entsprechend gehen sie von einem *Methodenpluralismus* auch gerade in bezug auf die Theorie-Ansätze aus. Andere – wie etwa K. Tudyka in seiner Einführung in die „Kritische Politikwissenschaft" (30) – *bejahen* sie und sagen: „Die Behauptung ist falsch, daß es allein auf den ‚historisch kritischen Rahmen' ankäme; dann könnten quantitative, behavioristische, sozialpsychologische, systemtheoretische und historisch-beschreibende Verfahren je nach der ‚Angemessenheit für die spezifische Fragestellung' gewählt werden. Denn ‚anders als im Falle der empirisch-analytischen Theorien ist die Metatheorie der Methode ein Teil der kritischen Theorie selber'." Tudyka stützt sich bei seiner zitierten Argumentation auf die Abhandlung „Empirisch-analytische und kritische Sozialwissenschaft" von A. Wellmer, die an der zitierten Stelle wie folgt weitergeht: „Diese Einheit von Theorie und Metatheorie ist nur ein anderer Ausdruck für die Einheit von Theorie und Praxis, die die kritische Theorie für sich reklamiert; im Methodenstreit reproduziert sich der reale politische Kampf als Kampf der Geister; die Hoffnung auf Versöhnung dieses Kampfes im reinen Medium des Geistes bezeichnet für die kritische Theorie daher eine bürgerliche Illusion."[2]

Es ist relativ leicht auszumachen, daß dieser Differenz in den Antworten auf unsere Frage eine Differenz in dem, was unter „Methode" zu verstehen sei, zugrundeliegt. Deswegen mag es an dieser Stelle sinnvoll erscheinen, sich vor der Entscheidung unserer zweiten Vorfrage zunächst ein paar allgemeine Gedanken zu machen über den Methodenbegriff, mit dem wir es weiterhin – gewissermaßen als „Minimalkonsensus" – zu tun haben. Dabei ist es nicht unbedingt erforderlich, sich auf eine enggefaßte Definition von „Methode" festzulegen (die von anderen nur zu leicht bestritten und abgelehnt wird); es kann vielmehr als hinreichend gelten, vom allgemeinen Sprachgebrauch auszugehen, wie er etwa in Lexika und Wörterbüchern festgehalten und systematisiert ist, daraus die allgemein akzeptierten wesentlichen Bestimmungselemente des Methodenbegriffs zu sammeln und mit diesem Ergebnis an die Beantwortung unserer noch offenen Frage heranzugehen.

Wenden wir uns zu diesem Zwecke an die neue „Brockhaus Enzyklopädie", so erhalten wir unter dem Stichwort „Methode" folgende Auskunft: „Methode (griech. methodos, ‚das [einer Sache] Nachgehen'), ein nach Sache und Ziel planmäßiges (methodisches) Verfahren, die Kunstfertigkeit einer Technik zur Lösung praktischer und theoretischer Aufgaben (...), speziell das Charakteristikum für wissenschaftliches Vorgehen. Entsprechend geht eine *Methodenlehre (Methodologie)* als Teil der Logik jeder Wissenschaft voraus, sie bildet das Kernstück der modernen Wissenschaftstheorie." (Bd. 12, 479)

In dieser Bestimmung von „Methode" sind bereits einige Elemente enthalten, die wir festhalten müssen, vor allem das, daß Methode als ein „planmäßiges Verfahren" bestimmt wird, und zwar „zur Lösung *praktischer* und *theoretischer* Aufgaben". Für unsere Zwecke können die *praktischen* Methoden hier auf sich beruhen, uns interessiert nur Methode als Lösungsverfahren *theoretischer* Aufgaben, das als für die *Wissenschaften* charakteristisches Verfahren bezeichnet wird.

Aus dieser Lexikon-Bestimmung einer wissenschaftlichen Methode als Lösungsverfahren theoretischer Aufgaben lassen sich ferner zwei wichtige Folgerungen ziehen: eine erste, die sich *gegen* eine bestimmte Version positivistischer Wissenschaftsauffassung richtet, nach der die Methode nicht nur ein entscheidendes Kriterium für die Wissenschaftlichkeit darstellt, sondern Wissenschaft überhaupt erst konstituiert. Dadurch wird die Methode der Theorie vorgeordnet. Die obige Bestimmung von Methode als planmäßigem Lösungsverfahren theoretischer Aufgaben impliziert, daß die theoretischen Aufgaben (wir könnten auch sagen: theoretischen *Probleme*) den Methoden in dem Sinne vorausgehen, daß die Entscheidung für eine bestimmte Methode erst durch den Charakter des zu lösenden theoretischen Problems bestimmt wird.

Das bedeutet, daß sich aus der obigen Bestimmung von „Methode" ergibt, daß unter einem systematischen Gesichtspunkt die Theorien den Methoden vorgeordnet sein müssen. Entsprechend heißt es z. B. auch in dem „Philosophischen Wörterbuch“ von G. Klaus / M. Buhr unter dem Stichwort „Methode“: „Systematisch gesehen, beruhen Methoden auf Theorien.“ (718) Oder mit einer Wendung von Kl. v. Beyme: „(Methoden) bedürfen ... metatheoretischer und theoretischer Voraussetzungen, da nicht die Methode – ... – die Ziele der Forschung angeben kann.“[3]

Damit ist die zweite Folgerung bereits angedeutet, die aus unserer bisherigen Bestimmung von „Methode“ zu ziehen ist; auch sie betrifft – wenn auch unter einem anderen Gesichtspunkt – das Verhältnis von Theorien und Methoden und beinhaltet, daß zwischen beiden (Theorien und Methoden) eine qualitative Differenz besteht, die sich in Anlehnung an Klaus/Buhr folgendermaßen bezeichnen läßt: Während Theorien Aussagecharakter haben und ihre Funktion primär darin besteht, die Wirklichkeit abzubilden, so haben Methoden Aufforderungscharakter und primär die Funktion, das zielgerichtete (wissenschaftliche) Handeln des Menschen zu leiten (718).

Damit haben wir für die Beantwortung unserer zweiten Vorfrage hinreichend Hinweise gewonnen: zwischen Theorien und Methoden besteht einerseits ein enger Zusammenhang, insofern theoretische Aufgaben (Probleme) den Methoden als den planmäßigen Lösungsverfahren dieser Probleme vorausgehen. Dieser Zusammenhang ist jedoch andererseits wiederum nicht so eng, „daß mit der Theorie schon die Methode gegeben sei, noch gar, daß beide identisch wären“.[4] Denselben Sachverhalt hat Kl. v. Beyme so gefaßt: „Theorie und Methode sind aufeinander angewiesen. Eine Theorie ohne methodische Überprüfung und Erweiterung bleibt nutzlos, eine Methode ohne Theorie, welche die Entscheidung über den sinnvollen Einsatz von Methoden lenkt, bleibt steril.“[5]

Aufgrund dieser Hinweise zum Methodenbegriff und weiter zum Verhältnis von Theorien und Methoden wird man sich zur Beantwortung unserer zweiten Vorfrage nicht einfach einer der beiden charakterisierten Parteien anschließen wollen, die die Frage entweder einschränkungslos bejaht oder verneint. Gegen eine bedingungslose Bejahung der Frage spricht einmal die theoretische Überlegung, dann aber auch die praktische Erfahrung, die beide zeigen, daß zwischen einem bestimmten Theorie-Ansatz und einer bestimmten Methode keine derart zwingende Relation besteht. Gegen eine ebenso strikte Verneinung der Frage sprechen Überlegungen, wie die von Kl. v. Beyme, die die Abhängigkeit der Methoden von gewissen theoretischen Voraussetzungen betonen. Dieser Gedanke wird sogar noch zwingender, wenn man Theorie-Ansätze (wie die hier behandelten) zumindest tendenziell im Sinne wissenschaftlicher *Paradigmata* versteht, wie sie Th. Kuhn in seinem Buch „Die Struktur wissenschaftlicher Revolutionen“ definiert als „anerkannte Beispiele für konkrete wissenschaftliche Praxis ..., aus denen bestimmte festgefügte Traditionen wissenschaftlicher Forschung erwachsen.“ (29) Auf welchen anderen Bereich als auf den *methodischen* soll sich wohl der Ausdruck „festgefügte Traditionen" beziehen können?

Man wird also wohl eine gewisse (relative) *Abhängigkeit* der Methoden von den Theorie-Ansätzen, wenn auch nicht ihre strikte *Determination* durch diese behaupten müssen – eine Abhängigkeit, die zugleich auch immer eine gewisse Eigenständigkeit der Methoden gegenüber den Theorien impliziert. Mit anderen Worten: Bedürfen die Methoden einerseits immer bestimmter theoretischer Voraussetzungen (nicht zuletzt gerade auch zu ihrer Konstituierung), so sind sie doch andererseits nicht an den Geltungsbereich eines Theorie-Ansatzes absolut gebunden. „Methoden sind durch die Falsifikation von Theorien, die sie hervorgebracht haben, vielleicht diskreditiert, aber keineswegs erledigt."[6] Sie können auch im Geltungsbereich eines anderen Theorie-Ansatzes Anwendung finden, ihnen eignet also eine gewisse Übertragbarkeit.

Noch ein weiteres Problem müssen wir im Rahmen dieser Vorbemerkung zu klären versuchen. Wirft man einen Blick in neuere wissenschaftstheoretische Bücher oder auch in Einführungen in moderne Sozialwissenschaften (Soziologie und Politikwissenschaft), so findet man dort sehr verschiedene Einteilungen oder Gliederungen der Methoden, deren Zusammenhang und Bezug untereinander oft nur schwer verstehbar ist. Wir müssen auf diese Einteilungsschemata hier eingehen, um auf diesem Wege zugleich auch die von uns gewählte Einteilung der Methoden näher zu kennzeichnen und zu rechtfertigen.

Ein paar Beispiele dafür: die bereits zu Rate gezogene „Brockhaus Enzyklopädie" führt unter dem Stichwort „Methode" nacheinander folgende Einteilungen wissenschaftlicher Methoden auf: 1. die auf W. Dilthey zurückgehende Differenzierung in *erklärende* (naturwissenschaftliche) und *verstehende* (geisteswissenschaftliche) Methoden; 2. die von W. Windelband begründete Unterscheidung zwischen *nomothetischen* (Gesetze aufstellenden) und *idiographischen* (das Eigentümliche, Einmalige beschreibenden) Methoden; 3. die Einteilung in *induktive* und *deduktive* Methoden; schließlich 4. die Gliederung in *analytische* und *synthetische* Methoden (Bd. 12, 479).

In den schon mehrfach herangezogenen „Einführungen in die Politikwissenschaft" begegnen Gliederungen folgender Art: bei Fr. Naschold die in empirisch-analytische Methode, funktionale Methode und Methoden im Rahmen des dialektisch-historischen Theoriebegriffs (51 ff.). G. Lehmbruch unterteilt in vergleichende und monographische Methoden. Kl. von Beyme führt an: „1. den historisch-genetischen, 2. den institutionellen, 3. den behavioristischen, 4. den funktional-strukturellen und 5. den vergleichenden methodischen Ansatz" (89 ff.). Ein Teil der methodischen Ansätze von v. Beyme taucht bei Naschold unter dem Titel „Forschungsansätze (approaches)" auf; so der historische, der strukturell-funktionale und der behavioristische (43 ff.). Im Unterschied zur Methode definiert Naschold den Forschungsansatz (approach) als „Erklärungsschema mittlerer Abstraktionshöhe“ – nicht eben glücklich, da der Forschungsansatz, unter dem man doch so etwas wie ein Forschungs*verfahren* zu verstehen hat, näher an die Theorie als an die Methoden herangerückt wird.

In dem ebenfalls bereits mehrfach zitierten „Philosophischen Wörterbuch“ von Klaus/Buhr finden sich weitere Methodeneinteilungen: so in „axiomatische Methode“, „deduktive Methode“, „induktive Methode“, „reduktive Methode“ (720).

Es besteht also offensichtlich eine ziemliche Konfusion hinsichtlich der Einteilung wissenschaftlicher Methoden; es handelt sich offensichtlich nicht primär um Bezeichnungsunterschiede; vielmehr lehrt auch der oberflächliche Vergleich bereits, daß die zitierten Autoren, obwohl sie alle ähnliche oder gar gleiche Definitionen von Methode zugrundelegen („Methoden sind Systeme von Regeln, welche die Forschungstätigkeit auf ein bestimmtes Ziel hin ausrichten“[8]), doch von sehr verschiedenen Abstraktionsniveaus ausgehen, durch die primär die Unterschiede in der Gliederung der Methoden verursacht werden. Alle diese Einteilungen – das darf noch ergänzt werden – haben durchaus ihren Sinn und auch durchweg einen anerkannten Stellenwert in der Methodendiskussion der zeitgenössichen Wissenschaften im allgemeinen, der Sozialwissenschaften im besonderen, sind aber zugleich nicht unbestritten – so auch etwa die zusätzlich erwähnte Differenzierung von Methoden und Approaches durch Naschold.

Daß wir es auf diesem Felde der Einteilung der Methoden mit einer nahezu babylonischen Sprachverwirrung zu tun haben, hat nicht zuletzt darin seine Ursache, daß es bisher noch keine voll ausgebildete *allgemeine Methodologie* der modernen Wissenschaften gibt. „Eine vollständige und korrekte Klassifikation der Methoden, wie sie zum Aufgabenbereich der allgemeinen Methodologie gehört, existiert noch nicht und kann in absehbarer Zeit wohl nicht gegeben werden. Das ergibt sich aus dem noch unbefriedigenden Entwicklungszustand der allgemeinen Methodologie selbst, aber auch aus dem extrem unterschiedlichen Entwicklungsstand der Methoden.“[9]

Angesichts dieser insgesamt unbefriedigenden Situation stehen wir vor der Aufgabe, für die Zwecke unserer „Einführung“ auch eine solche *Einteilung* oder *Gliederung* der Methoden vorzuschlagen, die dann zugleich auch das Schema für die nachfolgende genauere Erläuterung der Methoden im Bereich der Politikwissenschaft bieten soll. Das Ergebnis kann nur ein nicht ganz befriedigender Kompromiß sein. Das vor allem deswegen, da natürlich die Möglichkeit, im Rahmen dieser „Einführung“ die von der allgemeinen Methodologie noch nicht geleistete systematische Gliederung der Methoden – auch nur für den Bereich der Sozialwissenschaften – zu entwerfen selbstverständlich nicht besteht. Wir sind genötigt, uns in dem Feld der vorhandenen, wie gesagt von recht unterschiedlichen Abstraktionsniveaus vorgenommenen Methodeneinteilungen zu orientieren. Hier scheint es uns geboten, zwei mögliche Extreme zu vermeiden: 1. das Extrem eines zu hohen Abstraktionsniveaus und 2. das Extrem eines zu niedrigen Abstraktionsniveaus. Ein zu hohes Abstraktionsniveau scheint uns vorzuliegen, wenn z. B. G. Lehmbruch lediglich zwischen vergleichender und monographischer Methode unterscheidet; ein zu niedriges Abstraktionsniveau dort, wo etwa Kl. v. Beyme fünf verschiedene Methodenansätze (s. o.) auseinanderhält. Als ein auf mittlerem Abstraktionsniveau gelegenes und deswegen brauchbares Einteilungsprinzip scheint uns demgegenüber das in *idiographische* und 2. in *nomothetische* Methoden zu sein, wobei wir die zweite Gruppe noch weiter differenzieren wollen in a) axiomatische und b) empirisch-analytische Methoden. Diese Einteilung verdient im Zusammenhang unserer „Einführung" auch deswegen den Vorzug, weil sie den Zusammenhang von Theorien und Methoden nochmals kenntlich macht, insofern die idiographischen Methoden mehr dem klassischen Theorie-Ansatz und die empirisch-analytischen Methoden eher dem empirisch-analytischen Theorie-Ansatz zuzuordnen sind.

Die Gliederung der Methoden

Die unserer Einteilung der Methoden zugrundeliegende Differenzierung in *idiographische* (das Eigentümliche beschreibende) und *nomothetische* (Gesetze aufstellende) Methoden (für die letztere Bezeichnung findet sich in der Literatur nicht selten auch der Begriff „nomologisch") geht letztlich auf den neukantianischen Philosophen W. Windelband (1848–1915) zurück[10] und diente vor allem der systematischen Unterscheidung zwischen (idiographischen) Geistes- oder Kulturwissenschaften und (nomothetischen) Naturwissenschaften.

Diese wissenschaftstheoretische Diskussion, an der aus der südwestdeutschen Schule des Neukantianismus außer Windelband auch noch H. Rickert (1863–1936) durch seine einflußreichen Schriften „Die Grenzen der naturwissenschaftlichen Begriffsbildung" (1896) und „Kulturwissenschaft und Naturwissenschaft" (1899) teilnahm, galt lange Zeit als obsolet. So stellte 1967 J. Habermas eingangs seines Literaturberichts „Zur Logik der Sozialwissenschaften" fest: „Die einst vom Neukantianismus eröffnete lebhafte Diskussion über die methodologischen Unterschiede zwischen natur- und kulturwissenschaftlichen Forschungen ist heute vergessen; die Problemstellung, an der sie sich entzündet hatte, scheint nicht mehr aktuell zu sein."[11] Den Grund für dieses Vergessen sah *Habermas* in dem vorherrschenden positivistischen Selbstverständnis der Forschenden, das die These von der *Einheit* der Realwissenschaften adoptiert habe. Zugleich konstatierte Habermas ein beziehungs- und verständnisloses Nebeneinander von analytischer Wissenschaftstheorie (Popper) und philosophischer Hermeneutik (Gadamer). Habermas nahm in diesem Literaturbericht die alte Diskussion unter neuen Gesichtspunkten wieder auf; dazu bewegte ihn folgendes Motiv: „Es bestünde kein Grund, an den zugedeckten Komplex des Wissenschaftsdualismus zu rühren, wenn er nicht auf einem Gebiet immer wieder zu Symptomen führte, die eine analytische Auflösung verlangen: auf dem Gebiet der *Sozialwissenschaften* stoßen und durchdringen sich heterogene Ansätze und Ziele.“[12]

Hier liegt auch der Grund dafür, weswegen hier in dieser „Einführung“ die Methodenproblematik unter den Titeln dieser alten Methodendifferenzierung in idiographische und nomothetische Methoden vorgenommen werden soll.

Idiographische Methoden: Diese Unterscheidung geht auf die deutschen Philosophen Windelband und Rickert[13] zurück, und ist zuerst von Windelband als Reaktion der Abgrenzung von Geisteswissenschaften und Naturwissenschaften am Ende des 19. Jahrhunderts formuliert worden. Sie wurde anfangs des 20. Jahrhunderts von Rickert verfeinert in die Wissenschaftstheoriediskussion eingebracht. Nomothetische Methoden haben dabei das Ziel, abstrakte und generelle Gesetze des Zusammenhangs bestimmter Sachverhalte zu erreichen, während die idiographischen Methoden darauf ausgerichtet sind, einen einmaligen, mehr oder weniger ausgedehnten Ereignisraum oder Sachverhalt unter Verzicht auf vollständige Abstraktion erschöpfend darzustellen. Der ersten Methode kommt dabei das Charakteristikum „generalisierend“ zu, der zweiten das Merkmal „individualisierend“.

Für die Situation der Politikwissenschaft ist es kennzeichnend, daß heute beide Methoden in ihr zur Anwendung kommen und daß die ursprünglich scharfe Abgrenzung und Zuordnung der nomothetischen Methoden allein auf die Naturwissenschaften und die der idiographischen allein auf die Geistes- und Kulturwissenschaften ihre Gültigkeit verloren hat.

Die sogenannten „idiographischen“ Wissenschaften, wie Sozial-, Kultur-, Geschichts- und anthropologische Wissenschaften, sind schon von ihrem Gegenstand her, nämlich der Beschäftigung mit dem Menschen und seiner ihm eigentümlichen Doppelseitigkeit von Objekt- und Subjekthaftigkeit, leichter mit idiographischen Methoden, die auf mathematische Systematik und metasprachliche Repräsentation verzichten, zu verbinden, weil oft der Verzicht auf eine rein abstrakte und logische Form von Aussagen den konkreten Inhalt eines Ereignisses deutlicher werden läßt als die empirisch-analytische Methode, die im Falle der Nichtoperationalisierbarkeit von vornherein auf die wissenschaftliche Beschäftigung mit dem Gegenstand verzichtet. Natürlich bringt das einen Verlust von genau definierten Kriterien der Bestätigung oder Ablehnung von Hypothesen oder Erklärungen mit sich.[14]

Dies findet seine Begründung darin, daß die Phänomene, denen sich der Forscher gegenüber sieht, in ihrer Gesamtheit schwer zu erfassen sind und die analytische Zergliederung zumeist nur Teilaspekte eines Problems erfassen kann, und auf viele andere qualitativen Schattierungen nicht mehr weiter eingehen kann. Daraus den Schluß zu ziehen, man müsse dann eben mit der wissenschaftlichen Beschäftigung mit diesem Gegenstand aufhören, wäre naiv und zeugt von einem einseitigen und dogmatischen Methodenverständnis. Allerdings hat ein solch kritischer Ansatz gegenüber idiographischen Methoden einen gewissen realen Kern, der sich gegen die relativ unzugängliche allgemeine Kontrolle von Aussagen richtet, die mit Hilfe idiographischer Methoden gewonnen wurden. Denn vielfach sind die so gewonnenen Endaussagen nur Versuche, einen hohen Grad von „Aufeinander-Passen" und „Kongruenz" zwischen Beschreibung, Beschriebenem und Begriffsinstrumentarium zu erreichen.[15] Sie sind deshalb auch oft weniger die Ergebnisse empirischer Forschung und komplizierter technischer Verfahrensweisen, sondern eher Entdekkungen, die durch Nachdenken oder sogenannte „arm-chair-philosophy" entstanden sind.

Zu den idiographischen Methoden zählen die Phänomenologie, die Hermeneutik und die Historische Methode. Ihnen allen ist gemeinsam, daß die Wissenschaft grundsätzlich alles erforschen und behandeln kann, was es auf der Welt gibt. Wissenschaft wird, so verstanden, immer auch als Element der Lebenspraxis und des praktischen Lebensvollzuges aufzufassen sein. Dies läßt sich gut am Beispiel des Neo-Positivismus – eines ausschließlich nomothetisch ausgerichteten Wissenschaftsansatzes – und der Existentialphilosophie erklären. Beschäftigt sich beispielsweise ein Behaviorist mit dem Problem „Liebe", so wird er versuchen, einen beobachtbaren Verhaltenskatalog aufzustellen, an Hand dessen er Indizien, die den Schluß auf verliebtes Verhalten zulassen, finden kann. Dazu könnten „schneller Pulsschlag bei Ansicht des Geliebten", „Erröten", „Stottern" etc. zählen. Dem phänomenologisch ausgerichteten Existentialphilosophen erscheint dies ein viel zu umständliches Verfahren, er wird ganz einfach sein eigenes Gefühlsleben zu beschreiben versuchen. Ihm geht es darum, eine Situation möglichst einfach und simpel zu durchschauen. Er wird sozusagen Alltagserfahrungen, an denen er Teil hat, in seiner wissenschaftlichen Arbeit auswerten. Seine Aussagen sind dann auch viel leichter nachzuvollziehen, haben sie doch oft die Form eines „Aha-Erlebnisses" oder „Ja, so ist es auch-Erlebnisses".[16]

Auf den ersten Blick erscheint ein solches Zurückziehen auf die eigene Erfahrung, das In-sich-gehen, als ziemlich regelloses Verfahren. Tatsächlich gehören jedoch auch zur phänomenologischen Methode ganz bestimmte Regeln. „Die phänomenologische Methode besteht wesentlich in einem geistigen Schauen des Gegenstandes, d. h. sie gründet in einer Intuition. Diese Intuition bezieht sich auf das Gegebene; die Hauptregel der Phänomenologie lautet: ‹zu den Sachen selbst›, wobei unter ‹Sachen› eben das Gegebene zu verstehen ist. Dies erfordert aber zunächst eine dreifache Ausschaltung oder ‹Reduktion›, auch ‹Epoche› genannt: erstens von allem Subjektiven: es muß eine rein objektivistische, dem Gegenstand zugewandte Haltung eingenommen werden; zweitens von allem Theoretischen, wie Hypothesen, Beweisführungen, anderswo erworbenem Wissen, so daß nur das Gegebene zu Wort kommt; drittens von aller Tradition, d. h. allem, was von andern über den Gegenstand gelehrt wurde.“[17] Dabei ist klar, daß die Intuition hier die Funktion eines direkten Zugangs zu den erforschbaren Gegenständen liefern kann, nicht aber ein erschöpfendes Erfassen des Gegenstandes. Die zweite Forderung, nämlich die nach Ausschaltung alles Subjektiven, klingt zuerst sehr paradox, wenn man an den eigentümlichen Zusammenhang von Subjekt und Objekt innerhalb der historischen und politischen Realität denkt. Sie ist daher eher als idealtypische Norm zu begreifen, die zuerst einmal darauf abzielt, so etwas wie Wünsche, Gefühle, persönliche Meinung und Ähnliches aus dem Reflexionsprozeß zu escamotieren. Damit eng verbunden ist die Forderung nach Ausschaltung oder Vernachlässigung aller schon von anderen bereits vollzogenen Schlüssen und Theorien; etwas, was wohl im Sinne der Loslösung vorgegebener Autoritäten verständlich werden kann. Insgesamt sind solche Postulate praktisch nicht befolgbar, weil wir unser schon früher erworbenes Wissen zweifellos in den Gegenstand unserer Forschung beständig miteinfließen lassen. Ihren Sinn gewinnen diese Postulate jedoch darin, wenn man als ihre wesentliche kritische Kategorie diejenige des Zweifels sieht, des Zweifels am unüberlegten Nachvollzug fremden Denkens und dem Rückgriff auf das eigene Bewußtsein als letzthin allein urteilsfähige Instanz. „Das originär gebende Bewußtsein ist die alleinige Rechtsquelle der Erkenntnis“,[18] heißt es bei einem Hauptvertreter dieser Methode, dem Philosophen Edmund Husserl.

Natürlich werfen phänomenologische Analysen der politischen Wirklichkeit verschiedene Probleme auf. Da ist einmal das Problem der Verallgemeinerung. Eine Äußerung wie „Die Politik ist nichts anderes als der Kampf um die Macht“,[19] verallgemeinert in ziemlich unverantwortlicher Weise. Es wird einfach vorausgesetzt, daß jeder Politik so erlebt wie Karl Loewenstein. Unberücksichtigt bleibt dabei dasjenige Politikverständnis, das Politik als gesellschaftliches Handlungsfeld zur Erreichung des Gemeinwohls oder als Abfolge von Klassenkämpfen etc. verstehen will. Das Kontrollverfahren gegenüber einer solchen Aussage kann hier auch nie quantitativ statistisch sein, sondern nur jeweils an der eigenen Lebenserfahrung des Lesers orientiert sein, der die Schlüssigkeit des Gesagten mit seiner eigenen Lebenserfahrung vergleichen kann und dann zu einem zustimmenden oder ablehnenden Eindruck kommen wird.[20] Die Anzahl der Belegstellen für so geartete Äußerungen wird uninteressant angesichts des „Aha-Erlebnisses" des Lesers, schließlich sagt auch niemand, daß man zweitausend Tische richtig identifizieren müsse, um einem Objekt das Wort „Tisch" richtig zuzusprechen. Damit wird auch das Besondere der phänomenologischen Methode deutlich: ihre Abhängigkeit vom individuellen Niveau dessen, der sie anwendet, und ihre Resistenz gegenüber prinzipiell jedermann zugänglichen Standardisierungen, wie sie die positivistische Sozialwissenschaft anzustreben versucht.

Ein zusätzliches Problem liegt in der Frage der raumzeitlichen Begrenzung phänomenologischer Aussagen. Eine Aussage über das Wesen eines Gegenstandes wird immer die Form „Das und das ist so" annehmen. Was hierbei stillschweigend unterschlagen wird, ist die Abgrenzung des Bereiches, für den eine solche Aussage Gültigkeit haben soll. Für politikwissenschaftliche Aussagen ist unausgesprochen immer ein bestimmter raumzeitlich begrenzter, sozusagen historischer und gesellschaftlicher Horizont vorhanden. Leider bleiben jedoch die dementsprechenden Interpretationsschemata häufig im Dunkeln, verweisen auf eine verhältnismäßige Beliebigkeit von Schematisierungen und Typisierungen. Dies läßt sich ablesen an Begriffen wie „Demokratisierung", „Emanzipation" etc., die ihre Entfaltung und Verstehbarkeit nicht raum- und zeitlos finden können, was sich ganz einfach daraus ergibt, daß zwischen dem Emanzipationsverständnis eines französischen Revolutionärs von 1789 und dem eines Studenten vom Mai 1968 sicherlich ein himmelweiter Unterschied besteht. Eine andere Tatsache, nämlich die Hervorhebung des englischen Parlamentarismus und dessen Vorbildcharakter für die Entwicklung der demokratischen politischen Systeme, verweist auf einen ähnlich gelagerten Fall, der seine Begründung nicht allein in einem genetisch-kausalen Ablauf findet, sondern viel eher einer prätentiösen Selektion politischer Wirklichkeit entspricht.

Das angesprochene Problem, um das es sich hier letztlich dreht, ist die Frage nach dem Vorrang der Methode ohne Rücksicht auf Gegenstandsadäquatheit, was in voller Konsequenz bedeuten würde, daß die Verwendung einer bestimmten wissenschaftlichen Methode auch zugleich zum Kriterium des Wissenschaftscharakters einer Arbeit wird – oder ob im anderen Falle ein je spezifischer Gegenstand mit einer ihm eigentümlichen und besonderen Methode in den Griff genommen werden kann. Das letztere führt notwendigerweise einmal zum Methodenpluralismus und zum anderen in die Richtung mehr phänomenologischer Überlegungen, die auf das zu erforschende Wesen eines Gegenstandes zielen und darauf hinauslaufen, alle im konkreten Lebensvollzug vorkommenden Probleme der wissenschaftlichen Überlegung zugänglich zu machen.

Die bisherigen Überlegungen lassen sich verkürzt dahin zusammenfassen, daß eine wissenschaftliche Disziplin, die mit idiographischen Methoden arbeitet, ihre Gegenstände immer als mehr oder weniger ausgedehnte raum-zeitliche Ereignisse annimmt, die es einigermaßen erschöpfend darzustellen gilt. Unter diesem Blickwinkel ließe sich auch noch die Popper'sche These von unserer grenzenlosen Unwissenheit einordnen,[21] allerdings ohne seine späteren Implikationen der Kontrolle durch empirische Falsifikation und dementsprechende Operationalisierung oder Auslassung aus dem Prozeß wissenschaftlicher Reflexion. Grundlegend ist jedenfalls die Annahme, daß auch ohne die genau definierten Kriterien der Konfirmation oder Falsifikation ein von der Erfahrung geübter und abhängiger Scharfblick, ebenso wie die Form des intuitiven Denkens im selben Maße Fortschritte in unser Erkenntnisfeld einbringen können, wie empirisch-analytische Untersuchungen.[22]

An Erörterungen über den Sinn und das Wesen der phänomenologischen Methode lassen sich nahezu nahtlos Überlegungen zum Begriff der *Hermeneutik* anfügen. Wie schon erwähnt, haben wir es in der Politikwissenschaft in einem hohen Maße mit Begriffen, die bestimmte Prinzipien oder Ordnungsstrukturen symbolisch vertreten, zu tun. Die hermeneutische Methode kann nun in einem ersten Zugang als Deutungs-, Auslegungs- oder Verstehenslehre verstanden werden. Damit erhält sie ihren Sinn in dem Bemühen, die Aussage eines Zeichens richtig zu deuten, was ihrer sprachphilosophischen und auch philologischen Komponente entspricht.[23] Ein so geartetes Vorgehen kann synchron oder diachron oder auch beides zusammen angefangen werden. Im ersten Fall wird die Bedeutung und der Sinn eines bestimmten Zeichens – in unserem Fall eines politischen Symbols wie z. B. Freiheit, Gleichheit etc. – in einem bestimmten und abgegrenzten Zeitraum untersucht und dargestellt. Im zweiten Fall wird ein Begriff in seiner historischen Dimension, seiner Genetik oder seiner Modifikationen entlang einer bestimmten Zeitlinie herausgearbeitet. Da wir es in der politischen Realität immer mit historisch gewachsenen Symbolen zu tun haben und diese auch fast immer mit der gegenwärtigen Lebenspraxis in Verbindung stehen, erscheint eine gemischt diachron-synchrone Interpretation am geeignetsten. Man kann in diesem Sinne auch von der geschichtlich interpretierenden Hermeneutik sprechen. Zweck der hermeneutischen Methode wird damit das Selbstverstehen des Menschen in seiner Geschichtlichkeit. Das zu interpretierende Zeichen oder Symbol umfaßt dabei zwei Aspekte: einmal wird es sozusagen als Befund abstrahiert zum bloßen Faktum und zum andern in der Relation zu dem nach Verstehen und Sinn suchenden Subjekt – hier dem Politikwissenschaftler – schon wieder irgendwie subjektiviert, in einen intuitiv erschlossenen Sinnzusammenhang eingeordnet. Das ist an sich ein logischer Widerspruch, wenn man davon ausgeht, daß die hermeneutische Methode es mit Gebilden des objektivierten Geistes zu tun hat, und Sinnzusammenhänge im geistigen Gebilde selbst aufzufinden hat und solche nicht von außen herantragen darf.

Im weitesten Sinn hängt dies jedoch mit dem Problem des hermeneutischen Zirkelschlusses zusammen. Die Gebilde, mit denen sich die Hermeneutik beschäftigt, sind jeweils durch eine gewisse Doppelbödigkeit gekennzeichnet: durch ihre materiell-sinnliche Gestalt und durch ihren geistigen Gehalt oder Sinn.[24] Das einzelne Symbol kann nun gleichsam als vom Menschen gemachtes Artefakt verstanden werden, bei dem es gilt, den vom Schöpfer hineingelegten Sinn zu eruieren. Die Interpretation eines solchen Artefaktes sollte nun grundsätzlich von der Offenheit oder Indeterminiertheit der Sinnseite ausgehen und erst nach und nach im Laufe der Untersuchung diese Sinnseite interpretierend einschränken. Dabei tritt aber die Schwierigkeit auf, daß das einzelne Artefakt nur verstanden werden kann, nachdem das Verständnis des Ganzen vorausgesetzt bleibt, während das Ganze wiederum nur aus der Analyse der einzelnen Artefakte entwickelt werden kann.

Ein typischer Vertreter der hermeneutischen Methode ist z. B. Max Weber, wenn er in „Wirtschaft und Gesellschaft" formuliert: „Soziologie ... soll heißen: eine Wissenschaft, welche soziales Handeln deutend verstehen und dadurch in seinem Ablauf und seinen Wirkungen ursächlich erklären will."[25] Obwohl nun Weber mit der Hilfskonstruktion des Idealtypus vom „zweckrationalen Handeln" dem einzelnen Artefakt schon einen vorgemeinten Sinn unterlegt, so geschieht das nur, um das reale, von Irrationalitäten aller Art beeinflußte Handeln besser verstehen und erklären zu können. Unter Erklären wird hierbei die Erfassung des Sinnzusammenhanges, in den – seinem subjektiv gemeinten Sinn nach – ein aktuell verständliches Handeln gehört, begriffen. Verstehen meint die deutende Erfassung einer häufigen Erscheinung durch die wissenschaftliche Betrachtung.[26] Ein so eruierter Sinnzusammenhang kann nun einerseits als verstehbare Relation zwischen zwei oder mehr sozialen oder politischen Tatsachen bestehen, andererseits aus der Perspektive des Handelnden und des Beobachters zum Motiv eines bestimmten Verhaltens werden.

Viele Erkenntnisse, die mittels hermeneutischer Methode gewonnen werden, haben Entwurfscharakter, tendieren als Seins-Entwürfe dazu, selbst wieder zum Motiv bestimmter Handlungen zu werden, was ihnen selbst wieder so etwas wie Wirkungsgeschichte verleiht, sind sie einmal in das bewußtseinsmäßige Eigentum einer geistigen Gemeinschaft übernommen oder eingeführt worden. Das bedeutet, daß nicht allein Tatsachen und deren Interpretation im Sinne des hermeneutischen Zirkels ineinander greifen, sondern daß über den Weg der sinndeutenden Auslegung unter Umständen bereits wieder neue, sozial relevante Tatsachen entstehen können.

Was die hermeneutischen Arbeitsformen betrifft, so kann man für die Politikwissenschaft zwei Ebenen unterscheiden: eine, die sich im mehr systematischen Rahmen bewegt – was in ungefähr einem synchronen Vorgehen entspräche und als Gegenstand z. B. die Verfassungslehre haben kann; und eine, die auf den historischen Rahmen Bezug nimmt – was mit dem diachronen Vorgehen verbunden ist. Für beide Arten gilt auf jeden Fall: „Um etwas zu wissen, müssen wir schon etwas wissen."[27] Zugleich stehen wir aber einem uns zunächst fremden Zusammenhang gegenüber, in den wir uns solange hineinzuarbeiten versuchen, bis er uns vertraut ist – dies nennen wir dann Interpretation. Da Fremdheit und Vertrautheit immer nur relative Kriterien sein können, gibt es eigentlich keine rechte Bestimmung oder Meßbarkeit dessen, was uns verständlich oder unverständlich erscheint – es hängt vom jeweiligen Erfahrungshorizont und der jeweiligen Intelligibelität ab. Dieser gesamte Sachverhalt verweist im praktischen wissenschaftlichen Arbeiten auf die enorme Relevanz von Informationen und Kenntnissen der verschiedensten Art über unser jeweiliges Forschungsfeld. Hier nimmt zum Beispiel die Aufstellung einer Hypothese einen gänzlich anderen Stellenwert ein als in den Naturwissenschaften. Hypothesen im eigentlichen Sinne werden erst als Endresultat aller wissenschaftlichen Überlegungen stehen, nämlich dann, wenn alle anderen Erkenntniszugänge schon erschöpft worden sind. Zu einem früheren Zeitpunkt eingeführt, haben sie in der Hermeneutik lediglich den Charakter von Annahmen und beruhen oft nur auf Materialunkenntnis.

Die hermeneutische Arbeitsweise wird im Allgemeinen in drei Stufen sich vollziehen: 1. als Zugang zum Gegenstand über das Vorverständnis, 2. als genaues Sammeln und Lesen aller bisherigen, zum Gegenstand vorhandenen Literatur und durch Diskussion mit Fachkollegen etc. – ein Vorgang, den man als Wechselspiel von Planung, Entwurf, Zweifel und Kenntnisnahme bezeichnen könnte – und 3. als endgültige Problemauslegung und -interpretation, wenn man die Grenze des wesentlich zu Erforschenden erreicht hat. Eine solche Arbeitsweise erspart dann auch dem hermeneutischen Verfahren den Vorwurf der Pseudoerklärung oder des rein psychologischen Rückzuges auf die intuitive Innerlichkeit. Allerdings unterscheidet sich das Verfahren des Sammelns und Lesens vom empirisch-analytischen vor allem dadurch, daß hier ein anderes Empirieverständnis vorliegt. Hier dreht es sich nicht um die Überprüfbarkeit oder Falsifikation von allgemeinen oder axiomatischen Sätzen an Hand der Untersuchung empirisch nachweisbarer Objekte, sondern um die Überprüfung von Sätzen und Aussagen, die auf Grund ihrer besonderen Subjekt-Objekt Beziehung den Techniken rein empirischer Kontrolle gar nicht unterworfen werden können.[28]

Die hermeneutische Methode wird in der Politikwissenschaft vor allem jenen Gegenständen zukommen, die strukturierend auf die politische Wirklichkeit einwirken, und sie findet daher ihren vorzüglichsten Anwendungsbereich innerhalb der politischen Philosophie und Theorie. Eine genuin historische Fragestellung, d. h. eine solche, die geschichtliche Fragen allein in den Vordergrund des forschenden Interesses rückt, ist natürlich für unser Fach wenig reizvoll. Hier kommt viel eher eine mehr systematische Arbeitsweise zum Tragen, die im Rückgriff auf die Historie nach einer Art Steinbruchprinzip arbeitet, indem sie das geschichtliche Feld unter dem Aspekt der Aktualität gegenwärtiger Problemstellung zu segmentieren versucht. Ein Zug, der die Problematik der Perspektive zum Gegenstand und zur Gegenwart deutlich werden läßt.

Nomothetische Methoden: Nun ist es wichtig zu betonen, daß sich die modernen Sozialwissenschaften – und unter ihnen die Politikwissenschaft – in der Regel nicht mit der individualisierenden Beschreibung von Eigentümlichkeiten spezieller, vielleicht sogar einmaliger Phänomene und Ereignisse mittels der behandelten idiographischen Methoden begnügen; sie suchen vielmehr darüber hinaus nach allgemein geltenden Gesetz- oder Regelmäßigkeiten im Bereich der sozialen Erscheinungen, durch die nicht nur die gegenwärtigen Fälle erklärt, sondern auch zukünftige vorausgesagt werden können. So schreitet also die Tätigkeit der modernen Sozialwissenschaften über die Beschreibung fort zur Klassifizierung von Phänomenen und Objekten einzelner Gegenstandsbereiche und versucht dann – auf der Basis des empirischen Materials – Generalisierungen: sie stellen Hypothesen auf als Verallgemeinerungen und Zusammenfassungen von gemachten Beobachtungen und fassen die Hypothesen wiederum zu noch allgemeineren Theorien zusammen. Dabei ist es die Aufgabe der Theoriebildung, „Bezüge zwischen diesen Hypothesen herzustellen, sie in einen systematischen Zusammenhang zu bringen, indem man gewisse allgemeine Hypothesen als Grundgesetze annimmt, aus denen die spezielleren Hypothesen und die einfachen empirischen Generalisierungen logisch folgen.“[29]

Aus diesem Grunde spricht man von *nomothetischen* (Gesetze suchenden oder aufstellenden) Wissenschaften. Unter nomothetischen (oder auch: nomologischen) Wissenschaften versteht die moderne Wissenschaftstheorie also – nach J. Piaget „Erkenntnistheorie der Wissenschaften vom Menschen“ (1973) – solche Disziplinen, die „nach ‚Gesetzen‘ in einem (bei aller gebotenen Vorsicht) analogen Sinn wie die Naturwissenschaften suchen und entdecken.“ (8) Oder in einer anderen Formulierung des gleichen Autors: solche Disziplinen, „die sich damit beschäftigen, Gesetze herauszuarbeiten, und zwar mitunter im Sinne quantitativer Beziehungen, die relativ konstant sind und in Form von mathematischen Funktionen ausgedrückt werden können, aber auch im Sinne einfacher Daten oder Ordinalrelationen, Strukturanalysen usw., die man in der Normalsprache des Alltags ebensogut wie in mehr oder minder formalisierter (logischer usw.) Sprache beschreiben kann." (14/15)

Piaget rechnet aufgrund dieses Kriteriums z. B. „wissenschaftliche Psychologie, Soziologie, Ethnologie, Linguistik, Ökonomie und Demographie ... unter die Rubrik der ‚gesetzsuchenden' Disziplinen" und stellt weiter fest: „So eng begrenzt aber auch das Untersuchungsfeld sein mag, die Arbeit selbst wird trotzdem stets mit Vergleich und Klassifizierung zu tun haben und dadurch auf Generalisierung abzielen, nämlich auf das Herausarbeiten von Gesetzen." (15)

Das Aufstellen oder Herausarbeiten von Gesetzen oder Generalisierungen der angegebenen Art ist dabei kein Selbstzweck, sondern dient in jedem Falle der Erklärung der Wirklichkeit, einzelner ihrer Teilbereiche oder auch einzelner isolierter Phänomene.

Zu diesem Zwecke der Erklärung können – etwa im Bereich der Sozialwissenschaften oder noch spezieller: der Politikwissenschaft – *verschiedene Arten* oder *Typen von Gesetzen* verwandt werden. Z. B. solche, die nicht so sehr den Charakter von streng und absolut geltenden Gesetzen, sondern mehr den von allgemeinen Hypothesen oder umfassenderen Systemen von Hypothesen (= Theorien) besitzen, durch die sich soziale Phänomene sowohl erklären als auch prognostizieren (voraussagen) lassen, die selbst aber im Fortgang des Erkenntnisvorgangs stets aufs neue der Überprüfung ausgesetzt sind und durch den Nachweis von konträren, d. h. von der Hypothese nicht gedeckten Fälle, „falsifiziert" werden können.[30] Diesen Fall haben wir in den empirisch orientierten modernen Sozialwissenschaften vor uns.

Die zur Erklärung von sozialen Phänomenen herangezogenen Gesetze oder Gesetzesannahmen können aber auch den Charakter von *Axiomen* annehmen. Dabei versteht man unter einem *Axiom* (griech. „axioma" = „Geltung", „Würde", „Ansehen", „Forderung") allgemein einen *Grundsatz* oder *grundlegenden Satz*, „der in der Wissenschaft (etwa in der Mathematik – T. St.) eine hohe Wertschätzung genießt, weil er nicht bezweifelt werden soll und insofern – aufgrund einer Vereinbarung der ihn Benutzenden – nicht widerlegbar ist".[31]

Im Zusammenhang der Gewinnung und der Anwendung von derartigen Gesetzen werden in den nomothetischen Wissenschaften Verfahren zur Lösung theoretischer Aufgaben, eben *Methoden*, verwandt, die entsprechend dann auch als *nomothetische* Methoden angesprochen werden. Wir wollen hier kurz auf die *axiomatischen* und auf die *empirisch-analytischen* Methoden eingehen, beides in Zuspitzung auf sozialwissenschaftliche Anwendungen.

a) Axiomatische Methoden: Ganz allgemein im Sinne der Logik versteht man unter einer axiomatischen Methode die „strengste und präziseste Methode der Wissenschaft überhaupt und (den) strengsten Fall der deduktiven Methode". Näherhin wird die axiomatische Methode auf folgende Weise charakterisiert: „Gegeben seien eine Menge von *wahren* Aussagen über ein bestimmtes Sachgebiet und Regeln, mit deren Hilfe solche Aussagen in andere, auf dieses Sachgebiet bezügliche, umgeformt werden können. Diese Aussagenmenge wird nun in zwei Teilmengen derart aufgespalten, daß es möglich ist, mit Hilfe von genau definierten Regeln aus der einen Teilmenge, deren Elemente *Axiome* genannt werden, durch Umformung alle wahren Aussagen der zweiten Teilmenge, deren Elemente *Theoreme* genannt werden, zu gewinnen. In einer solchen Ableitung von Theoremen aus Axiomen muß jeder Schritt der Ableitung genau angegeben werden, welche Axiome bzw. welche aus diesen abgeleiteten Theoreme und welche Regeln benutzt werden. Die Axiome selbst werden als gegeben vorausgesetzt (der Beweis ihrer Wahrheit muß also auf andere Weise erbracht werden, z. B. durch Experiment, Beobachtung und sonstige Formen der Praxis). Zu den Prinzipien der axiomatischen Methode gehört es ferner, daß genau unterschieden wird zwischen Schlußregeln oder Umformungsregeln, Definitionsregeln und Formregeln des axiomatischen Systems."[32]

Man spricht auch von „axiomatisch-deduktiven Systemen", deren Eigentümlichkeit darin besteht, daß ihre „Axiome (Grundsätze) und Theoreme (abgeleitete Sätze) als generelle Hypothesen interpretierbar sind. Alle Sätze eines solchen Systems sind mit Hilfe von Ableitungsregeln aus den Axiomen des Systems reduzierbar."[33]

Uns interessiert hier nun nicht die allgemeine Logik der axiomatischen Methode, sondern vielmehr ihre Anwendungsmöglichkeiten im Bereich der Sozialwissenschaften. Wir wollen hier nur einen u. E. besonders signifikanten Fall von axiomatischer Methode im Bereich der Sozialwissenschaften herausgreifen, der auch für die Politikwissenschaft der Gegenwart von ziemlicher Bedeutung ist: die dialektisch-materialistische Methode, wie sie aus der marxistischen Theorie abgeleitet ist. Klaus/Buhr („Philosophisches Wörterbuch") zufolge stellt „die auf dem dialektischen Materialismus beruhende dialektisch-materialistische Methode" die „allgemeinste Methode des Erkennens und des praktischen Handelns" dar (719). Im Gesamtsystem der Methoden spiele sie eine besondere Rolle. Ihr Charakter und ihre Funktion ergeben sich aus der Theorie, die ihr zugrunde liege, aus dem dialektischen Materialismus. „Seine Gesetzesaussagen widerspiegeln die allgemeinsten Gesetze der objektiven Realität und des Bewußtseins. Eine Methode mit dieser Grundlage muß zwangsläufig universell anwendbar sein. Doch ebenso, wie die allgemeinen Gesetze stets in den verschiedenen Bereichen der Wirklichkeit in spezieller, in modifizierter Form erscheinen, bedarf die dialektisch-materialistische Methode je nach ihrem konkreten Anwendungsbereich der Konkretisierung mit Hilfe und in Gestalt der spezielleren Methoden. Die dialektisch-materialistische Methode ist also keine Universalmethode in dem Sinne, daß sie die übrigen wissenschaftlichen Methoden ersetzen könnte. Umgekehrt bedürfen die spezielleren Methoden wiederum der dialektisch-materialistischen Methode im Interesse des Gesamtzusammenhangs, in dem ihre Anwendungsbereiche und in dem sie selbst stehen." (720) Die dialektisch-materialistische Methode oder die Dialektik als Methode stellt somit „die systematische und bewußte Anwendung der Gesetze und Prinzipien der Dialektik zur praktischen und theoretischen Aneignung der materiellen Welt" dar. Aus den Gesetzen und Prinzipien des dialektischen Materialismus ergeben sich für die dialektisch-materialistische Methode „grundsätzliche Forderungen: Die Dinge und Erscheinungen der materiellen Welt, aber auch die Begriffe als Abbilder der wirklichen Dinge, in ihrer Bewegung und Veränderung zu betrachten, die allseitige Analyse der Erscheinungen, die ihre mannigfaltigen gegenseitigen Zusammenhänge beachtet, die Erkenntnis des Einheitlichen in seinen gegensätzlichen Bestandteilen usw." (245)

Dabei gelten die Gesetze und Prinzipien des dialektischen Materialismus fraglos; sie haben nicht den Charakter von Hypothesen, die im Forschungs- und Erkenntnisprozeß der Überprüfung durch Falsifizierung ausgesetzt werden, sondern den von *Axiomen*, deren Gültigkeit nicht bezweifelt wird. An einem bekannten Beispiel aus dem Bereich der Sozialwissenschaften, speziell auch der Politikwissenschaft, soll diese axiomatische Funktion eines Gesetzes des historischen Materialismus (d. h. der Abwendung des dialektischen Materialismus auf den sozialen und geschichtlichen Bereich) dargetan werden.

Der von K. Marx zum Eingang des „Manifests der kommunistischen Partei" (1848) niedergeschriebene Satz „Die Geschichte aller bisherigen Gesellschaft ist die Geschichte von Klassenkämpfen" besitzt im Rahmen des historischen Materialismus den Charakter eines allgemein, auch für die noch kommende Geschichte als Voraussage geltenden *Gesetzes* und *nicht* den einer (im weiteren Verlauf der historischen Untersuchung noch kritisch zu überprüfenden) *Hypothese*, deren Falsifizierung prinzipiell für möglich gehalten wird. Im Kontext der modernen Sozialwissenschaften und auch Politikwissenschaft, insofern sie sich dem erläuterten historisch-dialektischen Theorie-Ansatzes verschrieben hat, gewinnt dieser Satz axiomatische Bedeutung. Das geht eindeutig aus der Einführung in die „Kritische Politikwissenschaft" von K. Tudyka hervor, wo es dort heißt: „Das zentrale Kriterium wissenschaftlicher Analyse von Politik ... ist der *Klassenkampf* ... Der politische Prozeß ist – unter verschiedenen Vermittlungen – eine *abhängige Variable* des Klassenkampfes" (23/22).

Das Axiomatische an diesem Verfahren ist darin zu sehen, daß zunächst der Marxsche Satz „Die Geschichte aller bisherigen Gesellschaft ist die Geschichte von Klassenkämpfen" absolute Geltung besitzt, die nicht erst überprüft zu werden braucht; sie ist durch Autoritäten (Marx etc.) verbürgt. Ferner darin, daß – als von diesem Axiom abgeleitet – das Theorem erscheint, der politische Prozeß sei eine abhängige Variable des Klassenkampfes (und nicht etwa umgekehrt). Das Problem der Überprüfung dieser Grundannahmen, der Versuch ihrer Falsifizierung, wird nicht gestellt bzw. gemacht. Der weitere Forschungsprozeß der so verstandenen „Kritischen Politikwissenschaft" orientiert sich indes an dem zum Grundparadigma der Wissenschaft ausgestalteten Axiom vom Klassenkampf: „Das Grundparadigma kritischer Politikanalyse bilden die Beziehungen zwischen den Klassen, ihre Konflikte. Sie sind nicht nur zentraler Erkenntnisgegenstand der Disziplin, sondern auch als Widerspruchsverhältnis methodisches Prinzip und durch die Tendenz nach Aufhebung erkenntnisleitendes Interesse. Der Klassenkonflikt ist das wesentliche Bestimmungsmerkmal von Phänomenen, die nicht zufällig auch im Alltag als bedeutsamste Schwerefelder von Politik betrachtet werden: das Wirken gesellschaftlicher Kräfte, die Funktion des Staatsapparates und die internationalen Beziehungen." (38)

Damit wird dieser Schematismus auch für die einzelnen Teildisziplinen der Politikwissenschaft zur verbindlichen Richtschnur des Forschens. Speziell für den Bereich der Internationalen Beziehungen liegen heute schon eine Reihe von Versuchen vornehmlich jüngerer Politikwissenschaftler vor, an denen sich der axiomatische Charakter der Methode sehr gut zeigen läßt. So etwa in dem Beitrag „Das Internationale System zwischen Stabilisierung und Klassenkampf" von E. Krippendorf in dem von ihm herausgegebenen Band „Probleme der Internationalen Beziehungen" (1972) und – noch deutlicher – in dem von C. Bielfeldt u. a. edierten Sammelband „Frieden in Europa? – Zur Koexistenz von Rüstung und Entspannung" (1973), dort vor allem in dem Beitrag von R. Arons und E. Jahn „Vom Kalten Krieg zur Entspannung" (88 ff.), in dem alle Erscheinungsformen internationaler Beziehungen kurzweg als Klassenkampf oder Ausdruck von Interessenwidersprüchen sozialer Klassen und Gruppen bestimmt werden und zugleich noch behauptet wird, daß der „hier angewandte klassenanalytische Ansatz größere Differenzierungen" gegenüber anderen Ansätzen in der Wissenschaft der Internationalen Beziehungen erlaube (92). Bezeichnenderweise fehlt in diesen Studien jeder Test der Theorie durch „einen ernsthaften, aber erfolglosen Versuch, die Theorie zu falsifizieren" (Popper); es werden vielmehr stets nur *konforme* Fälle angeführt, die die Theorie zu bestätigen scheinen. Man begnügt sich häufig damit, für eine generelle Aussage oder Theorie eine mehr oder weniger große Zahl von Beispielen, also von konformen Fällen, als Belege anzuführen, und glaubt, die Aussagen damit „verifiziert" oder „bewiesen" zu haben, ohne darauf zu achten, ob nicht auch konträre Fälle auftreten." ... Ein solches Verfahren führt bestenfalls zu einer *Illustration*, keineswegs aber zur Verifikation einer Hypothese ... Illustrative Verfahren mögen wohl die Wirkung haben, eine These plausibel erscheinen zu lassen, sie haben aber keinerlei Einfluß auf ihren Bewährungsgrad."[34] So vermißt man z. B. in den zitierten Arbeiten zur Internationalen Politik als Internationalem Klassenkampf regelmäßig ein Eingehen auf den Konflikt zwischen Moskau und Peking, der doch wohl eine angemessene Überprüfung der generellen Aussage, alle internationalen Beziehungen seien Formen von Klassenbeziehungen bzw. -Konflikten, möglich machte.

Unsere Behandlung axiomatischer Methoden im Bereich der Politikwissenschaft am Beispiel der dialektisch-materialistischen Methode sollte vor allem deren problematische Seite zeigen, die wir in der *Restriktion* der Erfahrungsmöglichkeiten sehen. Man kann hier wohl allgemein sagen, daß die Geschlossenheit und logische Stringenz einer Theorie (im Sinne von generellen Gesetzesaussagen über die Wirklichkeit oder einen Teilbereich derselben) noch kein Gradmesser für ihre Brauchbarkeit im wissenschaftlichen Erkenntnisprozeß zu sein braucht, insofern eine nicht mehr der empirischen Überprüfung ausgesetzte und dadurch dogmatisierte Theorie durchaus die Konsequenz einer Ideologie: nämlich „Apperzeptionsverweigerung" (Erfahrungsverweigerung) (Doderer) haben kann.

b) Empirisch-analytische Methoden: Neben dem ontologisch-normativen und dem historisch-dialektischen Theorieansatz der Politikwissenschaft,[35] die jeweils eine gewisse Affinität zu idiographischen bzw. axiomatischen Methoden zeigen, hat auch der empirisch-analytische Theorieansatz seine Ausprägung in für ihn weitgehend spezifischen methodischen Verfahrensweisen gefunden. Diese Beziehung zwischen Theorieansatz und zugehöriger Methode ist allerdings nicht im Sinne einer Ausschließlichkeit zu verstehen, und gerade in der jüngeren Vergangenheit haben sich auch mehr normativ oder dialektisch ausgerichtete Theoretiker mit Erfolg empirisch-analytischer Untersuchungsmethoden bedient oder zumindest die Chancen einer möglichen Verknüpfung deutlich gemacht.[36] Die begriffliche Abgrenzung zwischen „Theorieansätzen", hierauf aufbauenden spezifischen „Theorien", „Methoden" und „Forschungstechniken" ist nicht immer ganz eindeutig. Als „Theorieansatz" wird hier ein allgemeiner, meta-theoretisch begründeter Einstieg zu einer bestimmten wissenschaftlichen Fragestellung bezeichnet, der sich auch über die damit verbundenen erkenntnistheoretischen Zielsetzungen und ihre jeweiligen Beschränkungen Rechenschaft ablegt. Unter „Theorie" soll hier ein System vorläufig bestätigter, allgemein formulierter Hypothesen, die zur Erklärung von Einzelsachverhalten herangezogen werden können, verstanden werden. „Methoden" stellen bestimmte planmäßige Verfahren unter Einhaltung festgelegter Regeln zur Überprüfung und Bestätigung von Theorien dar. „Forschungstechniken" schließlich beziehen sich auf spezieller gezielte Arbeitsweisen innerhalb eines umfassenderen methodischen Vorgehens. Die Grenzen zwischen „Methoden" und „Techniken" sind dabei im allgemeinen Sprachgebrauch jedoch häufig fließend.

Der unterschiedliche Gebrauch dieser Begriffe kann an einem Beispiel kurz verdeutlicht werden: Innerhalb des empirisch-analytischen Theorieansatzes sieht eine bestimmte Theorie „Werthaltungen" als die unabhängige Variable an, von der andere Faktoren, wie z. B. die Entwicklung des Kapitalismus in England, als abhängig angesehen werden.[37] Diese Theorie kann nun mit verschiedenen Methoden, wie z. B. psychologischen Tests bei Mitgliedern der betroffenen Bevölkerungsgruppen, durch den Vergleich ähnlicher Entwicklungsvorgänge in verschiedenen Ländern oder durch Einzelfallstudien überprüft werden. Im Rahmen der jeweiligen Methode können wiederum verschiedene Forschungstechniken zur Anwendung kommen, z. B. teilnehmende Beobachtung, Dokumentenanalyse, Umfrageforschung („survey-research")[38] u. ä. An dieser Stelle müssen wir uns auf eine Erörterung der wichtigsten *Methoden* der Politikwissenschaft beschränken. Auf die Vielzahl konkreter *Forschungstechniken* kann hier aus Raumgründen nicht eingegangen werden. Mit diesen befaßt sich eine inzwischen auch zum Teil in deutscher Sprache zur Verfügung stehende reichhaltige Spezialliteratur.[39]

Für die Politikwissenschaft kommen innerhalb des empirisch-analytischen Theorieansatzes in erster Linie vier methodische Verfahrensweisen unterschiedlicher Anwendbarkeit in Frage, die zur Überprüfung und weiteren Verfeinerung von Hypothesen und damit letztlich von Theorien dienen können: das Experiment, die statistische Methode, der Vergleich und die Einzelfallstudie.

1. *Das Experiment:* Dieses dient als Äquivalent zu den Laborversuchen in der Naturwissenschaft. Das Ziel besteht darin, die charakteristischen Beziehungen zwischen zwei oder mehreren Variablen zu ermitteln. Zu diesem Zweck werden alle Variablen in einem Versuch konstant gehalten („ceteris paribus") bis auf eine, die verändert wird. Die Auswirkung dieser Veränderung auf die anderen Variablen wird dann gemessen. Eine einfache Versuchsanordnung dieser Art kann z. B. darin bestehen, zwei in jeder Hinsicht gleiche („äquivalente") Gruppen zu bilden. Bei einer wird dann ein Stimulus eingeführt und die Veränderung im Vergleich zur Kontrollgruppe gemessen. Eine wesentliche Schwierigkeit besteht hierbei darin, wirklich in jeder Hinsicht äquivalente Gruppen zu finden. Einen Ausweg aus diesem Dilemma bieten aufgrund von zufallsgesteuerten (in einem strikten statistischen Sinn) Auswahlverfahren ausgewählte Grup-

pen. Diese liefern allerdings auch nur eine hohe, genau berechenbare Wahrscheinlichkeit, aber keine Gewißheit der Äquivalenz. Beispiele für ein solches Vorgehen finden sich vor allem in der experimentellen Psychologie, aber auch Experimente dieser Art mit sozialpsychologischen und spezifischen politikwissenschaftlichen Fragestellungen, z. B. im Hinblick auf „autoritäres Verhalten" in Kleingruppenversuchen u. ä., werden nicht selten durchgeführt.

Den Möglichkeiten des Experiments sind im sozialwissenschaftlichen Bereich sowohl aus technischen als auch aus ethischen Gründen aber enge Grenzen gesetzt. In der Regel sind sie nur für kleine Gruppen und für relativ eng begrenzte, in kurzen Zeiträumen erprobbare, ethisch vertretbare Sachverhalte anwendbar. Inwieweit Experimente in Kleingruppen jeweils für größere Gesamtheiten repräsentativ sind, läßt sich, wenn nicht echte und genügend große „Zufallsstichproben" durchgeführt werden, meist nur schwer bestimmen. Auch kann eine „verfremdete" Laborsituation oft zu wesentlich anderen Verhaltensweisen führen als im Alltagsleben, auf das sich die gewonnenen Erkenntnisse in der Regel beziehen sollen.[40] Darüber hinaus erlegen ethische Erwägungen über das, was der einzelnen Versuchsperson zugemutet werden kann, den jeweils möglichen Experimenten enge Grenzen auf. So wäre z. B. auch das „Experiment" des Hohenstaufen Friedrich II., Kinder zu Versuchszwecken unter Entzug jeglicher menschlicher und vor allem sprachlicher Kontakte aufwachsen zu lassen, heute aus ethischen Gründen undurchführbar.

2. *Die statistische Methode:* Diese Methode experimentiert nicht, führt also nicht selbst den Stimulus ein, sondern berechnet stattdessen statistische Korrelationen zwischen verschiedenen Variablen. Auf diese Weise versuchte z. B. Lipset den Zusammenhang zwischen dem Pro-Kopf-Einkommen in einem Land und der Art und dem Grad der Stabilität seines politischen Systems zu ermitteln.[41] Auch die unter der Bezeichnung „aggregate – data – approach" bekanntgewordene Forschungsrichtung[42] bedient sich vor allem dieser Methode. Sie setzt, im Gegensatz zum Experiment, große Gesamtheiten oder repräsentative Stichproben voraus, für die die Wahrscheinlichkeitsgesetze Gültigkeit haben. Die Zahl der jeweils erfaßten Variablen ist in der Regel klein. Nach Möglichkeit werden einige „Schlüsselvariable", die z. B. auch durch Reduzierung mit Hilfe des statistischen Verfahrens der „Faktorenanalyse" ermittelt werden und zusammen genommen den größten Teil der beobachteten Varianz erklären können, jeweils herausgegriffen. Eine solche Analyse kann z. B. ermitteln, daß zu 45% das Ausbildungsniveau, zu 20% die Art des Wohnortes (Stadt, Land usw.), zu 15% die Art der Beschäftigung und zu 10% die Religionszugehörigkeit das Ausmaß politischer Partizipation in einem Lande oder in einer Gruppe von Ländern bestimmen (ebenfalls ein willkürliches Beispiel!). Werden nun die jeweilige Verbreitung dieser Faktoren in einer

Vielzahl von Ländern gemessen, und mit den oben angegebenen Prozentsätzen gewichtet, so lassen sich hieraus durchaus aufschlußreiche Aussagen über das unterschiedliche Niveau politischer Partizipation in verschiedenen Ländern (vorausgesetzt die zugrunde gelegte „Theorie" wurde nicht falsifiziert) machen. Auf diese Weise gewonnene Aussagen bleiben aber häufig relativ vage. Zum einen ist die Qualität des zugrundegelegten statistischen Materials (z. B. in Ländern der Dritten Welt) oft unzureichend und die jeweils angewandten Erhebungsverfahren und Auswahlkriterien sind nur selten vergleichbar. Zum anderen besagen zwischen zwei oder mehreren Variablen ermittelte Korrelationen nichts über zwischen diesen Faktoren bestehende Kausalrelationen. Eine solche Korrelation kann daher durchaus zufällig und nichtssagend („spurious") oder auf einen dritten nichtberücksichtigten Faktor zurückzuführen sein. Eine weitere Begrenzung dieser Methode liegt darin, daß das zur Verfügung stehende Material (amtliche Statistiken u. ä.) für viele, z. B. einige spezifisch politikwissenschaftliche Fragestellungen (wie z. B. die Verbreitung gewisser Attitüden etc.), nur wenig aufschlußreich ist. Zur Ergänzung solcher Sekundärdaten eigene Erhebungen durchzuführen, ist aber aufwendig und teuer. Trotz dieser Einschränkungen ist die statistische Methode, zumindest für grobe Überblicke und entsprechend globale Fragestellungen, brauchbar und gelegentlich unabdingbar.[43]

3. Die komparative Methode: Diese ist die heute im empirisch-analytischen Bereich der Politikwissenschaft wohl vielversprechendste Methode, mit deren Hilfe auch in den beiden letzten Jahrzehnten die wichtigsten Erkenntnisfortschritte erzielt worden sind; gelegentlich wurde sie sogar als „Königsweg der Politikwissenschaft" bezeichnet. Als „vergleichende Politik" („comparative politics") bzw. in der älteren, etwas enger gefaßten Bezeichnung „vergleichende Regierungslehre" („comparative government") hat sie bereits eine lange Tradition aufzuweisen,[44] die nicht zuletzt auch auf Aristoteles zurückzuführen ist, der eine vergleichende Sammlung von 150 Verfassungen von Stadtstaaten seiner Zeit angelegt hatte. Die komparative Methode unterliegt als „gedankliches Experiment" nicht den ethischen und vielfachen technischen Beschränkungen von „Laborversuchen" und vermeidet auch die relative Oberflächlichkeit und Aussagearmut bloßer statistischer Korrelationen, indem sie auch den jeweiligen Kausalbeziehungen näher auf den Grund zu kommen versucht. Eine besondere Schwierigkeit der komparativen Methode besteht darin, generalisierende Aussagen auf der Basis relativ weniger „Fälle" bei einer Vielzahl von betrachteten Variablen machen zu müssen. Die gewählte Untersuchungseinheit ist hierbei meist ein relativ großräumiges Gebilde, wie ein „Staat", ein „politisches System", eine „Nation". Die „Vergleichbarkeit" verschiedener Fälle ist oft schwer zu bestimmen. Diese sind oft zu heterogen, z. B. in bezug auf die Größenordnung, die geographische

Lage, die betrachtete Periode und viele andere jeweils untersuchte Variable, um einen sinnvollen Vergleich zu ermöglichen, „Ähnlichkeit" und „Verschiedenheit" müssen daher in einem sinnvollen Verhältnis zueinander stehen, um wenigstens einige Variable, unter Vernachlässigung anderer als in beiden Fällen „ähnlich" angesehener, näher betrachten zu können. Diese spezifische Schwierigkeit, zu viele Variable bei zu wenig Fällen vergleichen zu müssen, kann durch folgende Möglichkeiten der Konzipierung einer vergleichenden Analyse gemildert werden:[45]

a) Durch eine *Erweiterung der Fälle* mit Hilfe diachronischer (also auch historisch zurückliegender) und globaler (also möglichst viele Staaten umfassender) Betrachtungen. Auch intranationale Fälle, z. B. verschiedener Regionen oder Bundesstaaten innerhalb eines Landes u. ä., können zum Vergleich herangezogen werden.

b) Durch eine *Reduzierung der Anzahl der betrachteten Variablen*, z. B. auch mit Hilfe von Techniken der Faktorenanalyse, die es erlaubt, einige der betrachteten, einander ähnlichen Variablen zusammenzufassen („reduction of property – space", Lazarsfeld[46]) und durch diese Zusammenfassung ebenfalls mehr Fälle für die einzelnen betrachteten Teilbereiche zu erhalten.

c) Durch *Reduzierung auf „vergleichbare" Fälle.* Hierbei sind viele der Variablen identisch und können, „ceteris paribus", aus der Analyse ausgeklammert werden, während einige wenige abweichende Faktoren dann näher überprüft werden können. Will man z. B. die Auswirkung verschiedener Parteiensysteme und Regierungsformen in Afrika überprüfen, so ist es sinnvoll, einige vergleichbare Fälle, wie z. B. „die frankophonen westafrikanischen Staaten", herauszugreifen, die in vieler Hinsicht, z. B. in bezug auf die geographische Lage, die klimatischen und ökonomischen Bedingungen, die Art der Kolonialerfahrung usw. Ähnlichkeit miteinander haben, aber in bezug auf ihre politischen Systeme und Parteienstrukturen, aber auch im Hinblick auf ihre ethnische Zusammensetzung u. ä. unterschiedlich sind.

d) Durch eine *Reduzierung auf „Schlüssel"-Variable.* Hierbei werden einige wenige als besonders wichtig erachtete oder ermittelte Variable herausgegriffen unter bewußter Vernachlässigung aller vielleicht noch möglichen anderen. Diese bewußte Eingrenzung des untersuchten Bereichs, z. B. auf bestimmte kleinere Einheiten (wie Stammesgruppen in der Anthropologie) oder Teilaspekte eines politischen Systems (z. B. der Parteienstruktur, der Bürokratie usw.) ermöglicht eine bessere Isolierung der jeweiligen Variablen. Eine weitere Möglichkeit, die Vergleichbarkeit verschiedener Fälle zu erhöhen, besteht darin, die Bezugseinheiten nicht nach formal-institutionellen Kriterien festzulegen, sondern sie nach ihren Funktionszusammenhängen, z. B. innerhalb eines umfassenderen „Systems"-Modells,[47] auszuwählen.

Die komparative Methode kann mit Einzel- (Fall-)studien oft sinnvoll abgestimmt werden (s. a. u.) und eine gegenseitige Ergänzung und Befruchtung beider Methoden wird auf längere Sicht zu erwarten sein. Auch gegenüber der statistischen Methode sind die Übergänge, die von der Zahl der jeweils untersuchten Fälle und der Tiefe der jeweiligen Analyse bestimmt werden, fließend. In der Politikwissenschaft kommt sie vor allem innerhalb der heute weitgehend verselbständigten Teildisziplin der „vergleichenden Lehre politischer Systeme" und ihrer verschiedenen Aspekte, gelegentlich auch schlechthin als „vergleichende Politikwissenschaft" bezeichnet,[48] zur Anwendung. Darüber hinaus ist sie aber auch in vielen anderen Teildisziplinen, wie z. B. im Rahmen der Internationalen Beziehungen, der Innenpolitik usw., und in vielen konkreten Arbeitsgebieten, wie z. B. der Entwicklungsländerforschung, anzutreffen.

4. *Fallstudien („case studies")*. Diese sind im Gegensatz zu den beiden zuletzt genannten Verfahren Einzelstudien („Monographien") z. B. eines bestimmten Landes, einer Gemeinde oder eines Problems in einem bestimmten Kontext. Die Zahl der betrachteten Variablen ist meist ähnlich groß wie bei der komparativen Methode und kann mit den dort angegebenen Verfahren, z. B. durch Reduzierung auf Schlüsselvariable oder des Property-space, unter Umständen verringert werden. Im Gegensatz zum Experiment werden auch hier keine Stimuli eingeführt, soweit die Untersuchung selbst, besonders bei sehr kleinen untersuchten Einheiten, nicht bereits unvermeidlicher- und meist unerwünschterweise schon als solcher wirkt. Letzteres ist z. B. bei Fallstudien von Sozialanthropologen, die durch „teilnehmende Beobachtung" das Leben sehr kleinräumiger, meist „primitiver" Volksgruppen erforschen wollen, häufig der Fall.

Sechs Untergruppen von Fallstudien lassen sich im Hinblick auf ihre theoriebildenden Funktionen unterscheiden:

- rein deskriptive, also bei einer bloßen Beschreibung des Vorgefundenen verharrende, diese sind für die Theoriebildung primär nicht sehr fruchtbar, sie können aber als Material für spätere Hypothesen- und Theoriebildungsversuche herangezogen werden;
- interpretierende, diese beinhalten eine Anwendung bereits bestehender Theorien;
- Hypothesen-schaffende, diese dienen zur Aufstellung bestimmter Hypothesen;
- Theorien-bestätigende (was aber nicht als strikte „Verifizierung" aufzufassen ist);
- Theorien-widerlegende, die „Falsifizierung" also bestimmter Theorien;
- „abweichende Fälle" („deviant cases"), diese widerlegen ebenfalls eine bestimmte Hypothese oder Theorie. Es wäre aber voreilig, wegen eines einzelnen Falles oder weniger abweichender Fälle eine Theorie als bereits in jeder Hinsicht falsifiziert anzusehen. Häufig führen solche „de-

viant cases" daher zu einer Modifizierung und Verfeinerung der ursprünglichen Theorie, die nunmehr auch diese Abweichungen berücksichtigt. Aus diesem Grunde sind Fälle dieser Art für die vergleichende Politikwissenschaft oft besonders wertvoll.[49]

Fallstudien stehen mehr noch als andere Methoden der Politikwissenschaft vor dem Dilemma, einerseits dem untersuchten individuellen Gegenstand gerecht zu werden, andererseits aber auch die analytischen Variablen systematisch zu erfassen und somit einen sinnvollen Vergleich mit anderen Fällen zu ermöglichen. Das in solchen Fallstudien verwendete „komparative Gerüst" ist dabei häufig unzulänglich, die Art der untersuchten Variablen zu uneinheitlich und das methodische Vorgehen zu unterschiedlich, um für sinnvolle Vergleiche und systematische Aussagen brauchbar zu sein.

Dieses Dilemma verweist auch auf den weiteren Zusammenhang der zwischen idiographischen Vorgehensweisen einerseits und nomothetischen Methoden andererseits bestehenden Spannungen. Eine bekannte Einführung zu Problemen der Wissenschaftstheorie kommt in dieser Hinsicht zu dem Schluß: „In den Sozialwissenchaften genügt die Anwendung bloß analytischer Methoden nicht. Da hier der Mensch sich selbst Gegenstand ist, bleibt es unvermeidbar, daß er sein persönliches Potential in die Forschung mit einbringt, das ihm gestattet, mehr zu erfassen, als es mit standardisierten Methoden möglich ist."[50] Dem ist sicherlich zuzustimmen. Hieraus aber die Schlußfolgerung zu ziehen, „... eine saubere Sozialtheorie müßte ... eine wohlverstandene Phänomenologie werden",[51] geht wohl zu weit und verkennt das eigentliche Problem gerade des Abwägens und der gegenseitigen Annäherung und Ergänzung beider Verfahrensweisen mit allen hieraus zu gewinnenden Vorteilen. Ein Einzelfall kann als erfahrungswissenschaftliches „Problem" immer nur richtig erfaßt und eingeordnet werden, wenn es auf systematische Weise im Gesamtzusammenhang untersucht und mit standardisierten, nachprüfbaren und den Vergleich mit anderen Fällen ermöglichenden Methoden bearbeitet wird. Die uns hierfür zur Verfügung stehenden methodischen „Netze" mögen „zu grob" sein, wie Seiffert meint, und der Ergänzung durch feinere, mehr auf den Einzelfall abgestellte, Verfahren bedürfen. Ohne ein sorgfältig verknüpftes Geflecht von sorgfältig ausgewählten Variablen und standardisierten Methoden zu ihrer Erfassung wird uns die „soziale Wirklichkeit" dabei aber immer wieder aus den Händen gleiten!

10. Schlußbemerkung zum systematischen Teil

Damit sind wir am Ende der Systematik der Politikwissenchaft angelangt. Dieser Teil hatte das Ziel, in die Theorie- und Methodenproblematik der zeitgenössischen Politikwissenschaft sowie in ihre Grundbegriffe einzuführen. Es sei hier nochmals betont, daß die Darstellung in diesem Bemühen nirgends quantitative Vollständigkeit anstrebte – weder bei den Politik-Begriffen noch bei den Theorie-Ansätzen und erst recht nicht bei den Methoden.

In jedem Fall ging es lediglich darum, anhand exemplarischer und für den gegenwärtigen Entwicklungsstand der Politikwissenschaft besonders charakteristischer und relevanter Beispiele die wichtigsten Teilbereiche der Systematik der Politikwissenschaft vorzustellen und bekanntzumachen und dabei vor allem die eigentümliche Lebendigkeit dieser Wissenschaft vorzuführen, wie sie sich nicht zuletzt in der permanenten Reflexion über Grundbegriffe und -kategorien, über Theorie-Ansätze und Methodenprobleme sowie in der häufig recht polemischen Kontroverse zwischen verschiedenen Standpunkten manifestiert.

Es sei aber hier deutlich darauf hingewiesen, daß eine Wissenschaft wie die Politikwissenschaft auch durch eine noch so detaillierte und eindringliche Darstellung ihrer Systematik noch nicht hinreichend komplett dargestellt wäre. Unseres Erachtens liefe es auf eine klare Unvollständigkeit hinaus, würde man eine „Einführung in die Politikwissenschaft" wie diese mit der Systematik dieser Wissenschaft eröffnen und zugleich auch enden lassen. Diese Feststellung wird hier im Hinblick auf manche neuere „Einführung in die Politikwissenschaft" getroffen, die sich auf eine Einführung in die *Theorien und Methoden* dieser Disziplin beschränken. Hier hat die wissenschaftstheoretische Tendenz der zeitgenössischen Sozialwissenschaften jenes Extrem erreicht, wo die Beschäftigung mit der Wissenschaftstheorie und ihren Problemen zum Selbstzweck zu werden droht. Unseres Erachtens ist eine Einführung in die Politikwissenschaft (oder auch die Soziologie), die sich auf eine Einführung in die Theorien und Methoden, d. h. auf die innere Systematik dieser Disziplin beschränkt, „abstrakt" – und zwar in dem Sinne, daß sie die konkreten Forschungsbereiche einer Wissenschaft, in denen die in der Systematik entworfenen und begründeten Kategorien, Theorien und Methoden erst ihre Brauchbarkeit und Leistungsfähigkeit erweisen müssen, ausschaltet. Logische Stringenz der Grundbegriffe etc. ist leider noch kein hinreichender Prüfstein für die Brauchbarkeit derselben im konkreten Forschungsprozeß. Deswegen muß nach unserer Auffassung auf die Systematik, wie sie hier entworfen wurde, jetzt notwendig die Darstellung der Teilbereiche der Politikwissenschaft folgen, in der uns zugleich auch die Möglichkeit eröffnet wird, die bisher sehr allgemein und – wie gesagt – abstrakt entwickelten Theorie- und Methodenprobleme im konkreten Anwendungsfall der politischen Analyse einzelner Teilbereiche der politischen Realität zu konkretisieren und zugleich auch zu kontrollieren.

Bei der Darstellung dieser Teilbereiche der politischen Realität und zugleich der Teildisziplinen der Politikwissenschaft wird dann auch – das sei nicht verschwiegen – der Standpunkt der Autoren dieser Einführung, ihre Option für den einen oder anderen wissenschaftstheoretischen Ansatz deutlicher als in der um Objektivierung der verschiedenen Ansätze bemühten Systematik zum Ausdruck kommen.

C. Teilgebiete der Politikwissenschaft

1. Vorbemerkung

Nachdem in den ersten beiden Teilen dieser Einführung Begriff und Entstehungsgeschichte der Politikwissenschaft, ihr spezifischer Gegenstandsbereich und die Probleme seiner wissenschaftlichen Bearbeitung verdeutlicht wurden, werden im hier folgenden Abschnitt die wichtigsten Teilgebiete der Politikwissenschaft im einzelnen vorgestellt. Auch in bezug auf diese Aufteilung, die Bezeichnung der verschiedenen Unterdisziplinen der Politikwissenschaft und ihrer Abgrenzung gegenüber anderen verwandten Sozialwissenschaften besteht keineswegs ein völliger Konsensus. Traditionell wurden hierbei häufig die Gebiete der „Politischen Philosophie und Theorie", der „Innenpolitik" und der „Außenpolitik" unterschieden. Diese Unterteilung fand in vielen Fällen auch ihren institutionellen Niederschlag in der Bezeichnung und Aufgabenabgrenzung von politikwissenschaftlichen Lehrstühlen an den Hochschulen vieler Länder.

Problematisch an dieser, zunächst rein additiv erfolgten Aufteilung ist vor allem der in diesen Bezeichnungen nur ungenügend zum Ausdruck kommende innere *systematische Zusammenhang* zwischen den einzelnen Teilbereichen. So kann die Abgrenzung eines Teilgebietes als „politische Philosophie und Theorie" u. U. den Eindruck erwecken, als handle es sich bei der Behandlung von „Philosophie" und „Theorie" um zweierlei Dinge, die zudem ausschließlich in einer eigenen Unterdisziplin der Politikwissenschaft anzusiedeln und von „Innenpolitik" und „Außenpolitik", deren gegenseitige Bezüge ebenfalls bei dieser Einteilung nicht klar werden, strikt zu trennen seien. Um einem solchen Mißverständnis vorzubeugen, möchten wir noch einmal auf den vorangegangenen „systematischen" Teil dieser Einführung verweisen. Dort machten wir auf die „Dreidimensionalität" politikwissenschaftlicher Analyse, also die jeweilige Berücksichtigung von „Objekt"-, „Subjekt"- und „normativen" Aspekten bei der Betrachtung der politischen Realität, und die unterschiedliche Gewichtung, die diese Aspekte in den gebräuchlichsten Theorieansätzen der Politikwissenschaft erfahren, aufmerksam. Für die Zwecke dieser Einführung wollen wir diese *analytische* Trennung zwischen den normativen und den beiden anderen Aspekten der politischen Realität an dieser Stelle zunächst aufrechterhalten. Daher befaßt sich das hier als erstes folgende Kapitel über „Politische Philosophie" fast ausschließlich mit der normativen Dimension der Politikwissenschaft, also den Problemen der unterschiedlichen Wertsetzung der verschiedenen Theoretiker in diesem Bereich, dem jeweils zugrundegelegten Menschenbild, den verschiedenen Verfahren, die für die Erkenntnis dieser Werte angegeben werden, und den hieraus abgeleiteten politischen Prinzipien, die für die Bestimmung einer „guten" politischen Ordnung herangezogen werden können. Diese aus Zweckmäßigkeitsgründen im Interesse einer klareren Darstellung erfolgende schwerpunktmäßige Behandlung der normativen Aspekte der politischen Realität in einem besonderen Kapitel bedeutet aber nicht, daß normative Erwägungen nicht auch in jedem anderen Teilbereich der Politik eine Rolle spielen. – Im zweiten Kapitel dieses Teils werden dann alle Abläufe und die diese beeinflussenden Faktoren *im Innern* eines politischen Gemeinwesens besonders hervorgehoben. Als Ordnungsschema bedienen wir uns hierbei eines „System"-Modells, das die Wechselbeziehungen zwischen einer Gesellschaft und ihrer jeweiligen politischen Ordnung in ihrem vielfältigen Zusammenspiel deutlich macht. Wiederum aus Zweckmäßigkeitsgründen beschränken wir uns bei der Darstellung an dieser Stelle vor allem auf die jeweiligen „Objekt"- und „Subjekt"-Aspekte des politischen Systems. – Ein drittes Kapitel behandelt dann den *Vergleich* verschiedenartiger politischer Systeme. Neben allgemein hierbei zu beachtenden Gesichtspunkten wird besonders auch auf die Probleme der *Klassifikation* politischer Systeme und der in ihnen u. U. angelegten *Veränderungen* in entwicklungstheoretischer Sicht eingegangen. – Ein Kapitel über den gesamten Bereich der *Außenbeziehungen* politischer Systeme beschließt dann die systematische Darstellung der Teilgebiete der Politikwissenschaft. Es umfaßt sowohl die Aspekte der *Außenpolitik* eines einzelnen politischen Systems und ihre unterschiedlichen Bestimmungsgründe als auch die verschiedenen Formen der politikwissenschaftlichen Behandlung des internationalen Zusammenwirkens aller politischen Systeme im Felde der *Internationalen Politik*.

All diese Teilgebiete der Politikwissenschaft, die natürlich noch an wesentlich mehr „Einzelfällen" und „Regionen" beispielhaft dargestellt werden könnten, stehen in enger Beziehung zu anderen Sozialwissenschaften und anderen „Wissenschaften vom Menschen". Dies sind in erster Linie die Ökonomie, die Psychologie, die Soziologie und Sozialanthropologie, aber auch die Geschichte, die Jurisprudenz und die allgemeine Philosophie, um nur einige der wichtigsten zu nennen. Anknüpfungspunkt in jedem Einzelfall ist hierbei der jeweils spezifisch *politische* Bezug der von diesen Disziplinen behandelten Materie. Wenn auch über die genaue Eingrenzung dessen, was als „politisch" zu bezeichnen ist, nicht immer Einigkeit besteht (vgl. a. o. Seite 20 ff.), so sollte doch der jeweils zu den Nachbarwissenschaften gegebene Überlappungsspielraum weniger Ursache eines Streites um Kompetenzen als vielmehr Anlaß zur fruchtbaren Zusammenarbeit zwischen diesen Disziplinen sein.

2. Politische Philosophie

Vorbemerkung

Wiederholt haben wir im Verlauf dieser „Einführung" die Politikwissenschaft als moderne Sozialwissenschaft qualifiziert – dies durchaus in Übereinstimmung mit dem vorherrschenden Selbstverständnis dieser Wissenschaft und den meisten ihrer Interpreten.

Es gibt indes noch *Politische Philosophie* – nicht als Teildisziplin der *Philosophie* (wie man vermuten könnte), sondern als Teildisziplin der Politikwissenschaft, die analog zu den anderen Teildisziplinen in den politikwissenschaftlichen Instituten durch spezielle Lehrstühle für Politische Philosophie repräsentiert und institutionalisiert ist. Von der getroffenen Qualifikation der gesamten Politikwissenschaft als Sozialwissenschaft her erscheint nun die Einordnung der politischen Philosophie in den Rahmen der Politikwissenschaft unter systematischen Gesichtspunkten ausgesprochen schwierig und problematisch; denn es mag nicht ohne weiteres einleuchten, inwiefern Philosophie Sozialwissenschaft oder doch zumindest Teildisziplin einer Sozialwissenschaft sein sollte.

Nun kann man zunächst einmal die vorhandene *faktische* Zuordnung von Politischer Philosophie zur Politikwissenschaft zu erklären versuchen; dazu wäre am ehesten eine historisch-genetische Erklärung in der Lage, die – wie bereits in der wissenschaftsgeschichtlichen Einführung weiter oben – zeigt, daß die moderne Politikwissenschaft ein Nachfahre der praktischen Philosophie der Antike ist, und daß sich aus dieser historischen Perspektive die Politische Philosophie als ein Stück in die Gegenwart hineinragender Tradition dieser alten praktischen Philosophie verstehen läßt.

Es ist klar, daß diese historische Erklärung kein Licht in das Problem der *systematischen* Zuordnung von Politischer Philosophie und Politikwissenschaft zu bringen vermag. Untersucht man die Literatur dazu, so ergeben sich verschiedene, teilweise gegensätzliche Antworten aus recht verschiedenen Ansätzen – je nachdem auch, welchem Theorie-Ansatz (in dem oben explizierten Sinne) sich ein Politikwissenschaftler verpflichtet fühlt.

Bevor wir einen Versuch zur näheren Bestimmung des systematischen Standorts der Politischen Philosophie im Rahmen der Politikwissenschaft machen, sei kurz noch auf eine Verständnisschwierigkeit eingegangen, die mitunter durch den inflationären Gebrauch des Begriffs „Theorie" allenthalben heute auftaucht; in der Folge davon wird häufig auch von Politischer *Philosophie* als von politischer *Theorie* oder politischen *Theorien* gesprochen; etwa im Sinne von: „die politische *Theorie* Platons und Aristoteles", „die politischen Theorien der Neuzeit", „Hegels politische

Theorie" etc. Diese Sprechweise hat natürlich ihren guten und begründeten Sinn, insofern wir es in der Philosophie – auch in der praktischen – stets mit *theoretischen* Aussagen oder Aussagensystemen über Politik, politische Prinzipien etc. zu tun haben. Man muß zugleich jedoch auch beachten, daß in der heutigen Wissenschaftstheorie der Terminus „Theorie" oder „Theorien" in noch zwei anderen wichtigen Varianten anzutreffen ist, die sachlich auf etwas durchaus anderes als philosophische Aussagen im Sinne etwa der politischen Philosophie von Platon bis Marx zielen: die *erste* Variante deckt sich mit dem, was wir oben in dieser „Einführung" als „Theorie-Ansatz" bezeichnet haben und von dem wir drei Beispiele näher explizierten; es handelt sich dabei um „die weitesten und umfassendsten Regeln zur wissenschaftlichen Informationsverarbeitung";[1] die *zweite* Variante deckt sich mit dem (etwa im Zusammenhang des empirisch-analytischen Theorie-Ansatz erörterten) Theorie-Begriff im Sinne eines größeren Zusammenhangs (Systems) von Hypothesen zur Erklärung größerer Einheiten von sozialen oder politischen Tatbeständen.

Es bedarf sicher kaum einer weiteren Begründung, daß es sinnvoll ist, den Theorie-Begriff der Politischen Philosophie von diesen beiden (wissenschaftstheoretischen) Bedeutungsvarianten von „Theorie" abzuheben. Deswegen benutzen wir im Folgenden durchweg den Begriff „Politische Philosophie" – sowohl als Disziplinbezeichnung als auch als Sammelbegriff für die in der Politischen Philosophie (als Disziplin) behandelten philosophischen Lehren aus Vergangenheit und Gegenwart als auch als Bezeichnung für die Philosophie der Politik oder des Sozialen eines einzelnen Autors.

Kommen wir nun zur Bestimmung des systematischen Orts der Politischen Philosophie im Rahmen der modernen Politikwissenschaft zurück: Wie die Literatur schnell zeigt, kann diese Standortbestimmung von sehr verschiedenen Gesichtspunkten aus vorgenommen werden: zunächst aus einem mehr traditionalistischen, von dem her sich Wertigkeit und Bedeutung der Politischen Philosophie für die zeitgenössische Politikwissenschaft aus der Vergangenheit bestimmt: aus der historischen Tatsache, daß Politikwissenschaft als praktische Wissenschaft begonnen hat. Man darf sagen, daß diese traditionalistische Rechtfertigung nicht sehr weit trägt, und von hierher eigentlich kaum eine Existenzberechtigung Politischer Philosophie im Rahmen der Politikwissenschaft für die Gegenwart abzuleiten ist.

So provoziert denn auch dieser traditionalistische Standpunkt in der Regel unmittelbar seine extreme Gegenposition, von der her – vor allem unter dem Gesichtspunkt der Leistungsfähigkeit und des wissenschaftlichen „Outputs" – Politische Philosophie im Vergleich zu den mehr empirischen Teildisziplinen der Politikwissenschaft hoffnungslos ins Hintertreffen gerät, nicht zuletzt auch noch aus dem Gesichtspunkt heraus, daß die wert- und normorientierten Probleme der Politischen Philosophie als unwissenschaftlich gelten.

Daneben gibt es eine dritte Position, die Politische Philosophie aus einer systematisch-philosophischen Perspektive zu rechtfertigen und zu begründen sucht. Sie erscheint dann – wie etwa in dem Aufsatz von A. Schwan „Die Staatsphilosophie im Verhältnis zur Politik als Wissenschaft“[2] – als „regionale Philosophie“ oder Regionalontologie, in der es um das philosophische „Vorverständnis des Seienden im Hinblick auf sein jeweiliges Wesen und auf seine Region“ (im Ganzen des Seienden) geht. Regionale Philosophien oder Regionalontologien dieser Art gibt es viele, sie sind zu verstehen als „Ausfaltungsarten der allgemeinen und universalen Philosophie und gehören strukturell unteilbar in diese. Sie selbst ergründen die Bedingungen der Möglichkeit des Entdeckens und Forschens der Natur-, Geschichts-, Kunst-, Religions-, Staats- und Sozialwissenschaften usw.“ Die universale Philosophie wie die regionalen Philosophien in ihr sind beide „apriorisch, weil ontologisch (auf das *Sein* und *Wesen* des Seienden in seinen jeweiligen Regionen ... bezüglich); die Wissenschaften im engeren Sinn dagegen sind aposteriorisch, weil ontisch, denn sie bestimmen Seiendes unter anderem Seienden und im beweisenden Rückgang stets nur auf anderes Seiendes“ (166)

Die Konsequenz dieser Bestimmung der Politischen Philosophie als Regionalphilosophie ist, daß Politische Philosophie nicht eigentlich Teildisziplin der Politikwissenschaft ist, sondern ihr „leitend vorausgeht“. „Sie (die Politische Philosophie) hat ihren Ort nicht nur und nicht zuerst innerhalb der Wissenschaft von der Politik, sondern als Regionalphilosophie innerhalb der allgemeinen und universalen Philosophie, und ihre Leistung und Aufgabe ist (im Verhältnis zur *Wissenschaft*) erst gerade die *Ortsbestimmung* der wissenschaftlichen Politik hinsichtlich ihres Wesens im Kosmos der Wissenschaften. Sie bedenkt und bestimmt den Wesensbereich und damit die wesentliche Stellung und den Rang dieser Wissenschaft. Ihr eigener Ort ist die Ortung der Politik als Wissenschaft sowie der Politik als der Sache dieser Wissenschaft im Hinblick auf ihr Warum, ihr Wozu, ihren ‚Stoff‘ und ihre ‚Form‘.“ (166)

Aus diesem eigentümlichen *Vorausgehen* der Politischen Philosophie vor der Politikwissenschaft ergibt sich eine ebenso eigentümliche Zuordnung beider, wonach Politische Philosophie „einer der wichtigsten Bereiche und folglich eine der Hauptdisziplinen, um die sich Forschung, Lehre und Studium der wissenschaftlichen Politik zu bekümmern haben,“ ist. (167)

Es gibt dann schließlich noch eine vierte Position, die auf den ersten Blick der eben geschilderten ähnlich ist, sich jedoch – näher betrachtet – als deren genaues Gegenteil erweist und von der Politische Philosophie gegenüber der Politikwissenschaft als eine Art „Handlangerin“ erscheint. Dieser Position entspricht eine allgemeine Auffassung der Philosophie als „Handlangerin“, die man auf J. Locke zurückführen kann, von dem wir in dem einleitenden „Brief an den Leser“ im „Essay Concerning Human Understanding“ folgendes lesen können:

„Dem Reich der Gelehrsamkeit fehlt es gegenwärtig nicht an großen Baumeistern, deren gewaltige Entwürfe für den Fortschritt der Wissenschaften der Bewunderung der Nachwelt dauerhafte Monumente hinterlassen werden; aber nicht jeder darf hoffen, ein Boyle oder Sydenham zu sein; und in einem Zeitalter, das solche Koryphäen wie den großen Huygens und den unvergleichlichen Mr. Newton hervorbringt und manche andere dieses Ranges, ist es ehrgeizig genug, wie ein *Handlanger* sich mit einiger Klärung des Geländes zu beschäftigen und mit dem Entfernen manchen Gerümpels, das dem Wissen den Weg verstellt.“[3] P. Winch bestimmt – nach Locke – kritisch diese Handlangerfunktion der Philosophie allgemein als „rein negative Aufgabe, Hindernisse zu entfernen, die dem Fortschreiten unseres wissenschaftlichen Verstandes entgegenstehen“. Dabei wird „die treibende Kraft jenes Fortschreitens“ der Wissenschaften „in Methoden gesucht werden, die sich deutlich unterscheiden von allem, was in der Philosophie vorkommt; sie (die Methode) muß, heißt das, in der Wissenschaft gefunden werden. Dieser Ansicht nach verhält sich die Philosophie anderen Disziplinen gegenüber parasitär; sie hat keine ihr eigentümlichen Probleme, sondern ist eine Technik zur Lösung von Problemen, die im Verlauf nichtphilosophischer Untersuchungen aufgeworfen werden.“ (13) Philosophie wird in diesem Verständnis als „Handlangerin“ letztlich auf *Wissenschaftslogik* reduziert.

P. Winch hat diese Handlanger-Theorie der Philosophie, die auf jeden Wissenschaftszweig, und damit auch auf die Sozialwissenschaften und noch spezieller auf die Politikwissenschaft angewendet werden kann, als Reaktion auf das Selbstverständnis der Philosophie als „Ober-Wissenschaft“, wie es in der voran erläuterten Position zum Ausdruck kommt, und demzufolge „Philosophie mit der Wissenschaft in unmittelbarem Wettstreit steht und darauf abzielt, wissenschaftliche Theorien durch rein apriorischen Vernunftgebrauch zu konstruieren oder zu widerlegen,“ (16) bezeichnet.

Die ersten beiden der referierten Gesichtspunkte, unter denen Politische Philosophie und Politikwissenschaft in ein bestimmtes Zuordnungsverhältnis gebracht werden, können als systematisch irrelevant gelten und deswegen auf sich beruhen bleiben; sie sind rein äußerlich und polemisch. Was die beiden anderen Positionen betrifft, von denen her Politische Philosophie im Verhältnis zur Politikwissenschaft einmal als „Ober-Wissenschaft“, zum anderen als „Handlangerin“ erscheint, sind beide theoretisch relevant und verdienen, diskutiert zu werden. Gleichwohl wollen wir uns für die Zwecke unserer „Einführung“ keiner dieser beiden Positionen anschließen, da in beiden Fällen u. E. nicht so sehr eine *Zuordnung* als vielmehr eine *Distanzierung* von Politischer Philosophie und Politikwissenschaft – einmal im Sinne einer Über-, zum anderen im Sinne einer Unterordnung – erfolgt.

Stattdessen sei hier die Stellung der Politischen Philosophie unter den Disziplinen der modernen Politikwissenschaft aus der *Perspektive der Dimensionen der politischen Realität* zu beantworten gesucht. Diese Perspektive scheint uns u. a. den Vorteil zu bieten, Politische Philosophie als eine durchaus „normale" Teildisziplin der Politikwissenschaft zu erweisen, die zu den anderen Teildisziplinen (Lehre von den politischen Systemen, Lehre von den Internationalen Beziehungen) weder in einem Über-, noch in einem Unterordnungsverhältnis, sondern mit ihnen auf gleicher Ebene steht.

Unsere Darstellung der Dimensionen der politischen Realität hatte mehrere solcher Dimensionen unterschieden, die alle als für die politische Realität konstitutiv gelten konnten: die Dimension der normativen oder regulativen Ideen, die Dimension der subjektiven Einstellungen und die Dimension der Institutionen. Diese Gliederung hatte sich nicht zuletzt aus der Differenzierung der politischen Realität in einen *objektiven* (strukturellen) und einen *subjektiven* (mentalen) Aspekt gewinnen lassen.

Sucht man nun – wie wir es vorhaben – aus der Perspektive dieser Dimensionen der politischen Realität den Standort der Politischen Philosophie im Rahmen der Politikwissenschaft zu bestimmen, so wird man zunächst einmal und hauptsächlich der Politischen Philosophie die erste und dritte Dimension in der Reihenfolge unserer Aufzählung, und das bedeutet zugleich: den subjektiven Aspekt der politischen Realität als Gegenstandssphäre, zuweisen wollen. Diese Zuweisung stimmt exakt mit der überein, wie sie sich in E. Voegelins „Neuer Wissenschaft der Politik" findet. Dort wird zunächst auf ähnliche Weise die von uns sog. subjektive Seite der politischen Realität bestimmt:

„Die politische Wissenschaft leidet unter einer Problematik, die in ihrer Natur als Wissenschaft vom Menschen in historischer Existenz begründet ist: der Mensch wartet für die Auslegung seines Lebens nicht auf die Wissenschaft, und wenn der Theoretiker sich mit der sozialen Realität befassen will, findet er das Feld bereits von etwas beschlagnahmt, was man als die *Selbstinterpretation* der Gesellschaft bezeichnen kann ... Die Selbsterhellung der Gesellschaft durch Symbole ist ein integraler Bestandteil der sozialen Realität, man kann sogar sagen, ihr wesentlicher Bestandteil, denn durch eine solche Symbolisierung erfahren die Menschen die Gesellschaft, deren Glieder sie sind, als mehr denn eine bloße Zufälligkeit oder Annehmlichkeit; sie erfahren sie als Teil ihres menschlichen Wesens ... Jede menschliche Gesellschaft gelangt also, ohne politische Wissenschaft, zu einem Verständnis ihrer selbst durch eine Vielfalt von Symbolen, manchmal höchst differenzierten Sprachsymbolen." (50)

Auf diese Art sozialen Wissens, das primär nicht „Faktenwissen", sondern „Bedeutungswissen" ist und ohne das keine Gesellschaft auf Dauer bestehen kann,[4] auf dieses soziale Selbstverständnis oder Selbstinterpretation bezieht sich Politikwissenschaft auch gerade in ihrer modernen Ausprägung als empirisch-analytische Sozialwissenschaft , indem sie mittels Interview- und Befragungstechniken die vielfältigen subjektiven Einstellungen des Bürgers eines Gemeinwesens zu allen nur denkbaren kleinen und großen Problemen der Politik zu erfassen und zu interpretieren versucht,[5] aber auch als Politische Philosophie, insofern diese die in den subjektiven Einstellungen manifesten Norm- und Ordnungskonzeptionen sowie politischen Prinzipien eines Gemeinwesens diskutiert und kritischer Reflexion im Lichte philosophischer Fragestellungen unterwirft. Diese Seite der Problematik hat E. Voegelin vornehmlich im Blick, wenn er die Aufgabe der Politischen Philosophie bestimmt: „Wenn die politische Wissenschaft (das ist in unserem Sprachgebrauch die Politische Philosophie) anhebt, steht sie also nicht vor einer *tabula rasa*, auf der sie ihre Begriffe einritzen könnte; sie muß von dem reichen *corpus* der Selbstinterpretation einer Gesellschaft ausgehen, und sie wird ihre Aufgabe auf dem Wege kritischer Klärung der gesellschaftlich präexistenten Symbole lösen müssen." (50)

Damit wäre zunächst eine erste Bestimmung der Gegenstandssphäre der Politischen Philosophie geliefert, die zugleich erkennen läßt, auf welche Weise Politische Philosophie trotz aller Spannung und Differenz zur empirisch-analytischen Sozialwissenschaft gleichwohl ein integraler Bestandteil der Politikwissenschaft ist – wie die Lehre vom politischen System oder den Internationalen Beziehungen – und durchaus auf der gleichen Ebene steht – nicht in einer Über- und nicht in einer Unterordnung zu den anderen Disziplinen der modernen Politikwissenschaft.

Konstitutive Fragestellungen der Politischen Philosophie

Mit der groben Kennzeichnung der Dimensionen der politischen Realität, auf die als ihren speziellen Gegenstandsbereich sich Politische Philosophie vorzüglich bezieht, ist natürlich nur der erste Schritt zu einer Charakterisierung der Politischen Philosophie als Teildisziplin der Politikwissenschaft getan; dieser erste Schritt – so dürfen wir resumieren – hat Politische Philosophie, insofern sie auf bestimmte Dimensionen der politischen Realität – regulative Idee und subjektive Einstellungen – orientiert ist, als eine „normale" Disziplin der Politikwissenschaft *neben* – und nicht *unter* oder *über* – anderen erwiesen.

Über die konstitutiven Fragestellungen sowie über die Erkenntnisziele der Politischen Philosophie ist damit allerdings noch nichts ausgesagt; das soll auf den folgenden Seiten versucht werden.

Es war oben formelhaft von „sozialem Selbstverständnis" die Rede gewesen, auf dessen normative und ordnungskonzeptionelle Inhalte sich Politische Philosophie bezieht. Diese Formel ist jetzt zunächst inhaltlich zu explizieren, um auf diesem Wege auf die konstitutiven Fragestellungen der Politischen Philosophie aufmerksam machen zu können.

Sprechen wir von „Selbstverständnis", so denken wir zunächst an *individuelles* Verstehen seiner selbst; und erst in Analogie dazu wird man auch von *sozialem* oder *kollektivem* „Selbstverständnis" sprechen können. So wie individuelles „Selbstverständnis" allein auf der Grundlage von individuellem Selbstbewußtsein und individueller Selbsterfahrung entstehen kann, so hat auch soziales „Selbstverständnis" ein soziales Selbstbewußtsein und eine soziale Selbsterfahrung zur Voraussetzung.

Statt von individuellem oder sozialem „Selbstverständnis" könnten wir auch einfacher von individuellem oder sozialem *Wissen* sprechen. Dabei handelt es sich nicht primär und ausschließlich um Fakten- und Informationswissen, sondern grundlegend um sogenanntes Bedeutungs- oder Sinnwissen, d. h. um ein Wissen, das nicht lediglich Daten und Fakten der Außenwelt registriert, sondern vorzüglich in der „Kenntnis von Bedeutungen und Glaubensinhalten, die zu einer sinnhaften Ausstattung der Wirklichkeit erforderlich sind",[6] besteht und durch das die komplexe Welt für den Menschen sinnvoll strukturiert und geordnet wird. Dieses Bedeutungswissen ist für Gesellschaften aller Kulturstufen fundamental, und man darf sicher zu Recht behaupten: „Es gibt keine Gesellschaft, deren Mitglieder nicht zumindest ein bestimmtes Wissen von der sozialen Umgebung haben, in der sie leben. Gesellschaften könnten auch gar nicht bestehen, ohne gesellschaftliches Wissen bei ihren Mitgliedern."[7]

Sozial ist dieses Wissen oder Selbstverständnis in *doppelter* Hinsicht: einmal insofern es sich inhaltlich auf Soziales, sowohl auf Tatbestände der sozialen Welt als auch auf Sinn- und Bedeutungsgehalte, bezieht, Soziales mithin zum zentralen *Gegenstand* hat; es ist aber darüber hinaus auch in der Hinsicht soziales Wissen, insofern es auf sozialem Wege – durch soziale Kommunikations- und Interaktionsvorgänge – zustandekommt, mithin „sozial konstruiert" ist.[8] Bei dieser „sozialen Konstruktion" des sozialen Wissens spielt einsichtiger Weise die menschliche Sprache als Medium der Mitteilung eine fundamentale Rolle, die bereits Aristoteles in seiner „Politik" mit Bezug auf die Grundlagen der politischen Gemeinschaft und der Polis erkannt und beschrieben hat:

„Der Mensch ist aber das einzige Lebewesen, das Sprache besitzt. Die Stimme zeigt Schmerz und Lust an und ist darum auch den anderen Lebewesen eigen (denn bis zu diesem Punkte ist ihre Natur gelangt, daß sie Schmerz und Lust wahrnehmen und das einander anzeigen können); die Sprache dagegen dient dazu, das Nützliche und Schädliche mitzuteilen und so auch das Gerechte und Ungerechte. Dies ist nämlich im Gegensatz zu den anderen Lebewesen dem Menschen allein eigentümlich, daß er die Wahrnehmung des Guten und Schlechten, des Gerechten und Ungerechten und so weiter besitzt. Die Gemeinschaft in diesen Dingen schafft das Haus und den Staat."[9]

Die moderne Wissenssoziologie – nach dem Verständnis von P. Berger und Th. Luckmann[10] – sowie verschiedenen Richtungen der modernen Philosophie – hier sei nur auf K. O. Apel und J. Habermas verwiesen[11] – haben diese Erkenntnis in jüngster Zeit erneuert und nicht zuletzt auch für die modernen Sozialwissenschaften wieder fruchtbar gemacht.

Können wir mithin soziales Wissen als sozial zustandegekommen betrachten, wobei der sprachlichen Kommunikation in einer gegebenen Gesellschaft konstitutive Bedeutung dafür zukommt, so kommt es jetzt weiter darauf an, die *Inhalte* dieses sozialen Wissens, die ja vor allem Gegenstand der Politischen Philosophie sind, näher zu kennzeichnen. Insgesamt darf man dieses soziale Wissen als *Ordnungswissen* qualifizieren, in dem von bestimmten mehr oder weniger reflektierten Prinzipien und Wertvorstellungen her konkrete soziale und politische Ordnungskonzeptionen mit entsprechenden Norm- und Regelsystemen entworfen sind, die ihrerseits das konkrete soziale oder politische Handeln einer Gesellschaft sowohl leiten als auch legitimieren. Derartiges Ordnungswissen ist für jede Gesellschaft konstitutiv, so unterschiedlich es auch hinsichtlich seiner prinzipiellen Grundlagen und Wertvorstellungen und auch hinsichtlich der konkreten Ausgestaltung sein mag.

Mit dem Wort „legitimieren" ist vorhin zugleich auch bereits die entscheidende Funktion des sozialen Ordnungswissens genannt worden: ihre konkretes soziales und politisches Handeln *legitimierende,* d. h. rechtfertigende Funktion. Daneben besteht als eine weitere, ebenfalls grundlegende Funktion die der sozialen und politischen *Integration,* durch die das soziale Leben einer Gesellschaft erst zur Erlangung seiner vollen Identität mit sich selbst kommt.

Das soziale Wissen in diesem Verständnis als sozial konstruiertes und mit seiner soziales und politisches Handeln legitimierenden und integrierenden Funktion – das muß hier wenigstens erwähnt werden – ist konkret, d. h. auch *geschichtlich* vermittelt; es beruht auf den geschichtlichen *Erfahrungen* einer Gesellschaft, die sich – je nach Kultur- und Weltanschauungstyp – in verschiedenen sprachlichen Symbolen oder Symbolzusammenhängen artikuliert und so eine für alle Mitglieder dieser Gesellschaft objektive und das Handeln bestimmende Wirkung gewinnt; in diesen Sprachsymbolen konkretisiert sich auf diese Weise die in einer bestimmten Gesellschaft vorherrschende und wirksame Ordnungskonzeption.[12] Als ein historisches Beispiel für diesen Zusammenhang von geschichtlicher Erfahrung und symbolischer Artikulation eines Ordnungswissens mag die Amerikanische Unabhängigkeitserklärung von 1776 angeführt werden, in deren einleitenden Sätzen vor allem die Prinzipien dieser Ordnungskonzeption zum Ausdruck gelangen:

„Folgende Wahrheiten erachten wir als selbstverständlich: daß alle Menschen gleich geschaffen sind; daß sie von ihrem Schöpfer mit gewissen unveräußerlichen Rechten ausgestattet sind; daß dazu Leben, Freiheit und das Streben nach Glück gehören; daß zur Sicherung dieser Rechte Regierungen unter den Menschen eingesetzt werden, die ihre rechtmäßige Macht aus der Zustimmung der Regierten herleiten; daß, wenn immer irgendeine Regierungsform sich als diesen Zielen abträglich erweist, es Recht des Volkes ist, sie zu ändern oder abzuschaffen und eine neue Regierung einzusetzen und diese auf solchen Grundsätzen aufzubauen und ihre Gewalt in der Form zu organisieren, wie es ihm zur Gewährleistung seiner Sicherheit und seines Glückes geboten zu sein scheint."[13]

Zweierlei ist an diesem bekannten Text im Hinblick auf unser Thema bemerkenswert: zunächst liegt hier in sprachlicher Form eine historisch konkret bestimmte politische Ordnungskonzeption vor, deren Prinzipien der natürlichen menschlichen Gleichheit sowie der unveräußerlichen Rechte auf Leben, Freiheit und Streben nach Glück in rationaler Argumentation vorgetragen werden. Wichtiger ist sodann, daß der Text nicht lediglich ein beliebiges Ordnungsmodell entwirft und vorstellt, sondern es auf den selbstevidenten Wahrheitsgehalt seiner Prinzipien begründet und zur gesellschaftlich verpflichtenden Norm macht: „Folgende *Wahrheiten* erachten *wir* als *selbstverständlich*".

Gerade in diesem Wahrheitsanspruch der konkreten historisch bestimmten politischen Ordnungskonzeption liegt der entscheidende Anknüpfungspunkt der Politischen Philosophie; wie bereits angeführt, findet sie von ihren frühen Anfängen in der griechischen Antike an ihr Untersuchungsfeld mit sozialem Wissen dieser Art besetzt und hat sich mit ihm und seinem Geltungsanspruch auseinanderzusetzen; ihre spezielle Aufgabe hat sie stets darin gesehen, den *Wahrheits*anspruch dieses vorwissenschaftlichen Bedeutungswissens mit seiner legitimierenden und integrierenden Sozialfunktion kritisch zu untersuchen. Dabei ist noch anzumerken, daß sich der Wahrheitsanspruch dieses sozialen Wissens entscheidend auf den *consensus omnium,* auf die Zustimmung der Bürger einer politischen Gemeinschaft stützt, wie immer diese Zustimmung konkret auch erreicht sein mag. Bereits bei der Erörterung der Grundlagen des normativ-ontologischen Theorie-Ansatzes haben wir zeigen können, wie etwa Platon in dem historischen Augenblick der athenischen Geschichte zum Politischen Philosophen wird, wo offensichtlich der *consensus omnium* der athenischen Polis-Gemeinschaft zerbrochen und damit das Selbstverständnis in eine fundamentale Krise geraten war; „unsere Stadt lebte nicht mehr in den Sitten und Lebensgewohnheiten unserer Väter" (7. Brief, 325 d).

Vor allem in Epochen der Krise des öffentlichen politischen Bewußtseins fällt der Politischen Philosophie die Aufgabe zu, herauszufinden, „worin Gerechtigkeit im Staat und im Privatleben bestehe“ (7. Brief, 326 a). Dabei hat sie von den sozialen Wissensbeständen und ihren zentralen Sprachsymbolen auszugehen, in denen sich die Ordnungsvorstellungen einer Gesellschaft artikulieren, und sie einer „kritischen Klärung“ (Voegelin) zu unterwerfen, in der der Wahrheitsanspruch dieser Ideen überprüft wird. Insofern ist jeder Politischen Philosophie von ihrem zeitkritischen Ansatz her ein *ideologiekritisches* Moment eigen – „Ideologie“ hier in dem weiten und wertneutralen Verständnis von „Ideensystem“ genommen.

Doch erschöpft sich Politische Philosophie – wie sich leicht an Sokrates und Platon, aber auch an Hobbes, Rousseau, Hegel oder Marx zeigen läßt – nicht in dieser zeit- und ideologiekritischen Funktion. Man kann vielmehr in ihr – ohne ihre initiierende Wichtigkeit relativieren zu wollen – so etwas wie den *Ausgangspunkt* Politischer Philosophie sehen, von dem sie erst zu ihren eigentlichen Fragen findet – etwa zu der Frage nach der „Gerechtigkeit im Staat“ (Platon). Damit wird deutlich, daß Politische Philosophie, so sehr sie aus der kritischen Auseinandersetzung mit der politischen Ordnungskonzeption der Gesellschaft, in der sie besteht, lebt, und so sehr sie „in einem Spannungsverhältnis zum Selbstverständnis der Gesellschaft“ steht,[14] ihren eigentlichen Inhalt in der aus dieser Auseinandersetzung entstehenden philosophischen Reflexion über politische Ordnung und ihre Prinzipien besitzt. In diesem Sinne ist der Satz von E. Voegelin zu verstehen: „Der Kern der Politischen Wissenschaft ist eine noetische (= philosophische) Interpretation von Mensch, Gesellschaft, Geschichte, die gegenüber der Ordnungskonzeption der Gesellschaft, in der sie sich jeweils ereignet, mit dem Anspruch kritischen *Ordnungswissens* auftritt.“[15]

Politische Philosophie als „kritisches Ordnungswissen“ – das bedeutet, daß für Politische Philosophie allgemein die Kategorie der *Ordnung* (griech. „taxis“, lat. „ordo“, franz. „ordre“, engl. „order“) konstitutiv ist.[16] Dabei geht es politischer Philosophie als philosophischer „Interpretation von Mensch, Gesellschaft und Geschichte“ nicht primär um die *Beschreibung* empirisch vorfindbarer Ordnung im Sinne von „Konfiguration von Teilen“ oder „einheitlicher Beziehung unter Vielen“ (H. Kuhn), einer Ordnung mithin, für die in den modernen Sozialwissenschaften Termini wie „System“ und „Struktur“ gebräuchlicher sind; vielmehr handelt es sich beim Ordnungsbegriff der Politischen Philosophie um eine auf philosophischer Erkenntnis beruhenden *normativen* Kategorie, durch die unter Voraussetzung und Anwendung fundamentaler philosophischer Prinzipien eine wie immer als *wahr* und deswegen als *gesollt* erkannte Beziehung zwischen Teilen oder Elementen eines Ganzen begründet und hergestellt wird. Dieser philosophische Ordnungsbegriff entsteht mithin im Kontext einer Gesamtphilosophie, ist von deren Prinzipien her bestimmt und kann im einzelnen durchaus verschiedenartige inhaltliche Ausgestaltung erfahren.

Haben wir es z. B. mit einer Ordnungskonzeption im Rahmen der metaphysisch-ontologischen Philosophie im Sinne der abendländischen Tradition seit Platon und Aristoteles zu tun, so wird der Ordnungsbegriff von einer „durchgearbeiteten Ontologie“ abhängig sein, „die alle Seinsbereiche, vor allem den weltjenseitigen, göttlichen, als real anerkennt“.[17] Entsprechend wird das Prinzip dieser Ordnung („principium ordinis“) nicht in der Diesseitigkeit der Welt, sondern in einem transzendenten Bereich liegen. Auf den Menschen als Teil einer so begründeten Ordnung ergibt sich dann: „Die letzte und erste Ordnungsbestimmung des Menschen liegt darin, daß er *capax Dei* ist, und aus solcher transzendenten Zuordnung folgt die Einordnung, sowohl in das Totum der Welt wie auch in die Geschichtswelt.“[18] Anders im Kontext einer antimetaphysischen Philosophie, in der der Bereich der Transzendenz gestrichen ist. Hier wird das Ordnungsprinzip notwendigerweise aufgrund der Prämissen einer solchen Philosophie diesseitig sein müssen. Das ist der Fall in der politischen Theorie von Thomas Hobbes ebenso wie in der von Karl Marx, wenngleich sich beide untereinander hinsichtlich der fundamentalen Prämissen und Prinzipien ihres Denkens deutlich unterscheiden.

In jedem Falle, d. h. ohne Rücksicht auf die je eigentümliche Ausgestaltung der zugrundeliegenden Philosophie, wird man der Ordnungskategorie eine analoge Doppelfunktion für die Politische Philosophie zuschreiben können: sie wird einmal als ein Beziehungsbegriff die Ordnungsbeziehung begründen und angeben, „kraft deren sich Vieles zu Einem ergänzt“[19] und so ein geordnetes Ganzes bildet; sie steckt damit den Bezugsrahmen ab für die von der Politischen Philosophie zu leistende philosophische Interpretation von Mensch, Gesellschaft und Geschichte. Sodann gibt sie zugleich den Maßstab für die kritische Beurteilung je vorgefundener und historisch wirksamer politischer Ordnungskonzeptionen in konkreten Gesellschaften ab, zu denen – wie oben ausgeführt – Politische Philosophie aufgrund ihres zeit- und ideologiekritischen Ansatzes in einem natürlichen Spannungsverhältnis steht.

Innerhalb einer solchen Ordnungskonzeption der Politischen Philosophie bildet die Frage nach dem Wesen des Menschen eine zentrale Problematik, aus deren Lösung sich entscheidende Konsequenzen für die Bestimmung der Prinzipien und Ziele konkreter politischer Ordnungen ergeben. Anders formuliert: Im Begründungszusammenhang einer Politischen Philosophie nimmt stets eine *philosophische Anthropologie* eine wichtige Stelle ein. „Philosophische Anthropologie“ soll dabei nicht im Sinne einer eigenständigen philosophischen Disziplin verstanden werden, wie sie „in den zwanziger Jahren unseres Jahrhunderts durch die Untersuchungen von Max Scheler und Helmuth Plessner entstanden ist" – als eine Disziplin mit „eigentümlicher Stellung ... zwischen Theorie und Empirie, abzulesen an ihrer Aufgabe, wissenschaftliche Resultate philosophisch zu interpretieren", nachdem „die Wissenschaften vom Menschen, von der biologischen Anthropologie bis zu Psychologie und Soziologie, (sich) entwickelt haben, damit ein Bedürfnis nach theoretischer Deutung ihrer empirischen Ergebnisse auftrat",[20] sondern vielmehr im Sinne einer jeder Philosophie eigenen, auf den Menschen und sein Wesen gezielten *Fragerichtung*, die in ihren Prämissen und Prinzipien jeweils von der Philosophie, in deren Kontext sie steht, bestimmt bleibt; d. h. handelt es sich z. B. um eine metaphysische Philosophie, so wird in ihr der Mensch als ein „metaphysisches Wesen" begriffen; ist hingegen in der die philosophische Anthropologie umgreifenden Philosophie der metaphysische Bereich gestrichen, so wird auf irgendeine Weise die Natur zum entscheidenden Bezugspunkt für die Wesensbestimmung des Menschen, auf der sich andererseits eine entsprechende Konzeption politischer Ordnung stützt.

Aufgrund der Tatsache der Pluralität philosophischer Positionen ergibt sich entsprechend eine Pluralität philosophischer Anthropologien im angegebenen Verständnis oder der Wesensbestimmungen des Menschen, von denen sich ebenfalls eine Pluralität verschieden begründeter und unterschiedlich ausgestalteter Konzeptionen politischer Ordnung ergibt, die jeweils für sich aufgrund ihrer systematischen philosophischen Begründung einen Wahrheitsanspruch erheben. Auch dann, wenn die zum Ausdruck der Wesensbestimmung des Menschen jeweils verwendeten Sprachsymbole nicht selten identisch oder ähnlich sind, so ergeben sich von den verschiedenen philosophischen Gesamtkontexten oft Bedeutungsdifferenzen grundlegender Art, die ihre Konsequenz für die Grundlegung politischer Ordnung haben.

Wenn z. B. in der klassischen (antiken und mittelalterlichen) Philosophie und in verschiedenen neuzeitlichen Philosophien der Mensch übereinstimmend als „animal rationale" („zoon logon echon", „vernünftiges oder Vernunft begabtes Wesen") definiert wird, so ergibt sich aus der grundlegenden Differenz zwischen klassischem und modernem Vernunftbegriff damit keine inhaltliche Übereinstimmung der „Menschenbilder" klassischer und moderner Philosophie. Im einen (klassischen) Falle wird menschliche Vernunft als *Partizipationsvernunft*, d. h. als an der göttlichen Vernunft partizipierende Vernunft, im anderen (modernen) Falle als *Setzungsvernunft*, als rein menschliches Vermögen, verstanden. Damit ergeben sich grundsätzlich verschiedene Ansätze zur Bestimmung des Wesens des Menschen und damit auch letztlich der politischen Ordnung als der bestimmenden Lebensordnung dieses Menschen. Diese Diskrepanz läßt sich in extremer Weise durch den Vergleich Platons und Hobbes zeigen.

In Platons politischer Philosophie hatten wir – bei der Darstellung des normativ-ontologischen Theorie-Ansatzes – ein anthropologisches Prinzip wirksam gesehen, nach dem die Polis als der „großgeschriebene Mensch" erscheint. Dieses anthropologische Prinzip diente Platon einerseits zur Grundlage seiner Kritik an der zeitgenössischen athenischen Polis; es war andererseits zugleich aber auch die fundamentale Kategorie für den Entwurf einer idealen politischen Ordnung. In seinem Hauptwerk „Politeia", und dort vor allem in dem berühmten Höhlengleichnis hatte Platon symbolisch dargestellt, wie der Mensch erst dann zu seinem wahren Wesen gelangt, wenn er seine Seele – nach der *periagogé*, der Abwendung von der Unwahrheit der bloß diesseitigen menschlichen Existenz und durch die Hinwendung zur Wahrheit der Idee – für die transzendente Erfahrung des göttlichen Seins und des höchsten Gutes öffnet. Damit erwies sich der Gehalt des platonischen anthropologischen Prinzips nicht in der Deutung des Menschen als eines völlig diesseitigen, weltimmanenten Wesens, sondern in der Idee eines Menschen, „der seine wahre Natur entdeckt hat durch die Entfaltung seiner wahren Beziehung zu Gott. Das neue Maß, das für die Gesellschaftskritik gefunden wird, ist nicht der Mensch schlechthin, sondern der Mensch, sofern er durch die Differenzierung seiner Psyche zum Repräsentanten der göttlichen Wahrheit geworden ist."[21] Damit erweist sich das anthropologische Prinzip bei Platon als fundiert durch ein theologisches Prinzip, das auf die Transzendenz bezogen ist. Daraus ergibt sich für den Begründungszusammenhang des platonischen Idealstaats, daß das anthropologische Prinzip ein theologisches Prinzip zur Basis und Voraussetzung hat. Ähnliches gilt übrigens auch von Aristoteles, so daß man auf beide bezogen feststellen kann: „Die Gültigkeit der von Platon und Aristoteles entwickelten Maßstäbe beruht auf der Vorstellung von einem Menschen, der das Maß der Gesellschaft sein kann, *weil Gott das Maß seiner Seele ist.*"[22]

Ganz anders der im 17. Jahrhundert lebende Engländer Thomas Hobbes: In einer durch Bürger- und Religionskriege gekennzeichneten Epoche stand er, insofern die transzendente Wahrheit der christlichen Religion im Konfessionsstreit zur eigentlichen Ursache des verheerenden Bürgerkriegs und der Zerstörung der politischen Ordnung in England geworden war, geradezu unter dem Zwang, die Transzendenz aus dem Begründungszusammenhang einer friedens- und sicherheitsstiftenden politischen Ordnung auszuschließen und eine politische Ordnung schon dann für hinreichend begründet zu erachten, wenn sie nur die nackte Existenz der Menschen sicherstellte. Zur Begründung einer solchen existentiellen politischen Ordnung bedurfte es eines neuen Menschenbildes, das sich von dem der klassischen Politik fundamental unterscheidet. „Die menschliche

Natur mußte in der bloßen Existenz ihre Erfüllung finden; eine über die Existenz hinausgehende Bestimmung des Menschen mußte verneint werden."[23] So formulierte Hobbes gegen die Bürgerkriegsparteien und religiösen Sekten der großen englischen Revolution eine philosophische Anthropologie, die von der „radikalen Immanenz der Existenz" des Menschen ausgeht (Voegelin) und einen wesensbestimmenden Einfluß der Transzendenz auf den Menschen und sein politisch organisiertes Zusammenleben mit seinesgleichen verneint.

In dieser Bemühung, den Menschen im Rahmen eines reinen und konsequenten Immanenzdenkens zu begreifen, kann Hobbes als der typische Vertreter des neuzeitlichen Denkens überhaupt und der neuzeitlichen Politischen Philosophie im besonderen gelten: in einer Epoche, wo die Transzendenzvorstellungen mittelalterlicher Prägung ihre allgemeine Bedeutung als weltstrukturierende und den Menschen in seinem Wesen bestimmende Kraft verloren hatten, war der Mensch ganz auf sich zurückgeworfen. „Er mußte sich selbst zum Grunde werden. Dieses Angewiesensein auf sich selbst wurde zur Basis des neuen Denkens."[24] Dieser Transzendenzverlust mußte zugleich auch die Grundlagen der Politischen Philosophie betreffen, insofern dieser Mensch als das neue und einzige Subjekt der Welt nunmehr auch zum einzigen und entscheidenden Subjekt der Politik wurde. Dieses neuzeitliche anthropologische Prinzip fand also keine Entsprechung oder Stützung mehr in einem theologischen Prinzip. Der Mensch wurde somit „zum Schöpfer der Welt".[25]

Damit mußten auch die politischen Ordnungs- und Zielvorstellungen sowie ihre institutionellen und organisatorischen Ausformungen auf den Menschen als auf das einzige Subjekt dieser Welt bezogen bzw. von ihm her konstruiert werden.

Entsprechend geht z. B. Hobbes in den drei Werken, in denen er es unternimmt, seine politische Theorie systematisch zu entwickeln, in den „Elements of Law natural and politic" (1640), in „De Cive" („Vom Bürger") (1642) und im (Hauptwerk) „Leviathan" (engl. 1651, erweit. lat. Fassung 1670), stets von einer auf diesem Fundament aufbauenden philosophischen Anthropologie aus, die den Menschen als Subjekt dieser Welt nur von sich selbst her denkt und definiert. Dabei bedient er sich einer an den Naturwissenschaften seiner Zeit orientierten Methode („mos geometricus"), die er als erster auf die Gegenstände der „Civil Philosophy" anzuwenden glaubt, um auf diesem Gebiet zu ähnlich exakten Ergebnissen zu gelangen, wie die Naturwissenschaftler in der außermenschlichen Natur. Von diesem Ansatz erscheint der Mensch primär als bewegte Materie („matter in motion"), die über die Sinneswahrnehmung von außen bewegt wird, über die Leidenschaften und Triebe in ihrer Bewegung von innen bestimmt wird.

Um einen Kontrast zu der klassischen Begründung politischer Ordnung auf ein anthropologisches *und* ein theologisches Prinzip zu setzen, hätten wir statt auf Hobbes genausogut auch auf Locke (17. Jahrhundert), auf Rousseau (18. Jahrhundert) oder auf Marx (19. Jahrhundert) Bezug nehmen können. Für alle diese neuzeitlichen Denker der Politik ist die schon bei Hobbes als grundlegend auftretende radikale Immanenz der menschlichen Existenz typischer Ausgangspunkt ihrer politischen Theorie. In ihren Werken ist genauso wie bei Hobbes die „herrschende Idee der Neuzeit . . ., die Idee vom Menschen als dem einzigen Subjekt seiner Welt" realisiert.[26]

Nun sind die hier erörterten verschiedenen Positionen philosophischer Anthropologie ja nicht eigentlich als zentraler oder gar einziger Gegenstand der Politischen Philosophie anzusehen; sie stellen vielmehr die Grundlage oder die Bedingung der Möglichkeit zu einer rationalen Konstruktion politischer Ordnung dar, um die es der Politischen Philosophie entscheidend geht.

Diese politische Ordnung – darin sind sich die politischen Philosophen aller Zeiten prinzipiell einig – muß ihren Grund in der (wie immer interpretierten) Natur des Menschen haben; nur unter dieser Voraussetzung kann sie eine dem Menschen angemessene Ordnung sein und zur Verwirklichung seines (wie immer gedachten) Wesens beitragen.

Über das, was die Natur des Menschen oder sein Wesen sei, besteht – wie erörtert – indes kein Konsensus. So sah die klassische politische Theorie von Platon und Aristoteles über Thomas von Aquin bis zu ihren Nachfolgern in Neuzeit und Gegenwart den Menschen stets als von Natur *soziales Wesen* an: als „zoon politikon" oder „animal sociale". Und auf dieser natürlichen Sozialität des Menschen bauten sich dann die verschiedenen Formen des Soziallebens – von der Familie bis zum Staat – „natürlich" auf. Aristoteles hat diesen Zusammenhang eingangs seiner „Politik" in eindrucksvollen Sätzen beschrieben:

„Daraus ergibt sich, daß der Staat (polis) zu den naturgemäßen Gebilden gehört und daß der Mensch von Natur (physei) ein staatenbildendes Lebewesen (politikon zoon) ist . . . daß ferner der Mensch in höherem Maße ein staatenbildendes Lebewesen ist als jede Biene oder sonst ein Herdentier, ist klar. Denn, wie wir behaupten, macht die Natur nichts vergebens. Der Mensch ist aber das einzige Lebewesen, das Sprache besitzt. Die Stimme zeigt Schmerz und Lust an und ist darum auch den anderen Lebewesen eigen (denn bis zu diesem Punkte ist ihre Natur gelangt, daß sie Schmerz und Lust wahrnehmen und das einander anzeigen können); die Sprache dagegen dient dazu, das Nützliche und Schädliche mitzuteilen und so auch das Gerechte und Ungerechte. Dies ist nämlich im Gegensatz zu den anderen Lebewesen dem Menschen allein eigentümlich, daß er die Wahrnehmung des Guten und Schlechten, des Gerechten und Ungerechten und so weiter besitzt. Die Gemeinsamkeit in diesen

Dingen schafft das Haus und den Staat ... Alle Menschen haben also von Natur den Drang zu einer solchen Gemeinschaft."

In den Sozial- und Politiktheorien der Neuzeit erscheint der Mensch nicht mehr als „ursprünglich gesellig"; von einer natürlichen *Sozialität* ist nicht mehr die Rede, allenfalls von einer *Soziabilität*, d. h. von der Fähigkeit, sozial zu werden. Im Kontext der modernen naturrechtlichen Politik-Theorien erscheint der Mensch vielmehr durchweg asozial oder zumindest als unsozial.

Typisch für diese Lehre ist wiederum Hobbes. In seiner mechanistischen und materialistischen Anthropologie treten zwei Grundbegriffe – „desire" und „fear" (Begierde und Furcht) in den Mittelpunkt und bilden die Basis aller in den menschlichen Interaktionen auftretenden Verhaltensweisen. Dem entspricht, daß die Menschen sowohl in körperlicher als geistiger Hinsicht als von Natur aus *gleich* angesetzt werden. Aus dieser Gleichheit der natürlichen Fähigkeiten und Triebe der Menschen gründet sich die gleiche Hoffnung aller auf Befriedigung oder Erfüllung der individuellen Wünsche. Da aber die Güter, die von jedem erstrebt werden, knapp sind, entstehen Konkurrenz und Mißtrauen, und der eine wird des anderen *Feind*. Alle „sind in Verfolgung ihrer Absicht, die grundsätzlich Selbsterhaltung und bisweilen nur Genuß ist, bestrebt, sich gegenseitig zu vernichten und zu unterwerfen."[27] Daraus ergibt sich für Hobbes, daß die Menschen im Naturzustand „sich in einem Zustand befinden, der *Krieg* genannt wird, und zwar in einem *Krieg eines jeden gegen jeden*" (96). An dieser Art des natürlichen Zusammenlebens als Krieg aller gegen alle, können die Menschen keinen Gefallen finden, sondern nur Verdruß. Denn „in einer solchen Lage ist für Fleiß kein Raum, da man sich seiner Früchte nicht sicher sein kann; und folglich gibt es keinen Ackerbau, keine Schiffahrt, keine Waren, die auf dem Seeweg eingeführt werden können, keine bequemen Gebäude, keine Geräte, um Dinge, deren Fortbewegung viel Kraft erfordert, hin- und herzubewegen, keine Kenntnis der Erdoberfläche, keine Zeitrechnung, keine Künste, keine Literatur, keine gesellschaftlichen Beziehungen, und es herrscht, was das Schlimmste von allen ist, beständige Furcht und Gefahr eines gewaltsamen Todes – das menschliche Leben ist einsam, armselig, ekelhaft, tierisch und kurz." (96)

Außer den Trieben und Leidenschaften des Menschen, die ihn notwendigerweise in den Krieg aller gegen alle hineinführen, gibt es aber weitere, wie die Todesfurcht und das Verlangen nach Dingen, die zu einem angenehmen Leben („commodious living") notwendig sind, sowie die Hoffnung, sie erreichen zu können. Diese machen den Menschen „friedfertig", „und die Vernunft legt die geeigneten Grundsätze des Friedens nahe, auf Grund derer die Menschen zur Übereinstimmung gebracht werden können." (98) Das sind die *Gesetze der Natur*, die im Gegensatz zu den *na-*

türlichen Rechten des Menschen (die die Freiheit eines jeden bedeuten, „seine eigene Macht nach seinem Willen zur Erhaltung seiner eigenen Natur, das heißt seines eigenen Lebens, einzusetzen und folglich alles zu tun, was er nach eigenem Urteil und eigener Vernunft als das zu diesem Zweck geeignetste Mittel ansieht"(99)) „eine von der Vernunft ermittelte Vorschrift oder allgemeine Regel" sind, „nach der es einem Menschen verboten ist, das zu tun, was sein Leben vernichten oder ihn der Mittel zu seiner Erhaltung berauben kann, und das zu unterlassen, wodurch es seiner Meinung nach am besten erhalten werden kann" (99). Diese Grundsätze des Friedens oder Gesetze der Natur zu erkennen, ist eine der wichtigsten Aufgaben der Politischen Philosophie. Eine zentrale Einsicht in die Bedingungen des sozialen Friedens formuliert Hobbes als sein zweites Gesetz der Natur: „Jedermann soll freiwillig, wenn andere ebenfalls dazu bereit sind, auf sein Recht auf alles verzichten, soweit er dies um des Friedens und der Selbstverteidigung willen für notwendig hält, und er soll sich mit soviel Freiheit gegenüber anderen zufrieden geben, wie er anderen gegen sich selbst einräumen würde." (100) Eine andere zentrale Einsicht beinhaltet, daß Frieden und Eintracht unter den Menschen außer dem Vertrag noch etwas anders erfordern, sollen sie dauerhaft begründet sein – „nämlich eine allgemeine Gewalt, die sie im Zaum halten und ihre Handlungen auf das Gemeinwohl hinlenken soll." (134) Die einzige Möglichkeit, eine solche übergeordnete Macht einzurichten, sieht Hobbes „in der Übertragung ihrer gesamten Macht und Stärke auf einen Menschen oder eine Versammlung von Menschen, die ihre Einzelwillen durch Stimmenmehrheit auf einen Willen reduzieren können ... Dies ist mehr als Zustimmung oder Übereinstimmung: es ist die wirkliche Einheit aller in ein und derselben Person, die durch Vertrag eines jeden mit jedem zustande kam, als hätte jeder zu jedem gesagt: *Ich autorisiere diesen Menschen oder diese Versammlung von Menschen und übertrage ihnen mein Recht, mich zu regieren, unter der Bedingung, daß du ihnen ebenso dein Recht überträgst und alle ihre Handlungen autorisierst.* Ist dies geschehen, so nennt man diese zu einer Person vereinte Menge *Staat,* auf lateinisch *civitas.* Dies ist die Erzeugung jenes großen *Leviathan* oder besser, um es ehrerbietiger auszudrücken, jenes *sterblichen Gottes,* dem wir unter dem *unsterblichen Gott* unseren Frieden und Schutz verdanken." (134)

Auch bei Locke und Rousseau erfolgt die Gründung einer politischen Ordnung aufgrund der Unhaltbarkeit des Naturzustandes, der auch bei ihnen – wenigstens in seiner letzten Phase – in einen Krieg aller gegen alle ausartet. So wird auch hier durch die vertraglich vollzogene Gesellschaft- und Staatsgründung jeweils ein Zustand heraufgeführt, der den bürgerlichen Subjekten – wie Locke es nennt – „den Genuß ihres Eigentums in Frieden und Sicherheit" ermöglicht.

An diesen Beispielen dürfte hinreichend klar geworden sein, auf welche Weise die verschiedenartigen anthropologischen Prämissen oder Prinzipien den *Begründungszusammenhang* politischer Ordnungen durch die Politische Philosophie bestimmen. Durchaus Ähnliches läßt sich auch hinsichtlich der *Zielsetzungen* politischer Ordnung feststellen. Auch hier ergeben sich – jeweils von den anthropologischen Voraussetzungen her – entscheidende Differenzen. Ist z. B. in der klassischen politischen Theorie die politische Ordnung der Polis der Ort, wo der als auf die Transzendenz hin ausgerichtete Mensch zur Erfüllung seines Lebens, zum „Wohlleben" („eu zen") und zur „Glückseligkeit" („eudaimonia") gelangen kann, so entspricht die Zielvorstellung der neuzeitlichen politischen Ordnung der radikalen Weltimmanenz des menschlichen Subjekts und bezieht sich auf Sicherstellung und Garantie von Ruhe und Ordnung, Frieden und Sicherheit für Leben, Freiheit und Eigentum. Dabei liefern die natürlichen Rechte des Menschen – Gleichheit, Freiheit, Leben und Streben nach Glück – die vorherrschenden Determinationen der in Konstitutionen festgelegten und normierten politischen Ordnungen.

Zum Schluß unserer Überlegungen zu den konstitutiven Fragestellungen der Politischen Philosophie sei noch auf zwei Aspekte aufmerksam gemacht:

1. Wir hatten oben auf das Zeit- und ideologiekritische Moment der Politischen Philosophie hingewiesen sowie auf die Tatsache, daß Politische Philosophie mit dem Anspruch kritischen Ordnungswissens gegenüber der Ordnungskonzeption und dem sozialen Selbstverständnis der Gesellschaft auftritt und dabei zu dieser in kritischer Auseinandersetzung und einem Spannungsverhältnis steht.

Dem ist noch hinzuzufügen, daß die von der Politischen Philosophie in kritischer Absicht positiv entworfenen und rational durchreflektierten politischen Ordnungskonzeptionen ihrerseits nicht in der Sphäre der reinen Theorie verharren, sondern vielmehr häufig, wenn auch nicht stets, in das soziale Wissen einer Gesellschaft eingehen und deren Selbstverständnis und -interpretation nachhaltig bestimmen können. Das gilt z. B. für die klassische Politische Philosophie, wenn man berücksichtigt, daß deren politisches Ordnungsmodell, vor allem aber dessen Begründung auf anthropologische und theologische Prinzipien im Abendland – z. B. im christlichen Mittelalter – zu entscheidender Sozialrelevanz gelangt ist. Das gilt aber nicht minder auch für die neuzeitlichen Politischen Philosophien. Als ein besonders eindrucksvolles Beispiel kann die (oben zitierte) Unabhängigkeitserklärung der Vereinigten Staaten (1776) gelten, in der uns ein Sozialmodell mit seinen Prinzipien und Prämissen entgegentritt, in dem wir deutlich die Konzeption politischer Ordnung sowie deren anthropologische Fundierung aus der Lockeschen Philosophie wiedererkennen. Ähnliches ließe sich hinsichtlich der politischen Ideen der Französischen Revolution (1789) sagen, wie sie sich etwa in der berühmten „Declaration des Droits de l'Homme et du Citoyen" (1789) artikuliert haben und in denen überall Positionen der Politischen Philosophie der europäischen, vornehmlich natürlich der französischen Aufklärung greifbar sind. Und für die Gegenwart wäre mit dem Marxismus noch eine zur politischen Weltgeltung gelangte politische und soziale Ordnungsvorstellung zu erwähnen, in der die Geschichts- und Gesellschaftstheorie von Marx zu bisher wohl kaum gesehener sozialer Wirkung gekommen ist.

Politische Philosophie – so können wir aus diesen wenigen Hinweisen folgern – wirkt als kritisches Ordnungswissen unmittelbar auf das soziale Wissen der Gesellschaft zurück und verändert es – möglicherweise in dem durchgreifenden Sinn, den Hegel einmal in einem Brief an Niethammer (28. 10. 1808) ausgesprochen hat: „Die theoretische Arbeit – überzeuge ich mich täglich mehr – bewegt mehr Zustände in der Welt als die praktische; ist erst das Reich der Vorstellungen revolutioniert, so hält die Wirklichkeit nicht aus."

2. Das gilt auch – und damit sind wir beim zweiten Punkt – für die Politische Philosophie der *Gegenwart.* Auf den voranstehenden Seiten haben wir zwar die eigentümliche Problematik der Politischen Philosophie beinahe durchgängig an den großen Vertretern der klassischen oder neuzeitlichen Politischen Philosophie zu verdeutlichen versucht. Da unsere „Einführung" sich sonst ebenso durchgängig an den zeitgenössischen Standards der Politikwissenschaft orientiert hat, könnte der Eindruck entstehen, als wären wir in diesem Abschnitt über die Politische Philosophie von unserer Konzeption abgewichen. Dazu ist zweierlei in Erwägung zu ziehen: einmal darf festgestellt werden, daß Politische Philosophie in der Gegenwart – das zeigte bereits die zeitgenössische Entwicklung des normativ-ontologischen Ansatzes in der Theorie – angesichts des dominanten Einflusses der modernen Sozialwissenschaften in den Hintergrund getreten ist und sich heute häufig lediglich noch als politische Ideengeschichte artikuliert und versteht. Aus diesem Grunde bot es sich an, auf die großen Vorbilder der Politischen Philosophie in Antike und Neuzeit zu rekurrieren und an ihrem Werk die eigentümliche Leistung Politischer Philosophie exemplarisch zu belegen. Ansonsten ist zu sagen, daß gerade heute, in einer „verwissenschaftlichten Zivilisationsepoche", die Wahrnehmung der Aufgabe der Politischen Philosophie – der philosophischen Interpretation von Mensch, Gesellschaft und Geschichte – mit dem Ziel, gegenüber den verschiedenen Ideologien der Gegenwart ein kritisches, rational begründetes politisches Ordnungswissen in ideologiekritischer Absicht zur Geltung zu bringen, zumindest ebenso dringlich und notwendig ist wie zu jeder anderen Epoche der europäischen Geschichte.

Hier liegt auch der unmittelbare Nutzen der *politischen Ideenge-*

schichte, in deren Gewand heute nicht selten Politische Philosophie auftritt, und über die an dieser Stelle noch ein kurzes Wort verloren sei.

Man wird hierzu zwei verschiedene Argumente anführen können, die von verschiedenen Gesichtspunkten aus die Bedeutung politischer Ideengeschichte unterstreichen. Das erste wäre stärker *wissenschaftstheoretischer* Art. Wir hatten bereits in der historischen Einführung in die Politikwissenschaft auf die konstitutive Bedeutung der Wissenschafts*geschichte* für die zeitgenössische Wissenschafts*theorie* und damit für den aktuellen Erkenntnisfortschritt auch gerade in den modernen Sozialwissenschaften aufmerksam gemacht. Angesichts einer Situation wie der gegenwärtigen, in der die Sozialwissenschaften sich dominant als empirisch-analytische Erfahrungs- und Gesetzeswissenschaften verstehen, und sich in ihrer Forschungspraxis nahezu ausschließlich auf soziale Phänomene der unmittelbaren Gegenwart (2. Hälfte des 20. Jahrhunderts) einlassen, dabei „das Verhältnis zu ihrer eigenen Geschichte weitgehend aus ihrem Bewußtsein" verdrängt haben,[28] dürfte die Wiederholung dieses Hinweises erlaubt sein. Man wird H. Medick im Ganzen zustimmen müssen, wenn er das gestörte Verhältnis der zeitgenössichen Sozialwissenschaften im einzelnen so interpretiert:

„Entgegen den begründeten Forderungen maßgebender Theoretiker erscheint die faktische Enthistorisierung der Sozialwissenschaften heute auch in dem Sinne fast vollkommen, daß die Problem-, Dogmen- und Theoriegeschichte kaum als legitimer Zugang zur Wissenschaft selbst betrachtet wird. Die Möglichkeit einer reflektierten Aneignung der wissenschaftlichen Tradition, sei es im Sinne der produktiven Anwendung eines historisch brachliegenden Reflexions- und Aufklärungspotentials, sei es im Sinne einer historisch vermittelten Erfolgskontrolle der eigenen systematisch-theoretischen oder forschungspraktischen Intentionen, bleibt weitgehend ungenutzt." (13) Man wird – im Hinblick auf die Weiterentwicklung der Sozialwissenschaften – H. Medick auch darin folgen wollen, wenn er in diesem konstatierten Mangel historischen Bewußtseins in den Sozialwissenschaften sich eine „neue ungenutzte Möglichkeit für die Zusammenarbeit der Sozial- und Geschichtswissenschaften eröffnen" sieht (14). „Gerade am Gegenstand einer Geschichte der Sozialwissenschaften wäre eine Forschungssituation denkbar, in welcher die historische Technik der sozialwissenschaftlichen Theorie ebenso zu Hilfe kommt wie die historische Theorie der sozialwissenschaftlichen Technik und gerade letztere hierdurch ein neues Interesse an ihrer ursprünglichen Integration in den Rahmen einer historisch aufklärenden Gesellschaftstheorie in praktischer Absicht gewinnt." (14) Gerade auch im Hinblick auf die politische Ideengeschichte ist die von H. Medick zitierte Bemerkung von E. Pankoke interessant und wichtig, in der das Erkenntnisziel einer solchen sozialgeschichtlich fundierten Ideengeschichte darin gesehen wird, daß es bei der „sozialgeschichtlichen Interpretation ideologischer Phänomene ... nicht so sehr um den Nachweis von empirischen Widerspiegelungen gesellschaftlicher Zustände als vielmehr um ein Verständnis von geschichtlich wirksamen Einstellungen zur Gesellschaft" gehe. (15/6).

Diese Konzeption ideengeschichtlicher Forschung im Rahmen der modernen Sozialwissenschaften geht bereits weit über das hinaus, was Kl. v. Beyme in seiner kleinen Schrift „Politische Ideengeschichte" (1969) unter dem Titel „Der Nutzen des ideengeschichtlichen Studiums in den Sozialwissenschaften" unter den drei Rubriken „Ideengeschichte als ‚Lagerhaus' politischer Probleme", „Ideengeschichte als methodische Schulung" und „Ideengeschichte als Hilfsmittel der Prognose" (50 ff.) zusammengestellt hat, wo er dann am Schluß feststellt: „Politische Ideengeschichte ist für Politiker und für Politikwissenschaftler in gleicher Weise durchaus von Nutzen, wenn sie die Rationalität in der Erkenntnis von Problemen und ihre methodische Lösung fördert." (59)

Das andere Argument, das bereits bei von Beyme anklingt, ist stärker *praktischer* Art.

Ein Beispiel dafür liefert B. Willms in seinem Buch „Die politischen Ideen von Hobbes bis Ho Tschi Minh" (1971). In seiner Einleitung bekennt der Verfasser von sich, daß seine Darstellung der politischen Ideen der Neuzeit und Gegenwart „unter dem Eindruck des Terrors der Kriege im Fernen und Nahen Osten geschrieben" sei. Sie sei weniger an überzeitlichen Wahrheiten orientiert und interessiert als daran, eine gegenwärtige Situation zu begreifen. „Daß in dieser Absicht der Aspekt der Ideengeschichte notwendig ist, steht hier außer Frage: das Selbstverständnis der Akteure ist stets ein maßgeblicher Teil politischer Realität" (9). Willms ist der Überzeugung, daß Politikwissenschaft heute sich der „Aufgabe, diese Zusammenhänge, ausgehend von gegenwärtigen Fragestellungen, zu ihrem Gegenstand zu machen, also Ideengeschichte im hier angedeuteten Sinne zu betreiben", nicht entziehen könne (9). Diese Aufgabe, der Herausforderung der Gegenwart sich zu stellen, sei früher von der Geschichtsphilosophie mit spekulativen Mitteln versucht worden. Ihrer Intention nach sei diese Geschichtsspekulation der Vorgänger der modernen Politikwissenschaft. „Die Aufgabe des Begreifens einer konkreten Gesamtheit im Ansatz der ‚globalen Situation' in der Gegenwart ist zu einer nur mit spekulativen Mitteln zu bewerkstelligenden Aufgabe der heutigen Wissenschaft geworden." (9)

Dieser Konzeption politischer Ideengeschichte aus dem Gesichtspunkt der *Aktualität* steht als ein ebenfalls letztlich praktisch orientierter Versuch die dritte Konzeption politischer Ideengeschichte aus dem Gesichtspunkt der *Klassizität* gegenüber. Hans Maier hat in der Einleitung zu den von ihm mitherausgegebenen beiden Bänden „Klassiker des politischen Denkens" (1968) diesen am Begriff des Klassikers orientierten Typ politischer Ideengeschichte näher definiert. Er geht dabei aus von einer inhaltlichen Bestimmung des politischen Klassikers: „Das große politische Werk muß, über seine sprachlich-literarische Qualität hinaus, in einem besonderen Verhältnis zu der Gesellschaft stehen, in der es entworfen und für die es geschrieben wurde. Eine neue Erfahrung, eine für das politische Zusammenleben konstitutive Erkenntnis, ein Anspruch an die Gesellschaft muß in ihm formuliert sein – etwas, das Widerhall und Aufnahme findet, wenn nicht heute, so doch morgen, und das weiterwirkt über die Person des Autors und seine Lebenszeit hinaus ... Von einem Klassiker des politischen Denkens sprechen wir nur dann, wenn sein Werk *einmal*, und sei es nur für eine kurze Frist, im Mittelpunkt der politischen Ideen und Vorstellungen einer Epoche stand, wenn es repräsentativ wurde für eine Gesellschaft und wenn es – eine weitere, nicht unwichtige Bedingung – sowohl die Möglichkeit universeller Verbreitung wie auch die Kraft geschichtlichen Weiterwirkens in sich trägt" (X). Das, was es heute wert macht, Klassiker dieses Verständnisses in einer politischen Ideengeschichte wieder zu lesen, liegt für H. Maier im Folgenden: „Alle klassischen Autoren (nehmen) gegenüber dem Politischen eine spezifische Haltung ein, sie erfüllen eine spezifische Aufgabe. Sie erinnern. Sie sind bemüht, im Lärm des politischen Alltags ... die Erinnerung an die *stets* gestellten Aufgaben des Gemeinwesens wachzuhalten, sie den Regierenden dort, wo sie vergessen wurden, ins Gedächtnis zu rufen. Sie messen. Sie rücken das, was sich in der praktischen Politik tagtäglich abspielt, unter das Richtmaß der ursprünglich gesetzten Ordnung des Zusammenlebens, der Ur-Vereinbarung, der *première convention* (Rousseau) des Gemeinwesens. Und sie üben Kritik. Philosophische Kritik der Zustände als Verpflichtung zum Umdenken, als Ansatz der Reform: das ist der Ursprung aller wissenschaftlichen Politik seit der sokratisch-platonischen Frage nach der Polis; denn die Aufgabe des Philosophen ist es, in der Reflexion auf das Gute Ziele des politischen Handelns als richtig zu begründen oder als unrichtig zu verwerfen, und hierin stimmt er mit der wahren, das heißt auf das menschenwürdige Leben bezogenen Politik überein." (XII) Man dürfe die Kontinuität des politischen Denkens dieser Klassiker nicht in einer gleichförmigen Aussage, sondern nur in der Hartnäckigkeit der immer neu gestellten Frage sehen. Da alle politische Ordnung sich in der Geschichte realisiere, wechsle der konkrete Inhalt des politisch zu tun Aufgegebenen mit den Situationen, mit denen sich auch der Inhalt der politischen Aussage wandle. „Die immer gleiche Frage nach der guten politischen Ordnung treibt zu verschiedenen Zeiten und in verschiedenen Gesellschaften unterschiedliche Antworten hervor. Und doch ist es, im Sinne der philosophischen Kritik der Zustände, stets der gleiche Vorgang, wenn die politische Theorie die politische Praxis auf besondere geschichtliche Aufgaben verweist." (XII)

Es kann nicht angehen, diese drei Konzeptionen politischer Ideengeschichte und ihres Nutzens für die Gegenwart in Wissenschaft und Praxis gegeneinander aufzurechnen und die eine gegen die andere auszuspielen. Ohne einem billigen Relativismus zu huldigen, wird man feststellen können, daß alle drei Konzeptionen, so unterschiedlich sie untereinander auch sein mögen, ihre Berechtigung und ihre *raison d'être* besitzen. Sie wurden hier nebeneinander gestellt, um auf diese Weise zu dokumentieren, daß politische Ideengeschichte zu betreiben auch heute *mehr als einen* Sinn hat.

3. Die Lehre vom politischen System

Einführung: der systemtheoretische Bezugsrahmen

Wie in der Vorbemerkung zur Aufgliederung dieses Teils der Einführung betont wurde, sollen in dem hier folgenden Kapitel die *inneren* Abläufe in einem politischen „Gemeinwesen", einer „politischen Ordnung" oder einem „politischen System", je nachdem welcher Ausdruck zur Bezeichnung und Abgrenzung der jeweils betrachteten Einheit von dem einen oder anderen Autor bevorzugt wird, behandelt werden. Auch diese Teildisziplin der Politikwissenschaft hat ihre eigene wechselhafte Geschichte, die sich ebenso wie die Beschäftigung mit Problemen der politischen Philosophie bis in die Antike zurückverfolgen läßt. Wenn auch diese Entwicklung im einzelnen hier nicht nachvollzogen werden kann,[1] so sollen doch einige der dominierenden Charakteristika der meisten Arbeiten auf diesem Gebiet kurz hervorgehoben werden. Diese verdeutlichen auch, wo Ansatzpunkte zur weiteren Bearbeitung und theoretischen Durchdringung dieses wichtigen Teilgebiets der Politikwissenschaft liegen.

Die meisten Studien der älteren und jüngeren Vergangenheit,[2] die sich mit der politischen Ordnung eines Landes befaßten, waren in überwiegendem Maße *deskriptiver* Natur. Sie beschrieben das politische Geschehen, so wie es sich dem mehr oder minder „teilnehmenden" Beobachter bot, verharrten dabei aber häufig lediglich an der Oberfläche der behandelten Phänomene. Die Darstellung beschränkte sich vorwiegend auf die jeweiligen *historischen* Ereignisse in der untersuchten politischen Einheit, wie z. B. Antritt und Abgang bestimmter Dynastien, Daten interner kriegerischer Auseinandersetzungen usw. Der Versuch, die politischen Abläufe in mehr systematischer Form in den Griff zu bekommen, die auch die jeweils tieferen Ursachen des beobachteten Geschehens berücksichtigt, wurde meist nicht unternommen. Auch lag der Schwerpunkt der Betrachtung in solchen Fällen meist auf den *zentralen politischen Institutionen* und den wichtigsten Handlungsträgern in diesem Bereich. In der Neuzeit wurden hierbei besonders die jeweiligen *legalen* Aspekte und verfassungsmäßigen Regelungen des politischen Lebens in einem Lande berücksichtigt. Abweichungen zwischen Verfassung und Verfassungwirklichkeit blieben häufig außer acht. Eine solche Betrachtung verharrte zwangsläufig auch bei einer vorwiegend *statischen* Analyse der Politik. Aspekte des Wandels und die Untersuchung dynamischer Prozesse wurden häufig vernachlässigt. Schließlich blieb die traditionelle Behandlung politischer Ordnungsformen weitgehend auf den *europäischen* Raum und die angelsächsisch geprägten Überseegebiete beschränkt. Die übrigen Regionen der Welt wurden entweder als uninteressant oder als abhängig von Europa und daher nicht autonom analysierbar angesehen.

Der Hinweis auf diese Beschränkungen der traditionellen politikwissenschaftlichen Analyse eines politischen Systems soll nicht dahingehend mißverstanden werden, daß Arbeiten dieser Art heute gänzlich unbrauchbar geworden wären. Viele der historisch-deskriptiven Studien politischer Gemeinwesen der Vergangenheit und Gegenwart stellen auch für den erfahrungswissenschaftlich-systematisch orientierten Politikwissenschaftler wertvolles Ausgangsmaterial dar, ohne das eine weitere theoretische Verfeinerung und eine politikwissenschaftliche Kategorienbildung nicht möglich wäre. Und gerade die „Großen" unter den Politikwissenschaftlern vergangener Tage haben es immer schon verstanden, die oben kurz skizzierten relativ engen Grenzen der traditionellen Betrachtungsweise politischer Systeme zu überschreiten. Das Werk de Tocqueville's über „Die Demokratie in Amerika"[3] ist hierfür nur ein, wenn auch sicherlich das markanteste Beispiel.

Ziel der modernen Politikwissenschaft auf diesem Gebiet ist es, theoretische Kategorien zu entwickeln, die es erlauben, die *Vielfalt der Bestimmungsfaktoren* politischen Geschehens in die Analyse einzubeziehen. Diese müssen genügend universell sein, um potentiell auf *alle* politischen Ordnungsformen der Vergangenheit, Gegenwart und Zukunft angewendet werden zu können und auch im Hinblick auf die zugrunde gelegten Kausalfaktoren politischer Entwicklung genügend Aussagekraft besitzen, um auch in gewissen Grenzen Prognosen über in Zukunft in einem Lande zu erwartendes politisches Geschehen geben zu können. Diesem sicherlich sehr ehrgeizigen Anspruch genügt keiner der bisher entwickelten Ansätze, sofern diese erfahrungswissenschaftlich und nicht dogmatisch, wie es etwa häufig bei marxistischen der Fall ist, verstanden werden.

Ein Versuch, die Komplexität und vielfältige Verflochtenheit politischen Geschens mit den zahlreichen auf dieses einwirkenden Bestimmungsfaktoren in den Griff zu bekommen, wurde in jüngster Zeit vor allem von der sog. „Systemtheorie" unternommen. Die Entwicklung dieses Ansatzes ist in erster Linie, in verschiedener Ausprägung, mit den Namen David Easton, Gabriel A. Almond, Talcott Parsons, Karl W. Deutsch und, im deutschen Sprachgebiet, Niklas Luhmann verbunden.[4]

Diese analog zu kybernetischen Vorgängen entwickelte Betrachtungsweise kann dazu dienen, die Wechselbeziehungen zwischen den politischen Institutionen eines Landes und ihren jeweiligen gesellschaftlichen und ökonomischen Voraussetzungen modellmäßig einleuchtend und übersichtlich darzustellen. Ähnlich wie bei einem Regelkreis in der Physik (z. B. bei der Aufrechterhaltung einer bestimmten Raumtemperatur mit Hilfe eines Thermostats, der Informationen über die erreichte Temperatur laufend an das Heizaggregat „rückkoppelt") stellt man sich hierbei die Wechselwirkungen zwischen „politischem System" und Gesellschaft als einen Kreislauf von „inputs" (z. B. Forderungen bestimmter Interessenverbände) und „outputs" (z. B. Erlaß bestimmter Verordnungen) vor, die zwischen politischen Systemen und Gesellschaft ausgetauscht werden und einander beeinflussen. „System" ist hierbei zu verstehen als ein Komplex interdependenter, interagierender Teile, der nach außen abgrenzbar ist, also ein Gefüge von Teilen gegenseitiger Abhängigkeit wie z. B. ein Automobil, ein Organismus, eine Organisation usw.

Als Rahmen für die Zuordnung bestimmter politischer Phänomene – und nichts weiter soll es in diesem Zusammenhang sein – liefert das System-Modell die bisher beste verfügbare analytische Basis für die Darstellung sehr unterschiedlicher politischer Systeme. Es ermöglicht, jeweils konkrete politische Erscheinungsformen ihren wesentlichen Funktionen nach zu bestimmen, und ihre Wirkungen und Bedingtheiten im Gesamtzusammenhang aufzuzeigen. Als „politisch" anzusehende Vorgänge, in noch weitgehend auf steinzeitlicher Stufe befindlichen Pygmäenstämmen in Afrika oder bei den Papua Neu-Guineas, lassen sich mit Hilfe dieses Modells analytisch ebenso angemessen einordnen und beschreiben wie das politische Geschehen in einer mittelalterlichen Monarchie, einer parlamentarischen Demokratie oder einem autoritären System der Gegenwart.

Um diesem Zweck, einen nahezu universell gültigen Bezugsrahmen zu liefern, dienen zu können, muß das System-Modell, so wie es hier verstanden und gebraucht werden soll, notwendigerweise abstrakt und frei von konkreten Inhalten sein. Aus diesem Grund werden mit dem Gebrauch des System-Modells hier *nicht* bestimmte weitergehende Aussagen impliziert, die einigen Systemtheoretikern, zum Teil zu Recht, als „konservative Voreingenommenheit" („conservative bias") vorgeworfen worden sind.[5] So beinhaltet zwar der „System"-Gedanke die Vorstellung der Abgrenzbarkeit einer bestimmten Gruppe von Phänomenen nach außen, über die Art und Dauerhaftigkeit dieser Grenzen ist damit aber noch nichts ausgesagt. Diese werden erst im konkreten Falle jeweils empirisch zu bestimmen sein. Das gleiche gilt auch für Art und Grad der Autonomie des betrachteten politischen Systems, insbesondere gegenüber dem jeweils zugehörigen „sozialen System" und dessen ökonomischer Basis. Die Inhalte der hier bestehenden, zum Teil sehr weitreichenden Wechselwirkungen müssen ebenfalls immer im konkreten Fall bestimmt werden. Welche Faktoren hierbei als die jeweils wichtigsten angesehen werden (z. B. „strukturelle" oder „kulturelle") und welches die jeweils unabhängigen bzw. abhängigen Variablen sind, kann und soll hierbei nicht von vornherein festgelegt werden. – Insofern trifft auch der Verdacht der „Integrationsideologie", die mit einer solchen systemtheoretischen Betrachtungsweise zwangläufig verbunden sei, auf das Systemmodell im hier verstandenen Sinne nicht zu. Ob gesellschaftliche und politische Phänomene sich eher unter Integrations- oder unter Konfliktgesichtspunkten analysieren und verstehen lassen,[6] ist eine meta-theoretische Frage der Sozialwissenschaften insgesamt und besonders der Soziologie, die mit diesem rein klassifikatorisch aufgefaßten Schema ebenfalls nicht beantwortet werden kann und soll. – Ein weiterer und von einigen Autoren besonders stark hervorgehobener Kritikpunkt an einer „systemtheoretischen" Betrachtungsweise bezieht sich auf die häufig gemachte oder zumindest unterstellte Annahme, daß ein solches System analog zu entsprechenden anderen kybernetischen Regelkreisen, sich dauernd im Gleichgewicht befinden müsse oder zumindest ständig nach seiner Aufrechterhaltung und Bewahrung („system maintenance") strebe. Auch dies ist hier nicht impliziert, ja es sind im Gegenteil bei Benutzung dieses Klassifikationsmusters sehr wohl „Systeme" denkbar, die „explodieren", zerfallen oder auf andere Weise in ihnen angelegte oder von außen an sie herangetragene Spannungen oder Konflikte nicht bewältigen können. – Das gleiche gilt für eine weitere oft getroffene Analogie aus der Kybernetik, nämlich für die Annahme, daß in einem Regelkreis das zentrale Entscheidungsorgan die Form einer „black box", also eines nicht mehr näher einsehbaren und analysierbaren „schwarzen Kastens" habe. Auch diese Annahme kann und soll hier nicht übernommen werden. Es ist geradezu eine der elementaren Aufgaben der Politikwissenschaft, besonders auch die Frage der zentralen politischen Entscheidungen und ihres Zustandekommens zu untersuchen und diese in ihren vielfältigen Bestimmungsgründen offenzulegen.

Insofern also der eine oder andere dieser Kritikpunkte gegen bestimmte Behauptungen oder implizierte Annahmen einzelner Systemtheoretiker geltend gemacht worden ist, mag er für diese, was jeweils genauer zu prüfen ist, zutreffen. Als Einwand gegen das Systemmodell im hier verstandenen Sinne läßt er sich jedoch nicht verwenden. Das Systemmodell wird hier, wie gesagt, in einer ausdrücklich formal-klassifikatorischen, also vor-theoretischen Weise[7] gebraucht. Es kann daher aus sich heraus keinerlei Aufschlüsse über tatsächliche, auch inhaltlich näher bestimmte Kausalzusammenhänge in der gesellschaftlichen und politischen Wirklichkeit geben. Damit leistet es für die Politikwissenschaft ähnliches wie das Kreislaufmodell Quesnay's für die Nationalökonomie, nicht mehr, aber auch nicht weniger. Es läßt sich daher auch mit jedem beliebigen „Erkenntnisinteresse“, ob nun „emanzipatorisch“, „praktisch“ oder „technisch“[8] in Einklang bringen. Welchem „Theorieansatz“, ob nun mehr einem „strukturellen“, z. B. marxistischen, oder einem mehr an kulturellen Faktoren orientierten[9] jeweils der Vorzug gegeben wird, ist damit ebenfalls noch nicht präjudiziert.

Eine Kritik ist daher allenfalls immanent, also an der Art der einzelnen gewählten Klassifikationen und dargestellten Funktionen möglich. In dieser Hinsicht ist das hier gewählte Modell, gerade auch in seiner Betonung der verschiedenen Dimensionen politischer Realität,[10] als ein Vorschlag zu werten, der verschiedene bisher in diesem Zusammenhang verwendete Klassifikationselemente zu integrieren versucht, im Detail aber bestimmt noch verbesserungsbedürftig ist. Von vorneherein in jedem solchen Versuch der systematischen Erfassung politischer Phänomene und der Kategorienbildung (wie z. B. auch bei einer oft recht pauschalen Kritik des Rollenbegriffs in der Soziologie“)[11] eine „Verschleierung“ oder „Ideologie“ zu wittern, ist bei aller ständig gebotenen Skepsis und kritischen Überprüfung durch sich selbst und andere sicherlich verfehlt und hieße das Kind mit dem Bade ausschütten. Eine solche Einstellung offenbart dann nur die (gerade unkritische!) relativ enge und oft dogmatisch fixierte Warte des betreffenden Autors.

Gesamtsystem:

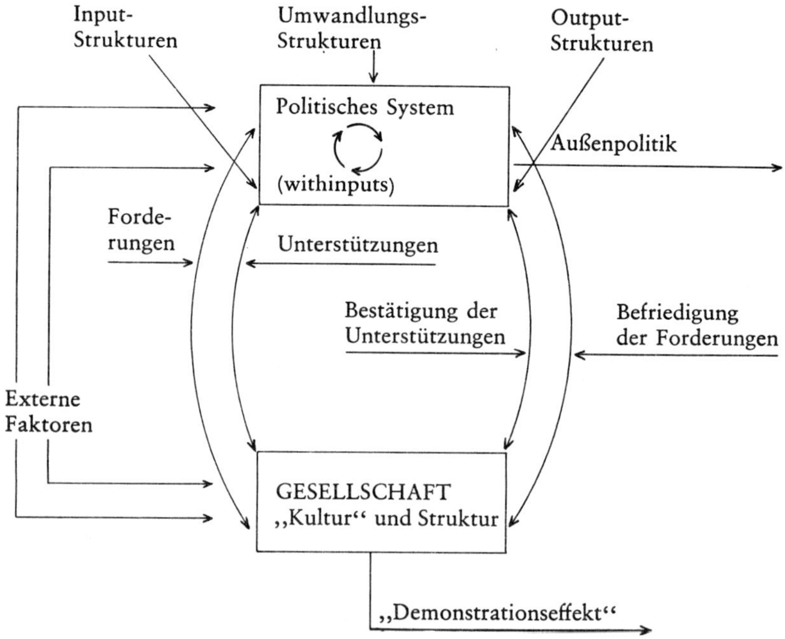

Einen ersten Überblick, auf welche Weise man die Wechselbeziehungen zwischen Gesellschaft und politischem System schematisch darstellen kann, vermittelt das nebenstehende Diagramm:

Die *Grundeinheit* eines politischen System ist eine *politische Handlung*, wobei hier als politisch alle Handlungen in einer Gesellschaft angesehen werden, die eine autoritative, für alle Mitglieder einer Gesellschaft, zumindest potentiell und von ihrem Anspruch her, gültige Entscheidungsfindung betreffen. Das Zustandekommen solcher Entscheidungen, vor allem aber ihre Durchsetzung, wird in der Regel durch Verhältnisse der Unter- und Überordnung, also von Abhängigkeit und *Herrschaft* gekennzeichnet.[12] *Konflikte* über den Inhalt und das Ausmaß solcher Entscheidungen, ob nun offen oder latent, sind daher ebenfalls ein von einigen Autoren als unabdingbar angesehenes[13] Kennzeichen des Politischen. Welche konkreten Entscheidungen innerhalb einer Gesellschaft als jeweils in die Kompetenz der politischen Entscheidungsträger fallend angesehen werden, wird durch die jeweiligen konkreten politischen Strukturen eines Systems und die politische Kultur der jeweiligen Gesellschaft bestimmt.[14] So trachten einige politische Systeme (und die sie stützenden Auffassungen von „Politik") danach, nahezu alle gesellschaftlichen Lebensbereiche (z. B. bis hin zu der Frage der Zulässigkeit des „Mini"-Rocks und langer Haare) zentralen, verbindlichen Entscheidungen zu unterwerfen, während andere gerade durch die bewußte Beschränkung ihres Entscheidungsbereichs („minimal goverment") und die Betonung der Bedeutung einer möglichst umfassenden *privaten* Sphäre im Leben der einzelnen Gesellschaftsmitglieder gekennzeichnet sind.

Analytisch können politische Handlungen am besten in ihrer strukturalen Verkörperung, der politischen *Rolle*, untersucht werden. Ein interdependentes Muster von politischen Rollen stellt dann die eigentlichen politischen *Strukturen* dar. Jede dieser Strukturen übt mindestens eine, in der Regel aber mehrere *Funktionen* aus. Einige dieser Funktionen können als universell angesehen werden, d. h. sie werden in jeder Gesellschaft, gleich welcher Größenordnung und unabhängig vom Grad ihrer strukturellen Differenziertheit, wahrgenommen.

Die für ein politisches System universell gültigen *Funktionen*,[15] unabhängig von den jeweils in einer Gesellschaft vorhandenen konkreten politischen Strukturen, können nun näher *klassifiziert* werden. Auf der „input"-Seite des Systems (also der linken Hälfte im obigen Schaubild) sind dies die Funktionen der *Interessenartikulierung*, der *Interessenaggregierung* und der politischen *Rekrutierung*. Die Interessen können dabei in den verschiedenartigsten *Forderungen* („demands") von einzelnen oder Gruppen in der Gesellschaft an das politische System bestehen, für die sie Anspruch auf eine gesamtgesellschaftliche Regelung zu haben glauben. Um diesen Forderungen Gewicht zu verschaffen und sie so politisch wirksam werden zu lassen, müssen die einzelnen Interessen, denen auf die verschiedenste Art Ausdruck verliehen werden kann (z. B. durch direkte Forderungen an einen Abgeordneten, Demonstrationen etc.), in Gruppen Gleichgesinnter (z. B. politischen Parteien, Interessenverbänden etc.) zusammengefaßt werden.

Diese so artikulierten und aggregierten Interessen werden (immer noch auf der „input"-Seite des politischen Systems) von materiellen und immateriellen *Unterstützungen* („supports") begleitet, was auch für die Chance ihrer Durchsetzung von Bedeutung ist. Materielle Unterstützungen können z. B. im Zahlen von Steuern, aber auch im Ableisten von Wehrdienst u. ä. bestehen. Immaterielle Unterstützungen, die auch für die Art der Legitimität eines politischen Systems wichtig sind, erfolgen z. B. durch die Stimmabgabe für eine politische Partei bei den Wahlen. Auf dem Weg über Parteien wird auch in „modernen" politischen Systemen die dritte von Almond herausgestellte „input"-Funktion, die *Rekrutierung* von Personen in bestimmte politische Ämter, wahrgenommen.

Wenn sich also bestimmte Forderungen von Individuen und Gruppen einer Gesellschaft auf mannigfache Weise artikulieren und in bestimmten Formen aggregiert haben und diese auch in bestimmten Personen, denen die Wahrnehmung dieser Forderungen anvertraut wurde, ihren Ausdruck gefunden haben, dann entscheiden die dem zentralen politischen System angehörenden Personen über die Art und das Ausmaß, in dem den einzelnen Forderungen stattgegeben werden soll.

Auch hierbei lassen sich für das zentrale politische System (wobei die jeweiligen „Umwandlungs"-Strukturen sehr verschieden sein und z. B. von einem Stammeshäuptling bis hin zu stark differenzierten modernen politischen Institutionen reichen können) *drei universale Funktionen* unterscheiden, die in der einen oder anderen Form immer erfüllt werden müssen: allgemeingültige *Regeln zu erlassen* (Almond: „rule-making"), derartige *Regelungen auszuführen* („rule application") und über die *Einhaltung von erlassenen Regeln zu wachen* („rule adjudication"). Wie nicht schwer zu erraten ist, entsprechen diese Funktionen im wesentlichen der bekannten Unterscheidung der drei Gewalten Legislative, Exekutive und Jurisdiktion, wie sie z. B. von Montesquieu konzipiert wurde, wobei dieser allerdings diese drei Funktionen auch institutionell getrennt wissen wollte („Gewaltenteilung").

Die Wahrnehmung dieser Funktionen des politischen Systems führt nun zu gewissen *„Outputs"* (auf der rechten Seite unseres Schaubilds), die in einer *Befriedigung* oder *Nichtbefriedigung* der an das System gerichteten Forderungen bestehen können und damit auch zu einer *Verstärkung* oder *Abschwächung* der diese Forderungen begleitenden *Unterstützungen* beitragen.

Diese „Outputs" wirken nun wieder als „Inputs" für das gesamtgesellschaftliche System, werden von diesem „verarbeitet“ und, soweit sich hieraus neue Forderungen ergeben, wieder als „Inputs“ an das politische System weitergereicht. Durch diese *Rückkoppelung* schließt sich nun der Kreis, der so als ein sich selbst regelndes autonomes System verstanden werden kann.

Neben diesen hier geschilderten Wechselbeziehungen zwischen einer Gesellschaft und ihrem politischen System wirken auch *externe Faktoren*, d. h. von anderen Gesellschaften und politischen Systemen ausgehende Einflüsse, auf beide ein. Diese können z. B. in der *Außenpolitik* anderer Staaten oder auch in anderen, weniger direkten Effekten bestehen, die Struktur und Kultur anderer Gesellschaften auf diese haben. Ebenso gehen natürlich auch wieder Einflüsse von der hier betrachteten Gesellschaft und ihrem politischen System nach außen, so daß auch hier ein interdependentes *internationales „System“* entsteht.[16]

Jeder dieser Teilaspekte des „politischen Systems“ wird in den folgenden Abschnitten noch näher beschrieben und erörtert.

Zur Theorie und Analyse wichtiger Teilbereiche

Im einzelnen lassen sich, ausgehend vom Systemmodell und unter Berücksichtigung der verschiedenen Dimensionen der politischen Realität, die folgenden wichtigsten *Teilaspekte* bei der Darstellung politischer Systeme unterscheiden, die im obigen Diagramm angedeutet sind:

Die Einordnung nach Raum und Zeit: Bei der Untersuchung eines bestimmten politischen Systems und seinem Vergleich mit anderen ist es zunächst zweckmäßig, dieses nach bestimmten geographischen und historischen Gesichtspunkten „festzumachen“ und näher einzugrenzen. In räumlicher Hinsicht hat sich hierbei vor allem der sog. „area approach“, also die Eingrenzung nach bestimmten geographischen Regionen mit gewissen gemeinsamen Merkmalen, als nützlich erwiesen. Gewisse geographische und klimatische, aber auch vor allem historische und kulturelle Gemeinsamkeiten bestimmter Gruppen von Ländern können so, bei aller vorhandenen Vielfalt der Erscheinungsformen und der letztlich bestehend bleibenden „Individualität“ eines jeden Landes, in seiner spezifischen Kombination von Merkmalen und Problemen noch am ehesten in verhältnismäßig einfacher Weise erfaßt werden. Man muß sich allerdings über die theoretische Unzulänglichkeit dieser Art von Gruppenbildung, die aus rein heuristischen Gründen erfolgt, im klaren sein. Die am häufigsten auf diese Art zusammengefaßten Regionen sind: Die angelsächsischen Länder, Westeuropa, Osteuropa, Lateinamerika, Afrika südlich der Sahara, Nordafrika und Vorderer Orient, Süd- und Südostasien, Ferner Osten. Weitere Unterteilungen innerhalb der Regionen (z. B. in West-,

Ost- und Zentralafrika, Nord-, Süd- und Südosteuropa usw.) sind ebenfalls üblich.

Durch die räumliche Lage werden auch viele der „äußeren" Bestimmungsfaktoren der Politik eines Landes festgelegt. Hierzu zählen seine territoriale Zusammensetzung (z. B. die Zersplitterung in räumlich voneinander getrennte Landesteile), Bodenschätze und Bodenbeschaffenheit, Klima, Zahl und Größe von Nachbarländern usw. Der letztgenannte Faktor spielt vor allem auch bei einer „geopolitischen" Betrachtungsweise eine Rolle. Einen weiteren wichtigen räumlichen Gesichtspunkt stellt auch die Größenordnung der untersuchten Einheit dar. Diese kann sich von sehr kleinräumigen Sozialgebilden (z. B. „Dorfgemeinschaften", „Stadtstaaten") über die modernen „National-"staaten bis hin zu großräumigen „Reichen" und supra-nationalen Zusammenschlüssen erstrecken. Die Größe der Bevölkerung des jeweiligen Territoriums, seine Wirtschaftskraft usw. sind weitere wichtige Faktoren in diesem Zusammenhang.

In zeitlicher Hinsicht ist zunächst für die Untersuchung und den Vergleich eines politischen Systems mit anderen eine genauere Eingrenzung der betrachteten Periode von Bedeutung. Dies erfolgt häufig durch die Zuordnung der betrachteten politischen Phänomene zu einer bestimmten, näher eingrenzbaren und durch gewisse gemeinsame Merkmale gekennzeichneten historischen „Epoche". Diese kann entweder für ein einzelnes politisches System (z. B. markiert durch die Herrschaftsdauer einer bestimmten Dynastie o. ä.) oder aber für eine größere Gruppe von Ländern, wenn nicht gar für alle (wie z. B. der Zeitraum „zwischen den beiden Weltkriegen"), kennzeichnend sein. – Ein weiteres wichtiges zeitliches und damit dynamisches Element der Betrachtung ist der jeweilige „Entwicklungsstand" eines Landes und der in dieser Beziehung festzustellenden Veränderungsraten. Hierbei ist zwischen allgemein gesellschaftlicher und wirtschaftlicher und spezifisch politischer „Entwicklung" und/ oder „Modernisierung" zu unterscheiden. Die erstgenannte wird oft mit Hilfe von Indikatoren wie der Rate des Bevölkerungswachstums, des Wachstums des Volkseinkommens, der Urbanisierung, der Industrialisierung, des Bildungsgrades, der Teilnahme an Kommunikationsmitteln u. ä. zu erfassen versucht. *Politische* Entwicklung wird oft in bezug auf Veränderungen im Grad der Teilnahme der Bevölkerung am politischen Leben, in bezug auf die Herausbildung bestimmter „moderner" politischer Institutionen usw. definiert. Die Berücksichtigung dieses dynamischen Elements der Veränderung und „Entwicklung" stellt eine wichtige Neuerung gegenüber der herkömmlichen, eher statischen Betrachtungsweise dar.

Die gesellschaftlichen Grundlagen: Neben der räumlich-zeitlichen Zuordnung bei der Untersuchung eines politischen Systems stellt die Berücksichtigung der jeweiligen gesellschaftlichen Gegebenheiten und der auf diese einwirkenden Veränderungen einen weiteren wichtigen und heute in vielen Fällen unabdingbaren Bestimmungsfaktor zur Erfassung des politischen Lebens eines Landes dar. Viele der sonst oft getrennt nebeneinander stehenden Disziplinen innerhalb der Sozialwissenschaften wirken bei der Bearbeitung dieses Bereichs zusammen. So hat sich in der Soziologie, der Ökonomie, der Psychologie, um nur die wichtigsten zu nennen, ein jeweils spezifischer Teilbereich herausgebildet, der sich besonders mit den *politischen* Aspekten des untersuchten Gegenstandsfeldes befaßt.

Die *politische Soziologie*, im weitesten Sinne, befaßt sich daher mit allen auf direkter oder indirekter Weise politisch als relevant angesehenen gesellschaftlichen Phänomenen. Dies sind im „Objekt"-Bereich vor allem die Struktur einer Gesellschaft in ihren verschiedenen Ausprägungsformen und die auf diese einwirkenden Faktoren. Im „Subjekt"-Bereich ist dies das weite Feld politisch relevant werdender sozialer Normen und Verhaltensweisen. In einem engeren Sinne verstanden (und das ist im heute üblichen Sprachgebrauch häufiger der Fall) hat politische Soziologie die Untersuchung konkreter politisch relevanter Gruppen und Prozesse zum Gegenstand. Hierunter fallen vor allem die Parteien- und Verbandsforschung, die Untersuchung politischer „Eliten", aber auch die Wahlforschung u. ä. Diese im engeren Sinne politische Soziologie soll bei der hier gewählten Darstellungsform aber erst bei der Betrachtung des „input"-Bereichs des politischen Systems näher berücksichtigt werden.[17]

Der Begriff der *„politischen Ökonomie"* ist nicht ganz so eindeutig zu bestimmen und hat im Laufe der Geschichte, wobei auch die unterschiedliche Betonung verschiedener Theorieansätze eine Rolle spielt, einen erheblichen Bedeutungswandel erfahren. Ursprünglich bezeichnete „oikos" in der politikwissenschaftlichen Literatur der griechischen Antike gerade den nicht-politischen Bereich, die Sphäre der privaten Haushalte, die nicht den Entscheidungen der öffentlichen „polis" unterworfen war. In diesem Sinne von „politischer Ökonomie" zu sprechen, würde also einen Widerspruch in sich bedeuten. Dies änderte sich, als mit der Entstehung der modernen Staaten zu Beginn der Neuzeit und der Herausbildung internationaler Handelsverflechtungen die Erkenntnis wuchs, daß auch das wirtschaftliche Leben eines solchen Staates gewisser allgemeiner Regelungen bedarf, um auf Dauer funktionsfähig zu sein. Politische Regelungen dieser Art erstreckten sich vor allem auf die Schaffung eines äußeren Rahmens für den Wirtschaftsablauf, der in erster Linie die Regelung von Geld-, Finanz- und Währungsfragen, Zoll- u. a. internationalen Handelsproblemen, die Schaffung einer Rechtsordnung für den Wirtschaftsbereich u. ä. umfaßte. Innerhalb dieses Rahmens sollte sich die Wirtschaft nach den Gesetzen des Marktes „frei" entfalten können, wenigstens nach Auffassung der meisten Wirtschaftstheoretiker dieser Zeit.[18] „Politische Ökonomie" wurde in dieser „klassischen" Periode der Wirtschaftstheorie zum Synonym für „Volkswirtschaftslehre" oder „Nationalökonomie". Spezifisch politische Gesichtspunkte wurden hierbei, wie gesagt, allenfalls bei der Erörterung der Rahmenbedingungen des Wirtschaftslebens behandelt. Dies änderte sich im Gefolge der Marx'schen Wirtschaftslehre und politischen Theorie. Ihrem Verständnis nach sind schlechthin *alle* Wirtschaftsvorgänge als politisch anzusehen.[19] „Politische Ökonomie" wird so zur politischen Theorie par excellence, der alle anderen Teilaspekte der politischen Realität als sekundär unterzuordnen sind. – Eine weitere Definition von „politischer Ökonomie" machten sich in jüngerer Zeit einige Theoretiker zu eigen, die Modelle rationalen Handelns im Sinne eines „homo oeconomicus" auf politische Vorgänge übertrugen. Hierzu zählen z. B. die „Ökonomische Theorie der Demokratie" von Anthony Downs,[20] aber auch „rational choice"- und Spieltheoretiker wie Riker, Harsanyi u. a.[21]

Der Begriff der politischen Ökonomie soll in dieser Einführung weder mit dem Totalitätsanspruch der Marx'schen Auffassung noch mit den teilweise sehr einschneidenden und willkürlichen Einengungen im Sinne von Downs gebraucht werden. Vielmehr sollen hierunter alle wirtschaftlichen Vorgänge gefaßt werden, die auf gesamtgesellschaftlich bedeutsame (also „politische"[22]) Entscheidungen direkt oder indirekt einwirken. Hierzu gehören vor allem Art und Veränderungen der Struktur einer Gesellschaft, die sich aufgrund wirtschaftlicher Vorgänge ergeben, also in erster Linie die durch die wirtschaftlichen Mechanismen bestimmte Vermögens- und Einkommensverteilung und die hiermit verbundenen „objektiven" Interessenlagen. Politische Ökonomie in einem engeren Sinne befaßt sich dann direkt mit den ökonomischen Ressourcen der verschiedenen gesellschaftlichen Gruppen und ihren durch diese gegebenen Möglichkeiten, auf dem gesamtgesellschaftlichen Entscheidungsprozeß einzuwirken. Wo „Wirtschaft" aufhört und „Politik" anfängt, wird hierbei im konkreten Fall oft nur schwer zu bestimmen sein. Dennoch bleibt die analytische Trennung beider Bereiche von Bedeutung und die vorschnelle und ausschließliche Behauptung der Abhängigkeit aller politischen Phänomene von der Wirtschaft, ihrer „materialen Basis", verstellt eher den Blick, als daß sie ihn öffnet.

Dies wird vor allem deutlich, wenn auch Aspekte der *„politischen Psychologie"* und der Sozialpsychologie, also des „Subjekt"-Bereichs der politischen Realität, in die Untersuchung einbezogen werden. Die Analyse von Persönlichkeitsmerkmalen, von individuellen und sozialen politisch relevanten Einstellungen und Verhaltensweisen, mit der sich zum Teil auch die Erforschung „politischer Kultur" befaßt,[23] stellt ein eigenständiges und in vielen Fällen in seiner Bedeutung nicht zu unterschätzendes Feld der politikwissenschaftlichen Forschung dar. Die Bestimmung des Abhängigkeitsgrades der jeweiligen Variablen auch von materiellen Beziehungen sollte dabei weiteren Untersuchungen vorbehalten bleiben und nicht von vorneherein dogmatisch festgelegt werden.

Die Kennzeichnung von Gesellschaften mit Hilfe aggregierter Indikatoren: Nach diesem Versuch der begrifflichen Klarlegung und Abgrenzung der verschiedenen sozialwissenschaftlichen Teildisziplinen, die sich mit den gesellschaftlichen Grundlagen politischer Systeme befassen, sollen diese nun auch inhaltlich etwas näher gekennzeichnet werden. Eine Möglichkeit, die wichtigsten Einflußgrößen dieser Art auch in ihren jeweiligen quantitativen Ausprägungen in globaler Form näher zu bestimmen, stellt der sog. „aggregate data approach" dar. Dieses Verfahren versucht mit Hilfe von zusammengefaßten Daten über den wirtschaftlichen Entwicklungsstand eines Landes (wie er sich z. B. im Pro-Kopf-Einkommen ausdrückt), über Urbanisierungs- und Industrialisierungsgrad (letzteres z. B. gemessen am Energieverbrauch), über den Stand des Bildungsniveaus in einem Lande (z. B. Prozentsatz der Absolventen der verschiedenen Schul- und Hochschultypen in jedem Jahrgang), über den Grad der Teilnahme an den Massenkommunikationsmitteln u. ä. Aufschlüsse über die, zumindest statistisch signifikanten, wenn schon nicht kausalen Beziehungen zwischen diesen Größen und der Art des politischen Systems in einem Lande und dem Grad seiner Stabilität zu gewinnen.

Dieser von Daniel Lerner, Seymour M. Lipset, Karl Deutsch u. a.[24] entwickelte Ansatz erlaubt eine erste grobe Einschätzung von für die Beurteilung des politischen Lebens eines Landes wichtigen gesellschaftlichen und wirtschaftlichen Faktoren. Dies gilt vor allem auch im Hinblick auf den jeweiligen „Entwicklungsstand" eines Landes und den Grad der jeweils anzutreffenden „sozialen Mobilisierung". Da bei diesem Verfahren aber immer nur Durchschnittswerte für die jeweiligen Größen herangezogen werden, die nichts über die Verteilung auf verschiedene soziale Gruppen, Regionen usw. aussagen (z. B. bei der Ermittlung des Pro-Kopf-Einkommens), bleibt die Aussagekraft dieser Indikatoren begrenzt. Zudem ist ihre statistische Basis, vor allem in den Entwicklungsländern, deren statistischer Apparat selbst meist noch sehr „unterentwickelt" ist, oft zweifelhaft. Auch werden wichtige andere Faktoren, z. B. auch aus dem Bereich der „politischen Kultur" der jeweiligen Länder, die nicht auf so einfache Weise global statistisch zu erfassen sind, außer acht gelassen. Eine nähere Eingrenzung und schärfere Erfassung des Untersuchungsfeldes ist daher über eine solche grobe Pauschalbeurteilung hinaus notwendig. Die wichtigsten hierbei zu beachtenden Teilbereiche der gesellschaftlichen Realität, die für die Beurteilung politischer Fragestellungen von Interesse sind, sollen daher im folgenden kurz darstellt werden.

1. Der „Objekt"-Aspekt der gesellschaftlichen Grundlagen politischer Systeme: Zwei vorherrschende Theorieansätze haben der modernen Soziologie, und damit auch der „politischen Soziologie" im hier gebrauchten weiteren Sinne, ihr Gepräge gegeben: Die „Integrations"- und die „Konflikt"-Theorie der Gesellschaft. Die Grundannahmen beider Ansätze sind metatheoretischer Natur, d. h. sie können nicht selbst aus der jeweiligen Theorie heraus „bewiesen" werden und enthalten auch Elemente normativer Art. So beruht die *„Integrationstheorie"* auf der Annahme, daß alle Strukturelemente einer Gesellschaft in ihren Funktionen aufeinander abgestimmt sind und reibungslos zusammenwirken. Auf diese Weise wird der wirksame Zusammenhalt einer Gesellschaft und ihr längerfristiges Überleben sichergestellt. Die Übereinstimmung ihrer Mitglieder und Gruppen, wenigstens in fundamentalen Fragen, und die Bejahung der bestehenden Ordnung ist nach Ansicht der Vertreter dieses Ansatzes wesentliches Charakteristikum einer jeden Gesellschaft. – Die *„Konflikttheorie"* geht dagegen von der entgegengesetzten Annahme aus: Konflikt, nicht Übereinstimmung, wird als bestimmendes Merkmal aller Gesellschaften angesehen. Ihre Strukturen wirken dieser Auffassung nach statt auf Integration und Bewahrung auf Desintegration und sozialen Wandel hin. Beide Auffassungen sind, wie gesagt, im Grunde meta-theoretischer Natur und beleuchten unterschiedliche, in ihrer Bedeutung im konkreten Fall jeweils näher zu bestimmende Aspekte des gesellschaftlichen Zusammenlebens. Für die soziologische Analyse ist daher, wie es Dahrendorf einmal ausdrückte, die Gesellschaft „Janus-köpfig".[25] Ihr „wahres" Gesicht hat also immer auch eine Kehrseite, jedenfalls beim derzeitigen Stand unserer Erkenntnis.

Soweit diese Ansätze für die Beantwortung empirisch-analytischer Fragestellungen herangezogen werden, bestimmt sich die Anwendung des einen oder des anderen aus dem jeweils zu erwartenden heuristischen Nutzen. Integrationstheoretische Aspekte treten dann in den Vordergrund, wenn Fragen, die eine Gesellschaft als Ganzes und ihren Zusammenhang betreffen, beantwortet werden sollen. Eine solche Analyse, die sich vorwiegend auf die bestehenden gesellschaftlichen Strukturen und die Funktionen ihre Zusammenwirkens bezieht, ist meist statischer Art. Im Gegensatz hierzu spielen konflikttheoretische Gesichtspunkte die größere Rolle, wenn bestimmte Abläufe innerhalb einer Gesellschaft, vor allem auch im Hinblick auf die sich in ihr abzeichnenden Veränderungen, also ihre innere Dynamik, untersucht werden sollen.

Die *Integration* einer Gesellschaft manifestiert sich zunächst in dem in ihr gewachsenen Netz von Austauschbeziehungen, Märkten, Kommunikationen usw. Diese Beziehungen sind Ausdruck tiefergehender struktureller Verflechtungen, die insbesondere in stark arbeitsteiligen Gesellschaften einen hohen Grad der gegenseitigen Abhängigkeit der Mitglieder einer Gesellschaft und ihrer wichtigsten Gruppen voneinander bewirken. Art und Ausmaß dieser Integration können allerdings in verschiedenen Gesellschaften sehr unterschiedlich sein. Der „Entwicklungsstand" einer

Gesellschaft, d. h. in sozialstruktureller Hinsicht der Grad der Rollendifferenzierung und -spezifizierung innerhalb der einzelnen Strukturen, spielt hierbei eine sehr wesentliche Rolle. Durkheim spricht in diesem Zusammenhang von „organischer Solidarität“ im Gegensatz zur „mechanischen“ des bloßen Nebeneinanderlebens in vor-industriellen Gesellschaften.[26]

Die durch strukturelle Verflechtung entstehenden gegenseitigen Abhängigkeitsbeziehungen sind häufig allerdings stark asymmetrisch, so daß Vor- und Nachteile dieser Art von Integration durchaus unterschiedlich auf die einzelnen Gruppen verteilt sein können. Der mögliche Konfliktcharakter gesellschaftlicher Beziehungen deutet sich hier bereits an. Neben dieser, vor allem auf ökonomischer Basis, „gewachsenen“ Integration „von unten“ ist häufig auch eine Integration „von oben“ anzutreffen. Diese besteht in der *politischen* Zusammenfassung verschiedener, vorwiegend „horizontal“ differenzierter gesellschaftlicher Gruppen in einer einheitlichen politischen Ordnung. Die Basis solcher Zusammenschlüsse, soweit diese nicht auf Zwang beruhen oder lediglich der Abwehr und Distanzierung von einem vermeintlichen oder tatsächlichen äußeren „Feind“ dienen, ist meist im „Subjekt“-Bereich des Politischen, also in verschiedenartigen „kulturellen“ Faktoren zu suchen.[27]

Neben dem Integrationsaspekt, der die äußeren Grenzen eines betrachteten sozialen Gebildes näher bestimmt, ist bei der Betrachtung des „Objekt“-Bereichs der gesellschaftlichen Grundlagen politischer Systeme vor allem auch, wie schon angedeutet wurde, die Art der strukturellen Differenzierung im Innern einer Gesellschaft von Bedeutung. Diese läßt sich sowohl in horizontaler, also in bezug auf das Nebeneinander verschiedener Gruppen als auch in vertikaler Hinsicht, also in bezug auf das soziale Über- und Untereinander, näher bestimmen. Von horizontaler Stratifikation sprechen wir, wenn mehrere nach Alter und Geschlecht differenzierte soziale Gruppen, die, jede für sich genommen, gewisse gemeinsame Identitätsmerkmale haben, Teil einer übergeordneten sozialen und/oder politischen Einheit sind. Diese können Stammesgruppen (die heute vor allem noch in Afrika bestehen), aber auch rassische (z. B. die farbige Bevölkerung in den USA), ethnische (z. B. die Franko-Kanadier in Quebec), religiöse (z. B. die Katholiken in Nordirland) oder Gruppen ähnlicher Art sein. Die Tatsache, daß solche Gruppen als Teil einer großräumigeren Gesellschaft angesehen werden, hat in jedem Falle spezifische, historisch erklärbare Gründe. Leben solche Gruppen innerhalb eines Staatsgebiets auch in räumlicher Trennung voneinander (wie z. B. Stammesgruppen in Afrika), so ist im Konfliktfalle die Möglichkeit einer Sezession, also einer Loslösung von der größeren Gesellschaft, sofern die jeweilige innen- und außenpolitische Konstellation dies zuläßt, gegeben. Leben die Angehörigen solcher Gruppen verstreut im Lande, so ergeben sich hieraus häufig, je nach Zahl und relativer Größe dieser Gruppen, Minderheitenprobleme besonderer Art, die im Konfliktfalle, wie viele leidvolle historische Erfahrungen zeigen, sich als nur sehr schwer lösbar erweisen.

Eine vertikale Schichtung liegt dann vor, wenn sich in einer Gesellschaft soziale Gruppen herausbilden, die nach ihren unterschiedlichen Positionen im sozialen Höher und Tiefer definiert werden. Als Kriterium für eine solche Unterscheidung werden in der Regel Merkmale herangezogen, die Gruppen in bezug auf ihr soziales Ansehen (also ihren „Status", wie es sich z. B. als Prestige einer Berufsgruppe vom „Arzt" und „Professor" bis zum „Hilfsarbeiter" bestimmen läßt), in bezug auf die Privilegien, die sie genießen (wie sie sich z. B. auch in der unterschiedlichen Einkommenshöhe niederschlagen) und in bezug auf die Chance ihres Zugangs zu politischer Macht (der naturgemäß von der Art des bestehenden politischen Systems abhängt) unterscheiden.

Unter den vielfältigen Versuchen der Soziologen, ein allgemein anerkanntes begriffliches und methodisches Instrumentarium für die Beschreibung und theoretische Durchdringung sehr verschiedenartiger Formen sozialer Über- und Unterordnung zu finden,[28] lassen sich vor allem zwei wichtige Ansätze herauskristallisieren, die sich in bezug auf ihren Erkenntniszweck und die jeweils angewandte Untersuchungsmethode unterscheiden. Der erste Ansatz, wie er vor allem in der amerikanischen Sozialforschung zum Durchbruch gekommen ist,[29] bemüht sich, in einer Gesamtschau der Gesellschaft die statistische Verteilung der Bevölkerung im Hinblick auf bestimmte Kriterien (wie z. B. Einkommen pro Person oder Familie u. ä.) zu erfassen. Er kann dann Aussagen darüber machen, wieviel Prozent der Bevölkerung z. B. einer bestimmten Einkommenskategorie (oft gewählte Klassifikation: Oberschicht, Mittelschicht, Unterschicht, oder auch: Obere Oberschicht, untere Oberschicht, obere Mittelschicht usw.) angehören. Eine Variante dieses Ansatzes, der statt „objektiv" bestimmbarer Daten (wie z. B. der Höhe des Einkommens) „subjektive" Angaben, und statt eines, zumindest vordergründig, rein wirtschaftlichen Kriteriums (Einkommen) ein allgemeines soziales („Prestige") benutzt, besteht darin, einem repräsentativen Bevölkerungsquerschnitt in einem Lande zunächst eine möglichst alle oder doch die wichtigsten Arten umfassende Liste von Berufen vorzulegen, mit der Bitte, diese nach ihrem sozialen Ansehen, ihrem „Prestige" zu ordnen.[30] Ist auf diese Weise eine einigermaßen einheitliche Rangfolge der Berufsskala entstanden, wobei auch diese wieder, schon aus Gründen der Übersichtlichkeit in bestimmten Sammelkategorien („Ober-, Mittelschicht" usw.) aufgeteilt wurde, so lassen sich jetzt alle Berufstätigen eines Landes einer dieser „Schichten" zuordnen, die damit auch quantitativ bestimmbar werden. Eine weitere Variationsmöglichkeit (und deren gibt es viele, da die Auswahl bestimmter

Kriterien und der jeweils angewandten empirischen Erhebungsmethoden umstritten ist und auch nicht, im Gegensatz zum zweiten, im Folgenden besprochenen Ansatz a priori theoretisch festgelegt werden kann) besteht darin, ebenfalls eine repräsentative Anzahl von Befragten sich selbst in ein bestimmtes Schema sozialer Schichtung (auch wieder: „untere Mittelschicht" usw.) einordnen zu lassen.[31] Bei allen Variationen dieses Ansatzes ist es jedoch wichtig, sich klarzumachen, daß die Abgrenzung in einzelne Kategorien (z. B. „Mittelschicht" als Einkommensgruppe derer, die zwischen DM 1000 und DM 1999 pro Monat verdienen) vom einzelnen Forscher her rein willkürlich erfolgt, und daß weder die Zahl der gewählten Kategorien noch der Ort der genauen Grenzziehung zwischen ihnen einer von vornherein postulierten theoretischen Notwendigkeit entspricht.

So nützlich auf diese Art gewonnene Informationen in ihren verschiedenen empirischen Ausprägungen für die Kenntnis einer Gesellschaft sein mögen, so können sie doch nur in sehr begrenztem Maße Antwort auf eine andere Frage als die der Gesamtverteilung der Bevölkerung auf bestimmte soziologische, umfassende Kategorien („Schichten") geben, nämlich auf die Frage der aufgrund einer solchen Schichtung zu erwartenden sozialen und damit auch politischen Dynamik. Zwar lassen krasse Unterschiede zwischen verschiedenen Kategorien in einem auf die oben kurz skizzierte Art ermittelten Schichtungsbild einer Gesellschaft auch gewisse Vermutungen über das Wesen und den Umfang bestimmter sich aus diesen Diskrepanzen ergebender sozialer und politischer Konflikte zu, doch ist die Art der Kategorienbildung und der empirischen Ermittlung der quantitativen Zugehörigkeit selbst nicht dazu angetan, über Zahl und Ausmaß der einzelnen, jeweils wichtigsten politischen Konfliktgruppen, die sich im Hinblick auf ihre Position im gesellschaftlichen Höher und Tiefer herausgebildet haben oder latent vorhanden sind, Aussagen zu machen.

Dies ist vor allem das Ziel des zweiten Ansatzes.[32] Dieser versucht, innerhalb einer Gesellschaft bestimmte Gruppen analytisch zu erfassen und ihrem Potential nach zu bestimmen, die in einem klar bestimmbaren Konfliktverhältnis zueinander stehen. Größe und Abgrenzung dieser Gruppen sind nun nicht mehr durch das willkürliche Einteilungsschema des Untersuchenden bestimmt, sondern werden aufgrund eindeutiger, von vornherein festgelegter theoretischer Kriterien ermittelt. Auch hierfür sind verschiedenartige Kriterien denkbar. Eines der wichtigsten ist das Kriterium des Eigentums bzw. Nicht-Eigentums an den Produktionsmitteln. Mit diesem Kriterium lassen sich, in der Nachfolge von Marx, zumindest zwei klar abgrenzbare Gruppen („Klassen") in einer Gesellschaft, die in einem genau definierten Konfliktverhältnis zueinander stehen, ermitteln: Eigentümer und Nicht-Eigentümer, Bourgeoisie und Proletariat. Ein anderes sehr wichtiges Kriterium, das in vielen konkreten Fällen mit dem ersten zusammenfallen mag, ist das der Teilhabe bzw. Nicht-Teilhabe an der politischen Macht einer Gesellschaft, also einer Aufteilung in Regierende und Regierte bzw. Herrschende und Beherrschte.

Diese Konfliktgruppen müssen aber nicht immer nur auf dichotomischer Basis bestehen, sondern es sind durchaus Fälle denkbar (und in der Realität anzutreffen), in denen sich Konflikte nicht nur zwischen zwei, sondern auch zwischen drei und mehr in bezug auf bestimmte Kriterien (z. B. auch ethnische oder Religionszugehörigkeit usw.) klar abgrenzbaren Gruppen abspielen. So lassen sich z. B. auch im Hinblick auf rein wirtschaftliche Kriterien objektive Interessengegensätze je nach der Stellung einer Gruppe im Produktionsprozeß (z. B. zwischen „Lumpenproletariat" und „Arbeiteraristokratie"[33] in vielen Großstädten der Dritten Welt) und je nach Zugehörigkeit einer Gruppe zu einem bestimmten Produktionszweig (z. B. zwischen Kleinbauern auf dem Lande und Arbeitern in den Städten) ermitteln. Aus dieser Erörterung ergibt sich die Wahl der folgenden hier verwendeten Begriffe:[34] *„Schicht"* soll eine im Sinne des ersten hier skizzierten Ansatzes rein deskriptive Kategorie darstellen, wie sie sich z. B. als Einkommensgruppe oder Statusgruppe erfassen läßt. *„Klasse"* ist dagegen ein analytisches Konzept für Gruppen in einer Gesellschaft, die sich aufgrund einer klar bestimmbaren objektiven Interessenlage unterscheiden. Ist der zu Grunde gelegte Interessengegensatz nicht oder nicht nur ökonomischer Art, so wird der allgemeinere Terminus *„Konfliktgruppe"*[35] verwendet. Die Begriffe dieser zweiten Kategorie (also „Klasse" bzw. „Konfliktgruppe") lassen sich noch dahingehend differenzieren, ob eine solche Gruppe sich auch des objektiv bestehenden Interessengegensatzes selbst bewußt ist oder ob dieser nur latent vorhanden ist. Im ersten Falle können wir mit Marx in seiner von Hegel übernommenen Formulierung von einer „Klasse an und für sich" (wobei das „für sich" das Bewußtsein dieses Tatbestandes ausdrücken soll) sprechen bzw. im zweiten Fall, wie Dahrendorf dies tut, nur von einer „quasi-Konfliktgruppe".

Zwei historisch bedeutsame Besonderheiten für bestimmte Ausprägungen gesellschaftlicher Gliederung sollen noch kurz erwähnt werden: „Stand" und „Kaste".[36] Ein *„Stand"* ist eine zunächst rein konventionelle Form sozialer Gliederung von Leuten, die sich aufgrund eines bestimmten Merkmals (z. B. Zugehörigkeit zu einer Berufsgruppe) als sozial ähnlich oder gleichgestellt betrachten. Die Zugehörigkeit zu einer solchen ständischen Gruppe kann sich jedoch stark verfestigen. Es werden ihr dann bestimmte Rechte und Pflichten innerhalb der Gesellschaft zugeschrieben, und der Versuch des Wechsels von einer zu einer anderen (z. B. durch eine „nicht standesgemäße" Heirat) kann mit bestimmten Sanktionen belegt sein. Im Extremfall werden solche Übergänge ganz unmöglich, und die Zugehörigkeit zu einer „*Kaste*" (von der wir in einem solchen Falle sprechen) wird allein durch die Geburt bestimmt. Da die soziale Gliederung in einem solchen Falle durch religiöse Kosmologien erklärt und überhöht wird und stark ritualisierte Grenzen zwischen den einzelnen Gruppen bestehen (z. B. zur Gruppe der „Unberührbaren"), ist eine solche Gliederung extrem starr. „Ständische" Gesellschaftsordnungen waren vor allem im Europa des späten Mittelalters und der beginnenden Neuzeit anzutreffen; das traditionelle Indien ist Beispiel für eine Kastengesellschaft par excellence.

Soweit unterschiedliche Positionen im sozialen Höher und Tiefer auf wirtschaftliche Tatbestände zurückzuführen sind, gehört ihre Untersuchung zu den wichtigsten Aufgaben der „politischen Ökonomie" im oben angedeuteten Sinne. Vor allem die im Hinblick auf die Vermögens- und Einkommensverteilung in einer Gesellschaft wirksam werdenden institutionellen Regelungen und Mechanismen, z. B. die Frage des Eigentums an Produktionsmitteln und seiner Verteilung, die Wirksamkeit markt- oder planwirtschaftlicher Verteilungsmechanismen mit ihren jeweils spezifischen Problemen werden hierbei untersucht. – Ein weiterer wesentlicher Faktor, der in „modernen" Gesellschaften, in denen auch die Zuweisung von sozialen Positionen mehr auf „erworbenen" (also z. B. auf Grund von Leistungskriterien) als auf „zugeschriebenen" (also z. B. kraft Geburt erhaltenen) Eigenschaften beruht, bei der Zuweisung von „Lebenschancen" eine entscheidende Rolle spielt, ist das jeweils bestehende Erziehungs- und Berufsausbildungssystem. Die Untersuchung der Frage, inwieweit das Erziehungswesen z. B. dem Postulat der Chancengleichheit für die unterschiedlichen vertikalen und horizontalen Gruppen Rechnung trägt, steht hierbei an vorderster Stelle.

Die Verteilung von Verfügungsgewalt und „Macht" in einer Gesellschaft wird oft auch global als Gegensatz von „Elite" und „Masse" bzw. von „Zentrum" und „Peripherie" gesehen. Die Untersuchung solcher Eliten erstreckt sich vornehmlich auf ihre jeweilige in vertikaler und horizontaler Hinsicht näher zu bestimmende soziale Rekrutierungsbasis, die Frage ihrer „Geschlossenheit" oder „Offenheit", die Art ihrer Zugangskriterien, ihrer Einheitlichkeit oder nach Funktionen getrennten Vielfalt, ihrer „Zirkulation" (Pareto), also die Frage nach der Möglichkeit ihrer kontinuierlichen Ablösung in einem politischen System, u. ä. Dies sind Aspekte, die bereits unmittelbar in den „input"-Bereich eines politischen Systems hereinreichen.[37]

Nicht selten *überlagern* sich auch in einer Gesellschaft horizontale und vertikale Schichtungsmerkmale. So können die horizontalen Gruppen in sich bereits zu einem gewissen Grade nach „vertikalen" Gesichtspunkten gegliedert sein. Andererseits ist es auch möglich, daß eine „horizontale" Gruppe als Ganzes oder zumindest in ihrem größten Teil eine bestimmte

Position im sozialen Höher und Tiefer einnimmt. Dies trifft z. B. für die Farbigen in den USA, die Katholiken in Nordirland, die Inder in Ost-Afrika und die Watussi in Burundi zu. Wie diese Beispiele bereits deutlich machen, ist der soziale Konfliktstoff, wenn derartige „horizontale" und „vertikale" Wirkungsmerkmale zusammentreffen, besonders groß, sei dies nun am unteren (wie in den USA) oder am oberen (wie in Burundi) Ende der vertikalen Skala oder in einer bestimmten Zwischenposition (wie bei den Indern in Ost-Afrika, aber auch vielen anderen „unternehmerischen" Minderheiten).

Von großer Wichtigkeit bei der Betrachtung der Strukturen einer Gesellschaft und des sich hieraus ergebenden politischen Konfliktpotentials ist auch die Frage nach Art und Ausmaß der *Mobilität* zwischen diesen Gruppen und innerhalb der Gesellschaft insgesamt. Auch diese muß wieder in ihren vertikalen, also in bezug auf die Chancen des sozialen Auf- oder Abstiegs, und horizontalen Aspekten, also z. B. in bezug auf eine regionale Veränderung unter Wahrung des sozialen Status, gesehen werden. Weitere Unterscheidungen betreffen die Fragen, ob Mobilität zwischen den Generationen („Inter-Generationen-Mobilität") stattfindet, ob diese jeweils auf Individuen oder auf ganze soziale Gruppen bezogen ist und auf welche Aspekte des sozialen Höher und Tiefer (z. B. „Status", „Macht" usw.) sich diese Mobilität erstreckt. Die Chance individueller intra-generationaler Mobilität hat sich hierbei als ein wesentliches „Ventil" für an sich bestehende „objektive" Konflikte erwiesen. Die Mobilität ganzer Gruppen, vor allem wenn sie abwärts gerichtet ist, wie z. B. beim „unteren Mittelstand" vor der Machtergreifung durch die Nationalsozialisten in Deutschland, kann dagegen das Konfliktpotential in einer Gesellschaft außerordentlich erhöhen.

2. *Der „Subjekt"-Aspekt der gesellschaftlichen Grundlagen der Politik:* Wie im systematischen Teil dieser Einführung[38] hervorgehoben wurde, besteht ein wesentlicher Bereich der politischen Realität aus den subjektiven Werthaltungen, Empfindungen, Erwartungen usw. der jeweils am politischen Geschehen beteiligten Personen und ihrem hieraus resultierenden *Verhalten* (engl.: „behaviour"). Eine wissenschaftlichen Ansprüchen, also in erster Linie dem Postulat nach der intersubjektiven Überprüfbarkeit der Ergebnisse, gerecht werdende systematische Erforschung dieses Verhaltens und seiner jeweils subjektiven Sinngebung erwies sich aber als erhebliches wissenschaftstheoretisches und methodisches Problem.

Eine erste Antwort hierauf suchte eine unter der Bezeichnung „Behavioristen" bekannt gewordene Gruppe von Wissenschaftlern. In einer strikt positivistischen Wissenschaftsauffassung sahen sie als „objektiv" überprüfbar nur auch äußerlich erkennbare Verhaltensweisen an, die sich in Experimenten und Laborversuchen als mit „unbestechlichen Instrumenten" meßbar erwiesen. Im Gefolge der Pawlowschen Erkenntnisse über

„bedingte Reflexe" bei Tieren sahen die extremen Vertreter dieser Auffassung, so z. B. der Amerikaner J. B. Watson, gewissermaßen nur „den Speichelfluß bei Ertönen des Klingelzeichens" als objektiv beschreibbaren Ausdruck auch menschlichen Verhaltens an.[39] Alle Arten von „innerlichen" Beweggründen, Motivationen usw., die sich nicht aus bestimmten äußeren „Reizen" erklären ließen, galten für die Theoretiker dieser Richtung entweder als nicht existent oder zumindest als mit objektiven Maßstäben nicht meßbar. Begriffe wie „Bewußtsein", „Fühlen", „Denken" verwiesen sie in den Bereich der unwissenschaftlichen Spekulation, der „Metaphysik".

Diese enge Auslegung der wissenschaftlichen Erfaßbarkeit des „Subjekt"-Bereichs in den Sozialwissenschaften erwies sich jedoch bald als wissenschaftstheoretisch wie methodisch unzulänglich und für einen Großteil relevanter Fragestellungen als unbrauchbar. Die Psychologie, und mit ihr die sozial- und politikwissenschaftliche Verhaltensforschung, erweiterte daher ihren theoretischen Ansatz und ihr methodisches Instrumentarium. Verhalten wurde nicht mehr ausschließlich als bedingter Reflex auf äußere Reize erklärt, sondern es wurden auch „subjektive" Elemente der individuellen Motivation, der Denkweisen und Werthaltungen in die Untersuchung mit einbezogen. Diese Wissenschaftsrichtung wurde im Gegensatz zum „Behaviorismus" der erstgenannten Gruppe gelegentlich als „Behavior*al*ismus" bezeichnet. In der Politikwissenschaft, besonders amerikanischer Prägung, nahm dieser Ansatz lange Zeit eine dominierende Rolle ein, und auch heute kommt ihm noch ein erhebliches Gewicht zu. Die Kritiker dieser Richtung werfen ihr vor allem eine in dieser ausschließlichen Betonung des „Subjekt"-Bereichs wiederum zu enge Fragestellung, vor allem auch die Vernachlässigung wichtiger struktureller und normativer Aspekte des politischen Lebens, vor. Auch die theoretische Relevanz der jeweils untersuchten Probleme sei oft nicht genügend beachtet und wichtige qualitative Gesichtspunkte zugunsten einer bloßen quantitativen Anhäufung von Daten („Materialhuberei") zurückgestellt worden. Auch hat die mit diesem quantitativen Untersuchungsverfahren zwangsläufig verbundene Betonung statistischer und mathematisch-analytischer Methoden, bei allen hierdurch möglich gewordenen Erkenntnisfortschritten, gelegentlich zu einer fast ausschließlichen Beschäftigung mit diesem Verfahren innewohnenden Problemen geführt, wobei dann die eigentlich zu untersuchenden *politischen* Fragestellungen und die jeweilige Relevanz aus dem Blick verloren wurden. Die „Verwissenschaftlichung" der Politikwissenschaft mit Hilfe immer neuer statistischer Verfahren und mathematischer Berechnungsmethoden ging auf diese Weise öfter zu Lasten ihrer eigentlichen Substanz.

In jüngerer Zeit ist daher eine „nach-behavioralistische" („post-behavioral") Gruppe wieder stärker in den Vordergrund getreten, die dem Problem der verschiedenen Dimensionen sozialer und, in unserem Zusammenhang, vor allem politikwissenschaftlicher Analyse und ihres Zusammenwirkens[40] in einer stärker differenzierten und ausgewogeneren Form, die auch Ausdruck eines reflektierteren Wissenschaftsverständnisses ist, gerecht zu werden versucht. Hierbei wäre es allerdings verfehlt, zu weit zu gehen und alle bisherigen Ergebnisse der „politikwissenschaftlichen Verhaltensforschung" und ihre Untersuchungsmethoden als irrelevant und unbrauchbar von der Hand zu weisen. Gerade auf diesem Gebiet sind, bei allen weiterbestehenden Problemen, in den letzten beiden Jahrzehnten Methoden entwickelt und Erkenntnisse gewonnen worden, die für jedes weitere politikwissenschaftliche Arbeiten von Bedeutung bleiben.

Die Untersuchung des „Subjekt"-Bereichs der gesellschaftlichen Grundlagen eines politischen Systems wurde vor allem unter dem Begriff „politische Kultur" bekannt.[41] Diese Bezeichnung ersetzte, jedenfalls für spezifisch politische Fragestellungen, weitgehend ältere Begriffe und mit ihnen verbundene Forschungsansätze, wie z. B. die „Nationalcharakterforschung" oder die „Völkerpsychologie".[42] Diese gingen jeweils von relativ engen theoretischen Prämissen aus und hatten häufig bloß spekulativen Charakter. Auf diese Weise gerieten sie leicht, so z. B. bei Versuchen, Aussagen über den „Charakter", die „Seele" oder typische Eigenschaften ganzer Völker oder bestimmter gesellschaftlicher Gruppen zu machen, in die gefährliche Nähe von rassischen und anderen „Volkstumsideologien" und deren verhängnisvollen politischen Konsequenzen. Vor allem der Forderung nach inter-subjektiver Überprüfbarkeit der Ergebnisse und ihrem, statistisch gesicherten, repräsentativen Charakter, deren Erfüllung erst solchen Ermittlungen Aussagekraft verleiht, konnte von den traditionellen Vertretern dieser Richtung nicht Rechnung getragen werden. Neuere Versuche, die „Nationalcharakter"-Forschung auf die Untersuchung „modaler", d. h. in einer Gesellschaft häufig auftretender und für diese daher charakteristischer Persönlichkeiten hin zu orientieren (Vgl. z. B. Inkeles, a. a. O.), blieben bisher ohne weitere empirische Resultate.

Erst drei Entwicklungen der jüngeren Vergangenheit machten es möglich, der Erfüllung des Postulats der intersubjektiven Überprüfbarkeit der Ergebnisse näher zu kommen:

- Die Entwicklung gesicherter statistisch-mathematischer Methoden zur Erhebung repräsentativer Stichproben auch in sehr großräumigen Sozialgebilden,
- die Entwicklung psychologisch ausgeklügelter und ausreichend auf ihre Gültigkeit („validity") und Verläßlichkeit („reliability") getesteter Befragungsmethoden, z. B. auch mit Hilfe von „Attitüdenskalen" und anderer standardisierter Fragebogenverfahren,
- die Entwicklung leistungsfähiger Datenverarbeitungsanlagen, die die

enorme Fülle von Daten, die bei derartigen Erhebungen anfällt, schnell und kostengünstig aufbereiten und auswerten können.

Diese Entwicklungen suchte sich die Erforschung „politischer Kultur" zunutze zu machen. „Kultur" bezeichnet hierbei die Gesamtheit aller Meinungen („beliefs"), Einstellungen („attitudes") und Werte („values"), die in einer gegebenen Gesellschaft zu einem gegebenen Zeitpunkt anzutreffen sind. Meinungen, Einstellungen und Werte werden dabei, als auf einer zentral-peripheralen Achse liegend angesehen, wobei „Meinungen" die oberflächlichsten und „Werte" die am tiefsten gehenden „Prädispositionen zu Handlungen" darstellen. Einstellungen kennzeichnen eine in dieser Hinsicht mittlere Position, die sich durch „eine relativ andauernde Gruppierung von Meinungen um einen Gegenstand oder eine bestimmte Situation, die einen veranlassen, in einer bestimmten Weise zu reagieren"[43] auszeichnen. So kann eine „Meinung" in einer bestimmten Auffassung zu einem tagespolitischen Problem, eine „Einstellung" in einer über einen längeren Zeitraum entstehenden Präferenz für eine bestimmte Partei und ein „Wert" in dem grundlegenden Bekenntnis zu einer „freiheitlichen Gesellschaftsordnung" bestehen.

In diesem Sinne aufgefaßt, sind Einstellungen (Attitüden) für die meisten praktischen Zwecke der angemessenste Begriff. Er vermeidet die Unbestimmtheit von Meinungen, die auch rein zahlenmäßig sehr groß sein und bis in die Tausende gehen können, behält aber andererseits eine genügend differenzierte und spezialisierte Bedeutung, um auch empirisch sinnvolle Resultate zu liefern, ohne dabei ganz in der zwangsläufigen Verallgemeinerung weniger zentraler „Werte" aufzugehen. Zwischen den einzelnen Elementen dieses „sozialen Wertesystems" (ein vielleicht besserer Ausdruck als das vage, mit vielen Nebenbedeutungen belastete „Kultur") kann a priori eine Konsistenz, also ein Einander-Entsprechen der einzelnen Elemente und ein logischer, widerspruchsfreier Aufbau von einem Element auf dem anderen (z. B. einer Meinung, die auf einer gleichartigen Einstellung und diese wiederum auf einem entsprechenden zentralen Wert beruht) oder zwischen gleichrangigen Elementen (z. B. zwischen zwei komplementären Einstellungen) nicht angenommen werden. Eine solche Konsistenz könnte nur das Resultat entsprechender empirischer Forschung sein, nicht aber Teil der Definition.

Eine auf diese Art im Wertsystem eingeordnete Einstellung enthält drei Elemente: das wissensmäßige („kognitive"), das gefühlsmäßige („affektive") und das bewertende („evaluative"), die jedoch, wenn überhaupt, empirisch nur sehr schwer voneinander zu isolieren sind.[44] Die wissensmäßige Komponente bezieht sich hierbei auf die Einstellung einer Person im Hinblick auf gewisse objektiv erkennbare Tatsachen, die bestimmte Gegenstände, Handlungen u. ä. betreffen. Sie antwortet auf die Frage „was ist richtig oder falsch?" (in einem objektiv bestimmbaren Sinn).

Die gefühlsmäßige Komponente (auch: „cathexis") spielt auf die emotionale Prädisposition einer Person gegenüber gewissen Gegenständen und Handlungen an. Sie gibt Aufschlüsse zur Frage „was mögen Sie oder was mögen Sie nicht?". Die bewertende Komponente schließlich bezieht sich auf die normativen, ethischen Einstellungen einer Person und antwortet auf die Frage „was ist gut oder schlecht?" (in einem moralischen Sinn).

Zwischen all diesen „organisierten Meinungen" (also: Attitüden) mit ihren einzelnen Komponenten und tatsächlichem Verhalten kann jedoch keine einfache, immer einander vollkommen entsprechende Beziehung angenommen werden. Viele andere, umweltbedingte Faktoren können im Einzelfall eine Rolle spielen und das von einer vorhergehenden Analyse der Einstellungen her eigentlich erwartete Verhalten in einem konkreten Fall verändern. Dennoch stellt die empirische Erfassung und Messung der Einstellungen einer Einzelperson oder, wie in unserem Fall, einer ganzen Gesellschaft ein wichtiges und analytisches Werkzeug dar und bedeutet einen ersten wichtigen und notwendigen Schritt für die Voraussagen des tatsächlichen Verhaltens.[45]

Gabriel Almond, der den Begriff der politischen Kultur prägte und einige wichtige Studien auf diesem Gebiet initiierte und zum Teil auch selbst durchführte,[46] stellte eine dreifache Klassifikation von Typen politischer Kultur auf: Der 1. „parochiale" („parochial") Typ, der Personen und Gruppen kennzeichnet, die weder von dem sie betreffenden zentralen (in den meisten Fällen: „nationalen") politischen System etwas wissen noch irgendwelche gefühlsmäßigen oder wertenden Beziehungen zu ihm haben. Der 2. „Untertanen"- („subject") Typ der politischen Kultur charakterisiert eine wissensmäßige und möglicherweise auch gefühlsmäßige und wertende Orientierung der Mitglieder einer bestimmten Gesellschaft in bezug auf ihr politisches System und hierbei insbesondere in bezug auf die output-Strukturen des Systems. „Untertanen" in diesem Sinn sind allein auf die Vorschriften und Dienstleistungen hin orientiert, die sie vom zentralen politischen System in der einen oder anderen Form empfangen, ohne den Versuch zu machen, auch selbst auf die Gestaltung dieser outputs Einfluß zu nehmen. Der 3. „teilnehmende" („participant") Typ politischer Kultur schließlich bezieht sich auf Personen, die sich sowohl an den input- wie den output-Strukturen eines politischen Systems orientieren. Sie geben ihren eigenen Interessen Ausdruck, suchen bei Gleichgesinnten politische Unterstützung und rekrutieren politische Führer aus ihren eigenen Reihen, sie versuchen also, ihren politischen Überzeugungen im politischen System Gehör zu verschaffen und sie betreffende Entscheidungen so weit wie möglich zu beeinflussen.

Neben diesen „reinen" Typen sind selbstverständlich auch eine Reihe von Mischformen denkbar und in der politischen Realität zu beobachten.

Eine wichtige Mischform, die auch für die moderne empirische Demokratietheorie von Bedeutung ist, ist z. B. die sog. „Staatsbürgerkultur" („civic culture").

Anstatt von einer „demokratischen" oder einer reinen „teilnehmenden" politischen Kultur zu sprechen, zieht Almond, wohl etwas realistischer, es vor, sich die „Staatsbürgerkultur" als eine vom Ideal vollkommener Demokratie zwar noch entfernte, dennoch aber demokratischen „Mindestansprüchen" genügende Mischform vorzustellen, die traditionale Elemente mit rational-aktiven, teilnehmenden vereint. Diese spezielle Kombination verschiedener Einstellungen „... führt zu einer ausgewogenen politischen Kultur, in der politische Aktivität, Traditionalität und noch vorhandene parochiale Werte ausgeglichen werden".[47] Ein wichtiges Kriterium für eine solche Kultur ist jedoch, daß der Übergang vom „Untertanen" zum „Teilnehmenden" grundsätzlich für jedes Mitglied dieser Gesellschaft gleichermaßen möglich sein muß, ohne daß gewisse angeborene oder gesellschaftlich bedingte Merkmale eines Einzelnen oder einer Gruppe, wie z. B. Zugehörigkeit zu einer bestimmten Rasse, Kaste, Klasse, Religion usw. die Teilnahme am politischen Leben erschweren oder unmöglich machen.

Neben der Ableitung solcher Klassifikationsschemata ist aber vor allem die weitere inhaltliche Bestimmung der Variablen politischer Kultur in einer Gesellschaft und ihre systematische Erfassung von Bedeutung. Bislang hat sich in bezug auf die genauere Klassifizierung und Eingrenzung politisch relevanter „kultureller" Merkmale noch kein Konsensus unter den mit dieser Problematik befaßten Wissenschaftlern herausgebildet. Dies erschwert, neben weiter bestehenden erheblichen methodischen Problemen, den systematischen Vergleich der mit dem Forschungsansatz der „politischen Kultur" bisher gewonnenen Ergebnisse in starkem Maße. Vier Hauptgruppen von Variablen scheint jedoch in diesem Zusammenhang die größte Bedeutung zuzukommen:

- Variablen sozialer Identifikation, die den Rahmen der jeweilig untersuchten „polis", aber auch ihrer wichtigsten politisch relevanten Untergruppen, bestimmen,
- politisch relevante Persönlichkeitscharakteristika, die gewisse psychische Prädispositionen in bezug auf politisches Handeln in einer Gesellschaft kennzeichnen,
- einige ökonomische, allgemein soziale und religiöse Orientierungen, die für die Entscheidungsfindung in einer Gesellschaft von Bedeutung zu sein scheinen,
- „eigentlich" politische Einstellungen, die sich auf das Handeln im politischen System selbst beziehen, wie z. B. Art und Ausmaß der Teilnahme am politischen Leben, Art und Ausmaß der Legitimität des politischen Systems usw.

Eine schärfere Eingrenzung dieser Variablen war, wie gesagt, bisher nur versuchsweise[48] möglich. Erst umfassende empirische Untersuchungen und fortschreitende theoretische Verfeinerung können uns diesem Ziel schrittweise näherbringen.

Die Erforschung politischer Kultur beruht dabei auf der Annahme (und das hat sie mit den früheren mehr „behavioristischen" Ansätzen gemein), daß *politische* Verhaltensweisen weitgehend erlernt und daher umweltbedingt sind. Nur insofern jedenfalls sind ihre jeweiligen Bestimmungsgründe mit dem ihr zur Verfügung stehenden Instrumentarium zu erfassen. Mit der Gesamtheit aller Prozesse, durch die politische Kultur vermittelt, erlernt und verinnerlicht wird, befaßt sich eine heute bereits stärker verselbständigte Forschungsrichtung innerhalb des „Subjekt"-Bereichs der gesellschaftlichen Grundlagen der Politik, die *„politische Sozialisationsforschung"*. Sie untersucht die verschiedenen in den unterschiedlichen Entwicklungsphasen einer Persönlichkeit wichtigsten Träger politisch relevant werdender Lernprozesse und ihre jeweilige Auswirkung auf das politische Verhalten von Einzelpersonen und Gruppen. Es ist zweckmäßig, hierbei Faktoren aus dem Bereich der individuellen Persönlichkeitsbildung von solchen, die auf Gesellschaften oder wichtige soziale Gruppen als Ganzes wirken, zu unterscheiden.

Ein wichtiger, die Herausbildung und Übernahme von in einer Gesellschaft vorherrschenden Werten durch das Individuum beeinflussender (in diesem Sinn: „sozialisierender") Faktor ist natürlich die in einer Gesellschaft vorherrschende Familienstruktur und die Autoritätsbeziehungen und Erziehungspraktiken, die damit verbunden sind. Gerade auf die frühe und früheste Kindheitsphase wurde und wird dabei in der sozialpsychologischen Literatur viel Wert gelegt.

Die jeweiligen familiären Erziehungspraktiken müssen aber auch in ihrer jeweiligen Beziehung zu umfassenderen gesellschaftlichen Strukturen, also vor allem der horizontalen und vertikalen Schichtung einer Gesellschaft (s. a. o.), gesehen werden. Derartige „schichtspezifische" Merkmale der frühen Sozialisationsphase bleiben in vielen Fällen auch in späteren Lebensstadien eines Individuums wirksam. Neben diesen „primären" Sozialisationsmechanismen ist vor allem auch der wertbildende Einfluß des formalen Erziehungswesens in einer Gesellschaft von Bedeutung.

Sowohl die Autoritätsbeziehungen in der Schule (z. B. straffe Disziplin im Gegensatz zu weniger autoritären, manchmal „antiautoritären" Methoden der Erziehung) als auch die jeweiligen Werte, die vermittelt werden und die einen guten Teil des Bildes, das sich ein Schüler von der Gesellschaft formt, ausmachen, sind wichtige, die politischen Einstellungen beeinflussende Faktoren.

Wichtig für das Wertbild eines Individuums ist natürlich weiterhin die Weltanschauung, die ihm durch die in einer Gesellschaft anzutreffenden religiösen Vorstellungen und ihre institutionellen Verkörperungen, die Kirchen, vermittelt wird. So hat z. B. bereits Durkheim in einem seiner bekanntesten Werke[49] die gesellschaftliche Funktion von, in seinem Fall „primitiven", Religionen untersucht und ihre Bedeutung für das soziale und damit auch politische Verhalten in einer Gesellschaft nachgewiesen.

Ein weiterer, gesellschaftliche Werte vermittelnder Einfluß geht von den Gruppen Gleichaltriger („peer-groups") aus, die z. B. in einer Schulklasse, einem Wohnbezirk oder in Vereinen und Organisationen, denen der einzelne sich von sich aus oder aufgrund äußerer Umstände anschließt, anzutreffen sind.[50] Gerade dieser Einfluß dürfte in letzter Zeit verstärkt an Bedeutung gewonnen haben.

In enger Beziehung zu den Einflüssen von Kleingruppen, besonders Gleichaltriger, auf die politischen und sozialen Orientierungen stehen auch die Auswirkungen sogenannter „intermediärer" Strukturen (um Ecksteins Ausdruck zu gebrauchen), also aller Arten von freiwilligen Zusammenschlüssen, wie sozialen Clubs, Sportvereinen, Handelskammern usw., die Einflüsse anderer gesellschaftlicher Strukturen verstärken oder ihnen entgegenwirken können.[51] In ähnlicher Weise wirken auch die Autoritätsbeziehungen am Arbeitsplatz, die ebenfalls eine erhebliche Rolle in der Herausbildung von Einstellungen spielen, die sich auf Autoritätsverhältnisse auch in anderen Bereichen des gesellschaftlichen und politischen Lebens beziehen können. Die Bemühungen von Gewerkschaften, in verschiedenen Ländern Formen der Mitbestimmung in den Entscheidungsgremien großer Industriefirmen zu erreichen, sind auch in diesem Sinne zu verstehen. Sie stellen den Versuch dar, die vorherrschenden Autoritätsstrukturen zu „demokratisieren", um sie so mehr in Übereinstimmung mit anderen Strukturen, vor allem im politischen Bereich, zu bringen. Ebenso kommt den Entscheidungsstrukturen innerhalb der Gewerkschaften eine ähnliche Bedeutung zu.

Alle diese verschiedenartigen Einflüsse, zusammen mit noch einer ganzen Reihe vergleichsweise weniger wichtiger Faktoren, formen in erheblicher Weise die Orientierungen einer Einzelperson gegenüber allen Arten von Autoritätsstrukturen und, was im Zusammenhang der politischen Kultur von besonderem Interesse ist, gegenüber dem politischen System. Verantwortungsbewußtsein, Interesse und Fähigkeit, sich an der Entscheidungsfindung zu beteiligen und eine ganze Reihe anderer Einstellungen bilden sich auf diese Weise in einem Individuum aus und stellen sein persönliches, auf die Gesellschaft bezogenes Wertsystem dar. Den einzelnen Einflußfaktoren hierbei jeweils ein bestimmtes Gewicht zuzumessen, ist schwierig, und es bedarf hierfür im Einzelfall, soweit dies überhaupt möglich ist, einer ausgefeilten und komplexen empirischen Analyse. Auch variiert der relative Einfluß der einzelnen Faktoren sicherlich von Individuum zu Individuum und von Gesellschaft zu Gesellschaft. Eine alle diese verschiedenartigen Komponenten berücksichtigende Sozialisationsforschung steht heute erst am Anfang einer sicherlich noch weit reichenden Entwicklung. Erfolg wird ihr aber nur beschieden sein, wenn es ihr gelingt, die verschiedenen individualpsychologischen Faktoren der Persönlichkeitswerdung in eine sinnvolle Wechselbeziehung zu den jeweiligen Bedingungen der gesellschaftlichen Umwelt, ihren Strukturen und ihren historischen Entwicklungen zu stellen. In dem Maße, wie Art und Intensität dieser Einflüsse als für größere Teile einer Gesellschaft oder eine Gesellschaft als Ganzes gleichartig angenommen werden können, kann man bereits mit einiger Berechtigung von einer gemeinsamen politischen Kultur dieses Teils oder des Ganzen einer betrachteten Gesellschaft sprechen.

Zusätzlich zu den bisher angeführten Faktoren, die dazu beitragen, daß ein Individuum die in einer Gesellschaft oder in bestimmten Gruppen dieser Gesellschaft vorherrschenden Orientierungen jedenfalls zu einem erheblichen Teil übernimmt, aber auch u. U. die in ihr angelegten Spannung und Konflikte deutlich werden läßt, gibt es eine Reihe von einstellungsprägenden Einflüssen, die auf *die Gesellschaft als Ganzes* wirken; Einflüsse dieser Art bilden sozusagen das „kollektive Gedächtnis" einer bestimmten Gesellschaft. Sie spiegeln die historischen Erfahrungen wider, die diese Gesellschaft (und natürlich alle ihre Mitglieder zu diesem Zeitpunkt) gemacht hat. Insbesondere ökonomische oder politische Krisen wie wirtschaftliche Rezessionen, Revolutionen, Kriege oder politische Attentate können ihre „Narben" in dem Bewußtsein einer Gesellschaft hinterlassen, die manchmal zu bestimmten Formen politischen Verhaltens, oft Generationen später, führen können, die auf andere Art nicht erklärbar sind.

Die Erfahrungen solcher Ereignisse, soweit sie nicht persönlich erlebt werden, werden sowohl in ihren wissensmäßigen Aspekten durch Erzählungen der Eltern oder anderer „Respektspersonen" vermittelt, oder sie sind möglicherweise auch in den Geschichts- oder Sozialkundelektionen enthalten, die Teil des regulären Lehrplans an den Schulen sind. Zeitgenössische Ereignisse werden durch die Nachrichtenmedien und andere persönliche oder unpersönliche Kommunikationsstrukturen übermittelt. Sie tragen so zu einem wertbildenden Faktor bei, den man gelegentlich etwas vage, aber doch zutreffend, als „Zeitgeist" bezeichnet hat. Wenn auch solche Einflüsse oft gering und unter Umständen kaum wahrnehmbar sein mögen, so kann ihre Auswirkung auf die Ausprägung einer bestimmten politischen Kultur in einer Gesellschaft doch nicht außer Acht gelassen werden. Ein weiterer wertbildender Einfluß, der nicht durch bestimmte in einer Gesellschaft bestehende Institutionen oder Strukturen wirkt, der sich aber dennoch auf die politische Kultur einer ganzen Gesellschaft und besonders auch auf ihre Elite auswirken kann, ist ein gewisser „Demonstrationseffekt", d. h. der Effekt, den Wertorientierungen einer Nation auf die politischen Einstellungen einer anderen haben können. Dies gilt besonders für viele der „jungen Staaten" der Dritten Welt, deren Elite oft in einer anderen (in den meisten Fällen westlichen) Kultur aufgezogen wurden, deren Einflüssen sie auch heute noch ausgesetzt sind. Ähnliche „Demonstrationseffekte" sind natürlich auch in anderen, nicht zur Dritten Welt gehörenden Ländern anzutreffen.

Die für die Erforschung politischer Kultur und der sie bewirkenden „politischen Sozialisation" nach wie vor bestehenden Probleme, sowohl methodisch-praktischer als auch theoretisch-analytischer Art, sind erheblich und werden sich zum Teil sicherlich nur annäherungsweise lösen lassen. Insgesamt eröffnet diese Forschungsrichtung aber, wenn sie in sinnvoller Weise mit den „strukturellen" Fragestellungen des „Objekt"-Bereichs verzahnt und auch die jeweils normativ bedeutsame Relevanz nicht außer Acht gelassen wird, eine Reihe von Perspektiven, die bedeutsame Antworten auf wichtige Fragestellungen der modernen Politikwissenschaft erhoffen lassen. So kann z. B. die bislang häufig zu beobachtende „Eindimensionalität" rein strukturaler Analysen in wesentlicher Weise ergänzt werden. Die getroffenen Aussagen und Prognosen über Art und Entwicklung politischer Systeme, ob nun in „Entwicklungsländern" oder „hochkapitalistischen Gesellschaften", werden damit wesentlich realitätsbezogener und basieren nicht mehr allein auf axiomatisch hergeleiteten Verhaltenspostulaten.

Die Beziehungen Gesellschaft – politisches System („input"-Bereich): Nach der Darstellung der (objektiven und subjektiven) gesellschaftlichen Grundlagen politischer Systeme können wir jetzt in die eigentliche Analyse des politischen Systems und seiner wichtigsten Teilbereiche eintreten. Das soll auf den folgenden Seiten unter einem vorrangig funktionalen Gesichtspunkt, d. h. unter Hervorhebung der zentralen Funktionen des politischen Systems geschehen.

Wir orientieren uns zu diesem Zwecke zunächst nochmals kurz an dem obigen Diagramm (s. S. 162), in dem die komplizierten Wechselbeziehungen zwischen Gesellschaft und politischem System, übersichtlich differenziert nach *„Input-, Umwandlungs-* und *„output"-Strukturen*, in einer schematischen Skizze vereinfacht dargestellt werden, und wenden uns fürs erste dem *„Input"-Bereich* zu, in dem sich die vielfältigen Beziehungen der Gesellschaft zum politischen System abspielen, die das Diagramm unter die zwei generalisierenden Kategorien „Forderungen" („demands") und „Unterstützungen" („supports") zusammenfaßt. Dabei werden – etwa bei G. A. Almond – unter den Forderungen solche nach Zuteilung von Gütern und Dienstleistungen, nach Verhaltensregeln, nach Beteiligung und Mitwirkung im politischen System sowie nach Kommunikations- und Informationsmöglichkeiten verstanden, während die Unterstützungen nach materiellen (z. B. Steuern und Dienstleistungen) und immateriellen (Gehorsam, Loyalität, Partizipation etc.) klassifiziert werden.

Im Kontext des systemtheoretischen Ansatzes, wie ihn D. Easton[52] als einer der ersten für die Analyse politischer Systeme fruchtbar zu machen suchte und wie er in der von G. A. Almond[53] weiterentwickelten Fassung vor allem im Bereich der Vergleichenden Politikwissenschaft zur Geltung gekommen ist, wird die entscheidende Leistung des politischen Systems für das soziale System darin gesehen, diesen „Input"-Strom der „Forderungen" und „Unterstützungen" aus der Gesellschaft auf dem Wege sogenannter „conversion processes" (Umwandlungsprozesse) in „outputs" zu verwandeln, d. h. in politische Entscheidungen mit allgemeiner Verbindlichkeit, die die Erfüllung oder Nichterfüllung der an das politische System gestellten Forderungen bringen und sich damit zugleich auch entweder positiv oder negativ auf die dem politischen System entgegengebrachten „Unterstützungen" auswirken.

Der Umwandlungsprozeß der „inputs" in „outputs" verläuft über mehrere Stationen, die zu einem Teil noch in den „input"-Bereich, zum anderen Teil schon in das zentrale politische System fallen.

In den „input"-Bereich gehören zwei der entscheidenden Teilfunktionen des Umwandlungsprozesses, für die verschiedene politische Systeme verschiedene organisatorische und institutionelle Vorkehrungen bereithalten, und durch die die gegenüber dem politischen System erhobenen Forderungen einerseits formuliert und artikuliert, andererseits in politischen Handlungsalternativen konkretisiert werden. Insofern man von den Forderungen unter einem anderen Gesichtspunkt auch als von *Interessen* sprechen kann, die die Gesellschaft, ihre einzelnen Mitglieder oder Gruppen, haben und öffentlich geltend zu machen suchen, werden diese beiden Funktionen im systemtheoretischen Ansatz von Almond auch als *Interessenartikulation* („interest articulation") und *Interessenaggregation* („interest aggregation") bezeichnet. Zu diesen beiden auf die Verarbeitung der Interessen im politischen Prozeß gerichteten Funktionen tritt noch eine dritte hinzu, die sich auf die *Rekrutierung* von Personal für politische Ämter im politischen System bezieht.

Ordnet man die drei Funktionen einander zu, so wird ersichtlich, daß wir es hier mit jenem gerade für demokratische Systeme wichtigen Teil des politischen Prozesses zu tun haben, der sonst in der Regel mit dem Begriff „politischer Willensbildungsprozeß" bezeichnet wird. Die Politikwissenschaft hat sich vor allem seit 1945 dieses Bereichs, in dem so zentrale politische Probleme wie die Interessenverbands- und Parteiproblematik angesiedelt sind, stets mit besonderer Aufmerksamkeit angenommen, so daß man ihn heute ohne Übertreibung den am intensivsten und extensivsten erforschten Teilbereich des politischen Systems demokratischer Staaten zumal nennen kann. Ja, nicht selten wird in politikwissenschaftlicher Literatur Kritik gegen diesen „Überhang" an Forschungen zum Willensbildungsprozeß und zur Herrschaft der Verbände artikuliert. So stellt z. B. S. Landshut kritisch fest: „Das den ganzen politischen Zusammenhang beherrschende Problem ist jetzt das Problem der politischen *Willensbildung* ... Wie Faust Helena in jedem Weibe, so sind sie (die politischen Soziologen) geneigt, als einziges Thema aller Politik überall nur ‚politische Willensbildung' und Kampf um Macht zu sehen."[54]

So berechtigt und zutreffend diese „Kritik einer das Problem der Willensbildung' verabsolutierenden Politikwissenschaft" mit speziellem Blick auf die Forschungspraxis der politischen Soziologie vor allem dann ist, wenn man – wie W. Hennis es tut – befürchtet, daß „die Fixierung auf ‚Willensbildung' ... den Blick auf die eigentlichen Fragen der realen Politik *verstellt*, die mit ... Begriffen wie ‚Aufgabe', ‚Amtsauftrag', Gewinnung von ‚Zustimmung', ‚Verantwortlichkeit' etc. in der Regel viel besser zu begreifen sind",[55] so wird man jedoch im Rahmen einer *Gesamt*analyse des politischen Systems und seiner zentralen Funktionen gerade auch der Analyse des politischen Willensbildungsprozesses einen angemessenen Platz einräumen müssen; das von einem systemtheoretischen Ansatz speziell aus dem Grunde, weil die unter dem Begriff „Willensbildung" zusammengefaßten komplexen und längst nicht nur auf „Willen" bezogenen Vorgänge wie Interessenartikulation und -aggregation (was wiederum auch lediglich generalisierende Abstraktionen sind) gerade den Übergang der „input"-Ströme aus dem Bereich des sozialen in das politische System markieren.

Mit der neuzeitlichen Sozialphilosophie[56] und vor allem der Soziologie des ausgehenden 19. und beginnenden 20. Jahrhunderts, den sogenannten „Klassikern" der Soziologie, können wir – entgegen einer auch heute noch bei uns weitverbreiteten „Interessenphobie" und Anti-Interessen-Einstellung in Wissenschaft und Praxis – davon ausgehen, daß in jeder Gesellschaft natürlicherweise individuelle und kollektive (gruppenmäßige) Bedürfnisse und Interessen durchaus nicht harmonierender, sondern eher divergierender und daher konfligierender Art bestehen, die als natürliche Äußerungen menschlichen Lebens und Strebens nicht nur nicht illegitim, sondern wesentliche Voraussetzungen oder gar Antriebe der sozialen Dynamik sind. In diesem Sinne hat der stark von Hegel beeinflußte frühe deutsche Soziologe Lorenz von Stein in seiner „Geschichte der sozialen Bewegung in Frankreich von 1789 bis auf unsere Tage" (1848), unter dem Titel „Der Begriff der Gesellschaft" im Interesse das *Prinzip* der modernen bürgerlichen Gesellschaft sehen wollen: *„Das Interesse*, in dem es den Mittelpunkt der Lebenstätigkeit *jedes* einzelnen in Beziehung auf jeden anderen, mithin der ganzen gesellschaftlichen Bewegung abgibt, ist daher *das Prinzip der Gesellschaft*."[57] Dabei versteht er unter Interesse „dieses alle menschliche nach außen gerichtete Tätigkeit beherrschende, allgegenwärtige, in jedem einzelnen Lebendige, seine ganze gesellschaftliche Stellung bedingende Bewußtsein.“[58]

Auch Max Weber, dessen Einfluß auf die moderne Sozialwissenschaft unübersehbar ist, räumt dem Interesse in seiner Theorie des sozialen Handelns eine zentrale Stelle ein. In seinem unvollendeten Hauptwerk „Wirtschaft und Gesellschaft“ schreibt er: „Zahlreiche höchst auffallende Regelmäßigkeiten des Ablaufs sozialen Handelns, insbesondere (aber nicht nur) des wirtschaftlichen Handelns, beruhen keineswegs auf Orientierung an irgendeiner als ‚geltend‘ vorgestellten Norm, aber auch nicht auf Sitte, sondern lediglich darauf: daß die Art des sozialen Handelns der Beteiligten der Natur der Sache nach ihren normalen, subjektiv eingeschätzten *Interessen* so am durchschnittlich besten entspricht und daß sie an dieser subjektiven Ansicht und Kenntnis ihr Handeln orientieren; so etwa Regelmäßigkeiten der Preisbildung bei ‚freiem‘ Markt. Die Marktinteressenten orientieren eben ihr Verhalten, als Mittel, an eigenen *typischen* subjektiven wirtschaftlichen Interessen als ‚Zweck‘ und an den ebenfalls typischen Erwartungen, die sie vom voraussichtlichen Verhalten der anderen hegen, als ‚Bedingungen‘, jenen Zweck zu erreichen. Indem sie derart, *je strenger* zweckrationaler sie handeln, desto ähnlicher auf gegebene Situationen reagieren, entstehen Gleichartigkeiten, Regelmäßigkeiten und Kontinuitäten der Einstellung und des Handelns, welche sehr oft weit stabiler sind, als wenn Handeln sich an Normen und Pflichten orientiert, die in einem Kreis von Menschen tatsächlich für ‚verbindlich‘ gelten. Diese Erscheinung: daß Orientierung an der nackten eigenen und fremden Interessenlage Wirkungen hervorbringt, welche jenen gleichstehen, die durch Normierung – und zwar sehr oft vergeblich – zu erzwingen gesucht werden, hat insbesondere auf wirtschaftlichem Gebiet große Aufmerksamkeit erregt ... Sie gilt aber von allen Gebieten des Handelns in ähnlicher Art. Sie bildet in ihrer Bewußtheit und inneren Ungebundenheit den polaren Gegensatz gegen jede Art innerer Bindung durch Einfügung in bloße eingelebte ‚Sitte‘, wie andererseits gegen Hingabe an wertrational geglaubte Normen. Eine wesentliche Komponente der ‚Rationalisierung‘ des Handelns ist der Ersatz der inneren Einfügung in eingelebte Sitte durch die planmäßige Anpassung an Interessenlagen ... Die Stabilität der Interessenlage beruht ... darauf, daß, wenn sein Handeln nicht an dem Interesse der anderen orientiert – mit diesen nicht ‚rechnet‘ –, deren Widerstand herausfordert oder einen von ihm selbst nicht gewollten und nicht vorausgesehenen Erfolg hat und also Gefahr läuft, an eigenem Interesse Schaden zu nehmen.“[59]

Für den liberalen Staat des 19. Jahrhunderts den Lassalle wegen seiner Ruhe und Ordnung sichernden Grundfunktion nicht unzutreffend als „Nachtwächterstaat“ charakterisierte, vermag man sich noch allenfalls vorzustellen, daß sich die in einer Gesellschaft vorhandenen, divergierenden und konfligierenden Interessen in konkurrierender Selbstvertretung und -durchsetzung selbst regulierten, d. h. ohne massive Eingriffe des Staates, der hier auf die Funktion der Setzung formalrechtlicher Rahmenbedingungen für den Interessenaustrag beschränkt blieb.

Für die Gegenwart indes, eine Epoche des sich permanent verstärkenden Einflusses und Eingriffes des politischen Systems in die sozialen und ökonomischen Prozesse („Interventionsstaat"), ist davon auszugehen, daß im Allgemeinen eine befriedigende und wirksame Erfüllung gesellschaftlicher Interessen nur über das politische System möglich ist. Das wiederum setzt voraus, daß die individuellen und gruppenmäßigen Interessen in der Gesellschaft so *transformiert* werden, daß sie von den politischen Entscheidungsträgern einmal als solche perzipiert, zum anderen damit auch als politische Alternativen entscheidbar werden. Diesen Transformationsprozeß von Interessen meint man vor allem, wenn von „Interessenartikulation" die Rede ist.

Ganz allgemein besteht die Notwendigkeit, daß politische Systeme bestimmte Wege, Strukturen und Verfahrensweisen (Techniken) bereithalten, die zwar im konkreten Falle von System zu System erheblich voneinander abweichen können, die jedoch dazu geeignet sein müssen, die universelle Funktion des politischen Systems, die Interessentransformation oder -artikulation zu leisten, zu erfüllen. Im Folgenden sei auf zwei Aspekte näher eingegangen: einmal auf die *Strukturen*, zum anderen auf die *Verfahrensweisen* der Interessenartikulation.

Zu den wichtigsten *Strukturen* der Interessenartikulation gehören die *Interessengruppen* oder *-verbände*, d. h. die Gruppen, die sich zur politisch wirksamen Vertretung bestimmter, meist gruppenspezifischer Interessen gebildet haben. Solche Gruppenbildungen können durchaus unterschiedliche Grade der organisatorischen Durchbildung besitzen: von recht lockeren Assoziationen bis hin zu wohl durchorganisierten und bürokratisierten Verbänden. Da – wie die Verbandsforschung vielfach erwiesen hat – eine direkte Relation zwischen dem Organisationsgrad eines Verbandes und der Chance der Durchsetzbarkeit von Interessen besteht, kann man einmal von einer allgemeinen Tendenz auf fortschreitende Durchorganisation der Interessenverbände sprechen, zum anderen auch davon, daß im Interessenartikulationsprozeß die Interessenverbände mit professioneller Bürokratie die größere Durchschlagskraft besitzen. Deswegen richtet sich das Erkenntnisinteresse der politiksoziologischen Verbandsforschung vor allem auf diese Interessenverbände und ihre Rolle im politischen Willensprozeß.[60]

Diese politikwissenschaftliche oder politiksoziologische Verbandsforschung kann sich jedoch mit der Einbeziehung der Strukturen in die Analyse des Interessenartikulationsprozesses nicht begnügen; sie muß vielmehr darüber hinaus auch die *Verfahrensweisen* studieren, mit deren Hilfe innerhalb und durch Strukturen die Interessenartikulation sich vollzieht. Hier sind wichtig vor allem einmal die sogenannten *Aktionskanäle*, über die die Interessenartikulation von der Gesellschaft in das politische System verläuft, zum anderen auch die *Handlungsformen*, die *Strategien* oder *Taktiken*, die von den Interessensverbänden bei der „Pressure Politic" angewandt werden.

Sieht man diese beiden Aspekte der Interessenartikulation zusammen, so ergibt sich daraus für die politikwissenschaftliche oder -soziologische Verbandsforschung folgende dominante Orientierung: Zunächst einmal hat sie die historische Herkunft der Verbände zu erforschen. Dabei werden die Interessengruppen zumeist als typische Phänomene kapitalistischer Gesellschaften qualifiziert, ihre Entstehung fällt z. B. für Deutschland in die zweite Hälfte des 19. Jahrhunderts.[61] Der Schwerpunkt der Verbandsforschung liegt allerdings auf gegenwartsbezogenen Problemen. Nachdem die ursprünglich vorherrschende gruppentheoretische Konzeption der Interessenverbände, wie sie in der amerikanischen Politikwissenschaft vor allem durch das einflußreiche Buch von A. F. Bentley: „The Process of Government. A Study of social pressures" (1908, ²1949) entstanden war, in jüngster Zeit in der Folge eines Aufsatzes von G. A. Almond „A Comparative Study of Interest Groups and the Political Process" (1958) durch einen systemtheoretischen Ansatz überwunden wurde,[62] werden die Interessengruppen nicht mehr als Einzelphänomene sondern „als zielorientierte Handlungssysteme im Wirkungszusammenhang der durch die Sozialstruktur und die „politische Kultur", durch Rechts- und Verhaltensformen bestimmten politischen Ordnung eines Landes" studiert.[63] Aus dieser dominanten Perspektive auf die Verbände ergeben sich auch die Hauptforschungsinteressen der modernen Verbandsforschung: „einmal die Frage nach der Stellung und den Funktionen der Verbände in der Gesellschaft und der politischen Ordnung eines Landes; zum anderen die Frage nach der gesellschaftlichen Existenz, der Binnenstruktur (der Organisationswirklichkeit), der Ideologie und Programmatik, den Modalitäten zur Verwirklichung der Ziele und damit auch nach der strukturellen und funktionellen Differenzierung der Verbände; weiterhin das verfassungsrechtlich wie gesellschaftspolitisch schwierige Problem der Legitimität der Einflußnahme der Verbände in den unterschiedlichen Regierungssystemen der repräsentativen Demokratie; und schließlich, in Zusammenhang damit, der Komplex der Fragen nach den Grenzen, die der Aktivität der Verbände im politischen Raum gesetzt sind, bzw. durch Institutionalisierung ihrer Mitwirkung im Staate gesetzt werden sollten."[64]

Wie oben bereits erwähnt fällt in den Bereich des „inputs" des politischen Systems nicht nur die Funktion der Interessenartikulation sondern auch die der *Interessenaggregation*, worunter Almond z. B. versteht „the function of converting demands into general policy alternatives",[65] die Funktion der Umwandlung von Forderungen in allgemeine politische Alternativen. Auch zur Wahrnehmung und Erfüllung dieser universellen Funktion politischer Systeme gibt es bestimmte spezifische Strukturen und Verfahrensweisen. Spezielle Bedeutung als Struktur im Interessenaggregationsprozeß gewinnen die *politischen Parteien*, denen – neben den Interessenverbänden – aus diesem Grunde besonders starke Aufmerksamkeit von Seiten der Politikwissenschaft und politischen Soziologie entgegengebracht wird.

Dabei versteht man mit M. Weber unter einer politischen Partei folgendes: „Parteien sollen heißen auf (formal) freier Werbung beruhende Vergesellschaftungen mit dem Zweck, ihren Leitern innerhalb eines Verbandes Macht und ihren aktiven Teilnehmern dadurch (ideelle oder materielle) Chancen (der Durchsetzung von sachlichen Zielen oder der Erlangung von persönlichen Vorteilen oder beides) zuzuwenden."[66] Aus dieser oder ähnlichen Definitionen lassen sich übereinstimmend folgende drei konstitutiven Elemente des Parteibegriffs gewinnen: 1. der Wille, Führungspositionen im Herrschaftsapparat eines politischen Systems zu übernehmen; 2. die Absicht, „mehr oder weniger genau definierte, allgemeine, aber nicht von allen geteilte politische Ziele, für die sie in der Bevölkerung werben",[67] durchzusetzen; 3. konstante und satzungsmäßig geregelte Organisation. Auf dieser Basis ist auch die für die Bundesrepublik geltende Legaldefinition politischer Parteien im Parteiengesetz von 1967 gestaltet: „Parteien sind Vereinigungen von Bürgern, die dauernd oder für längere Zeit für den Bereich des Bundes oder eines Landes auf die politische Willensbildung Einfluß nehmen und an der Vertretung des Volkes im Deutschen Bundestag oder einem Landtag mitwirken wollen, wenn sie nach dem Gesamtbild der tatsächlichen Verhältnisse, insbesondere nach Umfang und Festigkeit ihrer Organisation, nach der Zahl ihrer Mitglieder und nach ihrem Hervortreten in der Öffentlichkeit eine ausreichende Gewähr für die Ernsthaftigkeit dieser Zielsetzung bieten" (§ 2,1, Satz 1).

Durch ihre Funktion der Umwandlung der Interessen in politische Alternativen, aber auch durch die andere Funktion der *Rekrutierung von politischem Personal* besitzen die politischen Parteien in den politischen Systemen der Gegenwart eine Schlüsselposition, die häufig – zustimmend oder kritisch – die Rede vom „Parteienstaat" hat aufkommen lassen.[68] Das Grundgesetz der Bundesrepublik Deutschland hat diese bedeutsame Rolle der politischen Parteien durch die verfassungsrechtliche Bestimmung des Artikel 21 sanktioniert, zugleich die politischen Parteien – eben wegen ihrer strategischen Bedeutung im politischen Gesamtprozeß – bestimmten Auflagen unterworfen und die Möglichkeit des Parteienverbots (durch das Bundesverfassungsgericht) ausgesprochen. Es kann nicht verwundern, wenn Politikwissenschaft wie politische Soziologie wegen dieser ihrer Schlüsselposition die politischen Parteien zum zentralen Gegenstand ihrer Forschung gemacht hat. Dabei bezieht sich die Parteiforschung einerseits auf die Parteigeschichte (worin sie sich mit der Geschichtswissenschaft vielfach teilt), sodann aber stärker auf die Parteiorganisationsstrukturen, auf Programmatik und Ideologie sowie auf die praktische politische Wirkung der Parteien.

In der jüngsten Zeit hat sich – wie schon bei der Verbandsforschung zu beobachten war – auch in der Parteienforschung vom systemtheoretischen Ansatz her das Interesse von den einzelnen und isolierten Parteien auf die Parteiensysteme verlagert. Unter einem Parteiensystem kann man dabei „die Gesamtheit der regelmäßigen Interaktionen zwischen den Parteien in einem politischen System" verstehen.[69] Eine am Parteiensystem in diesem Verständnis orientierte Parteienforschung versucht dabei von den *eindimensionalen* Typologien der Parteiensysteme (nach der Zahl der interagierenden Parteien: „Einparteisystem", „Zweiparteiensystem", „Mehrparteiensystem" und „Vielparteiensystem") wegzukommen und die verschiedenen – horizontalen wie vertikalen – Interaktionen der Parteien eines Parteiensystems zu berücksichtigen. Unter horizontalen Interaktionen werden dabei diejenigen zwischen den Parteien verstanden, aus denen sich bestimmte, mehr oder weniger dauerhafte Konfigurationen (etwa Koalitionen) oder die Frequenz des Machtwechsels oder die ideologische und/oder politische Polarisierung der Parteien aufzeigen lassen. Vertikale Interaktionen beziehen sich auf das Verhältnis der Parteien zum sozialen System einerseits, zum politischen System andererseits. Sowohl das soziale System als auch das politische System stellen durch ihre faktischen oder normativen Struktureigentümlichkeiten (Sozialstruktur, Wirtschaftsstruktur, Verfassungsstruktur) die entscheidenden Rahmenbedingungen für die Handlungsmöglichkeiten der politischen Parteien, werden ihrerseits auch wieder auf unterschiedliche Weise von den Parteien durchdrungen. Aus diesem Gesichtspunkt des Parteiensystems als Interaktionssystem der Parteien eines politischen Systems lassen sich die verschiedenen Funktionen der Parteien im politischen Willensbildungsprozeß – nicht zuletzt auch in ihrer Wechselwirkung – genauer analysieren als unter dem älteren, die einzelnen Parteien isolierenden Ansatz.

Wir beschränken uns hier auf diese knappe Charakterisierung des Umwandlungsprozesses von Forderungen des sozialen Systems an das politische System durch Interessenartikulation und -aggregation. Abschließend verweisen wir noch kurz auf die *Wahlen* als das dritte entscheidende Strukturelement des Willensbildungsprozesses. Dabei versteht man unter Wahlen zunächst eine – neben anderen (wie: Erbfolge, Ernennung, Akklamation oder Kooptation) bestehende – *Technik* der Besetzung von

Ämtern allgemein, von politischen Ämtern speziell. Voraussetzung für Wahlen dieser Art sind Auswahl (d. h. die Möglichkeit, zwischen verschiedenen Alternativen „auswählen“ zu können) und Wahlfreiheit (d. h. zwischen den Alternativen „frei“ entscheiden zu können). Diese Technik der Ämterbesetzung dient in verschiedenen politischen Systemen verschiedenen Funktionen. In der politikwissenschaftlichen Wahlforschung werden folgende Funktionen von Wahlen als besonders relevant hervorgehoben, die aber nicht notwendig alle zugleich erfüllt werden können: „1. die Selektion von Personen für gesellschaftlich relevante Positionen; 2. die Legitimation von Amtsträgern; 3. die Legitimation des politischen Systems selbst; 4. die Konsensusbildung in der Gesellschaft über politische Zielvorstellungen; 5. die Repräsentation sozialer Klassen und Schichten (oder anderer sozialer Gebilde, wie z. B. Gebietskörperschaften).“[70] Aus der Aufzählung dieser Funktionen geht klar hervor, daß die Wahlen sowohl im Umwandlungsprozeß der Forderungen als auch bei der Vermittlung der Unterstützungen aus dem sozialen in das politische System fungieren; auf das letztere verweist z. B. die doppelte Legitimationsfunktion der Wahlen. Historisch haben sich politische Wahlen im definierten Sinne konkret zu bestimmten *Wahlsystemen* ausgeformt, die in den verschiedenen politischen Systemen wirksam geworden sind. Unter einem Wahlsystem versteht man dabei die Gesamtheit aller Verfahren und technischen Regelungen, die den gesamten Wahlprozeß regulieren: die Gliederung des Gebietes in Wahlkreise gehört ebenso dazu wie die Festlegung der Kandidaturen, das Stimmgebungsverfahren und die Verfahren der Stimmenauszählung und -verwertung. In der Gegenwart unterscheidet man die Wahlsysteme nach den beiden Prinzipien *Mehrheits-* oder *Verhältnis*wahl, die von unterschiedlichen Vorstellungen her den Wahlvorgang bestimmen: bei der Mehrheitswahl ist die leitende Vorstellung eben die klare Mehrheitsbildung, bei der Verhältniswahl die der „Proportionalität von Stimmen und Mandaten“.[71]

Gerade wegen der geschilderten *Doppel*funktion nehmen die Wahlen im politischen Willensbildungsprozeß ebenfalls – wie die Parteien – eine Schlüsselposition ein; entsprechend intensiv haben sich Politikwissenschaft und politische Soziologie diesem politischen Phänomen angenommen. *Wahlforschung*[72] gehört mit zu den intensivst betriebenen Forschungen im politikwissenschaftlichen Bereich, sie versteht sich – im Rahmen der westlichen politischen Systeme – als konstitutiver Teil der Demokratieforschung. Als Gegenstand dieser Wahlforschung wird von der politischen Soziologie angegeben „der komplexe Prozeß der Auseinandersetzungen zwischen den im Wahlkampf konkurrierenden politischen Gruppen und Individuen“, wie auch „die Machtverschiebungen, die durch die Wählerentscheidungen eintreten.“[73] Darüberhinaus bemüht sie sich auch das „Warum“ der Wählerentscheidungen zu analysieren; insofern ist sie zu einem beträchtlichen Teil empirische Erforschung des Wählerverhaltens, die von folgenden leitenden Fragen ausgeht: „Unter welchen Bedingungen entscheiden sich bestimmte Wählergruppen für die eine oder die andere politische Richtung? Welche Einflüsse, Erwartungen und Meinungen bestimmen ihr Verhalten? Wie wirken sich politische Ereignisse, Wahlkampfparolen etc. auf ihre Einstellungen gegenüber Politikern und Parteien aus?" Die moderne empirische Sozialforschung hält zur Beantwortung dieser Fragen eine Reihe von Forschungstechniken statistischer und interviewmäßiger Art bereit. Aus den empirisch gewonnenen Ergebnissen und den dadurch korrigierten Hypothesen über das Wählerverhalten versucht die Wahlforschung komplexe empirisch-analytische Theorien des Wählerverhaltens aufzustellen, die die verschiedenen Determinanten (sozialökonomischer, sozialpsychologischer etc. Art) der individuellen Wählerentscheidung zu erfassen suchen und auf dieser Basis die Wandlungen in der Wählerentscheidung erklären wollen. Erwähnt sei noch, daß sich auch in der Wahlforschung unter Anwendung des systemtheoretischen Ansatzes seit den 60er Jahren eine markante Wandlung abzuzeichnen beginnt; Wahlentscheidungen – so die neue These – dürften nicht mehr isoliert vom politischen System und seinen Strukturverhältnissen untersucht werden. „Die Frage nach den Auswirkungen des Wählerverhaltens auf das politische System (wurde) zum zentralen Forschungsansatz. Wählerverhalten wird dabei zur unabhängigen Variablen, die auf die Institutionen des politischen Systems wie Parteien und Parlament als den abhängigen Variablen einwirkt."[74]

Das Verhältnis Gesellschaft – politisches System, in unserem Diagramm als „input"-Bereich markiert, erwies sich als durch drei Hauptfunktionen charakterisiert, durch die die Umwandlung der gesellschaftlichen Forderungen (demands) an das politische System bewerkstelligt und auch die Weitergabe der Unterstützungen (supports) vermittelt werden: durch Interessenartikulation, Interessenaggregation und durch Rekrutierung von politischem Personal. Die Betrachtung zeigte, daß zur Wahrnehmung dieser universellen Funktionen jedes politische System bestimmte Strukturen und Verfahrensweisen entwickelt, daß dazu die Interessenverbände, die politischen Parteien und die Wahlverfahren vorzüglich gehören, indem sie strategisch bedeutsame Rollen im politischen Willensbildungsprozeß spielen. Das ist auch die Erklärung dafür, weswegen sich die Politikwissenschaft und die politische Soziologie mit so großer Intensität immer wieder der Erforschung des gesamten Bereichs der politischen Willensbildung mit den Schwerpunkten Verbandsforschung, Parteienforschung und Wahlforschung angenommen hat. Bemerkenswert ist schließlich noch die Tatsache, daß in jüngster Zeit (seit den 60er Jahren) sowohl in der politikwissenschaftlichen Verbands- und Parteiforschung als auch in der Wahl- und Wählerverhaltensforschung stärker systemtheoretische Ansätze zur Geltung gebracht werden mit der Intention, die Einzelphänomene aus ihrer Isolierung herauszuholen und im interdependenten Zusammenhang des politischen Systems und seiner Funktionen zu analysieren.

Das zentrale politische System. Der zwischen Gesellschaft und politischem System sich vollziehende Umwandlungsprozeß der *Forderungen* (aus dem sozialen System) in *Leistungen* (des politischen Systems) ist in unserer Darstellung bisher nur ausschnittweise behandelt worden. Wie bereits oben erwähnt, durchläuft dieser Prozeß verschiedene Stationen, von denen nur ein Teil im „input"-Bereich liegt; die anderen fallen entweder in das zentrale politische System, dem wir uns jetzt zuwenden wollen, oder gehören bereits in den „output"-Bereich.

Für „zentrales politisches System" können wir auch den sonst in der Politikwissenschaft dafür üblichen Begriff „Regierungssystem" (engl. „Government") verwenden, der – auf *diesen* speziellen Bereich angewendet – insofern treffend ist, als es hier in der Tat vornehmlich um die „Regierung", genauer: um die *Tätigkeit* des „Regierens" (im Sinne einer fundamentalen Staatstätigkeit) geht. Entsprechend nennt sich die Forschungsrichtung der Politikwissenschaft, die sich schwerpunktsmäßig auf die Erforschung des Bereichs des zentralen politischen Systems (Regierungssystem) bezieht, „Regierungslehre" („Government").[75]

Bemerkenswert ist, daß sich eine spezielle „Regierungslehre", die nicht primär die verfassungsrechtliche und institutionelle Seite des Regierungssystems, sondern – wie W. Hennis es ausdrückt – „das Regieren" als „eine auf besondere Leistung abzielende *Tätigkeit*"[76] zum Forschungsgegenstand macht, zumindest im Rahmen der deutschen Nachkriegspolitikwissenschaft vergleichsweise spät etablieren konnte – und dies, obwohl sie sich gerade in Deutschland – wie H. Maier nachgewiesen hat[77] – an die alte Tradition der deutschen Staats- und Verwaltungswissenschaft (im Sinne von Kameral- oder Polizeiwissenschaft) hätte anschließen können. Zu sehr standen jedoch anfänglich – von einem vorherrschenden demokratietheoretischen Gesichtspunkt aus – Probleme der politischen Willensbildung (Verbands-, Parteien- und Wahlforschung) im Vordergrund.[78]

Dabei hätte die vehemente Ausweitung der Staatstätigkeiten im modernen Wohlfahrts- und Daseinsvorsorgestaat, die ihren anschaulichen Ausdruck in dem permanenten Anschwellen der öffentlichen Haushalte sowie in dem kaum zurückstehenden sprunghaften Wachstum der Staatsbürokratien findet, und die sich daraus ergebenden Probleme der modernen politischen Führung und Regierung schon vorher die Aufmerksamkeit der Politikwissenschaft auf sich lenken müssen. Tatsache ist indes, daß von der deutschen Politikwissenschaft erst um 1965 – vor allem aufgrund der Initiativen von W. Hennis und Th. Ellwein – eine eigenständige politikwissenschaftliche Regierungslehre in Gang gekommen ist, deren leitende Fragestellung (nach Hennis) darin besteht, „die Art und Weise“ zu erforschen, „wie unter der Herausforderung moderner Staatsaufgaben das Geschäft der Lenkung, Führung und Koordination eines Gemeinwesens besorgt, kurzum, wie regiert wird.“[79]

Entsprechend dieser Orientierung der politikwissenschaftlichen Regierungslehre stehen die dem Staat gestellten *Aufgaben* im Mittelpunkt.[80] „Die Lehre von den öffentlichen Aufgaben“ bezeichnet Th. Ellwein folgerichtig „als Herzstück einer sinnvollen Regierungslehre“;[81] ihr geht es nicht nur um das ‚wie‘ der Politik, sondern auch um das ‚was‘.“[82] Von den Aufgaben her ergibt sich ein sachgemäßeres Begreifen der Institutionen und Organisationsformen im Bereich der Regierung: „Haben wir die Aufgaben, so ergibt sich das Problem der Organisation ihrer Erledigung von selbst. Vom Gesichtspunkt einer politikwissenschaftlichen Regierungslehre aus gewinnen die Verwaltungs- und Verfassungsinstitutionen eines Gemeinwesens ihren ursprünglichen Aspekt zurück, nämlich *instruments of government* zu sein.“[83]

Was die im Zentrum der Regierungslehre stehenden Aufgaben betrifft so hat Thomas Ellwein in seiner „Einführung in die Regierungs- und Verwaltungslehre“ (1966) den Versuch einer Klassifikation gemacht; er geht dabei von Aufgaben aus, die den Bürger unmittelbar betreffen, worunter „Formulierung, Begrenzung und Schutz der persönlichen und politischen Rechte und Freiheiten, Förderung der persönlichen Entfaltung und soziale Sicherung“ verstanden werden; es folgen Aufgaben der Politik, die Raum und Wirtschaft betreffen. Hierunter zu verstehen sind: „Allgemeine Strukturaufgaben, Erwerbsförderung, Geldwesen, Förderung von Wissenschaft und Forschung“. Schließlich führt er noch Aufgaben der Politik an, die das für die öffentlichen Aufgaben notwendige Instrumentarium betreffen; darunter werden angeführt: „Verwaltungsorganisation, öffentliche Einrichtungen, öffentlicher Dienst, öffentlicher Besitz, öffentliche Einnahmen.“ (36)

Von diesen Aufgaben her legt die politikwissenschaftliche Regierungslehre den Schwerpunkt ihrer Forschung auf den Regierungsapparat (Regierungssystem) im Ganzen, um zu untersuchen, auf welche Weise er das auf diese Aufgaben bezogene „Geschäft der Lenkung, Führung und Koordination“ der Politik unter den modernen Rahmenbedingungen zu erfüllen vermag. Aus dieser Perspektive erweist sich schnell eine traditionelle, auf die einzelnen staatlichen Institutionen wie Parlament, Regierung, Verwaltung bezogene und sie isolierende Betrachtungsweise, die sich an der klassischen Gewaltenteilungslehre mit der starren Differenzierung von (initiierender) Legislative und (nachgeordneter, lediglich ausführender) Exekutive orientiert, als überholt, insofern es ihr in ihrer Fixierung auf die normativen Verfassungsstrukturen nicht gelingt auszumachen, wo im heutigen Regierungsapparat wirklich die Entscheidungspositionen liegen, „wo über die Aufgaben und die Art und Weise ihrer Ausführung in Wirklichkeit befunden wird."[84]

Demgegenüber geht eine empirisch verfahrende, an den Aufgaben orientierte Regierungslehre von den zentralen *Funktionen* des Staatsapparates aus, die zur Wahrnehmung der „Regierung" (im aktiven Sinn) erforderlich sind. Th. Ellwein unterscheidet folgende Funktionen: 1. Die Vorwegnahme der Zukunft (Planung), 2. das Herbeiführen von Entscheidungen, 3. Koordination, Aufsicht und Kontrolle, 4. Führung, Integration und Repräsentation.[85]

Die konkrete Analyse dieser Funktionen in modernen Regierungssystemen zeigt, daß sie keineswegs mehr lediglich von Parlament und Regierung (Kabinett) als von den verfassungsrechtlich dazu primär bestimmten politischen Machtträgern wahrgenommen werden, daß vielmehr heute in allen politischen Systemen die Verwaltung einen hohen und unmittelbaren Anteil an den Regierungsfunktionen übernommen hat, Verwaltung mithin nicht mehr einfach als „Ausführung" interpretiert werden darf. Das gilt – z. B. mit Bezug auf die Bundesrepublik, aber auch auf andere Länder – für die Vorbereitung politischer Entscheidungen. Eine Analyse des politischen Prozesses in der Bundesrepublik zeigt, daß die Vorbereitung politischer Entscheidungen heute im wesentlichen Umfang bei der Verwaltung liegt und daß die verfassungsmäßigen politischen Führungsorgane, das Kabinett und insbesondere das Parlament, vielfach nur noch die Wahl zwischen sehr beschränkten Alternativen haben.[86]

Zwar liegt rein formal die eigentliche politisches Handeln und politische Entscheidungen letztlich legitimierende und legalisierende Kompetenz nach wie vor bei den Verfassungsorganen, der Regierung und dem Parlament. Es stellt sich jedoch diesen heute nachdrücklich das Problem, wie sie sich gegenüber dem Informationsvorsprung und dem häufig überlegenen Sachverstand der Ministerialbürokratie behaupten und ihrem verfassungsmäßigen Auftrag der Leitung, Koordination und vor allem auch der effektiven Kontrolle nachkommen können.

Das Problem trifft vorzüglich für die zeitgenössischen Parlamente zu, unter ihnen wiederum am dringlichsten für die Volksvertretungen parlamentarischer Regierungssysteme, wie wir sie z. B. in Großbritannien und der Bundesrepublik kennen. Hier hat sich die Macht- und Einflußsteigerung der Regierung und vor allem der Ministerialbürokratie ausgesprochen *zu ungunsten* des Parlaments ausgewirkt, so daß von einem akuten Machtverfall der Volksvertretung gesprochen werden muß. Weniger gravierend ist das Problem z. B. im präsidentiellen Regierungssystem, wie das Beispiel der USA lehrt; hier hat – wegen der strikten Gewaltenteilung – der Kongreß sich seit langem eine eigene, ebenfalls umfangreiche Bürokratie geschaffen, die nur ihm zur Verfügung steht, mit deren Hilfe er die Regierung des Präsidenten und dessen Ministerien effektiver als die Parlamente parlamentarischer Regierungssysteme ihre Regierungen kontrollieren kann.

In diesen hier nur angedeuteten Problemen der Machtverschiebung findet die politikwissenschaftliche Regierungslehre, die ja nicht nur und primär empirische Fakten sammelnde Analyse betreibt, unmittelbar Gelegenheit zu praktisch-politisch relevantem Einfluß, indem sie prüft, welche Möglichkeiten im Rahmen etwa parlamentarischer Regierungssysteme heute unter den Aufgabenbedingungen moderner Regierung und vom Gesichtspunkt demokratischer Legitimation von Herrschaft bestehen, die nicht befriedigende Gegenwartssituation der verfassungsmäßigen Regierungsinstitutionen, vorab der Parlamente, und bei diesen vor allem wieder die Kontrollmöglichkeiten durch Reformen zu verbessern und effizienter zu machen. Nahezu in allen westlichen Staaten werden aus diesen Gründen seit Jahren Parlaments-, Regierungs- und Verwaltungsreformvorschläge diskutiert, an deren Ausarbeitung die Politikwissenschaft maßgeblich beteiligt war und ist.

Es versteht sich, daß sich aus dieser aktuellen Problemlage und dieser Perspektive der Regierungslehre auf den konkreten Regierungs- und Entscheidungsprozeß auch grundlegend neue Fragestellungen für die (auch vergleichende) Betrachtung der zeitgenössichen Regierungssysteme insgesamt ergeben. Das trifft zunächst auf die vergleichende Analyse von modernen parlamentarischen und präsidentiellen Regierungssystemen zu, wie sie zum traditionellen Bestand politikwissenschaftlicher Forschung gehören.[87] Hier verschiebt sich angesichts der geschilderten aktuellen Problematik des gegenwärtigen Regierens das Erkenntnisinteresse vom allgemeinen, mehr statischen Systemvergleich mit gleichgewichtiger Berücksichtigung der einzelnen verfassungsrechtlichen und verfassungspolitischen Institutionen und ihrer Wechselwirkungen im Regierungsprozeß auf die Untersuchung des Struktur- und Funktionswandels der Regierungssysteme und ihrer unterschiedlichen Adaptions- und Lernfähigkeiten unter dem Druck steigender Staatsaufgaben. Das trifft aber auch zu für den Systemvergleich zwischen Regierungssystemen westlicher und sozialistischer Staaten, da nun aufgrund der aufgewiesenen Probleme nicht mehr allein der Willensbildungsprozeß und seine Probleme im Vordergrund stehen. Das hat W. Hennis in seinem programmatischen Entwurf „Aufgaben einer modernen Regierungslehre“ klar hervorgehoben, wenn er schreibt: „Vielmehr spielt sich die Auseinandersetzung (zwischen westlichen und sozialistischen Systemen) ab einmal als Wettbewerb im ökonomischen und technischen Bereich, zum anderen aber, beides bedingend und tragend, auf dem Gebiete der *Effizienz des Staatsapparates.*“[88] Diese Problemlage wirkt sich auf die wissenschaftliche Analyse der Systeme aus.

Bemerkenswert ist noch, daß die hier vornehmlich aus der Sicht der deutschen politikwissenschaftlichen Regierungslehre aufgewiesenen Probleme und Fragestellungen sich auch von anderen theoretischen Ansätzen – wenn man einmal die Unterschiede in der Terminologie nicht zu hoch bewertet und die verschiedenen Bezugsrahmen berücksichtigt – in durchaus ähnlicher Perspektive darbieten. Das gilt auch z. B. für den systemtheoretischen Ansatz, wie wir ihn bei der Analyse des „input“-Bereichs herangezogen hatten und wie er diesem Kapitel insgesamt als Orientierungsrahmen zugrundeliegt. Auch für ihn ist ja charakteristisch, daß er nicht von den verfassungsmäßigen Institutionen ausgeht, sondern von der allgemeinen Aufgabe des politischen Systems, die Forderungen aus dem sozialen System in politische Entscheidungen und Leistungen umzuwandeln. So stehen auch für diesen Ansatz die *Funktionen* des zentralen politischen Systems im Vordergrund – speziell die „rule-making“-, die „rule-application“- und die „rule-adjudication“-Funktion. So sehr auch diese Einteilung der Hauptfunktionen der Regierung auf den ersten Blick der alten Gewaltenteilungslehre mit der Unterscheidung von Legislative, Exekutive und Judikative zu entsprechen scheint, so erkennt man doch bei näherem Hinsehen deutliche Differenzen; die „rule-making“-Funktion z. B. erweist sich dabei als der oben erläuterten „Regierung“ mit ihren Teilfunktionen Leitung, Lenkung, Koordination und Kontrolle als durchaus entsprechend. Zugleich ist – wie etwa die systemtheoretische Analyse der „governmental functions and structures“ durch Almond[89] zeigt – dieser Ansatz ebenfalls durchaus in der Lage, die oben aufgewiesenen aktuellen Probleme modernen Regierens angemessen zu analysieren.

Die Beziehungen politisches System – Gesellschaft („output“-Bereich): Eng mit den zentralen politischen Institutionen verbunden, und besonders mit der Spitze der Exekutive, ist der „output“-Bereich politischer Systeme. Dieser umfaßt alle Strukturen und Funktionen, die der Durchführung der im zentralen politischen System getroffenen Entscheidungen dienen, also insbesondere alle Formen staatlicher *Verwaltung*. Im konkreten Fall ist eine genaue Grenzziehung zwischen der Spitze der Exekutive und dem ihr zugeordneten Verwaltungsapparat allerdings schwierig. Die Übergänge im Bereich zwischen eigentlich *politischen* Entscheidungen und ihrer Ausführung bleiben häufig fließend. Analytisch ist eine solche Trennung aber dennoch sinnvoll. Konkret ist sie jeweils nur empirisch und in vielen Fällen nur annäherungsweise zu bestimmen. Letzteres gilt besonders dann, wenn nicht nur formal rechtliche Feststellungen, sondern auch das tatsächliche Verhalten der Betroffenen in die Untersuchung einbezogen werden.

Mit dem „output“-Bereich politischer Systeme, insbesondere der Verwaltung befassen sich verschiedene Teildisziplinen der Sozialwissenschaften. Im Vordergrund, gerade auch in der kontinentaleuropäischen

Tradition, stand lange Zeit das Verwaltungs*recht*. Es befaßt sich vorwiegend mit den jeweils bestehenden rechtlichen Normen in diesem Bereich, den auf diesen beruhenden Organisationsstrukturen und ihren jeweiligen Kompetenzen. Ein weiter gespanntes Untersuchungsfeld setzt sich dagegen die sog. Verwaltungs*lehre*. In Ergänzung zu den jeweils rechtlichen Aspekten untersucht sie vor allem den *tatsächlichen* Ablauf von Handlungen der Verwaltung, also mehr das Sein als das Sollen solcher Vorgänge. Dieses kann von den rechtlich bestehenden Normen zum Teil erheblich abweichen.[90] Weiterhin ergänzt wird diese Betrachtungsweise durch die Verwaltungs*soziologie*, die die allgemeineren gesellschaftlichen Aspekte einer Bürokratie, also z. B. die soziale Herkunft von Angehörigen der Verwaltung, ihre Auswirkungen auf soziale Strukturen und soziales Verhalten, besonders im Auge hat. *Politikwissenschaftlich* wird Verwaltung vor allem im Hinblick auf ihren Einfluß auf das Zustandekommen gesamtgesellschaftlich bindender Entscheidungen, aber auch hinsichtlich des Ausmaßes eigener Herrschaftsgewalt, die ihr dabei häufig zukommt, untersucht. In jüngerer Zeit wurde die Arbeit dieser verschiedenen Teildisziplinen auch durch Fragestellungen der modernen Organisationstheorie fortentwickelt, die Strukturen und Prozesse von Organisationen aller Art, ob nun im privaten oder öffentlichen Bereich, auf ihre Funktionsweisen und gemeinsamen Charakteristika hin analysiert. Im Folgenden wird vor allem eine politikwissenschaftliche Betrachtungsweise im Vordergrund stehen, wobei allerdings Erkenntnisse der angeführten Teildisziplinen an manchen Stellen zwangsläufig mit einfließen werden.

1. Der „Objekt"-Aspekt der Beziehungen politisches System – Gesellschaft: Hierunter sind wieder vor allem die konkret jeweils zu ermittelnden *Strukturen* in diesem Bereich und die verschiedenen Aspekte ihres Zusammenwirkens mit anderen Bereichen zu fassen. Von wesentlicher Bedeutung ist in dieser Hinsicht zunächst die Art und der Grad der (vertikalen) *Durchdringung* („penetration") einer Gesellschaft durch die „output"-Strukturen des politischen Systems, also z. B. auch die Intensität der Beziehungen zwischen dem „Zentrum" eines politischen Systems und seiner „Peripherie".[91] Eine sehr geringe Durchdringung war z. B. in den traditionalen „historischen Reichen" anzutreffen. Aber auch in vielen heutigen „Entwicklungsländern" ist die Präsenz des Staates in von der Hauptstadt entfernten Regionen oft noch sehr gering. Mit der Formulierung „andere versuchen den Mond zu erreichen, wir die Dörfer", drückte einmal Präsident Nyerere von Tansania diesen Tatbestand aus.[92] In den Industriestaaten der Gegenwart ist dagegen der Grad der „Durchdringung" der Gesellschaft durch die verschiedenen staatlichen Verwaltungsorgane sehr hoch.

Auch der Grad der *„Totalität"* eines politischen Systems und seiner verschiedenen Verwaltungsbereiche, also der „horizontalen" Durchdringung der verschiedenen gesellschaftlichen Lebensbereiche durch staatliche Organe und Regelungen, kann sehr unterschiedlich sein. Er kann von der Wahrnehmung gewisser minimaler Herrschaftsfunktionen durch den Staat und seiner Organe, vor allem hinsichtlich der inneren und äußeren Sicherheit, bis hin zu einer nahezu totalen Erfassung aller Bereiche des wirtschaftlichen und gesellschaftlichen Lebens durch staatliche Verwaltungsorgane reichen. Das Ausmaß dieser Allgegenwart eines Staates läßt sich nicht zuletzt auch an seinem Anteil am Bruttosozialprodukt (BRD heute ca. 40%) ablesen. – Drei wesentliche *Funktionen* lassen sich hierbei unterscheiden: die *Ordnungsverwaltung* (Aufrechterhaltung der inneren und äußeren Sicherheit, Kontrolle des rechtlich gesetzten Rahmens für zahlreiche Bereiche des gesellschaftlichen Lebens), die *Leistungsverwaltung* (Erbringung zumindest der Dienstleistungen, die selbst nach „liberaler" Auffassung privatwirtschaftlich nicht oder nur unter besonderen Schwierigkeiten erstellt werden können, also z. B. im Verkehrs-, Post- und Fernmeldewesen, bei der Wasser- und Energieversorgung, im Erziehungs- und Berufsausbildungssektor usw.) und die *Betreuungsverwaltung* (Ausgleich „sozialer Härten" und individuell nicht oder auch nur wieder mit besonderen Schwierigkeiten tragbarer Belastungen durch öffentliche Organe, z. B. im Gesundheitswesen, der Sozialfürsorge u. ä.).

Die jeweils diese Funktionen ausführenden *Strukturen* weisen, auch wieder in jeweils vertikaler und horizontaler Hinsicht, von Land zu Land erhebliche Unterschiede auf. Auch schwankt der Grad der Differenzierung und Spezifizierung der „Rollen" in den jeweiligen Verwaltungsorganen erheblich.[93] Die *formale* Organisation, die in Gesetzen und Verordnungen vom zentralen politischen System festgelegt wird, kann dabei wesentlich von der *informalen* Organisation, so wie sie sich tatsächlich herausgebildet hat und tagtäglich abläuft, abweichen.

Vier Arten der Fragestellung sind beim Vergleich solcher „bürokratischer" Organisationen von besonderer Bedeutung: Auf welche Weise erhalten die Rollenträger in einer solchen Struktur ihre jeweilige Position, wie wird ihre Tätigkeit honoriert, wie bestimmt sich der jeweilige Entscheidungsspielraum des einzelnen und auf welche Weise ist eine Kontrolle dieser Entscheidungen möglich? In bezug auf die erste Frage sind grundsätzlich vier Möglichkeiten denkbar, die historisch in unterschiedlicher Weise eine Rolle spielten: Ämterkauf innerhalb der „Adels"-Schicht war z. B. ein wesentliches Merkmal der Verwaltung im europäischen Mittelalter und ist in „traditionalen" Systemen, wie z. B. in Äthiopien, in mancher Hinsicht noch anzutreffen. Der *Kauf* einer Position im staatlichen Verwaltungsapparat und der mit ihr verbundenen Privilegien war z. B. im Römischen Reich für die Ausführung mancher Funktionen, vor allem in Form der sog. „Steuerpacht", möglich. Heute steht der „Kauf" von öffentlichen Positionen vor allem unter dem Geruch der Korruption oder des Nepotismus.[94] In etwas abgewandelter und durchaus legaler Form ist „Ämterkauf" auch dort anzutreffen, wo z. B. ein privater Fuhrunternehmer auf dem Wege der Ausschreibung die Wahrnehmung der gemeindlichen Müllabfuhr übertragen bekommt. – Die *Wahl* von Angehörigen staatlicher Vollzugsorgane ist dagegen in demokratischen politischen Systemen häufig anzutreffender Brauch. „Wahlbeamte", z. B. halbamtliche Bürgermeister, Landräte, aber auch städtische „Referenten" u. ä., werden in solchen Systemen dabei entweder von ihrerseits gewählten Gremien, z. B. Gemeinderäten, Kreistagen usw., oder aber von der jeweils wahlberechtigten Bürgerschaft direkt gewählt. Diese letztgenannte Form der Ämterbesetzung (Direktwahl durch die Bürger) spielte und spielt vor allem in einigen Staaten der USA eine große Rolle. Auf einem „langen Stimmzettel" („long ballot") wird hierbei die Besetzung fast aller nur erdenklichen Positionen im öffentlichen Dienst, vom Bürgermeister über den Sheriff bis hin zum amtlichen Hundefänger, dem wahlberechtigten Bürger zur Entscheidung vorgelegt. In nicht ganz so ausgeprägter Form findet sich diese Art der Vergabe von Positionen im öffentlichen Dienst aber auch in anderen Systemen mit mehr „direkter" Demokratie, wie z. B. in den Kantonen der Schweiz. – Die heute allerdings weitaus am häufigsten anzutreffende Art der Ämterbesetzung erfolgt auf dem Wege der *Ernennung*. Die jeweils verantwortlichen politischen Entscheidungsträger oder ihre Beauftragten bestimmen hierbei im Rahmen ihrer Kompetenzen über die Einstellung in den öffentlichen Dienst. Das Ausmaß der Entscheidungsbefugnis des einzelnen und ihre jeweilige Legitimation ist allerdings je nach Art des politischen Systems sehr unterschiedlich.

Diesen verschiedenartigen Formen der Besetzung einer Position im öffentlichen Dienst entsprechen auch sehr unterschiedliche Arten der Honorierung der jeweiligen Tätigkeiten. Während einige Ämter lediglich „ehren"-halber, also vor allem wegen des damit verbundenen Sozialprestiges, oder auch unter dem Ethos des „Dienstes am Staate" oder der Gesellschaft ausgeübt werden, sind andere mit handfesten materiellen Vergütungen verknüpft. Ererbte oder „gekaufte" Ämter tragen sich dabei in der Regel aus sich selbst heraus, d. h. aus den Einkünften, die ihre Ausübung mit sich bringt, wie z. B. bei einem römischen „Steuerpächter". Durch Ernennung besetzte Positionen sind in der Regel fest besoldet und die verschiedenartigen „Versorgungsansprüche" jedes einzelnen Bediensteten sind meist fest umrissen und in entsprechenden Bestimmungen festgelegt. Auch hier bestehen häufig erhebliche Unterschiede zwischen der „formalen" und „informalen" Organisation. So wird z. B. in einigen Ländern bei einer sehr geringen offiziellen Besoldung der Staatsbediensteten eine gewisse „Selbstversorgung" geradezu vorausgesetzt oder zumindest in vielen Fällen stillschweigend geduldet.[95]

Auch die dritte oben angeschnittene Frage, die des Entscheidungsspielraums eines einzelnen Mitgliedes einer Bürokratie, ist mit den beiden zunächst angesprochenen Punkten und der dieser ganzen Problematik gemeinsamen Entstehungsgeschichte eng verknüpft. In den feudalen Herrschaftsformen, z. B. des europäischen Mittelalters, hatten die einzelnen lokalen und regionalen Machtträger (z. B. Barone, Grafen, Fürsten usw.) eine relativ große Entscheidungsbefugnis innerhalb ihres geographisch festgelegten Gebietes. Eine starke Dezentralisation der Entscheidungsgewalt (in vertikaler Hinsicht) verband sich mit einer großen Konzentration der Befugnisse auf der horizontalen Ebene. Erst mit der Heraufkunft des Absolutismus und der Entstehung moderner Staaten wurden die Kompetenzen innerhalb der nun geschaffenen spezialisierteren Verwaltung stärker zentralisiert und in ihren jeweiligen Aufgabenbereichen genauer abgegrenzt. Als weiteres prägendes Moment kam die allmähliche Entwicklung der kapitalistischen Produktionsweise hinzu, deren Prinzipien der Zurechenbarkeit der Leistungen und der rationalen Erfolgskontrolle sich auch im Verwaltungssektor auszuwirken begannen. So entstand, zumindest als „Idealtypus" im Weberschen Sinne, das Modell der klassischen, strikt hierarchisch organisierten Bürokratie. In ihr dominieren die Prinzipien der Legalität, der Rationalität und der Neutralität. Der Dienst wird immer nur „streng nach Vorschrift" erledigt, keine Amtshandlung erfolgt ohne entsprechende rechtliche Grundlage. Die „Form" muß in jeder Beziehung gewahrt bleiben. Bürokratie in diesem Sinne ist die „rationalste Form der Herrschaftsausübung" (Max Weber). Politisch bleibt sie strikt neutral. Parteien-, Verbands- oder anderen Interessenvertretern räumt sie keinerlei „besondere" Einflußmöglichkeiten, z. B. aufgrund von Ämterpatronage, „Beziehungen" usw. ein. Der einzelne Angehörige der Verwaltung wird auf diese Weise ausschließlich zum Vollzugsorgang der politischen Entscheidungsträger. Auch sein jeweiliger, meist eng begrenzter „Ermessensspielraum" ist hierbei von vornherein durch entsprechende allgemein gesetzte Bestimmungen festgelegt. Charakteristischer Ausdruck dieser Art der Bürokratie ist das *„Berufsbeamtentum"*, wie es sich zunächst vor allem in Kontinentaleuropa herausgebildet hat und heute nahezu in jedem Staat der Welt in unterschiedlicher Form anzutreffen ist. Klare Einstellungs-, Besoldungs- und Beförderungsvorschriften, die genaue Zuweisung von Kompetenzen innerhalb eines hierarchischen Apparates, Einstellung auf Lebenszeit und geregelte Pensionierungsvorschriften kennzeichnen diesen Berufszweig.

Die „Rationalität" einer solchen Verwaltung beschränkt sich allerdings auf strikte Zweck-Mittel-Beziehungen. Der auf seine Legitimation meist unbefragte Zweck besteht dabei in der Ausführung der Herrschaftsgewalt der politischen Entscheidungsträger. Für diese wird die staatliche Verwaltung auf diese Weise zu einem beliebig einsetzbaren Instrument, dessen

Kontrolle durch die klare Zuweisung der Befugnisse innerhalb der Hierarchie, die vorgeschriebene schriftliche Fixierung aller Amtshandlungen und die ausdrückliche Bezugnahme auf die jeweiligen rechtlichen Grundlagen gewährleistet werden soll. Diese Kontrolle erfolgte, historisch gesehen, zunächst vorwiegend von oben nach unten, also durch den jeweiligen staatlichen „Souverän". Mit der Entstehung eines mehr und mehr Rechte und Freiheiten „vom Staat" beanspruchenden Bürgertums wuchsen aber auch die Kontrollmöglichkeiten „von unten". Dies geschah zunächst dadurch, daß innerhalb des unmittelbaren lokalen Lebensbereichs der Bürger Gemeindeverwaltung und Staatsverwaltung voneinander geschieden wurden. Die Kontrolle über die erstgenannte wurde dabei den jeweils betroffenen Bürgern weitgehend überlassen und im Prinzip der „Gemeindeselbstverwaltung" festgehalten.[96] Aber auch auf der gesamtstaatlichen Ebene gewann das Bürgertum auf verschiedene Weise in vielen Ländern mehr und mehr Einfluß auf die politischen Entscheidungsorgane. Die Verwaltung wurde in immer stärkerem Maße an die auf parlamentarischem Wege erfolgte Gesetzgebung gebunden, und die Regierung, und zum Teil auch ihre einzelnen Minister, wurden dem Parlament gegenüber für ihre Handlungen unmittelbar verantwortlich gemacht. Hinzu trat eine Überprüfung der Akte der Verwaltung durch eine sich als selbständige „Gewalt" herausbildende Justiz, zum Teil in *Form einer separaten Verwaltungsgerichtsbarkeit,* deren Anrufung dem einzelnen Bürger zur Überprüfung der Rechtmäßigkeit ihn betreffender Verwaltungshandlungen offenstand.[97]

Diese Entwicklung einer zunehmenden Kontrolle „von unten" erfolgte, wie gesagt, in den verschiedenen Staaten in sehr unterschiedlicher, zum Teil evolutionärer, zum Teil aber auch sehr abrupter Form. Sie blieb zunächst auf die heutigen, sogenannten „westlichen parlamentarischen Demokratien" beschränkt, wenn auch die Entwicklung einer „rationalen", hierarchisch gegliederten Staatsverwaltung, bei unterschiedlichen Ausprägungen vor allem auch hinsichtlich der „subjektiven" Aspekte,[98] als universelles Merkmal moderner Staaten gelten kann. Ein für die Entwicklung der Möglichkeiten „demokratischer" Kontrolle wesentlicher Unterschied bestand in dem Umstand, ob die Entstehung einer modernen staatlichen Verwaltung der Herausbildung parlamentarischer Kontrollorgane vorausging (wie z. B. in Deutschland oder Frankreich), nahezu gleichzeitig mit ihr erfolgte (wie z. B. in England) oder gar hinter dieser zurückblieb (wie z. B. zu Anfang in den USA). Die Frage der jeweiligen relativen Dominanz der „input"- oder „output"-Strukturen eines politischen Systems und der Zeitpunkt ihres entwicklungsgeschichtlichen Auftretens ist auch für viele der heutigen Staaten der Dritten Welt und die Chance ihrer zukünftigen „demokratischen Entwicklung" von erheblicher Bedeutung.

Hiermit im Zusammenhang stehen auch andere, teils positiv, teils negativ zu wertende Aspekte der „Bürokratisierung" der „output"-Strukturen eines politischen Systems. Die Vorteile, die eine sachbezogene, stets die jeweilige rechtliche Grundlage beachtende und zur Innehaltung von Formvorschriften verpflichtete Verwaltung für die Kontrolle durch die politischen Aufsichtsorgane, aber auch durch die Justiz und durch den Bürger mit sich bringt, werden häufig durch übertriebenen Formalismus, mangelnde Flexibilität bei den Entscheidungen, Kompetenzwirrwarr, fehlende Effizienz und die weitgehende Anonymität von für den Bürger unüberschaubar gewordenen Mammutorganisationen wieder aufgehoben. Parkinsons „Gesetz", daß Organisationen unabhängig vom Umfang der zu bewältigenden Arbeit mit einer nahezu konstanten Rate wachsen und von einer bestimmten Größenordnung an völlig damit ausgelastet sind, sich selbst intern zu verwalten, scheint sich in erschreckender Weise vielerorts zu bestätigen.[99] Diese zunehmende „Bürokratisierung", in negativem Sinne, läßt auch das Schreckgespenst einer von „Technokraten" total verwalteten Welt, die der Partizipation der Bürger am politischen Entscheidungsprozeß keine Chance mehr läßt, nicht mehr nur als völlig unrealistische Utopie erscheinen. Kafkas Visionen und Orwell's oder Huxley's Modelle eines solchen Staates können nur zu leicht Wirklichkeit werden.[100]

Ein spezifischer Punkt der Kritik an der zunehmenden „Bürokratisierung" richtet sich auch gegen das Institut des „Berufsbeamtentums" und seinen besonderen Status. Eingedenk seiner ursprünglich obrigkeitsstaatlichen Herkunft ist seine besondere Stellung und die Ausweitung seiner Funktionen auf viele Bereiche für viele Kritiker heute nicht mehr recht einsehbar. So ist z. B. nur schwer ersichtlich, warum z. B. ein Lokomotivführer der Bundesbahn in höherem Maße „hoheitliche Gewalt" verkörpern soll als ein privater Busfahrer oder ein Pilot der Lufthansa. Die mit dem Status des Beamten verbundenen Privilegien (z. B. Anstellung auf Lebenszeit, zahlreiche Versorgungsansprüche usw.) und die größere Bedeutung, die der Ausübung ihrer Pflichten beigemessen wird (wie dies z. B. durch das fehlende Streikrecht zum Ausdruck kommt), sind nach Ansicht einiger Autoren[101] zumindest auf den Personenkreis zu beschränken, der tatsächlich im engeren Sinne für die Aufrechterhaltung des Staatsganzen unentbehrlich ist. Ansonsten sei das Institut des „Angestellten im öffentlichen Dienst" für die Bewältigung der öffentlichen Aufgaben in einem demokratischen Staate völlig zureichend.

Die „output"-Strukturen eines politischen Systems und ihre verschiedenartigen Ausprägungen unterliegen heute, wie andere Bereiche der Gesellschaft auch, einer ständigen Anpassung an die Erfordernisse der Zeit, wobei das Beharrungsvermögen der Institutionen in diesem Bereich allerdings besonders stark ausgeprägt zu sein scheint. Wichtige Anhaltspunkte sowohl für den Wandel als für das Beharrungsvermögen bürokratischer

Strukturen liefert dabei auch die Untersuchung der „Subjekt“-Aspekte dieses Bereichs.

2. *Die „Subjekt“-Aspekte der Beziehungen politisches System – Gesellschaft:* Zu diesen gehören zunächst die *Inhalte der „outputs“*, die das politische System der Gesellschaft gegenüber erbringt. Diese bestimmen sich nach den „inputs“ des politischen Systems, also in erster Linie nach den an es gestellten Forderungen, den Eigeninteressen der Regierenden („within-puts“) und nach bestimmten normativen Prinzipien, die diese vertreten oder deren Einhaltung durch verfassungsmäßige Regelungen (z. B. durch die ausdrückliche Feststellung gewisser unantastbarer „Grundrechte“, die bei unabhängigen Justizbehörden einklagbar sind) gewährleistet ist. Art und Ausmaß der *„Befriedigung der Forderungen“* lassen dann auch Aufschlüsse darüber zu, in welchem Maße eine *„Bestätigung der Unterstützungen“* erfolgt. So kann die Art und das Ausmaß der Legitimität eines politischen Systems sehr stark von seinen „outputs“, vor allem auch materieller Art, abhängig sein. Einige Autoren vertreten z. B. die These, daß die Legitimität der demokratischen politischen Institutionen in der BRD nach dem II. Weltkrieg in hohem Maße durch die erfolgreiche Wirtschaftpolitik des neuen Systems und dem durch sie bewirkten materiellen Wohlergehen der meisten Bürger bewirkt worden sei.[102] Umgekehrt ist der Fall nicht selten, daß für lange Zeit als legitim angesehene politische Strukturen durch mangelnde Leistungsfähigkeit, vor allem auch wieder im Hinblick auf die materiellen „outputs“ und die wirtschaftliche Entwicklung insgesamt, ihre Legitimität einbüßen können.

Wichtige Aufschlüsse über ein politisches System und die Art der von ihm ausgeübten Herrschaft ergeben sich auch durch die Beantwortung der Frage, welchen sozialen Gruppen die jeweiligen „outputs“ in erster Linie zugute kommen. Die jeweils, bewußt oder unbewußt, betriebene *„Schichtungspolitik“* eines politischen Systems kann dabei entweder auf die Erhaltung eines bestimmten „status quo“ oder aber auch auf Veränderungen in der Gesellschaft und der sie kennzeichnenden Struktur gerichtet sein. Auf diese Weise erfolgen häufig mittel- und langfristig sehr bedeutsame Weichenstellungen für die zukünftige politische Entwicklung eines Landes.

Neben den Inhalten der „outputs“ sind in diesem Bereich vor allem auch die *Orientierungen der Rollenträger* und ihr jeweiliges Verhalten von Interesse. Diese Orientierungen können sich u. U. zu einem bestimmten „Berufsethos“ der Angehörigen des öffentlichen Dienstes verfestigen, das für bestimmte Länder und bestimmte Epochen jeweils gewisse „typische“ Wertvorstellungen beinhaltet. Ein solches „Ethos“, das von seinen Verkündern meist als anstrebenswertes Ideal angesehen wird, kann aber auch durch andere, vor allem hinsichtlich des konkreten Verhaltens, das dieses bewirkt, durchaus negativ bewertet werden. So besteht z. B. eine gewisse Klischeevorstellung vom „preußischen Beamten“ und seinem

Ethos darin, daß dieser sich durch Pflichtbewußtsein, Gründlichkeit, Ehrlichkeit, Anspruchslosigkeit und Fleiß auszeichnet, dieses aber auch oft zu Pedanterie, blindem Obrigkeitsglauben und „Radfahrertum" („nach oben buckeln, nach unten treten") führe. Inwieweit solche Charakterisierungen für bestimmte Personengruppen in verschiedenen Ländern jeweils zutreffen, läßt sich heute auch mit den Methoden der empirischen sozialwissenschaftlichen Verhaltensforschung[103] näher bestimmen.

Das Verhalten von Angehörigen des öffentlichen Dienstes kann sich dabei in hohem Maße an den durch die jeweiligen Strukturen vorgegebenen formalen Organisationsrichtlinien und ihrer Einhaltung ausrichten, wie z. B. den Prinzipien der „Legalität", „Rationalität" und „Neutralität" in einer „idealen" Bürokratie im Weberschen Sinne. Es sind aber auch erhebliche Abweichungen von der formal vorgegebenen Organisation denkbar und häufig in der Realität anzutreffen. Besonders ins Auge springen solche Abweichungen, wenn diese im nahezu direkten Gegensatz zum eigentlich durch entsprechende Vorschriften geforderten Verhalten stehen. Die Begriffe „Korruption", also das Abweichen von bestimmten gesetzten Richtlinien zugunsten privater Interessen aufgrund materieller Vergünstigungen, und „Nepotismus", also eine Form der Ämterbesetzung aufgrund bestimmter persönlicher oder anderer privater Rücksichten, kennzeichnen bestimmte Formen solcher Diskrepanzen.[104] Eine genaue Grenzziehung im Hinblick auf die noch erlaubte „Flexibilität" zur Abkürzung eines Verfahrens oder hinsichtlich der Art der noch als statthaft angesehenen „Beziehungen" bei der Besetzung eines Amtes ist jedoch im Einzelfall oft nur schwer möglich. Zwischen eindeutig als „korrupt" zu bezeichnenden und strikt den Vorschriften entsprechenden Handlungen einer Bürokratie besteht häufig eine erhebliche „graue" Zone, die für Außenstehende meist nur schwer einzusehen und zu beurteilen ist. Auch ist die Art der angelegten Maßstäbe oft nicht eindeutig und wird in vielen Fällen nicht von allen Betroffenen gleichermaßen als gültig anerkannt. – Einige Staaten (z. B. in einigen Ländern Lateinamerikas und Asiens) sind heute geradezu notorisch für das Ausmaß der dort auf allen Ebenen herrschenden Korruption bekannt, aber auch in so „entwickelten" Ländern wie den USA oder der BRD sind Fälle von eklatanter Korruption (wie z. B. bei einigen Polizeibeamten in New York) oder aus der „grauen" Zone zwischen Legalität und Illegalität (wie z. B. der Vergabe von öffentlichen Aufträgen, der Ausweisung von Bauland durch die Gemeinden u. ä.) nicht gerade selten. Erst die Berücksichtigung solcher verschiedener „Subjekt"-Aspekte läßt dann auch eine umfassendere Beurteilung des output-Bereichs politischer Systeme insgesamt zu.

3. Eine „output"-Struktur besonderer Art: „Das Militär": Unter den Vollzugsorganen des Staates nimmt das Militär eine besondere Stellung ein. Seine wichtigsten Kennzeichen sind die straffe hierarchische Organisation, die auf der strikten Einhaltung der Prinzipien von Befehl und Gehorsam beruht, und die oft ausschließliche Verfügung über Mittel physischen Zwangs, die zur Behauptung oder Durchsetzung des politischen Willens einer Staatsführung eingesetzt werden. Wenn auch heute in demokratisch regierten Staaten nicht mehr ein absoluter und bedingungsloser „Kadavergehorsam" von den Angehörigen der Streitkräfte eines Landes erwartet wird und mehr das Mitdenken und die Verantwortlichkeit auch des einzelnen „Staatsbürgers in Uniform" in den Vordergrund gestellt werden (wie z. B. beim Prinzip der viel diskutierten „Inneren Führung" in der Bundeswehr), so bleibt doch in der besonderen Art des Aufbaus der Hierarchie, der genau definierten Zuweisung von Kompetenzen und der potentiell totalen Beanspruchung des einzelnen, wie sie auch im „kasernierten" Zusammenleben zum Ausdruck kommt, ein erheblicher Unterschied gegenüber anderen „zivilen" staatlichen Vollzugsorganen bestehen. – Die primäre Funktion des Militärs liegt dabei im *außen*politischen Bereich. Lange Zeit als ein beliebig verwendbares (und häufig verwendetes!) Instrument zur „Fortsetzung der Politik mit anderen Mitteln" (Clausewitz) angesehen, besteht heute seine Bedeutung angesichts der hochentwickelten Technologie der Massenvernichtungsmittel, zumindest im Verhältnis hochentwickelter Industriestaaten zueinander, gerade in der „Abschreckung", also der Nichtanwendung seines Potentials.

Über diese außenpolitische Funktion hinaus kommt den Streitkräften eines Landes häufig aber auch eine bedeutsame Rolle in der jeweiligen *Innen*politik zu. Um diese in ihren verschiedenartigen Aspekten deutlicher zu machen, müssen wir auf einige Merkmale des Militärs noch etwas näher eingehen. Zunächst gilt es, zwei wesentliche *Rekrutierungsprinzipien* bei der Aufstellung von Streitkräften zu unterscheiden: Die Rekrutierung von *Berufs*soldaten, häufig auf Lebenszeit, und die Aushebung von *„Wehrpflichtigen"* für bestimmte Zeiträume. Beispiele für das erstgenannte Verfahren sind die Landsknechtheere des Mittelalters, die französische „Fremdenlegion", aber auch die heutigen Streitkräfte Großbritanniens oder die „Kader" fast aller modernen Armeen, z. B. auch der Bundeswehr. Beispiele aus der Neuzeit für die ersten aus der Masse des Volkes auf Zeit rekrutierten Streitkräfte sind die Armeen der Französischen Revolution und die Miliz der Schweiz.

Diese unterschiedliche Art der Rekrutierung spielt auch im Hinblick auf die gesamtgesellschaftliche und damit politische Bedeutung der Streitkräfte eines Landes eine Rolle. Während der Vorteil von Berufsarmeen, besonders bei der heutigen komplizierten Waffentechnologie, in erster Linie in ihrer in der Regel besseren Ausbildung und der hierdurch bedingten höheren fachlichen Qualifikation zu sehen ist, unterliegen diese andererseits leicht der Gefahr, durch die relative Isolation der Berufssoldaten von der übrigen Gesellschaft zu einem „Staat im Staate" zu werden. Wehrpflichtigenheere dagegen sind einer solchen Gefahr, die natürlich besonders für „demokratische" Staatswesen von Bedeutung ist, in geringerem Maße unterworfen. Die durch die kürzere Ausbildungsdauer bedingte geringere Sachkompetenz kann dabei u. U. durch das größere Reservoir an Personen, das im Konfliktfall für Zwecke der Landesverteidigung zur Verfügung steht, wettgemacht werden. Die meisten Armeen der Industriestaaten kombinieren heute, um die jeweiligen Nachteile des einen oder anderen Verfahrens auszugleichen, einen „Kern" von auf Dauer oder zumindest längere Zeit verpflichteten Soldaten mit periodisch wechselnden Wehrpflichtigen. Aber auch noch in anderer Hinsicht ist die Art der Rekrutierung von Streitkräften politisch von Bedeutung. Je nach der sozialen Herkunft der Soldaten und vor allem des Offizierskorps bestimmt sich auch häufig die Art der Kontrolle des Militärs durch die jeweilige politische Führung. So war im Europa des 18. und 19. Jahrhunderts eine Unterordnung des Militärs unter die Ziele der politischen Führung weitgehend schon allein dadurch gegeben, daß politische Führung und Offizierskorps weitgehend aus derselben sozialen Schicht, dem Adel, stammten und so in vielem identische Interessen und Verhaltensweisen aufwiesen.

Dasselbe trifft häufig auch für die dem Militär und der politischen Führung gemeinsamen Merkmale horizontaler Schichtung zu, also z. B. Herkunft aus derselben Volksgruppe, derselben Region, Zugehörigkeit zur selben Religion usw. In diesen Fällen kann man auch aufgrund der bestehenden Interessenidentität von einer „subjektiven" Kontrolle des Militärs durch die politische Führung sprechen. Eine derartige Interessenidentität wurde z. B. auch von einigen Kritikern des Krieges in Vietnam zwischen den Angehörigen des „military-industrial-complex", also zwischen militärischer Führung, Rüstungsindustrie und der politischen Führung der USA vermutet.

Eine andere Art der „subjektiven" Kontrolle liegt dann vor, wenn die Berufsauffassung, das „Ethos" einer Armee im Hinblick auf die Rolle des Militärs in der Politik in bestimmter Weise ausgeprägt ist. So versteht sich z. B. das Militär in einigen Ländern (u. a. auch Großbritannien) als bloßes Werkzeug der staatlichen Organe. Ein eigenständiges Eingreifen in die Politik gilt für die Vertreter eines solchen Ethos als undenkbar. – Von „objektiver" Kontrolle kann man im Gegensatz hierzu dann sprechen, wenn andere gesellschaftliche Gegenkräfte bestehen, die den Einfluß des Militärs auf das politische Leben eines Landes in wirksamer Weise beschränken.[105] An der letztgenannten Art der Kontrolle fehlt es jedoch häufig in Gesellschaften mit noch wenig differenzierter Struktur, geringer Arbeitsteilung und einem geringen Grad hieraus resultierender gegenseitiger Abhängigkeit der einzelnen Gesellschaftsgruppen, also heute vor allem in vielen Staaten der Dritten Welt.

Neben diesen mehr allgemein sozialen Faktoren, denen im Hinblick auf die politische Rolle der Streitkräfte im Innern ein gewisses Gewicht zukommt, ist auch ihre unmittelbar wirtschaftliche Bedeutung, wie sie mit dem Hinweis auf einen möglichen „military-industrial-complex" schon angedeutet wurde, nicht zu übersehen. Die außerordentliche Kompliziertheit und das rasche technologische Veralten moderner Waffensysteme führten im Gefolge der „Drohpolitik" der Großmächte in den letzten Jahrzehnten zu ständig steigenden Ausgaben auf dem Rüstungssektor (BRD: Anteil der Rüstungskosten am Bundeshaushalt in den letzten Jahren 20–25%, Anteil am Bruttosozialprodukt ca. 4%). Ein besonderes Charakteristikum dieser Ausgaben ist es, daß sie, in der Sprache der Ökonomen, zwar einen „Einkommens"- aber keinen „Kapazitätseffekt" haben; d. h. Rüstungsausgaben, sofern sie im Inland getätigt werden, schaffen zwar Arbeitsplätze und damit Einkommen, das im Wirtschaftskreislauf wirksam wird, sie bringen aber in letzter Konsequenz keinen Zuwachs des Leistungspotentials einer Volkswirtschaft, z. B. in Form einer verbesserten Infrastruktur, neuer industrieller Kapazitäten o. ä. Der Ausdruck „verpulvern" bezeichnet zu Recht diesen Tatbestand. Damit ist aber über die jeweilige politische und vor allem *außen*politische Berechtigung solcher Ausgaben noch nichts ausgesagt. Ihre relative Höhe in den heutigen Industriestaaten und ihr besonderer Charakter bewirken aber, daß sie auch auf diese Weise sich innenpolitisch auswirken.

Die direkteste Art der Einflußnahme des Militärs auf die Politik eines Landes besteht aber natürlich nach wie vor in einer unmittelbaren Übernahme der Macht durch die Streitkräfte. Diese wird dort erleichtert, wo die Legitimität der zentralen politischen Institutionen eines Landes und ihrer wichtigsten Rollenträger schwindet oder sich wandelt, ohne daß bereits eine neue Art der Legitimität (z. B. eine „legalrationale" oder „charismatische") an die Stelle der alten (z. B. einer „traditionalen"[106]) getreten wäre. In den sich in einem solchen Falle abzeichnenden, an rein machtpolitischen Kriterien orientierten Positionskämpfen hat oft das Militär kraft seiner Ausrüstung und Ausbildung leichtes Spiel. Charakteristische Beispiele für eine solche innenpolitische Lage sind z. B. die Spätphase des „Römischen Reiches" mit seinen zahlreichen „Soldatenkaisern", aber auch die italienische Politik zu Zeiten Machiavellis mit ihren „condottieri" und den die Politik bestimmenden Landsknechtshaufen. Heute sind vor allem in Lateinamerika (z. B. Bolivien mit mehr als 140 Putschen in den noch nicht einmal 150 Jahren seit der Unabhängigkeit) und im Nahen Osten (z. B. in Syrien 10 Staatsstreiche seit 1945) Staatsstreiche sehr häufig, und auch einige afrikanische Staaten scheinen begonnen zu haben, diesen Weg zu gehen (Ghana: 3 Militärputsche seit 1966, Dahomey: 5 Staatsstreiche seit der Unabhängigkeit 1960). In diesen Staaten kann man ohne weiteres davon sprechen, wie es ein lateinamerikanisches offizielles Militärhandbuch in schöner Offenheit ausdrückt, daß „die Präsidentschaft des Landes der Gipfelpunkt einer militärischen Laufbahn" sei. Die Auswirkung solcher militärischer Interventionen auf die Politik ist allerdings sehr unterschiedlich. Bei einigen (und wohl der Mehrzahl) handelt es sich nur um „Palastrevolutionen", die die Ablösung einer herrschenden Clique durch eine andere mit sich bringen, ohne an den tatsächlichen Verhältnissen im Lande viel zu ändern.

Andere Staatsstreiche können hingegen durchaus als „revolutionär" auch in einem umfassenderen und tieferen Sinne bezeichnet werden. Dies trifft z. B. für die Machtergreifung Atatürks oder, mit Abstrichen, für die Absetzung König Faruks durch Naguib und Nasser in Ägypten zu. Je mehr jedoch das abzulösende politische System sich der Partizipation der Massen geöffnet hat, desto konservativer oder gar reaktionärer wird in der Regel die politische Zielsetzung putschender Militärs.[107] Zwar wird auch in solchen Fällen häufig die Korruptheit des vorangegangenen Regimes und die Notwendigkeit der Wiederherstellung einer „wahren Demokratie" als wichtigste Begründung angeführt, doch Anspruch und Wirklichkeit klaffen meist weit auseinander. Das geregelte Abtreten des Militärs von der politischen Bühne, z. B. zugunsten einer aus Wahlen hervorgegangenen zivilen politischen Führung, läßt in der Regel lange auf sich warten, und auch mit anderen angestrebten Reformen und der meist versprochenen Verbesserung des Lebensstandards der Bevölkerung ist es oft nicht weit her. So ergab eine Untersuchung der Effizienz von Militärregimen in dieser Hinsicht an Hand offizieller statistischer Unterlagen (vor allem für Lateinamerika), daß wirtschaftliches Wachstum, Industrialisierung, Hebung des Bildungsstandes der Bevölkerung und andere Indikatoren sich keineswegs durch die Ablösung von zivilen Herrschern durch militärische in positiver Richtung verändert hatten. In vielen Fällen waren sogar Stagnation und Niedergang festzustellen.

Damit entfällt aber auch das Argument (zumindest für diese Art von Regime), daß autoritäre Herrschaftsformen heute in den Staaten der Dritten Welt wegen ihrer größeren Fähigkeit, die soziale und wirtschaftliche Entwicklung voranzutreiben, demokratischen Systemen überlegen seien.

Gesamtaspekte der Systembetrachtung

Während in den vorangegangenen Abschnitten dieses Kapitels die einzelnen Teilbereiche eines politischen Systems in ihren verschiedenen Aspekten näher behandelt wurden, sollen im folgenden die ein System als *Ganzes* betreffenden Gesichtspunkte erörtert werden.

1. Die funktionale Beurteilung des Gesamt-Systems: Diese Art der Beurteilung bleibt „system-immanent", d. h. sie bezieht sich ausschließlich auf Aspekte der inneren Funktionsfähigkeit eines politischen Systems, seines Zusammenhalts, seiner Stabilität, seiner voraussichtlichen Lebensdauer usw. Hierbei gilt es auch eventuell bestehende innere Widersprüche, z. B. zwischen der „politischen Kultur" einer Gesellschaft und den Strukturen des politischen Systems, systemgefährdende Gruppenkonflikte, Legitimitätskrisen, mangelnde Entsprechung der als „inputs" gestellten Forderungen durch die „outputs" usw. aufzuzeigen. Auch dynamische Aspekte des unter Umständen abschätzbaren Wandels des Systems auf Grund bestehender oder durch Wandlungen in der Gesellschaft auftretender Konflikte können hierbei deutlich werden. In diesem Sinne können auch die „Anpassungsfähigkeit" und Chancen der „Modernisierung" eines politischen Systems, z. B. auch hinsichtlich moderner sozio-ökonomischer Entwicklungen, beurteilt werden.

Eine Untersuchung der letztgenannten Art stellt z. B. Huntingtons Analyse der Zukunftsaussichten heute noch bestehender traditionaler monarchischer Systeme (wie z. B. Marokko, Äthiopien oder Iran) dar.[108] Seine Schlußfolgerung, daß die Chancen solcher „modernisierenden Monarchen" trübe sind, beruht dabei auf einer sorgfältigen Analyse eines funktionalen Grundwiderspruchs, dem sich solche Monarchen gegenüber sehen: Einerseits wird an sie von wachsenden Kreisen der Bevölkerung ihrer Staaten, aber auch durch die Weltöffentlichkeit die Erwartung gestellt (die sie zum Teil selbst teilen mögen), so schnell wie möglich zu „modernisieren", also ihr Land wirtschaftlich und sozial zu entwickeln, andererseits rührt gerade diese Modernisierung an der traditionalen Basis ihrer Legitimität. Die sich wandelnden gesellschaftlichen Voraussetzungen des politischen Systems und die Art der „Unterstützungen" auf der „input"-Seite geraten also in Widerspruch zueinander. Die sich anbietenden „Lösungsmöglichkeiten" im Sinne einer Aufrechterhaltung des Regimes, z. B. durch Umwandlung in eine „konstitutionelle Monarchie", sind dabei, wie Huntington ebenfalls zu zeigen vermag, aufgrund der heute bestehenden besonderen innenpolitischen Konstellation in diesen Ländern sehr beschränkt.

Funktionale Analysen dieser Art haben daher, sofern ihre Fragestellung und Durchführung sich gegenüber den gestellten Problemen als adäquat erweist, auch einen unmittelbaren Bezug zur politischen Praxis.[109] So können derartige Untersuchungen nicht nur bestimmte politische Entwicklungen in einem Lande in gewissen Grenzen zutreffend prognostizieren (was natürlich auch von der Qualität der jeweiligen Untersuchung abhängt), sondern diese können u. U. auch Grundlage für konkretes politisches Handeln der Beteiligten werden. Es liegt in der Verantwortung des einzelnen Sozialwissenschaftlers, solche möglichen Anwendungen seiner Erkenntnisse so weit wie möglich zu antizipieren und u. U. seine Ergebnisse nur denjenigen interessierten Gruppen zukommen zu lassen, deren normative Wertbasis er teilt. Hier liegt also einer der wichtigen Verknüpfungspunkte zwischen sozialwissenschaftlicher Analyse und „politischer

Philosophie", der die Erkenntnis beider zu tragenden Bestandteilen innerhalb der Disziplin der Politikwissenschaft werden läßt.

2. *Die normative Beurteilung des Gesamt-Systems:* Noch klarer tritt dieser Zusammenhang zwischen politisch-philosophischer Wertung und politikwissenschaftlicher Analyse bei einer unmittelbar normativen Bewertung der untersuchten politischen Gegebenheiten eines Landes zutage. Politische Systeme werden hierbei als „gut" oder „schlecht" nicht nur in einem funktionalen, sondern auch in einem ethisch zu begründenden Sinn bezeichnet. Neben einer religiös oder allgemein moralisch motivierten Begründung eines solchen Urteils ist eine Voraussetzung hierfür für den Politikwissenschaftler auch die Kenntnis und Auseinandersetzung mit den Fragestellungen und möglichen Antworten der politischen Philosophie als dem Teilbereich seiner Disziplin, der sich mit normativen Problemen am intensivsten befaßt.[110]

Eine derart begründete Bewertungsbasis ist z. B. auch die Orientierung an der Wahrung der Menschenrechte in einem politischen System, wie sie sich z. B. im Schutz von Minoritäten, der sozialen und politischen Situation von Randgruppen einer Gesellschaft u. ä. manifestiert. Diese kann auch, im Sinne einer dynamischen Auffassung einer solchen Vorstellung, daran orientiert sein, ob ein politisches System „emanzipatorisch" in dieser Hinsicht oder aber z. B. auch „entpersonalisierend" oder „entmündigend" wirkt.

4. Vergleichende Politikwissenschaft („comparative politics")

Einführung

Seit Menschen bewußt geworden ist, daß es außer ihrer jeweils eigenen auch noch andere Gesellschaften gibt, haben sie diese und vor allem auch ihre politischen Ordnungen miteinander und mit ihrer eigenen verglichen. Auf diese Weise konnten sie Unterschiede oder Gemeinsamkeiten feststellen, aber auch sich ein Urteil darüber bilden, welches die jeweils „bessere" sei. In der neueren Geschichte wurde dieser Vorgang entscheidend durch die Erkenntnis gefördert, daß es sich bei der jeweils bestehenden politischen Ordnung nicht um „natürliche" oder „gottgegebene" und damit unveränderbare Einrichtungen handelt, sondern von Menschen unter bestimmten Bedingungen geschaffene und akzeptierte Institutionen, die damit auch zum Gegenstand der kritischen Reflexion und des zwischengesellschaftlichen Vergleichs werden können.[112]

Man kann in dieser Hinsicht geradezu gewisse „Schübe" der theoretischen Erkenntnis in Perioden des Umbruchs und der Neuorientierung feststellen. Macchiavelli's „Il Principe" und „Discorsi" zur Zeit der Renaissance und Montesquieu's „De l'esprit des lois" in der Epoche der

Aufklärung sind hierfür nur die markantesten Beispiele.[113] Aber auch heute, da unser Untersuchungsfeld durch das Eintreten der Staaten der „Dritten Welt“ als eigenständige Einheiten in die Weltpolitik eine ungeheure Erweiterung erfahren hat, läßt sich ein ähnlicher Vorgang der Ausweitung und theoretischen Verfeinerung der Ansätze vergleichender Politikwissenschaft feststellen. Die Diskussion über die Vorzüge des einen oder anderen „politischen Systems“, z. B. über die Möglichkeiten der „Demokratie in Entwicklungsländern“, ist dabei in vollem Gange. Aber auch die Auseinandersetzung über die Vorzüge des „westlichen“ oder des „östlichen“ Systems, von „bürgerlicher Demokratie“ oder „Diktatur des Proletariats“[114] ist ja keineswegs beendet.

Aufgabe der Politikwissenschaft ist es nun, in diese Diskussion die nötige begriffliche Klarheit zu bringen, die einzelnen Komponenten, die hierbei eine Rolle spielen, analytisch schärfer zu fassen[115] und mit diesen theoretischen Hilfsmitteln die politische Wirklichkeit angemessener zu beschreiben. Auf diese Weise kann sie zu einem besseren Verständnis der bestehenden Probleme und damit unter Umständen auch zu ihrer Lösung wesentlich beitragen.[116]

An dieser Stelle kann kein historischer Abriß des Vergleichs politischer Systeme und seiner Theorien gegeben werden. Eine spezifisch deutsche, wenn auch nicht nur deutsche Tradition hierbei soll jedoch erwähnt werden, auch um das folgende deutlicher von dieser abheben zu können: die deutsche *„Staatslehre“*. Diese wurde von der juristisch-verfassungsrechtlichen Tradition einerseits und von der „politischen Philosophie“ (z. B. bei der Untersuchung des Problems des „guten“ und „gerechten“ Staates) andererseits geprägt. Sie führte zu einer Analyse vornehmlich der rechtlichen Gegebenheiten der Politik, also der verfassungsmäßigen Regelung des „öffentlichen Rechts“ im weiteren Sinne, einschließlich des Verwaltungs- und Völkerrechts. Im Vordergrund standen also Institutionen und Prozeduren des staatlichen Aufbaus, der Gesetzgebung, der Justiz, aber auch des Wahlrechts und der internationalen Regelungen. Bei einem Vergleich, und hierum geht es in diesem Zusammenhang, wurden dann vorwiegend Vorzüge und Nachteile z. B. einer Monarchie gegenüber einer Republik, und bei dieser wiederum einer Präsidial- gegenüber einer Premierministerverfassung, Positiva und Negativa einer verfassungsmäßigen Gewaltentrennung bzw. Gewaltenzusammenfassung, eines zentralistischen gegenüber einem föderativen Staatsaufbau usw. erörtert. Das Ziel einer solchen Untersuchung war der Entwurf einer möglichst hieb- und stichfesten „idealen Verfassung“, die in sich widerspruchsfrei und in ihren Prozeduren bestmöglich aufeinander abgestimmt war, aber auch den „normativen“ Vorstellungen ihrer Schöpfer entsprach. Ein Ergebnis einer solchen ausführlichen Diskussion von Staatsrechtlern und Philosophen, und bei Inkrafttreten als Meisterwerk von

Leuten des Fachs gefeiert, war z. B. auch die Weimarer Verfassung, die dann kläglich scheiterte.[117]

Dieses Beispiel zeigt daher auch die Unzulänglichkeit dieses Ansatzes. Ein anderes Beispiel in jüngerer Zeit, das Übertragen westlicher Verfassungsmuster auf viele der „neuen Staaten" der heutigen „Dritten Welt", macht dieses Versagen noch deutlicher. Die vergleichenden Ansätze dieser Art bedürfen daher vor allem in zweifacher Hinsicht einer Ergänzung:

1. Bei Betrachtung *eines* Falles erwies sich die Berücksichtigung wichtiger weiterer Aspekte, über die eine reine Verfassungsanalyse keinen Aufschluß gibt, z. B. der bestehenden politischen Gruppierungen wie Parteien und Verbände, aber auch der allgemeineren sozialen und ökonomischen Voraussetzungen als notwendig. Im Falle Weimars zählten hierzu z. B. als besonderer Aspekt seiner „politischen Kultur" das verbreitete „Obrigkeitsstaatsdenken", das mit den verfassungsmäßig postulierten „rein demokratischen" Verhaltensweisen nur schlecht vereinbar war und, in sozialstruktureller Hinsicht, spezifische Umschichtungsprozesse wie z. B. vor allem durch Inflation und Weltwirtschaftskrise bedingt, die Verelendung des unteren Mittelstandes, der zu einer der wichtigsten tragenden Kräfte des Nationalsozialismus wurde.

2. Beim *internationalen* Vergleich wurde eine systematische Ausweitung der Betrachtung und die theoretische Berücksichtigung grundsätzlich aller politischen Systeme der Welt, und nicht mehr nur der „westlichen" nötig. Anstatt lediglich „vergleichende *Regierungslehre*" zu betreiben (englisch: „comparative government"), die sich vornehmlich auf den Vergleich zentraler politischer Institutionen beschränkte, begann man daher seit Mitte der fünfziger Jahre dieses Jahrhunderts, politische Phänomene mehr und mehr in ihren vielfältigen, auch nicht-institutionellen Ausprägungen und wechselseitigen Bedingtheiten zu vergleichen. Diese Richtung, die vor allem in den angelsächsichen Ländern ihren Ursprung hatte, wurde unter der Bezeichnung „comparative politics" bekannt. Die Übersetzung dieses Terminus ins Deutsche bereitet gewisse Schwierigkeiten. Gegenüber dem zwar etwas genaueren, aber umständlichen Ausdruck „vergleichenden Lehre der politischen Systeme", wird hier der Terminus „vergleichende Politikwissenschaft" bevorzugt.

Einen wichtigen Einfluß auf diese Entwicklung hatte die etwa im selben Zeitraum sich herausbildende politikwissenschaftliche „Systemtheorie".[118] Sie lieferte, in ihrer rudimentärsten Form aufgefaßt, ein universelles und „wertneutrales" begriffliches Modell, das die vielfältigsten Phänomene in den verschiedenartigsten Ländern auf einfache Weise zu ordnen vermochte und sie somit im Hinblick auf ihre Funktionen im Systemablauf vergleichbar machte. Vor allem Gabriel Almond und seine Mitarbeiter vertieften die systemtheoretische Betrachtungsweise im Hinblick auf Anwendungsmöglichkeiten in der vergleichenden Politikwissenschaft,[119] und auch die Arbeit der im letzten Jahrzehnt wohl einflußreichsten Institution auf diesem Gebiet, des „Committee on Comparative Politics“ des amerikanischen „Social Science Research Council“ (SSRC),[120] wurde stark von diesem Ansatz her beeinflußt. Daneben gab es zahlreiche Forscher, wie z. B. Apter, Riggs, Shils,[121] um nur einige der bekanntesten zu nennen, die, vor allem in der Entwicklungsländerforschung, eigene Ansätze verfolgten. Diese erwiesen sich in inhaltlicher Hinsicht oft als wichtige Ergänzung der zunächst rein formalen, systemtheoretischen Betrachtungsweise. Wenn auch heute noch nicht von einer wirklich umfassenden Synthese der theoretischen Ansätze auf diesem Gebiet gesprochen werden kann, so zeichnen sich doch einige erste Umrisse hiervon ab. Als klassifikatorischer, noch vortheoretischer[122] Rahmen erweist sich hierbei das System-Modell, so wie es im vorhergehenden Kapitel in seinen verschiedenen Teilbereichen kurz skizziert wurde, bei expliziter Einbeziehung der jeweiligen gesellschaftlichen Grundlagen eines politischen Systems als nützlich. Die verschiedenen in ihm wahrgenommenen Funktionen lassen sich dann an in ihren konkreten, strukturellen Ausprägungen in Raum und Zeit unterschiedlichen Systemen mit empirischen Methoden untersuchen, wobei die jeweiligen „Objekt“- und „Subjekt“-Aspekte der politischen Realität zusammen mit ihren jeweiligen „normativen“ Implikationen in jedem Teilbereich und bei jeder Fragestellung besonders zu berücksichtigen sind.[123]

Es ist an dieser Stelle nicht möglich, die hier angedeutete mögliche theoretische Synthese für eine vergleichende politikwissenschaftliche Betrachtung weiter zu entfalten. Dafür fehlen einfach noch zu viele der hierfür notwendigen Voraussetzungen, sowohl im Hinblick auf die theoretische Integration einiger Schlüsselkonzepte als auch vor allem hinsichtlich ihrer empirischen Umsetzung und Ausfüllung durch konkrete in Raum und Zeit näher definierte Inhalte. Statt dessen soll im folgenden eine wichtige Aufgabe der vergleichenden Politikwissenschaft, nämlich der Versuch, politische Systeme nach verschiedenen Gesichtspunkten systematisch zu klassifizieren und in Typologien einzuordnen, näher behandelt werden. Sowohl traditionelle als auch modernere Klassifikationen werden hierbei vorgestellt und die für solche Versuche bestehenden Möglichkeiten und Grenzen aufgezeigt. Die in der Regel meist statisch angelegten, also auf ein bloßes räumliches oder begriffliches Nebeneinander hin konzipierten Klassifikationen dieser Art werden dann im Schlußteil dieses Kapitels auf ihre entwicklungstheoretischen Aspekte, also die in den verschiedenen politischen Systemen angelegten Veränderungen und ihre Dynamik, untersucht. Mit Ausnahme einiger „klassischer“ Theorien auf diesem Gebiet, die aber nicht ohne weiteres auf die komplexen Phänomene der Gegenwart angewendet werden können, hat es auch hier die Politikwissenschaft mit noch weitgehend unerschlossenem Neuland zu tun. Es geht also auch hier darum, mehr die vorhandenen Probleme und sich bietenden Möglichkeiten aufzuzeigen, als bereits definitive Antworten zu geben.

Typen politischer Systeme

Jede wissenschaftliche Disziplin ist um die sachgemäße Einordnung der mit ihrer Hilfe gewonnenen Erkenntnisse bemüht. Ein wichtiges Hilfsmittel hierbei ist die Aufstellung von Klassifikationen oder Typologien. Jede Typologie versucht dabei, die einer Mehrzahl von „Fällen" gemeinsamen Charakteristika herauszuheben, um die Vielfalt der empirischen Wirklichkeit nach möglichst sinnvollen Gruppen ordnen zu können. Diese Gruppen können nun nach vorher konzipierten theoretischen Gesichtspunkten bestimmt werden, die alle denkbaren Kombinationsmöglichkeiten der jeweils betrachteten Variablen berücksichtigen, oder aber sie können mehr empirisch-enumerativ erfolgen, indem jeweils „ähnliche" Phänomene in einer Gruppe zusammengefaßt werden, ohne dabei notwendigerweise das gesamte Feld der jeweils vorgefundenen oder denkbaren Fälle abzudecken. Das erste Verfahren ist also mehr deduktiver, das zweite mehr induktiver Art.[124] Ein Problem beim ersten Verfahren besteht darin, die wirklich aussagekräftigsten Variablen zu ermitteln und diese in ihren verschiedenen Ausprägungsformen klar voneinander abzugrenzen. Werden nur wenige Variablen ausgewählt, so besteht die Gefahr einer zu groben Vereinfachung und willkürlichen Zuordnung verschiedener Fälle zu einer bestimmten Gruppe. Die tatsächlich auftretenden Fälle können dann von den „reinen" der konstruierten Typologie erheblich abweichen. Ist die Anzahl der für relevant angesehenen Variablen hingegen sehr groß, so geht die Zahl der sich aus ihnen ergebenden theoretisch denkbaren Kombinationsmöglichkeiten leicht ins Uferlose. Der Zweck einer ordnenden Zusammenfassung der beobachteten Phänomene mit Hilfe einer solchen Typologie wäre also verfehlt.

Die Problematik eines mehr induktiven Vorgehens besteht in der logischen Unmöglichkeit einer nicht apriorischen Kategorienbildung.[125] In Wirklichkeit handelt es sich bei der Aufstellung von Kategorien auf diesem Wege lediglich um ein deduktives Verfahren mit niedrigerem Abstraktionsgrad. Die Gefahr liegt dann nahe, daß die auf diesem Wege ermittelten, mehr „summarischen" Typen nur Teile der insgesamt vorhandenen Realität erfassen und „abweichende" Fälle oder „singulare" Typen nicht einzuordnen vermögen. Auch gestattet der Verzicht auf ein übergeordnetes theoretisches Gesamtkonzept bei dieser Art der Typenbildung dann keine näheren Aussagen über das Verhältnis der einzelnen Typen zueinander und der in ihnen jeweils berücksichtigten Variablen.

Für beide Arten der Typenbildung besteht das Problem der Wahl eines angemessenen Abstraktionsniveaus. Die „Vergleichbarkeit" mehrerer

Fälle geht dabei jeweils zu Lasten der „Einzigartigkeit" jedes Einzelphänomens und umgekehrt. Während einige Historiker aus diesem Grund jeden Versuch einer umfassenderen Klassifizierung politischer Ordnungsformen ablehnen und auf ihrer „Einzigartigkeit" beharren, bleibt es dennoch Aufgabe eines systematisch orientierten Politikwissenschaftlers, einen Ausweg aus diesem Dilemma zu suchen. Die idiographische (auf den Einzelfall gerichtete) und die systematische (auf den sinnvollen Vergleich bedachte) Betrachtungsweise müssen hierbei in einem Prozeß der allmählichen theoretischen Verfeinerung und inhaltlichen Anreicherung einander näher gebracht werden, um eine sinnvolle Typenbildung zu ermöglichen.[126] Damit wäre dann auch eine wichtige Vorbedingung für eine vergleichende politikwissenschaftliche Theorie erfüllt, die neben einer bloßen Klassifikation der vorgefundenen Phänomene auch Aussagen über die jeweils wirksamen Kausalbeziehungen machen kann, die die Entstehung und Veränderung politischer Systeme bewirken.[127]

Das „klassische" Beispiel für eine Klassifikation der ersten Art, auf das auch heute noch sehr viele Klassifizierungsversuche zurückgehen, ist die Typologie politischer Systeme von Aristoteles.[128] Als für die Unterscheidung wichtigste Variablen sah er die Zahl der Herrschenden in einem System („einer", „wenige", „viele",) und die Tatsache an, ob diese jeweils im Interesse des „Gemeinwohls" oder im jeweiligen Eigeninteresse handelten. Aus der Gegenüberstellung dieser beiden Faktoren entwickelte er eine sechsfache Klassifikation:

handelnd \ *Zahl der Herrscher*	einer	wenige	viele
handelnd im Interesse des „Gemeinwohls"	Monarchie	Aristokratie	„Politie" oder Timokratie
Eigennutzes	Tyrannei	Oligarchie	Demokratie

Den „guten" Regierungsformen der Monarchie, der Aristokratie und der „Politie" stellt er dabei also die jeweils „entartete" der Tyrannei, der Oligarchie und der Demokratie gegenüber. Eine „Demokratie" im heutigen Wortverständnis (s. a. u.) würde dabei eher in die Kategorie der „Politie" oder „Timokratie" des Aristoteles fallen. Wandlungen von der einen Form zur anderen sind dabei unter bestimmten Bedingungen möglich und auch, wie er an vielen historischen Beispielen seiner Zeit zu zeigen versteht, durchaus häufig in der Wirklichkeit anzutreffen. Aristoteles betont außerdem, daß die jeweilige Zahl der Herrscher für ihn nur ein oberflächliches Kriterium ist, das sich in Wirklichkeit auf die Art der jeweils herrschenden sozialen „Klasse", also auf die spezifischen gesellschaftlichen Voraussetzungen des jeweiligen politischen Systems bezieht. Eine „Tyrannei" ist demnach die Herrschaft eines einzelnen Despoten, der alle anderen wie Sklaven behandelt. Eine „Oligarchie" stellt die Herrschaft der Reichen dar, während eine „Demokratie" als Herrschaft der Armen in einer Gesellschaft zu verstehen ist. Eine „Monarchie" beruht seiner Auffassung nach auf der auf das Gemeinwohl bedachten Herrschaft einer durch ungewöhnliche intellektuelle, körperliche und charakterliche Fähigkeiten herausragenden Einzelperson. Eine „Aristokratie" als „Herrschaft der Besten", im wörtlichen Sinne, verkörpert die geistige und moralische Elite eines Staatswesens und eine „Politie" schließlich beruht auf der an den bürgerlichen Freiheiten und der „Gerechtigkeit" für alle orientierten Herrschaft eines breiten Mittelstandes.

Dieser grundlegenden „konstruierten" Typologie folgten im Laufe der Zeit unzählige andere. Je weiter das zu klassifizierende Feld wurde, desto vielfältiger wurden auch die Versuche, es nach bestehenden „Typen" zu unterteilen. Zu den wesentlichsten herausgegriffenen Gesichtspunkten gehören hierbei: territoriale Ausdehnung des jeweiligen Gemeinwesens (von der „Stammesgemeinschaft" und dem „Stadtstaat" bis hin zu großräumigen „Reichen"[129]); die Tatsache, ob ein politisches System verfassungsmäßig kodifiziert ist oder nicht („Verfassungsstaat" oder „Autokratie", Loewenstein[130]); das Ausmaß der Repräsentation der verschiedenen gesellschaftlichen Gruppen und Schichten (z. B. Herrschaft einer bestimmten „Klasse", wie der „Bourgeoisie" oder des „Proletariats", Marx[131]); die Art der Legitimität eines Systems (z. B. „traditionale", „charismatische", „rationale", M. Weber[132]) und hiermit im Zusammenhang stehend eine weltlich oder transzendental begründete Quelle der Regierungsgewalt („Republik" oder „Monarchie", Bodin[133]); die verschiedenartige Morphologie der zentralen Regierungsformen (z. B. „Präsidial-" oder „Kabinettssystem"[134]); die Art der Gewaltenteilung in vertikaler (z. B. zwischen Legislative, Exekutive und Judikative, Montesquieu[135]) und horizontaler Hinsicht (z. B. zentralistischer „Einheitsstaat", „Konföderation" oder „Bundesstaat"[136]); die Art der jeweils dominierenden „input"- und „out-put"-Strukturen (z. B. Herrschaft einer bestimmten Partei, der Bürokratie, des Militärs o. ä.[137]); die Art der ideologischen Ausrichtung des Systems (z. B. „kapitalistisch" oder „sozialistisch" oder auch „Mobilisierungs"- oder „Ausgleichs"-Systeme, Apter[138]); die Funktion im Prozeß des sozialen Wandels (z. B. „Entwicklungsdiktatur" oder „Erziehungsdemokratie", Shils[139]) und ähnliches mehr.

Eine moderne, übergreifende, alle politischen Systeme der Vergangenheit und Gegenwart sinnvoll einordnende Klassifikation ist bisher, trotz zahlreicher partieller Anläufe, noch nicht entwickelt worden. Dies ist bei der Vielzahl der in Frage kommenden Gesichtspunkte und der Fülle der einzuordnenden Systeme auch nicht weiter verwunderlich. Ausgangspunkt für eine derartige umfassende Klassifikation könnte unter Umständen das im vorangegangenen Kapitel skizzierte System-Modell sein, wenn seine verschiedenen Teilbereiche auch inhaltlich durch entsprechende vergleichende empirische Studien näher bestimmt sein werden. Eine „konstruierte“ Typologie dieser Art würde bei der großen Zahl der zu beachtenden Variablen in jedem Teilbereich und der Berücksichtigung seiner jeweiligen „Objekt“-, „Subjekt“- und normativen Aspekte (s. o.) eine enorme Vielfalt von theoretisch denkbaren Kombinationsmöglichkeiten ergeben. Diese können dann unter Umständen durch empirisch zu beobachtende „typische“ Korrelationen zwischen dem Auftreten verschiedener Variablen in verschiedenen Teilbereichen (z. B. „typische“ Zusammenhänge zwischen Sozialstruktur, politischer Kultur, Parteiensystem, Regierungsform u. ä.) auf gewisse „Grundtypen“ reduziert werden, deren Häufigkeit des Auftretens dann ebenfalls empirisch näher bestimmt werden kann. Diese Grundtypen können dann unter Umständen auch näher definierbaren Bestimmungsfaktoren in den einzelnen Teilbereichen eines politischen Systems zugeordnet werden, aus deren Zusammenwirken sich dann bestimmte charakteristische „Entwicklungsabläufe“ ergeben. „Aufstieg“ und „Fall“ bestimmter politischer Systeme werden dann auch „entwicklungstheoretisch“ näher faßbar. Eine derartige „Entwicklung“ braucht dabei keineswegs immer nur unilinear zu verlaufen oder einseitig determiniert zu sein.[140]

Eine solche empirisch fundierte „konstruierte Typologie“ ist im gegenwärtigen Stadium politikwissenschaftlicher Forschung lediglich als eine Möglichkeit der Zukunft anzusehen. Der im folgenden hier unternommene Versuch einer Auflistung der häufigsten „Typen“ politischer Systeme der Gegenwart ist daher bescheidener. Er gruppiert im Sinne einer „summarischen Klassifikation“, also der oben angegebenen zweiten Art von Typologien, die häufigsten heute in den verschiedenen Gebieten der Erde anzutreffenden Regierungsformen und zählt einige ihrer wichtigsten Charakteristika auf. Ausgangsbasis hierfür ist das heute weltweit bestehende System von „Staaten“, so wie es sich etwa in der Mitgliedschaft in den „Vereinten Nationen“ manifestiert. Inwieweit jeder dieser Staaten eine auf die Dauer bestehende selbständige Einheit darstellt, muß in diesem Zusammenhang außer acht bleiben. Sowohl politisch relevante subnationale Strukturen traditionaler Art (wie z. B. in Teilen Afrikas und Asiens), die unter Umständen zu Sezessionen und Aufsplitterungen bestehender Staatsgebilde führen können (wie zuletzt im Falle Pakistan-

Bangladesh) als auch Ansätze zu supra-nationalen Zusammenschlüssen (wie beispielsweise im Raum der europäischen Gemeinschaften) werden daher im folgenden nicht berücksichtigt. Auch ist die jeweils genannte Zahl von Eigenschaften der jeweiligen Systeme nur als ein erster grober Überblick zu verstehen, der sowohl in der Analyse eines konkreten Einzelfalles als auch für den jeweiligen „Typus" insgesamt einer Ergänzung durch sorgfältige empirische Studien und angemessen theoretische Schlußfolgerungen bedarf. Die Einordnung eines konkreten politischen Systems in die nachstehend aufgeführte Typologie mag bei der Vielfalt der in der Realität auftretenden Varianten und der letztlich bestehen bleibenden „Individualität" eines jeden Systems im Sinne einer jeweils einzigartigen Kombination von charakteristischen Variablen durchaus Schwierigkeiten bereiten. Dies um so mehr, da die Grenzen zwischen den unten aufgezeigten „Typen" in vielen Fällen fließend sind. Auch auf eine Berücksichtigung außenpolitischer Faktoren zur Klassifizierung politischer Systeme (wie z. B. des unterschiedlichen Grads der Abhängigkeit von andern) wurde hier weitgehend verzichtet. Lediglich in Einzelfällen, wie zum Beispiel dem nicht-autochthonen Ursprung mancher kommunistischer Systeme, wurden Faktoren dieser Art erwähnt. Trotz all dieser Einschränkungen erschien uns das hier gewählte Muster als ein erster Orientierungsrahmen für den Zweck dieser Einführung brauchbar. Insgesamt wurde für die Darstellung hier eine entwicklungstheoretische Perspektive gewählt, also von „traditionaleren" hin zu „moderneren" Systemen, die für die Einordnung der vielfältigen politischen Ordnungen der Gegenwart (etwa 140) am zweckmäßigsten erschien.

1. Zeitgenössische „traditionale" politische Systeme: Die heute bestehenden traditionalen Systeme sind gegenüber noch ursprünglicheren Systemen dieser Art bereits relativ differenziert. Man braucht dabei nicht auf die „Urhorde"[141] als wahrscheinlich erste menschliche soziale Organisationsform zurückzugreifen, sondern auch von neuzeitlichen kleinräumigen traditionalen Systemen sind diese bereits deutlich unterschieden. „Vorstaatliche" Organisationsformen, z. B. „egalitär-segmentäre" Gesellschaften oder auch hierarchisch organisierte „Stämme", wie z. B. die ehemaligen Königreiche im heutigen Uganda, die Emirate im nördlichen Nigeria usw.[142], fallen daher ebenfalls nicht in diese Kategorie. Traditionale Systeme sind in der Gegenwart nur noch selten anzutreffen. Als wichtigste wären Afghanistan,[143] Äthiopien, der Iran, Marokko, Nepal und die arabischen Scheichtümer hier zu nennen, und selbst unter diesen fallen einige als „modernisierende Monarchien"[144] nicht mehr gänzlich in diese Rubrik. Dennoch spielen traditionale politische Verhaltensweisen und Strukturen unterhalb der „modernen" staatlichen Ebene noch in vielen Ländern, vor allem der „Dritten Welt", aber auch anderswo eine große Rolle. Wirtschaftlich sind diese Systeme durch eine fast gänzlich auf die Sicherung des Eigenbedarfs gerichtete Produktionsweise („Subsistenzwirtschaft“) gekennzeichnet. Handel, und damit ein Austausch von Gütern und Dienstleistungen, findet sowohl im Innern als auch nach außen nur in geringem Umfange und dann auch meist in Form eines direkten Warentausches statt. Die „horizontalen“ Kommunikationen, also von einem „Dorf“ zum anderen erstrecken sich auf sehr geringe Distanzen und auch die vertikalen Kommunikationen, z. B.. mit der Hauptstadt, sind auf einige wenige Kontakte, z. B. mittels eines Steuerpächters, beschränkt. Die Sozialstruktur ist in den heute bestehenden traditionalen Staaten fast ausschließlich feudalistischer Art, d. h. eine kleine, auf ererbte Rechte sich gründende Oberschicht ist mit der Masse der bäuerlichen Bevölkerung durch ein umfangreiches Netzwerk gegenseitiger Rechte und Pflichten verbunden, wobei allerdings der Grundbesitz, als ökonomische Basis dieses Systems, sich weitgehend in den Händen der Oberschicht befindet. Der Urbanisierungsgrad ist gering, Analphabetentum ist weit verbreitet und die „politische Kultur“ der Masse der Angehörigen solcher Systeme kann als „parochial“[145] bezeichnet werden. Starke religiöse Orientierungen und magische Erklärungsweisen für viele der Ereignisse des täglichen Lebens herrschen vor. Die religiös fundierte Kosmologie dieser Gesellschaften stimmt meist mit der vorhandenen sozialen Struktur und politischen Ordnung überein. Kirchlichen Organisationen, die solche religiösen Vorstellungen verkörpern, kommt daher ein relativ großes Gewicht in diesen Staaten zu.

Die „input“-Strukturen des politischen Systems sind wenig ausgeprägt. Politische Parteien im modernen Sinne gibt es nicht und sind dort, wo Ansatzpunkte hierfür vorhanden sind, häufig explizit verboten. Moderne Interessengruppen, z. B. bestimmte Berufsgruppen etc., sind wegen der wenig differenzierten Sozialstruktur ebenfalls sehr selten. Die Legitimität des Regimes ist traditionaler Art,[146] d. h. sie beruht auf der Überzeugung des „gottgegebenen“ Ursprungs der herrschenden Dynastie und dem langen, hierauf gründenden Gewohntsein an die bestehenden Verhältnisse. Die zentrale politische Gewalt wird von einem einzelnen Herrscher („Monarchen“) ausgeübt. Dieser stützt sich dabei häufig auf ein „Kabinett“ von ihm persönlich ausgewählter, meist aus der Oberschicht sich rekrutierender Berater. Eine „Gewaltenteilung“ im Sinne von der Exekutive unabhängigen gesetzgebenden und rechtsprechenden Körperschaften gibt es in der Regel nicht. Parlamente, sofern sie bestehen, führen meist nur ein Schattendasein. Die oberste Justizgewalt liegt ebenfalls beim Herrscher, die traditionelle Rechtsprechung auf den unteren und mittleren Ebenen wird in der Regel von den jeweiligen Feudalherren und/oder geistlichen Institutionen, wie einer häufig in solchen Systemen anzutreffenden einflußreichen „Staatskirche“, ausgeübt. Die „output“-Strukturen des Systems, also vor allem eine zentralisierte Bürokratie für die Zwecke der Finanz- und allgemeinen Staatsverwaltung haben ebenfalls in der Regel nur geringen Umfang. Auf den unteren Ebenen verschmelzen ihre Funktionen häufig mit den sonstigen von den jeweiligen Feudalherren wahrgenommenen Aufgaben. Auch das Militär ist in solchen Systemen ganz dem Herrscher untergeordnet, wobei sich das Offizierscorps fast ausschließlich aus der Schicht der Grundbesitzer und Lehnsherren rekrutiert. Dieser Typ ähnelt stark dem mittelalterlichen Personenverbandsstaat.

Statische Systeme dieser Art sind heute häufig inneren Spannungen ausgesetzt, da ihre traditionale Legitimitätsbasis zunehmend mit den Ansprüchen „moderner" Gruppen der Gesellschaft, z. B. einer an neugegründeten Hochschulen heranwachsenden „intellektuellen Elite", Angehörigen „moderner" Berufe, aber auch den „modernen", an neuzeitlichen Waffen ausgebildeten Teilen des Militärs, kollidiert. Die wahrscheinlichste „Lösung" solcher Spannungen besteht bei der geringen Anzahl der Alternativen, z. B. der Ausübung der Macht durch politische Parteien, in der Übernahme der Regierungsgewalt durch Gruppen des Militärs, die dann eine nunmehr auf säkularer Grundlage beruhende „statische" oder „modernisierende" Oligarchie, ein „prätorianisches" oder auch ein „Mobilisierungssystem" begründen mögen.

2. *Statische Oligarchien:* Der wichtigste Unterschied zwischen diesem und dem vorgenannten „Typus" besteht in der nicht mehr auf transzendenter Basis begründeten Legitimität des Systems. An die Stelle der weitgehend akzeptierten, nicht weiter in Frage gestellten traditionalen Legitimität einer Dynastie tritt die säkulare Herrschaftsgewalt einer Einzelperson oder einer kleinen Gruppe von Machthabern. Bei ihrer Machtübernahme mag ein gewisses „charismatisches",[147] an die Person ihres jeweiligen „Führers", „Caudillo" usw., gebundenes Legitimitätsmoment eine Rolle gespielt haben. In der Folge gründet sich ihre Herrschaft in der Regel mehr und mehr auf die Kontrolle durch konkrete staatliche Zwangsmittel wie Militär, Polizei, Geheimdienst usw. – bzw. sie wird durch die weitgehende politische Apathie einer großteils noch „parochialen" Bevölkerung nicht in Frage gestellt. Entsprechend dieser gewandelten Legitimitätsbasis gründet sich auch der Herrschaftsanspruch der Oberschicht nicht mehr auf den letztlich in den transzendenten Wurzeln der Monarchie fußenden Privilegien des „Adels", sondern konkreter und unmittelbarer, auf dem meist sehr umfangreichen Besitz an Grund und Boden, den in vielfältigen Formen der Abhängigkeit stehende Bauern bearbeiten. Als ein Charakteristikum der Neuzeit kommt in einigen Ländern (z. B. in vielen Staaten Mittel- und Südamerikas) der oft erhebliche Einfluß im Ausland ansässiger Kapitalgeber und Grundbesitzer hinzu. Die Interessen dieser Gruppen sind aber weitgehend mit denen der einheimischen Oberschicht identisch. Ansonsten decken sich viele Eigen-

schaften dieses Systems mit denen des vorgenannten: eine relativ undifferenzierte, weitgehend auf agrarischer Basis beruhende Sozialstruktur, geringer Urbanisierungsgrad, niedriges Bildungsniveau und ein wenig entwickeltes Kommunikationswesen. Politische Parteien sind in der Regel nicht-existent oder verboten, andere, nicht primär politische Interessengruppen sind, wenn überhaupt, nur schwach ausgeprägt und, sofern sich die von ihnen vertretenen Interessen nicht mit denen der herrschenden Schicht decken, politisch ohne Einfluß. Die zentralen politischen Institutionen sind ebenfalls nur wenig differenziert. Die politische Vollzugsgewalt liegt nahezu ausschließlich in den Händen des politischen „Führers" und der ihn umgebenden relativ geschlossenen Gruppe von Vertrauten. Parlamente und eine unabhängige Justiz gibt es in der Regel nicht. Die „output"-Strukturen beschränken sich auf das Nötigste, lediglich dem Militär und andern „Sicherheitsorganen" fließen meist größere Mittel zu.

Beispiele für diese Art von System finden sich in vielen Regionen der Erde. Das Paraguay Stroessners ist hierzu ebenso zu zählen wie die Herrschaft Duvaliers in Haiti, Trujillos in der Dominikanischen Republik oder der Somozas in Nicaragua. Auch die seit 1932/33 in Thailand herrschende Militäroligarchie fällt wahrscheinlich eher in diese Kategorie, obwohl sie sich den Anschein einer mehr traditionalen Monarchie bewahrt hat.[148] Portugal unter Salazar, wobei allerdings das Faktum des Kolonialbesitzes in Übersee einen besonderen Aspekt darstellt, war ein Beispiel für den europäischen Raum. Zahlreiche weitere etablierte Oligarchien und „Militärdiktaturen" können diesem Typus zugeordnet werden, soweit diese nicht schon mehr „prätorianischen" Charakter[149] angenommen haben oder zu den „modernisierenden Oligarchien" zu rechnen sind.

Systeme dieser Art können über längere Zeiträume hinweg bemerkenswert stabil sein, wenn auch diese Stabilität oft mehr der Ruhe eines Friedhofs als einem von Leben erfüllten Gemeinwesen gleicht. Die mit dem Ableben eines Herrschers entstehenden Nachfolgeprobleme werden meist ohne allzu große Konflikte innerhalb der herrschenden Gruppe gelöst. Allenfalls sind bei dieser Art von Systemen gelegentlich „Palastrevolutionen" anzutreffen, die jedoch nur einige Personen an der Spitze auswechseln, ohne an dem grundsätzlichen Charakter des Systems viel zu ändern. Wandlungen finden dann statt, wenn sich derartige Interventionen häufen und das System einen mehr „prätorianischen" Charakter annimmt oder tatsächlich im Laufe der Zeit eingetretene sozio-ökonomische Wandlungen in Form eines sich herausbildenden Mittelstandes, erste Ansätze der Industrialisierung und „moderner" oft von der Außenwelt geprägter Orientierungen (z. B. in der Studentenschaft oder auch dem jüngeren Offizierscorps usw.) sich bemerkbar machen. Diese können dann

z. B. in einem Putsch der „Jungtürken“ oder einer anderen Art eines auf stärkere Modernisierung gerichteten Systems ihren Ausdruck finden.

3. *„Modernisierende Oligarchien“:* Das hervorstechendste Kennzeichen dieser Gruppe von Systemen ist das ausdrücklich proklamierte Ziel der politischen Führung, ihr Land zu modernisieren, d. h. wirtschaftlich und gesellschaftlich zu „entwickeln“.[150] Dies setzt voraus, daß nach Ansicht der Machthaber dieser Länder die vorher bestehenden politischen Institutionen, z. B. ein „traditionales System“ oder eine „statische Oligarchie“, nicht in der Lage waren, den gewünschten Fortschritt zu erzielen. Der Entstehung solcher Systeme geht daher häufig ein politischer Umsturz voraus, an dem sowohl zivile Gruppen der Bevölkerung als auch häufig Teile des Militärs beteiligt sein können. Auf diese Weise wurden z. B. die „traditionalen“ Systeme in der Türkei und Ägypten und die „statische“ Oligarchie in Mexiko durch „modernisierende“ Oligarchien ersetzt. In anderen Ländern brachte das Ende der Kolonialzeit der einheimischen Elite die willkommene Gelegenheit, ihre Modernisierungsziele in die Tat umzusetzen. Nicht selten nahm auch in diesen Fällen das System die Form einer modernisierenden Oligarchie an, häufig in Form eines offiziell proklamierten „Einparteistaates“, wie z. B. in der Elfenbeinküste oder in Malawi. Diesen ging in einigen Ländern der Versuch eines „Vielparteienstaates“ und einer „parlamentarischen Demokratie“ voraus, der jedoch häufig scheiterte, wie z. B. in Pakistan und Nigeria. Als wichtigstes Instrument zur Erreichung des Entwicklungsziels wird in diesen Ländern ein „starker Staat“ angesehen, der die „rückständige“ und „unterentwickelte“ Gesellschaft auf den Weg des Fortschritts bringen soll. Notwendige Zwangsmaßnahmen einer solchen „Entwicklungsdiktatur“ werden dann durch das langfristige Modernisierungsziel und die Vorteile für alle, die diese bringen wird, gerechtfertigt.[151]

Die Gesellschaften der Länder, in denen modernisierende Oligarchien anzutreffen sind, sind durch eine Reihe von Dualismen oder „Lücken“ („gaps“, Shils) gekennzeichnet: Zwischen Reichen und Armen, Gebildeten und Analphabeten, Stadt- und Landbewohnern, Subsistenzwirtschaft und Produktion für den Markt Betreibenden, kurz, zwischen „Elite“ und „Masse“ klaffen Welten, die unüberbrückbar scheinen. Diese Situation und die aus ihr resultierenden Spannungen gaben in einigen Ländern Anstoß zu einer reformbewußten „modernisierenden“ Politik, die diese Gegensätze überwinden und zu einem „besseren Leben“ für alle, frei von Armut, Krankheit und Unwissenheit führen sollte. Da der größte Teil der Bevölkerung von den „modernisierenden“ politischen Führern als nicht genügend aufgeklärt und zu sehr dem traditionellen Lebensstil verhaftet angesehen wird, scheidet eine „demokratische“ Form des Wandels, die sich auf die Initiative von breiten Kreisen der Bevölkerung stützt, für sie aus. Eine „Revolution von oben“ erscheint ihnen als der einzig gangbare Ausweg. Das Ziel ist durch den in den bereits „entwickelten“ Ländern erreichten Standard, aber auch durch die Lebensverhältnisse der Elite in diesen Ländern selbst vorgegeben.

„Input“-Strukturen im eigentlichen Sinne, also Organe der Interessenartikulierung und politischen Willensbildung für die „Masse“ der Bevölkerung scheinen daher überflüssig. Konkurrierende politische Parteien werden daher in den meisten dieser Systeme als störend und für das Entwicklungsziel schädlich angesehen. In der Regel existiert, wenn überhaupt, nur eine einzige „Staatspartei“, deren Funktion aber mehr in der Verbreitung und Durchsetzung der Ziele des Regimes besteht als in einer Artikulierung und Aggregierung der Interessen der Bevölkerung. Sie hat also meist mehr „output“- als „input“-Charakter. Andere Interessengruppen, sofern ihnen überhaupt Spielraum gelassen wird, sind ebenfalls meist „gleichgeschaltet“ und für die Entwicklungsziele eingespannt. Plebiszite, Aufmärsche und organisierte Massenkundgebungen als Demonstrationen der Popularität des Regimes sind hingegen willkommen und werden aktiv gefördert. Die Legitimität des Systems basiert häufig auf einer Mischung aus charismatischen und traditionalen Elementen; einem eventuellen Mangel an Unterstützung oder dem aktiven Widerstand einiger Gruppen der Bevölkerung wird mit den Zwangsmitteln des Staates begegnet. An der Spitze eines solchen Systems steht meist eine zentrale Führerfigur, häufig mit „charismatischen“ Eigenschaften. Eine Gewaltenteilung wird in der Regel als überflüssig und als für eine konsequente Durchsetzung der Ziele störend angesehen. Die Einhaltung rechtsstaatlicher Prinzipien ist in Regimen dieser Art sehr unterschiedlich. Während einige Wert auf die Beachtung rechtsstaatlicher Grundsätze legen und sich somit dem System der „Erziehungsdemokratie“ annähern (s. a. u.), wird in anderen oft sehr willkürlich verfahren und staatliche Zwangsmaßnahmen ohne Rücksicht auf individuelle Rechte und rechtsstaatliche Prozeduren sind an der Tagesordnung. Eine kleine, relativ geschlossene Gruppe an der Spitze, die neben der eigentlichen politischen Führung sich meist aus Technokraten zusammensetzt, hält die Fäden des Geschehens in Händen. Die Funktionsfähigkeit und Zuverlässigkeit einer meist straff zentralisierten Bürokratie spielt für die Durchführung der „Modernisierung“ eine entscheidende Rolle. Das Militär wird häufig ebenfalls für entwicklungspolitische Aufgaben, wie z. B. beim Straßenbau u. ä., eingesetzt. Ehemalige Soldaten übernehmen nicht selten später Lehraufgaben, z. B. an Volksschulen.

Wenn es gelingt, die staatliche Verwaltung so effizient wie möglich zu gestalten und bis hin zu den höchsten Ebenen weitgehend frei von Korruption und Nepotismus zu halten, sind die Chancen zumindest für einen zeitweiligen Erfolg einer modernisierenden Oligarchie nicht schlecht. Erreicht sie dies allerdings nicht, so verliert ein solches System rasch an Glaubwürdigkeit. Zwar mag das Charisma eines Führers, der „von alledem nicht weiß“, und die Verfügungsgewalt über die staatlichen Zwangsmittel solche Mängel eine Zeit lang verdecken, längerfristig ruft eine solche Situation jedoch häufig Uneinigkeit in der führenden Elite und Unzufriedenheit in der Bevölkerung hervor. Da in solch stark persönlichkeitsbetonten Systemen nur selten allgemein akzeptierte Mechanismen zur Ablösung der politischen Führung, wie z. B. durch regelmäßige Wahlen, vorhanden sind, führt eine solche Situation meist zu einem neuen Putsch, diesmal zur „Rettung der Revolution“ und unter Verkündung der gleichen hehren Ziele. Ob er zu anderen Ergebnissen führt, steht dahin. Nicht selten häufen sich Coups, Gegencoups und politische Unruhen anderer Art und führen dann zu einem „prätorianischen“ System.

Gelingt hingegen einer „modernisierenden Oligarchie“ die Aufrechterhaltung ihrer Glaubwürdigkeit und kann sie tatsächlich einen erheblichen Teil ihrer Programme verwirklichen (zu den dringendsten Aufgaben bei der Durchbrechung traditionaler Strukturen gehört in den meisten Ländern Lateinamerikas und Asiens eine Bodenreform), so kann ihr unter Umständen der entscheidende Durchbruch zu einer umfassenden Modernisierung der Gesellschaft gelingen. Die Türkei Atatürks und das Mexiko Callés und Cardenás können als Beispiele hierfür dienen. Auf lange Sicht besteht dann das entscheidende Problem von Systemen dieses „Typs“ darin, Hand in Hand mit der zunehmenden Modernisierung der Gesellschaft und der Verbesserung der Lebensverhältnisse die politischen Strukturen auch den wachsenden Ansprüchen auf politische Partizipation von größeren Gruppen der Bevölkerung anzupassen. Die besten Voraussetzungen für einen solchen Wandel zu „demokratischeren“ Verhältnissen[152] bieten konkurrierende, sich als integrale Teile des Gesamtsystems verstehende politische Parteien. Wie schwer ein solcher Übergang ist, zeigt seit den fünfziger Jahren die Türkei, und auch in Mexiko macht sich dieses Problem mehr und mehr bemerkbar.

4. *„Prätorianische“ Systeme:* Diese Art des politischen Systems ist heute vor allem in Staaten der Dritten Welt weit verbreitet. Das wesentlichste Merkmal dieses Typus ist der geringe Institutionalisierungsgrad des Systems im Verhältnis zu den gewachsenen Partizipationsansprüchen vieler Gruppen der Gesellschaft und seine hieraus resultierende Instabilität. Die Entwicklung moderner politischer Institutionen, wie z. B. eines funktionsfähigen Parteiensystems, legitimer legislativer und exekutiver Körperschaften und einer effizienten Verwaltung hat in diesen Systemen mit der zunehmenden Mobilisierung[153] nicht Schritt gehalten und zu einem Verfall der vorher bestehenden politischen Ordnung geführt, ohne eine neue, dauerhafte an ihre Stelle setzen zu können. Besonders in vielen der künstlich geschaffenen neuen Staaten der Dritten Welt erwiesen sich die von den Kolonialmächten hinterlassenen politischen Strukturen als brü-

chig und den tatsächlichen Erfordernissen wenig angepaßt. In einer solchen innenpolitischen Situation kommt denjenigen, die über konkrete physische Machtmittel verfügen, wie vor allem dem Militär,[154] eine besondere Bedeutung zu. Huntington bezeichnet diesen Typus daher in Anlehnung an die Bedeutung der Prätorianergarden und der häufig wechselnden Soldatenkaiser im späten Rom als „prätorianisches" System.[155]

Gesellschaftlich und wirtschaftlich sind Systeme dieser Art meist weiter entwickelt als jeder der drei vorgenannten Typen. Die Sozialstrukturen, besonders in vertikaler Hinsicht, sind oft bereits stärker differenziert, Urbanisierung, Bildungswesen und Kommunikationssystem weiter fortgeschritten, und auch kulturell ist in vielen Gruppen der Gesellschaft eine Zunahme modernerer Orientierungen festzustellen. Allerdings ist die Schwankungsbreite wirtschaftlicher und gesellschaftlicher Entwicklung bei diesem Typus erheblich, da es bei der Einordnung eines Staates als „prätorianisches" System nicht so sehr auf den absoluten Entwicklungsstand eines Landes, sondern auf das jeweilige Verhältnis von sozialer Mobilisierung bzw. politischer Partizipation zur politischen Institutionalisierung ankommt. So gering entwickelte Länder wie Dahomey oder Sierra Leone fallen daher ebenso in diese Kategorie wie das vergleichsweise stark urbanisierte und industrialisierte Argentinien. Auf der „input"-Seite des Systems mögen sich Interessengruppen, vor allem beruflicher Art, wie Gewerkschaften, Handelskammern, Industrieverbände usw. herausgebildet haben, und auch politische Parteien können zeitweise in Erscheinung treten. Keine dieser Institutionen vermag jedoch in Systemen dieser Art einen dauerhaften und geregelten Einfluß auf die politische Willensbildung auszuüben, und die Legitimität der jeweils bestehenden zentralen politischen Institutionen bleibt gering. Charismatische Führer, Militärjuntas, parlamentarische Regime und populistische Diktaturen folgen einander in bunter Reihe und der jeweils nächste Coup scheint immer gerade bevorzustehen. Vorherrschend scheint dabei immer das jeweilige persönliche oder Gruppeninteresse zu sein, dem „Gemeinwohl" und der allgemeinen Entwicklung des Landes wird in der Regel von den jeweiligen Machthabern wenig Aufmerksamkeit geschenkt. Die öffentliche Verwaltung ist in solchen Systemen angesichts des häufigen Wechsels der politischen Führung meist auch nicht sehr effizient und Korruption und Nepotismus sind an der Tagesordnung.

Zustände dieser Art können bemerkenswert lange andauern und zahlreiche lateinamerikanische Staaten wie Bolivien, Ecuador, Peru und Argentinien, aber auch Burma und Pakistan in Asien, der Irak und Syrien im arabischen Raum und Dahomey und Ghana im tropischen Afrika liefern Beispiele hierfür. Ansätze zu einem Wandel in Richtung auf eine tatsächlich modernisierende Oligarchie, zu einem Mobilisierungssystem, oder einer funktionsfähigen parlamentarischen Demokratie werden nach kurzer Zeit durch rivalisierende Gruppen meist wieder im Keim erstickt. Dennoch bleiben diese drei genannten Typen[156] die wahrscheinlichste Alternative zu prätorianischen Verhältnissen, aber auch faschistische oder kommunistische Systeme sind unter bestimmten Voraussetzungen denkbar. Die Aussichten auf eine dauerhafte Institutionalisierung eines andern Typus als des prätorianischen sind jedoch in vielen Ländern nur gering.

5. *Mobilisierungssysteme:* Dieser Typus gleicht in vielfacher Hinsicht dem oben beschriebenen der modernisierenden Oligarchie. Auch hier versucht eine relativ kleine fortschrittliche Elite eine großteils noch traditionale Gesellschaft zu „entwickeln“ und ein modernes Staatswesen, eine Nation, aufzubauen. Der wichtigste Unterschied zwischen diesem System und dem vorgenannten besteht jedoch in der Art der normativen Begründung dieses Entwicklungsziels. Während modernisierende Oligarchien in relativ pragmatischer und an den jeweils auftauchenden Problemen orientierter Form wirtschaftlichen und sozialen Fortschritt initiieren, gründen sich Mobilisierungssysteme auf eine explizite Ideologie. Das Entwicklungsziel und mit ihm ein bestimmter, anvisierter Endzustand der Gesellschaft haben für diese Systeme einen absoluten, letztendlichen („consummatory“, Apter[157]) Charakter angenommen, der mit der pragmatischen, mehr an Zweck-Mittel-Beziehungen orientierten („instrumental“) Ausrichtung modernisierender Oligarchien stark kontrastiert. An der Erreichung dieses Zieles werden alle gesellschaftlichen und staatlichen Aktivitäten ausgerichtet und die Mobilisierungs- und Entwicklungsziele nehmen nahezu den Charakter einer „politischen Religion“[158] an. Inhaltlich sind die Ideen dieser Systeme, neben dem Ziel der allgemeinen gesellschaftlichen und wirtschaftlichen Entwicklung im Sinne einer weitestmöglichen Überwindung der Abhängigkeit des Menschen von der Willkür der Natur, vor allem an den Werten der Gleichheit der Lebenschancen aller Mitglieder der Gesellschaft und ihrer Solidarität, dem Zusammenhalt der Gemeinschaft orientiert. Darüber hinaus haben sie meist einen stark puritanischen Charakter und betonen einen einfachen, bescheidenen Lebensstil. Ansprüche der gegenwärtigen Gesellschaftsmitglieder müssen notfalls hinter den Zielen für die Gesellschaft als Ganzes, die künftigen Generationen ein „besseres Leben“ ermöglichen soll, zurücktreten. Ali Mazrui, ein ostafrikanischer Politikwissenschaftler, sieht daher auch im „afrikanischen Sozialismus“ ein „funktionelles Äquivalent zur protestantischen Ethik“.[159]

Die gesellschaftlichen Ausgangsbedingungen ähneln, wie gesagt, in vielfacher Hinsicht denjenigen, denen sich eine modernisierende Oligarchie gegenüber sieht. Es kommt bei diesem Typus allerdings sehr viel stärker darauf an, weitere Kreise der Gesellschaft für die Entwicklungsziele einzuspannen und zu mobilisieren. Die wichtigste Zielgruppe für die Durchführung solcher Programme ist die Jugend, deren Begeisterungsfähigkeit, aber auch zahlenmäßige Bedeutung angesichts des starken Bevölkerungswachstums vieler Länder dieser Art und der hieraus resultierenden „jungen“ Bevölkerungsstruktur sie hierfür besonders geeignet erscheinen läßt. Wichtigstes organisatorisches Instrument zur Durchsetzung der politischen Zielsetzungen ist eine politische Partei, die meist als straff organisierte und stark zentralisierte „Einheitspartei“ operiert. Demgegenüber tritt die staatliche Verwaltung, die in der modernisierenden Oligarchie eindeutig Vorrang besaß, zurück, wenn auch Konflikte zwischen beiden Strukturen nicht gerade selten sind. Die meisten Systeme dieser Art stützen sich zusätzlich zu der mit Hilfe der offiziellen Ideologie vermittelten rationalen Legitimität auf die charismatische Legitimität einer starken Führerpersönlichkeit. Diese verkörpert die Ziele der Gesellschaft und vermag durch ihre Symbolkraft die abstrakte politische Ideologie einer großen Zahl von Anhängern verständlich zu machen.[160] Auch die Staatsspitze ist in der Regel straff organisiert, wobei die Spitzenorgane der Partei die wichtigste Rolle spielen. Parlamente haben demgegenüber, sofern sie existieren, mehr akklamatorischen Charakter, und auch die rechtsprechenden Organe sind den Gesamtzielen des Staates und der diese bestimmenden politischen Führung untergeordnet. Im Gegensatz zu modernisierenden Oligarchien, die sich in der Regel mit einer unmittelbar auf die Erfordernisse der wirtschaftlichen Entwicklung ausgerichteten Verwaltung begnügen, sind die „output“-Strukturen von Mobilisierungssystemen darauf angelegt, möglichst alle Bereiche des gesellschaftlichen Lebens zu erfassen. Eine Vielzahl staatlicher und parastaatlicher Organisationen, wie staatlich kontrollierte Gewerkschaften, Industrieverbände, Genossenschaften, aber auch Frauen- und Jugendverbände, dienen diesem Zweck.

Die Wirtschaftspolitik dieser Systeme ist sozialistisch in dem Sinne, daß die Entwicklung vor allem durch staatliche Organisationen und „politisches Unternehmertum“ vorangetrieben werden soll. Die Entwicklung einer „Kapitalistenklasse“ und von Ungleichheiten zwischen verschiedenen Gruppen der Bevölkerung soll auf diese Weise so weit wie möglich verhindert werden. Soweit bereits bestimmte Klassen und Privilegien bestimmter Gruppen bestehen, z. B. von Großgrundbesitzern, werden diese beseitigt. Ausländische Investitionen im Lande werden ebenfalls häufig „sozialisiert“ oder anderen Formen direkter Kontrolle unterworfen. Dieser Versuch, den „Sozialismus von Anfang an“ zu errichten, steht im Gegensatz zur Marxschen Lehre, der eine sozialistische Gesellschaft als das Endstadium einer langen Entwicklung, die vorher notwendigerweise feudalististische und kapitalistische Phasen durchlaufen haben mußte, ansah.[161] Dies ist auch ein wesentlicher Unterschied gegenüber den heute bestehenden kommunistischen Systemen in Osteuropa, die, wenn auch die Entstehung von keinem dieser Systeme dem Marxschen Modell entsprach, dennoch zu Beginn ein wesentlich höheres Niveau der Industrialisierung und gesellschaftlichen Entwicklung erreicht hatten.

Das wichtigste und wohl auch erfolgreichste Beispiel für ein Mobilisierungssystem dieser Art ist die Volksrepublik China. Andere Beispiele für diesen Typus eines politischen Systems sind Nord-Korea und Nord-Vietnam (bei deren Entstehung allerdings besondere außenpolitische Faktoren mitwirkten), das heutige Cuba, Algerien, Guinea, Tansania (in verstärktem Maße seit der „Erklärung von Arusha" im Jahre 1967), Nkrumahs Ghana und Modibo Keitas Mali. Wie die beiden letztgenannten Beispiele zeigen, sind Systeme dieser Art nicht immer erfolgreich. Ein Mobilisierungssystem erfordert eine geschlossene Elite, die sich selbst an die von ihr verkündeten Grundsätze der Gleichheit, Solidarität und persönlichen Anspruchslosigkeit hält. Sobald sie den Versuchungen einer „neuen Klasse" erliegt und Korruption und Nepotismus sich breit machen, verliert sie schnell an Glaubwürdigkeit. Da die Ziele des Systems vorher mit nahezu religiösem Eifer verkündet und von seinen Anhängern verfolgt worden waren, ist die Enttäuschung über das Versagen des „Erlösers" („Osagyefo", so die Bezeichnung z. B. für Nkrumah[162]) umso größer. Gerade die Jugend, die vorher meist am begeistertsten war, wird dann häufig zynisch und mißtrauisch gegenüber jeder Art politischer Ideale und Zielsetzungen. Aber auch im Hinblick auf die mit der Mobilisierung angestrebte wirtschaftliche Entwicklung stellen sich häufig in solchen Systemen Rückschläge und Mißerfolge ein. Gerade der landwirtschaftliche Bereich, der Handel, das Handwerk und die Kleinindustrie, also die Sektoren, in denen in diesen Ländern der größte Teil der Bevölkerung beschäftigt ist, und in denen, im Gegensatz zur Großindustrie, bei einer privatwirtschaftlichen Organisationsweise „Unternehmer"- und „Kapitalisten"-funktionen meist in einer Person zusammenfallen, erweisen sich, wenn sie staatlich organisiert werden, häufig als weniger effizient. Versorgungskrisen, auch mit Gütern des elementaren täglichen Bedarfs, sind in solchen Ländern daher nicht gerade selten. Mangelnde Effizienz kann aber auf lange Sicht auch die Legitimität des Systems untergraben. Ein Wandel in Richtung auf eine modernisierende Oligarchie nicht-sozialistischer Art oder auch hin zu einem prätorianischen System, wie z. B. in Ghana, erscheint dann am wahrscheinlichsten.

6. *Erziehungsdemokratien:* Ein weiterer Typus, der auf ähnlichen gesellschaftlichen Ausgangsbedingungen beruht wie die oben besprochenen Typen der modernisierenden Oligarchie und des Mobilisierungssystems, ist die sogenannte „Erziehungsdemokratie" („tutelary democracy"[163]). Der Versuch, ein politisches System dieser Art zu errichten, geht von der Erkenntnis aus, daß in den neuen Staaten der Dritten Welt in der Regel weder die Sozialstrukturen noch die kulturellen Voraussetzungen für eine „parlamentarische Demokratie" im westlichen Sinne (s. a. u.) gegeben sind.

Diese beinhalten vor allem eine komplexe, hochgradig arbeitsteilige Gesellschaft mit „organischer Solidarität" im Sinne Durkheims[164] und ein Informations- und Partizipationsniveau der Bevölkerung, das die Teilnahme am gesamtstaatlichen Entscheidungsprozeß sinnvoll werden läßt.[165] Der ehemalige Präsident Pakistans, Mirza, faßte diesen Tatbestand einmal in die Worte: „Democracy without education is hypocricy without limitation" („Demokratie ohne Erziehung ist Heuchelei ohne Grenzen"). Wenn also in solchen Ländern auf einige der formalen Aspekte einer „voll entwickelten" parlamentarischen Demokratie (wie z. B. auf ein pluralistisches, auf einer vertikalen Differenzierung der Sozialstruktur beruhendes Mehrparteiensystem, ein vielfältiges Verbandswesen und andere „demokratische" input-Strukturen) verzichtet werden muß, so heißt dies nicht, daß auch ihre materiellen Aspekte, die vor allem in der Aufrechterhaltung der „Rechtsstaatlichkeit", also einer unabhängigen Justiz, der Gewährung der Grundrechte, dem Schutz von Minderheiten usw. bestehen, vernachlässigt werden müssen. Gerade in dieser substantiellen Wahrung demokratischer Rechte, wie der Meinungs-, Versammlungs- und Pressefreiheit, der Gleichheit aller vor dem Gesetz, und dem Schutz vor staatlicher Willkür durch ein unabhängiges, rechtsstaatlichen Grundsätzen verpflichtetes Gerichtswesen, bei gleichzeitiger Beschränkung einiger formaler Prozeduren im politischen Willensbildungsprozeß, besteht das wichtigste Merkmal einer Erziehungsdemokratie.

Die gesellschaftlichen Ausgangsbedingungen ähneln, wie gesagt, in vieler Hinsicht denen von modernisierenden Oligarchien und Mobilisierungssystemen. Besonders hervorstechend hierbei ist die Kluft zwischen einem relativ kleinen „modern" und einem großen, weitgehend traditionell orientierten Teil der Bevölkerung, zwischen Stadt und Land, „Zentrum" und „Peripherie", „Elite" und „Masse". Die input-Strukturen einer Erziehungsdemokratie sind nun darauf angelegt, diese Kluft im Rahmen einer zunehmenden Partizipation weiterer Kreise der Bevölkerungsgruppen zu überbrücken ohne gesamtgesellschaftlich für bedeutsam erachtete Entwicklungsziele zu gefährden. Eine derartige Regulierung der „inputs" fand z. B. auch, allerdings unter etwas anderen historischen Bedingungen als in den meisten heutigen Fällen dieser Art, mit Hilfe der allmählichen Ausweitung des Stimmrechts auf immer größere Teile der Bevölkerung (z. B. durch die Aufstellung bestimmter Eigentums- und Bildungskriterien u. ä.) in vielen europäischen Staaten des 19. Jahrhunderts statt. Eine andere Möglichkeit besteht in der lokalen Begrenzung der jeweiligen Entscheidungskompetenzen, wie sie in etwa in den indischen „Panchayats" (einem dreistufigen „Rätesystem"), praktiziert wird.[166] Bei diesem System entsenden direkt gewählte Dorfräte („village panchayats") Repräsentanten der nächsthöheren politischen Ebene, der „blocks", und diese wiederum aus ihrem Kreise gewählte Vertreter in den

„Distriktrat". Eine solche mehrstufige Repräsentation soll den für die jeweilige Entscheidungsebene für erforderlich gehaltenen Sachverstand der Volksvertreter gewährleisten. Trotz vieler Probleme, vor allem im Zusammenspiel mit der staatlichen Bürokratie und bei der Auseinandersetzung mit weiter bestehenden traditionalen Gesellschaftsstrukturen wie dem Kastenwesen, hat sich dieses System in erstaunlich vielen Fällen in Indien als funktionsfähig erwiesen.[167] In Pakistan scheiterte hingegen ein ähnliches Experiment. Einen weiteren Versuch, die „inputs" eines Systems in gewisser Weise bei gleichzeitiger Aufrechterhaltung wesentlicher demokratischer Grundrechte zu regulieren, stellt die Möglichkeit einer relativ freien Kandidatenauswahl innerhalb eines de facto oder de jure bestehenden Einparteisystems dar. Dies wurde z. B. in etwas unterschiedlicher Form in Kenia und Tansania bisher durchaus erfolgreich praktiziert. Da die Interessengegensätze in diesen Gesellschaften mehr auf horizontalen (z. B. ethnischen, religiösen etc.) als auf vertikalen Schichtungsfaktoren[168] beruhen, sind Einparteisysteme oder Systeme mit einer dominanten Partei (wie z. B. der Kongreßpartei in Indien) weniger die Nation spaltenden Auseinandersetzungen ausgesetzt als Mehrparteiensysteme, die in der Regel in solchen Ländern eine „kommunalistische" (z. B. Region, Stamm, Religionsgruppe etc.) Basis haben. Demokratische Auswahlmechanismen innerhalb der dominierenden Partei sind daher für eine Erziehungsdemokratie wichtiger als ein formal bestehendes, häufig aber sehr „explosives" Mehrparteiensystem (wie z. B. in Nigeria vor 1966). Verbände und Interessengruppen können in solchen Systemen in der Regel weitgehend selbständig operieren, wenn auch ihr Einfluß insgesamt angesichts ihrer meist noch recht geringen Mitgliederzahl häufig gering bleibt.

Die Legitimität von Erziehungsdemokratien beruht häufig auf einer Mischung aus rationalen und charismatischen Elementen. Die Personifizierung der Politik und die Bedeutung charismatischer Persönlichkeiten, wie z. B. Ghandi oder Nehru in Indien oder Kenyatta in Kenia, spielt oft eine große Rolle. Den zentralen politischen Institutionen, vor allem der Exekutive, kommt innerhalb des Gesamtsystems die größte Bedeutung zu. Wenn auch die Gewaltenteilung häufig eingeschränkt ist, so haben gesetzgebende Körperschaften und Justiz gegenüber der Exekutive dennoch eine gewisse Unabhängigkeit bewahrt. Die Verwaltung ist in der Regel stark zentralisiert und stellt das eigentliche „Rückgrat" des Systems dar. Das Militär ist den zivilen Machthabern untergeordnet.

Das längerfristige Überleben von Erziehungsdemokratien hängt von der Aufrechterhaltung einer sorgfältigen Balance widerstreitender Kräfte innerhalb des Entwicklungsprozesses ab. Von elementarer Bedeutung ist dabei das entschiedene und unablässige Eintreten der führenden Elite für demokratische Werte und Verfahrensweisen. Ist dies nicht der Fall, so machen sich leicht Oligarchisierungstendenzen bemerkbar, die die demokratischen Elemente des Systems mehr und mehr in den Hintergrund drängen. Der Übergang zu einer modernisierenden oder gar statischen Oligarchie liegt daher oft nahe. In anderen Fällen führt die Ausweitung demokratischer Verfahrensweisen in Ländern mit ansonsten noch sehr starken traditionellen, hierarchischen Strukturen (wie z. B. in der Türkei der fünfziger Jahre, in Griechenland vor 1967, Italien, aber auch in der Weimarer Republik) zur Bildung „schwacher Demokratien", die dann relativ leicht das Opfer von antidemokratischen Gegenbewegungen werden. Sowohl oligarchische als auch prätorianische und, unter gewissen Umständen, faschistische Systeme sind dann häufig die Folge. Echte Erziehungsdemokratien, wie die genannten (Indien, Kenia und eventuell auch der Libanon), sind allerdings eine rare Spezies und ständig der Gefahr einer starken Oligarchisierung oder eines gewaltsamen Umsturzes ausgesetzt. Weitaus häufiger sind Versuche, in Wirklichkeit sehr autoritäre und oligarchische Regime mit dem Mäntelchen einer Erziehungsdemokratie zu schmücken. Sukarnos „gelenkte Demokratie" („guided democracy") in Indonesien und Ayub Khans „basic democracies" („Basisdemokratien") sind Beispiele hierfür.

7. *Faschistische Systeme:* Im Gegensatz zu den bisher behandelten Typen politischer Systeme handelt es sich bei „faschistischen" Systemen[169] um einen modernen Typ, wenn auch gewisse atavistische Züge unverkennbar sind. Er setzt eine bereits weitgehend differenzierte Sozialstruktur voraus und einen entsprechend „entwickelten" Stand der Zwangsmittel des Staates, der solche und „totalitäre" Systeme anderer Art (s. a. nächsten Abschnitt) erst möglich macht. Die wichtigsten Kennzeichen dieses Systems sind eine anti-demokratische, auf dem „Führerprinzip" aufbauende Herrschaftsstruktur, ein totalitärer, potentiell alle Gesellschaftsbereiche regulierender Staatsapparat und eine nationalistische, die Ungleichheit der Völker und Rassen betonende, allumfassende Ideologie. Im einzelnen sind jedoch erhebliche Abweichungen zwischen verschiedenen, als faschistisch bezeichneten politischen Systemen und politischen Strömungen dieser Ausrichtung festzustellen.

Ein wesentlicher Unterschied liegt in der verschiedenartigen Basis als faschistisch bezeichneter Regime. Der typische Faschismus ist Ausdruck eines Extremismus der unteren Mittelklasse, also vor allem der kleinen selbständigen Handwerker, Kaufleute, Kleinbauern u. ä., die ein „Absinken ins Proletariat" befürchten.[170] Die von ihnen vertretene Politik ist daher sowohl anti-sozialistisch, also gegen eine Solidarisierung mit dem Proletariat gerichtet, als auch anti-kapitalistisch in dem Sinne, daß Großindustrie, große Handelsunternehmen und Großgrundbesitz als feindlich und die Interessen der kleinen Selbständigen des unteren Mittelstandes bedrohend angesehen werden. Dies schließt nicht aus, daß faschistische

„Bewegungen“ nicht auch in anderen sozialen Gruppen Unterstützung suchen und, vor allem, nachdem sie an die Macht gekommen sind, auf gegenseitigen Interessen beruhende Koalitionen z. B. mit der Großindustrie, der Kirche und anderen einflußreichen Kreisen eingehen.[171] Die markantesten Beispiele für Bewegungen dieser Art sind die Faschisten Mussolinis in Italien und die Nationalsozialisten in Deutschland. Aber auch die Poujadisten im Frankreich der fünfziger Jahre, der Mc Carthyismus und die Anhängerschaft von George Wallace in den USA und andere populistische Strömungen dieser Art, sind Ausdruck eines Extremismus der unteren Mittelklasse. Andere, ebenfalls häufig als faschistisch bezeichnete Regime, wie das Francos in Spanien und Salazars in Portugal, sind dagegen eindeutig mehr konservativer Prägung, also Ausdruck eines politischen Extremismus der „Rechten“.[172] Zwar ist auch die eigentlich faschistische Falange in Spanien eine der Hauptstützen des Regimes, die vorherrschende Prägung, wie sie sich in der Allianz mit monarchistischen Kreisen, dem Klerus und anderen traditionell dominanten Schichten ausdrückt, ist aber dennoch eher konservativen und „ständestaatlichen“ Charakters. Eine andere Variante häufig als faschistisch bezeichneter Systeme, wie z. B. das Perons in Argentinien und Vargas in Brasilien, sind dagegen eher Ausdruck einer „linken“, also sich vorwiegend auf die städtische Arbeiterschaft, das ländliche Proletariat und die Gewerkschaften stützenden Politik. Diese politischen Bewegungen sind allerdings stark anti-marxistisch und nationalistisch orientiert und beruhen organisatorisch auf dem „Führerprinzip“. Eine ähnlich national-sozialistische Richtung wurde z. B. auch durch die Brüder Gregor und Otto Strasser in Deutschland vertreten, die sich dann allerdings gegen Hitler und seine Anhänger in der Folge nicht durchsetzen konnten. Die beiden letztgenannten Varianten faschistischer Systeme ähneln daher in vieler Hinsicht, je nach der tatsächlich verfolgten Politik, eher statischen Oligarchien (wie im Falle Francos, Salazars und, soweit das bisher zu beurteilen ist, der griechischen Obristen), bzw. Mobilisierungssystemen (wie im Falle Perons). In der Folge werden daher vor allem Aspekte des „typischen“ Faschismus im erstgenannten Sinne behandelt, wobei allerdings einige ideologische und strukturelle Charakteristika (wie z. B. Nationalismus und „Führerprinzip“) auch für die letztgenannten zutreffen.

Die „Machtergreifung“ durch faschistische Gruppen wurde in Ländern wie Deutschland und Italien durch eine aus Zeiten traditionaler Systeme stammende, noch weit verbreitete „Untertanenmentalität“[173] begünstigt. Die aktive Teilnahme am politischen Leben war auf relativ kleine Gruppen beschränkt und ein Großteil der Bevölkerung bejahte die Notwendigkeit einer „starken“ Zentralregierung. Der eigentliche Boden aber für nationalsozialistisches Gedankengut war die „politische Kultur“ des Kleinbürgertums. Nationalistisch und fremdenfeindlich, engstirnig und autoritär, puritanisch und obrigkeitshörig, anti-intellektuell und anti-klerikal[174] verkörperte es die Werte und Vorurteile einer Schicht, die sich sowohl von den Organisationen der Arbeiterbewegung als auch vom „Großkapital“ bedroht sah. Verstärkt wurden diese Einstellungen durch die im Krieg erlittene Niederlage, die anschließende „Schmach von Versailles“ und die unmittelbare wirtschaftliche Bedrohung vieler Existenzen in der Weltwirtschaftskrise.

Die „input“-Strukturen eines faschistischen Systems sind durch die Existenz einer starken zentralistischen „Einheitspartei“ und zahlreiche „gleichgeschaltete“, der zentralen Führung untergeordnete Organisationen und Verbände gekennzeichnet. Ziel ist eine möglichst „totale“ Erfassung und Regulierung aller Lebensbereiche der Gesellschaft, angefangen von Jugend- und Frauenverbänden (wie Hitlerjugend, BDM und Reichsfrauenbund), über Wirtschafts- und Berufsorganisationen bis hin zu Freizeitvereinigungen (NSKK, „Nationalsozialistischer Kraftfahrerbund“ und KdF, „Kraft durch Freude“). Die Legitimität des Systems stützt sich auf eine starke charismatische Komponente, die in der Verehrung der Person des „Führers“ gipfelt. In diesem vereint sich auch alle Macht der zentralen, streng hierarchisch organisierten politischen Institutionen. Die Gewaltenteilung ist aufgehoben und Parlament und Justiz sind der Exekutive untergeordnet. Auf die Wahrung von rechtsstaatlichen Prinzipien wird zugunsten von „Partei“- und „Staatsraison“ verzichtet. Zur wichtigsten Stütze des Regimes werden, besonders wenn die unter Umständen anfänglich vorhandene Legitimität schwinden sollte, seine „output“-Strukturen. Diese kontrollieren nach Möglichkeit alle Lebensbereiche der Gesellschaft und verleihen auch in dieser Hinsicht dem System „totalitäre“ Aspekte. Neben einer starken zentralistischen Staatsverwaltung spielen vor allem Polizei, Geheimdienst („Gestapo“) und der Partei angegliederte para-militärische Organisationen (wie „SS“ und „SA“) eine wichtige Rolle. Das Militär selbst ist der politischen Führung untergeordnet.

Durch eine aggressive und häufig expansive Außenpolitik und durch das ständige Beschwören äußerer und innerer Feinde (wie z. B. des „Weltjudentums“) kann es solchen Regimen gelingen, im Innern bestehende Widersprüche und eintretende Mißerfolge zumindest zeitweise zu überdecken. Wird der Bogen hierbei allerdings überspannt, so bestimmen außenpolitische Faktoren, bis hin zum Kriegsfall, die Überlebenschancen des Systems. In mehr „konservativen“ faschistischen Varianten und bei einem insgesamt geringeren „Entwicklungsgrad“ der Gesellschaft ist allerdings auch ein Wandel hin zu einer mehr statischen Oligarchie (wie z. .B. in Spanien und Portugal) möglich. Darüber hinaus sind auch Spaltungen innerhalb der herrschenden Clique, vor allem bei einem Verblassen des Charismas des Führers und Gegenaktionen durch noch nicht völlig

„gleichgeschaltete" Gruppen, wie z. B. das Militär, die Kirche oder andere mehr traditionelle Einflußzentren, denkbar. Eine solche Situation kann leicht zu einer Folge von Coups und Gegencoups und schließlich zu einem prätorianischen System, wie z. B. in Argentinien, führen.

Faschistische Systeme können aber andererseits, sozusagen unfreiwilligerweise, durch die von ihnen betriebene „Gleichschaltungspolitik" und die Beseitigung noch vorhandener traditionaler gesellschaftlicher Strukturen und Machtzentren, wie des Adels, der Kirche, der Spitzen von Militär und Staatsverwaltung usw., dazu beitragen, egalitäre sozialstrukturelle Ausgangsbedingungen für parlamentarisch-demokratische Systeme zu schaffen. Insofern verdankt z. B. die BRD einen guten Teil der Funktionsfähigkeit ihres demokratischen Systems der vorher durch die Nationalsozialisten bewirkten „Revolution von oben" und der im Gegensatz zu Weimar nunmehr von traditionalen Relikten „bereinigten" innenpolitischen Szene.[175]

8. Kommunistische Systeme: Systeme dieser Art haben einige Aspekte mit den bereits behandelten Mobilisierungssystemen und faschistischen Systemen gemeinsam. Von ersteren unterscheidet sie jedoch „höheres" gesellschaftliches Entwicklungsniveau und der umfassendere und differenziertere Charakter ihrer politischen Strukturen, vom letzteren die anders geartete soziale Basis und die unterschiedliche ideologische Ausrichtung. Alle drei Arten sind jedoch potentiell totalitär, d. h. sie versuchen nach Möglichkeit, *alle* Gesellschaftsbereiche zu erfassen und politisch zu regulieren.[176] Der erstgenannten Art fehlen hierzu allerdings in der Regel noch die Mittel. Der Ursprung kommunistischer Systeme war in einigen Ländern autochthon (wie z. B. in der Sowjetunion, China, Nord-Vietnam oder Cuba), in anderen wurden Systeme dieser Art vor allem durch von außen gestützte Kräfte (wie z. B. in Polen, der DDR und der Tschechoslowakei) errichtet. *Keines* der bisherigen kommunistischen Systeme entstand bisher auf dem von Karl Marx theoretisch postulierten Wege, nämlich durch die Revolution des Proletariats in einem hochentwickelten kapitalistischen Industriestaat, der das für eine solche Revolution notwendige „Reifestadium" erreicht hat.

Gesellschaftlich stützten sich kommunistische Systeme vor allem auf die Industriearbeiterschaft der Städte. Die Landbevölkerung zeigte sich in der Regel nur dort revolutionär, wo es um die Beseitigung von Großgrundbesitz und der verschiedenen traditionellen Abhängigkeitsverhältnisse der Kleinbauern ging. Einer Kollektivierung der Landwirtschaft (die in allen kommunistischen Staaten, mit Ausnahme Polens und Jugoslawiens, durchgeführt wurde) setzte sie jedoch häufig Widerstand entgegen. Neben dieser „proletarischen" Grundlage eines kommunistischen Systems stützt es sich vor allem auf eine „revolutionäre Elite", die als gesellschaftliche Avantgarde, vor allem verkörpert in der kommunistischen Partei, den angestrebten Endzustand einer klassenlosen Gesellschaft herbeiführen soll. Die wichtigste „input"-Struktur ist eine straff zentralistisch geführte und auf dem „Zellenprinzip" basierende Einheitspartei.[177] Die Willensbildung innerhalb der Partei erfolgt, zur Durchsetzung ihrer revolutionären Ziele, vorwiegend von oben nach unten. Bei Wahlen zu den verschiedenen staatlichen Entscheidungsgremien ist in der Regel keine Auswahl zwischen verschiedenen Kandidaten, die alle von der Einheitspartei nominiert werden, möglich. Daneben gibt es eine Vielzahl der Partei und der obersten politischen Führung untergeordneter gesellschaftlicher Organisationen. Ziel ist auch hier eine möglichst totale Erfassung aller gesellschaftlichen Lebensbereiche. Die Legitimität kommunistischer Systeme ist, insofern die Zustimmung der Bevölkerung überhaupt eine Rolle spielt, rationaler Art. Ansonsten stützen sich Systeme dieser Art, zumindest für eine als notwendig erachtete „Übergangsphase" bis zur Erreichung der klassenlosen Gesellschaft, auf die Zwangsmittel des Staates. Die zentralen politischen Institutionen (wie z. B. der „Oberste Sowjet" in der UdSSR als höchstes staatliches Entscheidungsgremium) werden ebenfalls von der Partei mit dem „Politbüro" an der Spitze dominiert. Eine Gewaltenteilung im Montesquieu'schen Sinne wird nicht für notwendig erachtet, die Prinzipien der Rechtsstaatlichkeit werden den allgemeinen Zielen des Staates und der Partei untergeordnet. Auf der „output"-Seite stützen sich kommunistische Systeme auf eine umfangreiche Bürokratie. Diese kontrolliert nach Möglichkeit alle Bereiche der Gesellschaft, wenn nötig auch mit den Mitteln der Geheimdienste, wie z. B. des „KGB" in der Sowjetunion und des „SSD" in der DDR.[178] Als wichtigstes Mittel zur Durchsetzung der gesellschaftspolitischen Ziele wird die Wirtschaft zentral gelenkt. Privateigentum an Produktionsmitteln ist, mit gewissen marginalen Ausnahmen in einigen Ländern, abgeschafft. Diese starke Dominanz und Allgegenwart staatlicher Institutionen wird, zumindest in der Übergangsphase der „Diktatur des Proletariats", als notwendig angesehen. In dem späteren Stadium einer klassenlosen und somit konfliktfreien Gesellschaft soll der Staat dann „absterben" (Marx) und an die Stelle der „Herrschaft über Menschen" soll die bloße „Verwaltung von Sachen" (Lenin) treten. Diese Theorie vom Absterben des Staates wurde allerdings von Stalin dahingehend modifiziert, daß diesem erst eine kommunistische „Weltrevolution", die auch mögliche außenpolitische Störfaktoren in der Entwicklung zur kommunistischen Gesellschaft ausschließt, vorangehen müsse.

Kommunistische Systeme dieser Art waren bisher, im Vergleich zu vielen der anderen bisher behandelten Typen, bemerkenswert stabil. Dort, wo sich Wandlungstendenzen in Richtung auf eine parlamentarische Demokratie zeigten, wie z. B. 1956 in Ungarn und 1968 in der Tschechoslowakei, wurden diese allerdings durch Intervention von außen gestoppt.

Überhaupt scheinen zunehmende Partizipationsansprüche und der Wunsch nach Gewährung umfassenderer persönlicher und politischer Grundrechte von größeren Gruppen der Bevölkerung, die sich nicht immer wieder bis zur Erreichung des gepriesenen Endziels vertrösten lassen wollen, das wichtigste, bisher ungelöste Problem der meisten kommunistischen Staaten der Gegenwart zu sein.

Einige Sozialwissenschaftler vertreten die Ansicht, daß sich auf Grund gewisser technokratischer Sachzwänge in einer „postindustriellen" Gesellschaft eine „Konvergenz" zwischen kommunistischen und kapitalistischen Systemen abzeichne.[179] Auf wirtschaftlichem Gebiet zeigt sich diese nach ihrer Auffassung in der stetigen Zunahme des staatlichen Einflusses und einer gesamtwirtschaftlichen Rahmenplanung in den „westlichen" Ländern, und in der Tendenz zur Dezentralisierung der wirtschaftlichen Entscheidungsbefugnisse in den „östlichen". Politisch und gesellschaftlich glauben sie ebenfalls eine gewisse „Liberalisierung" der kommunistischen und eine gewisse „Sozialisierung" der „bürgerlichen" Systeme feststellen zu können. Das mögliche Endresultat einer solchen Konvergenz läge also irgendwo in der Mitte zwischen dem System Schwedens als dem „sozialsten" kapitalistischen und dem Jugoslawien als dem „liberalsten" sozialistischen Land. Eine solche Theorie tendiert allerdings leicht dazu, bei partieller Richtigkeit der beobachteten Phänomene erhebliche weiterbestehende qualitative Unterschiede zwischen beiden Systemen zu vernachlässigen.

9. Parlamentarisch-demokratische Systeme: Parlamentarisch-demokratische Systeme im hier verstandenen Sinn sind politische Ordnungsformen der Neuzeit, wie sie vorwiegend in großräumigen Industriegesellschaften anzutreffen sind. Sie unterscheiden sich also in vielfacher Hinsicht von demokratischen Stadtstaaten der Antike, aber auch von gelegentlich als „Urdemokratien" bezeichneten egalitär-segmentär organisierten Stammesgruppen[180] oder anderen vorwiegend auf einer Selbstversorgungswirtschaft beruhenden kleinräumigen, demokratisch verfaßten Gemeinschaften. Es sind vor allem zwei Aspekte, die demokratische Systeme von anderen unterscheiden, die aber auch gelegentlich Anlaß zu unterschiedlichen Auffassungen von „Demokratie" und dem, was eine „wahre" Demokratie ausmacht, geben.[181] Der erste Aspekt betont die strukturellen Mechanismen des Willensbildungsprozesses, also die Existenz mehrerer unabhängiger Parteien, die in auf Mehrheitsentscheid beruhenden freien Wahlen miteinander um die Kontrolle der Staatsgewalt konkurrieren, ein pluralistisches Verbandswesen usw. Demokratie in diesem Sinne stellt also eine möglichst wirksame, durch diese Institution gewährleistete „Rückkopplung" zwischen den vielfältigen gesellschaftlichen Interessen und dem politischen System dar, das diese tragen und sie nach Möglichkeit befriedigen soll.[182] Der zweite Aspekt hebt weniger diese institutionellen Regelungen als vielmehr die Verwirklichung eines bestimmten Menschenbildes, das das Wesen einer Demokratie ausmacht, hervor. Er betrifft also letztlich eine Beurteilung dieses Systems nach normativen Gesichtspunkten. Grundlage dieses zweiten Aspekts von Demokratie ist die vor allem in der Naturrechtslehre[183] entwickelte Vorstellung eines mit Vernunft begabten, sich aufgrund rationaler Überlegung *frei* über seine Belange entscheidenden Menschen. Grundsätzlich ist hierzu *jeder* Mensch gleichermaßen in der Lage und hat hierauf Anspruch, ungeachtet seiner Rassen-, Volks-, Geschlechts-, Religions-, Klassen- oder anderen Zugehörigkeit zu bestimmten näher definierbaren Gruppen. Ihre Grenzen finden diese Freiheiten aber jeweils in den Rechten anderer und damit auch in den Ansprüchen, die die jeweilige soziale *Gemeinschaft*, der jedes menschliche Individuum zwangsläufig angehört, an den einzelnen stellt. Die aus dieser Grundauffassung herleitbaren „unveräußerlichen Grundrechte" („inalienable rights") müssen in einer Demokratie nun auch politisch, formell wie materiell, gewahrt und fortentwickelt werden. Den wichtigsten institutionellen Schutz finden diese Grundrechte im Institut der „Rechtsstaatlichkeit". Erst sie macht den effektiven Schutz von Minderheiten, auch gegenüber Mehrheitsbeschlüssen, die essentielle Belange dieser Minderheiten berühren, möglich und gewährleistet dem einzelnen die unbehinderte, auf seinen Grundrechten basierende Entfaltung seiner „Persönlichkeit". Voraussetzung hierfür ist die Anerkennung einer auf diese Weise inhaltlich bestimmten, in den Kernpunkten unveränderlichen Rechtsgrundlage durch die rechtsprechenden Organe und die Möglichkeit für Einzelne oder Gruppen, die sich in ihren Rechten verletzt fühlen, diese Organe jederzeit und ungehindert zur Durchsetzung ihrer Ansprüche anrufen zu können. Eine Gerichtsbarkeit dieser Art ist z. B. in etwa im „Supreme Court" der USA und im Bundesverfassungsgericht der Bundesrepublik Deutschland verwirklicht.

Beide Aspekte, der der „Rückkopplung" und der einer auch inhaltlich näher bestimmten „Rechtsstaatlichkeit" fallen im Typus der parlamentarischen Demokratie der Neuzeit zusammen, wenn auch häufig nicht ohne Probleme in konkreten Fällen. Wenn lediglich der erste Aspekt berücksichtigt würde, so können wir von einem „Rekonziliations"- oder „Ausgleichs"-System im Apterschen Sinne[184] sprechen, also einer politischen Ordnung, die immer nur versucht, den für Mehrheitsbeschlüsse notwendigen kleinsten gemeinsamen Nenner verschiedener Gruppen zu verwirklichen, ohne hierbei bestimmte normative Grenzen zu respektieren oder eigene entwicklungspolitische oder „emanzipatorische" Ziele in die Tat umzusetzen. Da solche Systeme in „reiner" Form noch seltener vorkommen als andere, wurde darauf verzichtet, sie in die in dieser Einführung gewählte Aufzählung von Systemtypen aufzunehmen. Systeme, die den zweiten Aspekt von Demokratie mehr betonen, also die formale wie materielle Wahrung und Fortentwicklung von gewissen, für jeden gleichermaßen gültigen, unveräußerlichen Grundrechten, ohne dabei auch die institutionellen Mechanismen eines pluralistischen Willensbildungsprozesses aufzuweisen, können am ehesten als „Erziehungsdemokratien" mit allen ihren Problemen im oben behandelten Sinne bezeichnet werden.

Die Gesellschaften parlamentarisch-demokratischer Systeme der Gegenwart zeichnen sich durch ein hohes Maß gesellschaftlicher Arbeitsteilung und eine sehr differenzierte und spezialisierte Rollenstruktur aus. Auf diese Weise ergibt sich eine starke Interdependenz der verschiedenen Gesellschaftsgruppen, aus der eine gewisse „organische Solidarität" im Durkheimschen[185] Sinne resultiert. Dies schließt allerdings nicht aus, daß in allen Demokratien der Gegenwart durchaus noch Gruppenkonflikte z. T. antagonistischer Art, z. B. im Hinblick auf bestehende Minderheitenprobleme, aber auch Klassengegensätze usw. bestehen. Die „politische Kultur" dieser Systeme bezeichnet Almond als „Staatsbürgerkultur" („civic culture"). Diese besteht „... in einer ausgewogenen politischen Kultur, in der politische Aktivität, Engagement und Rationalität durch Passivität, Traditionalität und noch vorhandene traditionale Werte ausgeglichen werden".[186] Die Art der Konfliktbewältigung stellt ein spezifisches Charakteristikum demokratischer Systeme dar. So sind die „input"-Strukturen des Systems darauf angelegt, einer Vielzahl („Pluralität") von Gruppen politischen Ausdruck zu verschaffen und sie so im gesamtgesellschaftlichen Willensbildungsprozeß angemessen zu berücksichtigen. Diesem Ziel dient eine Vielzahl politischer Parteien und ein pluralistisches Verbandswesen, das den verschiedenen „funktionalen" Interessengruppen einer Gesellschaft Ausdruck verleihen soll.[187] Die tatsächlich vorhandenen Parteien- und Verbandsstrukturen[188] und ihre jeweiligen Einflußmöglichkeiten, das jeweilige Wahlrecht, z. B. „Mehrheits"- oder „Verhältnis"-Wahlrecht usw., sind allerdings in den verschiedenen parlamentarischen Demokratien der Gegenwart sehr unterschiedlich. Die Legitimität von Systemen dieser Art hat vorwiegend rationalen Charakter, wenn auch gewisse traditionale und z. T. charismatische Züge in vielen Fällen durchaus eine Rolle spielen.

Die zentralen politischen Institutionen demokratischer Systeme sind ebenfalls sehr unterschiedlich gestaltet. Das Prinzip der Gewaltenteilung wird im allgemeinen aufrechterhalten, wenn auch die Grenzen hierbei, vor allem zwischen Exekutive und Legislative in den „Kabinetts"-Systemen der Gegenwart häufig verschwimmen. In vertikaler Hinsicht sind verschiedenartige Abstufungen zwischen mehr zentralistischen und mehr föderalistischen Organisationsformen anzutreffen. Die Spitze der Exekutive kann entweder aus einem mehr oder minder direkt vom Volk gewählten Präsidenten („Präsidialsystem") oder einer von der jeweiligen Parlamentsmehrheit bestimmten Führung („Kabinettssystem") bestehen.[189] Die Legislative (Parlament) geht aus „freien, geheimen, gleichen und direkten“ Wahlen hervor, an denen sich jeder mündige Bürger des Landes mit grundsätzlich gleichem „Gewicht“ seiner Stimme beteiligen kann. Die Legislative kann hierbei, je nach Art der föderativen Gliederung eines Staates, aus einer oder zwei Kammern bestehen. Die Justiz ist von den beiden anderen „Gewalten“ unabhängig und an die Wahrung verfassungsmäßig festgelegter formeller wie materieller rechtsstaatlicher Prinzipien gebunden. Die „output“-Strukturen umfassen einen ebenfalls vielfältig nach funktionalen und regionalen Gesichtspunkten gegliederten staatlichen Verwaltungsapparat, der der Kontrolle der politischen Führung unterworfen und an die jeweils bestehende gesellschaftliche Grundlage seiner Handlungen und ihre Überprüfbarkeit durch unabhängige Gerichte gebunden ist.[190] Das Militär ist ebenfalls den zivilen politischen Kontrollorganen unterstellt und zur Wahrung der verfassungsmäßigen Rechte eines jeden Bürgers, auch im „besonderen Gewaltverhältnis“ des Soldatentums, verpflichtet. Die Wirtschaftspolitik ist in den parlamentarisch-demokratischen Systemen der Gegenwart vorwiegend kapitalistisch organisiert, d. h. nach marktwirtschaftlichen Prinzipien bei Privateigentum an den Produktionsmitteln ausgerichtet. Daneben bestehen aber meist ein ziemlich umfassender „öffentlicher“ Wirtschaftssektor und vielfältige Möglichkeiten der direkten und indirekten Kontrolle durch den Staat (z. B. durch Geld- und Finanzpolitik, Kartellgesetzgebung, Gewerbeaufsicht etc.). Inwieweit diese Art der Wirtschaftsordnung eine notwendige Bedingung für diese Form der Demokratie darstellt, ist einer der wichtigsten Streitpunkte zwischen mehr „liberal-konservativen“ und mehr „radikalen“ Befürwortern der Demokratie.[191]

Parlamentarisch-demokratische Systeme erweisen sich in Ländern, in denen die entsprechenden gesellschaftlichen Voraussetzungen gegeben sind, als relativ stabil und dauerhaft. Dies wird vor allem durch den oben beschriebenen „Rückkopplungsmechanismus“ demokratischer Systeme, der diese sich an sich wandelnde sozio-ökonomische und politische Gegebenheiten anpassen läßt, erreicht. Vor allem für das in vielen Systemen aufgrund der großen Bedeutung von „Persönlichkeiten“ (z. B. bei charismatischen Herrschern, aber auch in Oligarchien, Mobilisierungssystemen etc.) bestehende Nachfolgeproblem ist hier durch die in regelmäßigen Abständen stattfindenden Wahlen bei (möglichst) freier Konkurrenz der Wettbewerber eine Lösung gefunden worden, die „Kontinuität durch Wandel“ gewährleistet. Zu den wichtigsten gesellschaftlichen Voraussetzungen für eine funktionsfähige Demokratie gehört eine relativ egalitäre Sozialstruktur. Die weitgehende Gleichheit der Lebensbedingungen des größten Teils der Bevölkerung wird dabei in agrarischen Gesellschaften am ehesten durch die Existenz eines breiten, unabhängigen Bauerntums in den Landgebieten gesichert, eventuell ergänzt durch eine vorwiegend mittelständische Ordnung in den in bezug auf den Anteil an der Gesamtbevölkerung noch relativ unbedeutenden Städten.[192] Die Gleichheit der Lebensbedingungen besteht hierbei in der durch Privateigentum an den Produktionsmitteln (also in diesen Gesellschaften vor allem Grund und Boden) und die weitgehende Selbstversorgung der einzelnen Produzenten gewährleisteten Unabhängigkeit der verschiedenen Gesellschaftsmitglieder voneinander. Im Gegensatz hierzu besteht die Gleichheit der Lebensbedingungen in stark industrialisierten, hochgradig arbeitsteiligen Gesellschaften gerade in der weitgehenden *Abhängigkeit* jeder Berufsgruppe und jeden Individuums von allen anderen. Kaum jemand ist noch in der Lage, seine elementarsten Bedürfnisse ganz auf sich allein oder seine engste Familie gestellt zu befriedigen. Privateigentum an Produktionsmitteln scheint für diese Art gesellschaftlicher Gleichheit, zumindest soweit dies große Kapitalgesellschaften betrifft, in denen Eigentümer- und Unternehmerfunktion nicht mehr zusammenfallen, keine notwendige Bedingung mehr zu sein,[193] die den individuellen Freiraum des Bürgers sichern hilft.

Diese These von der Bedeutung egalitärer Sozialstrukturen für eine funktionsfähige Demokratie scheint in der Entstehungsgeschichte der demokratischen Systeme der Neuzeit ihre Bestätigung zu finden. Relativ stabile demokratische Systeme finden sich heute vorwiegend zum einen in den „angelsächsischen“ Überseegebieten (also USA, Kanada, Australien und Neuseeland) und zum anderen, was zunächst paradox anmutet, in den konstitutionellen Monarchien Westeuropas (also vor allem in Großbritannien, Holland und den skandinavischen Ländern). Im ersten Fall bestand die Möglichkeit, ausgehend von einer zunächst weitgehend vorhandenen „tabula rasa“ in den Einwanderungsgebieten, von Anfang an eine relativ egalitäre, zunächst vorwiegend auf einer agrarischen Basis beruhende Sozialstruktur zu errichten. Im zweiten Fall erleichterte das Weiterbestehen monarchischer Symbole und traditionaler Legitimität den rapide im Industrialisierungsprozeß sich wandelnden Gesellschaften den allmählichen Übergang von hierarchischen zu egalitären Strukturen.[194] Dies scheint jedoch nur dort ohne große soziale Umbrüche möglich gewesen zu sein, wo die monarchische Herrschaft nicht schon einen stark zentralistischen und absolutistischen Charakter (wie z. B. in Frankreich) angenommen hatte, und wo die zunehmenden politischen Partizipationsansprüche einer sich differenzierenden Gesellschaft auf Monarchen trafen, die bereit waren, nach und nach den größten Teil ihrer Befugnisse demokratisch konstituierten Institutionen zu überlassen.[195] In anderen Ländern, in denen der Wandel von hierarchischen zu mehr egalitären Strukturen nicht durch das für die staatliche Einheit und die Kontinuität der Herrschaft bedeutsame Symbol eines mit traditionaler Legitimität ausgestatteten Monarchen erleichtert wurde, erwies sich der Übergang meist als schwieriger. Der Widerstand der traditionell herrschenden Gruppen (wie des Adels, des Klerus usw.) war in diesen Fällen meist erheblich stärker, und demokratisch-republikanische Organisationsformen erwiesen sich häufig (z. B. in Weimar-Deutschland, Italien, Griechenland, aber auch in einigen der „entwickelteren" lateinamerikanischen Staaten, bei allerdings etwas anderen Ausgangsbedingungen) als sehr instabil.[196] Erst tatsächlich umfassende, sozialstrukturell tiefgreifende „Revolutionen", ob nun „von oben" (wie durch die Nationalsozialisten in Deutschland) oder „von unten" (wie, allerdings in einem jeweils noch früheren Stadium, in Frankreich oder in Mexiko), bieten dann Gewähr für längerfristig stabile demokratische Systeme. Die hochgradige, in den modernen Demokratien der Neuzeit bestehende Interdependenz der verschiedenen gesellschaftlichen Gruppen macht auch die Dominanz einer einzelnen Gruppe oder die „Machtergreifung" durch eine kleine, mit den nötigen Zwangsmitteln ausgestattete Minderheit, wie z. B. durch das Militär (eine der Hauptursachen der Instabilität in modernen Systemen, s. a. o.) unwahrscheinlich. So sind z. B. ein Militärputsch und die Errichtung eines autoritären Systems in einem so stark differenzierten Land wie England heute kaum denkbar, nicht nur wegen des „Berufsethos" des Militärs, sondern auch wegen zu starker „Gegengewichte" („countervailing powers", J. K. Galbraith), z. B. der Gewerkschaften, anderer Berufsverbände, der Studenten, der Kirche, der Staatsbürokratie usw. Dies gilt wohl auch für die Bundesrepublik heute. Das einzige hochentwickelte Land, in dem das Militär in der jüngeren Vergangenheit eine unmittelbare aktive Rolle in der Politik gespielt hat, Frankreich, war zum einen nicht ganz so „entwickelt" und industrialisiert wie andere westliche Länder und befand sich zum anderen in einer sehr speziellen Situation aufgrund des Algerien-Problems. Und selbst dort war das aktive Eingreifen des Militärs nur sehr kurzfristig, und es mußte sich sehr bald wieder der zivilen, durch Wahlen legitimierten Kontrolle, die allerdings von einem ehemaligen General ausgeübt wurde, unterordnen.

Einmal auf relativ stabiler, d. h. sozialstrukturell relativ egalitärer Basis errichtete demokratische Systeme können aber, neben immer möglichen Einwirkungen von außen, auch durch Entwicklungen im Innern wieder gefährdet werden. Eine solche Gefährdung kann z. B. dann eintreten, wenn aufgrund ökonomischer Verteilungsmechanismen (wie z. B. durch Wettbewerbsverzerrungen in einer auf Privateigentum an Produktionsmitteln beruhenden Marktwirtschaft) wieder Ungleichheiten in den Lebensbedingungen verschiedener gesellschaftlicher Gruppen entstehen, oder wenn gewisse für die Aufrechterhaltung einer funktionsfähigen Demokratie essentielle Bereiche, wie z. B. die Presse- und Informationsfreiheit, durch strukturelle Veränderungen in diesen Sektoren (z. B. durch Konzentration in den Händen weniger) eingeschränkt werden. Tendenzen dieser Art sind z. B. in mancher Hinsicht sowohl in den USA als auch in der BRD zu beobachten.[197] Mögliche langfristige Änderungen, die allerdings durch entsprechendes politisches Handeln entscheidend beeinflußt werden können, sind daher auch in den relativ stabilen Demokratien der Gegenwart nicht auszuschließen.

10. Politische Systeme der Zukunft? In allen hier in ihren wichtigsten Aspekten kurz angedeuteten Systemen sind bestimmte Kräfte der Veränderung am Werke, die einen Wandel der Systeme in die eine oder andere Richtung bewirken können. Diese Kräfte näher zu bestimmen und Richtung und Ausmaß des durch sie hervorgerufenen Wandels inhaltlich in bestimmten Grenzen genauer zu prognostizieren, ist Aufgabe einer mehr entwicklungstheoretisch orientierten Richtung der Vergleichenden Politikwissenschaft. An dieser Stelle muß darauf verzichtet werden, über das hinaus, was bei der Erörterung der verschiedenen Typen bereits jeweils am Schluß an möglichen Veränderungstendenzen angedeutet wurde, weitere Aussagen dieser Art zu treffen. Statt dessen sollen zwei weitere Typen, die im Verlauf bestimmter Entwicklungen in einigen Ländern möglich erscheinen, hier kurz umrissen werden.

Während Entwicklungen in den oben zuerst behandelten mehr traditionalen oder modernisierenden Systemen, heute vor allem in der Dritten Welt, sicher nicht denselben Verlauf nehmen werden, wie bei der Entstehung der heute industrialisierten Länder, allein schon durch die vielfältigen „Demonstrationseffekte" einer bereits „entwickelten" Welt, so kann doch ihr Entwicklungspotential, soweit es näher eingrenzbare Größen sozialer und ökonomischer Entwicklung betrifft, wenigstens in groben Umrissen bestimmt werden (s. a. u.). Die Verhältnisse in den bereits entwickelteren Staaten liefern hierfür wenigstens einige Anhaltspunkte. Anders sieht es dagegen mit Aussagen darüber aus, welchen Weg die heute hochgradig differenzierten Gesellschaften der Industrieländer und ihre jeweiligen politischen Systeme einschlagen werden. Hier ist das Ausmaß des Unbekannten und daher notwendigerweise auch der Spekulation ungleich größer. Soweit nicht ganz bestimmte entwicklungstheoretische Annahmen gemacht werden, die in ihrem Determiniertheitscharakter aber auch meist fragwürdig sind, sind wir in dieser Hinsicht auf mehr oder minder „utopische" Gedankenspielereien angewiesen. Nicht von ungefähr sind diese möglichen Entwicklungen daher vor allem in Arbeiten mehr literarischen Charakters beschrieben worden. Diese reichen von z. T. sehr phantasiereichen, aber oft in ihren Annahmen doch sehr unrealistischen „science-fiction"-Romanen hin zu durchaus ernst zu nehmenden „konkreten Utopien" (Ernst Bloch), die, wenn auch in überspitzter Form, die eine oder andere „schöne" oder weniger schöne „neue Welt" schildern. Zwei solcher Modelle, die in mehr als einer Hinsicht ein Gegensatzpaar darstellen, eine „total verwaltete Welt" und eine „herrschaftsfreie", also im wörtlichen Sinne „an-archische", Gesellschaft sollen hier kurz erörtert werden.

Das erste Modell ist in einigen fast schon „klassischen" utopischen Romanen der Gegenwart (wie z. B. George Orwells „1984", Aldous Huxleys „Brave New World", aber auch Skinners „Walden II") bei allerdings unterschiedlichen Annahmen in bezug auf die jeweils zur Verfügung stehenden technologischen und psychologischen Möglichkeiten beschrieben worden.[198] Sein berühmtester Vorläufer ist Hobbes „Leviathan",[199] der allerdings noch mit wesentlich bescheideneren Mitteln staatlicher Kontrolle auskommen mußte. In seinen „perfektesten" Variationen beschreibt es eine konfliktfreie und friedliche, weil absolut regulierte und „vorprogrammierte" Welt. Die Gesellschaft eines solchen Staates besteht aus „glücklichen" Individuen, deren sämtliche Bedürfnisse auf das Beste befriedigt werden. Genetische Selektion und Steuerung, perfektionierte Sozialisationsprozesse und, wo nötig, ein bißchen Nachhilfe mit „Glücksdrogen" und anderen Psychopharmaka sorgen hierfür. Aufgrund unterschiedlicher Lebenschancen auftretende Konflikte, wie „Klassen"-Auseinandersetzungen usw., sind durch entsprechende „Konditionierung" der Menschen von vornherein ausgeschaltet und selbst das Todesproblem als die Existenz jedes einzelnen in Frage stellendes Faktum wird im „ewigen Leben" der Gesamtgesellschaft aufgelöst und jeder hierauf entsprechend „eingestimmt". Politische „input"-Strukturen im eigentlichen Sinne sind nicht mehr nötig, da alle für die Gesamtgesellschaft notwendigen politischen Entscheidungen, also im Hinblick auf eventuell unterschiedliche Ziele, bereits „vorprogrammiert" und vorweggenommen sind. Lediglich eine ebenfalls genau gesteuerte „Rekrutierung" der jeweiligen Rollenträger erfolgt noch auf der „input"-Seite des Systems. Die Legitimität einer derartigen politischen Ordnung kann vielleicht am ehesten als „manipuliert-rational" bezeichnet werden. Bei den zentralen politischen Institutionen entfällt die Notwendigkeit für gesetzgebende oder rechtsprechende Körperschaften. Entsprechende Probleme oder „Fälle", die gelöst werden müssen, tauchen nicht mehr auf. Dafür nimmt die Exekutive und die mit ihr verbundene Verwaltung einen breiten, sich auf jeden Lebensbereich erstreckenden Raum ein. Da die „Zwecke" feststehen, gilt es nur noch die „Mittel" technokratisch optimal einzusetzen. Von der „Wiege" bzw. „Fließband" bis zum Grabe regelt eine perfekte Kontrolle alles für ein „glückliches" Leben Notwendige. Ein System dieser Art ist natürlich auch „ultra-stabil" und kann damit, sollten nicht doch noch unvorhergesehene äußere Einwirkungen eintreten, „auf alle Ewigkeit" bestehen.

Im Gegensatz zum Zukunftsmodell totaler Kontrolle alles menschlichen Lebens durch einen allmächtigen Staat steht die Vorstellung einer absolut herrschaftsfreien, an-archischen Gesellschaft, wie sie u. a. von Bakunin propagiert wurde.[200] In diesem Modell sind alle sozialen Konflikte, die z. B. auf unterschiedlichen materiellen Interessenlagen beruhen, durch die vollkommene Gleichheit der Lebenschancen aller ausgeschaltet. Dies wird vor allem durch die Abschaffung des Privateigentums an Produktionsmitteln, bei reichhaltiger Versorgung mit allen lebensnotwendigen Gütern erreicht. Die „Natur" und alle sich aus möglichen physischen Abhängigkeiten des Menschen ergebenden Probleme (wie z. B. Hungersnöte, Seuchen und Katastrophen) sind ebenfalls soweit beherrschbar geworden, daß sich hieraus keine dauerhaften Ungleichheiten mehr ergeben. Statusdenken, sozialer Neid und das Motiv der persönlichen Bereicherung gibt es nicht mehr. Aufgeklärte, emanzipierte Bürger haben gelernt, ihre eventuell noch bestehenden persönlichen Probleme auf rationale Art zu bewältigen. Der „Sinn des Lebens" besteht im uneigennützigen Beitrag jedes Einzelnen zum Wohl und Fortleben der Gesamtgesellschaft. Zentrale politische Institutionen sind in einem solchen konfliktfreien, auf einheitlichen Wertsetzungen aller beruhenden Systeme überflüssig geworden. Statt der „Herrschaft über Menschen" findet allenfalls noch eine „Verwaltung der Sachen" statt. In einer „Überflußgesellschaft" bei technokratischer Optimierung des Produktions- und Verteilungsapparates gibt es dann keine wirksamen dynamischen Kräfte der Veränderung mehr. Ein „ewiges Leben" ist ihr daher gewiß.

Beiden Modellen haftet etwas „Utopisches" im Sinne gewisser irreal erscheinender Annahmen in bezug auf technologische Möglichkeiten und die Beeinflußbarkeit menschlichen Verhaltens an. Gerade diese Voraussetzungen werden aber angesichts des rapiden technologischen „Fortschritts" auf allen Gebieten am ehesten erfüllbar sein.[201] Es kommt daher darauf an, eine normativ, also nach dem jeweils für erstrebenswert gehaltenen „Menschenbild", begründete Wahl zwischen den sich abzeichnenden politischen Systemen der Zukunft zu treffen. Als positiv oder negativ angesehene Elemente des einen oder anderen Systems, die sich heute schon in ihren Realisierungsmöglichkeiten abzeichnen, gilt es daher rechtzeitig zu verhindern oder zu fördern. Daher muß der oft allzu leichten Versuchung widerstanden werden, zugunsten großartiger Zukunftsvisionen die Probleme der Gegenwart zu vernachlässigen oder die ins Auge gefaßten „glücklichen" Endzustände koste es, was es wolle, herbeiführen zu wollen. Nicht immer rechtfertigt der Zweck die Mittel. Häufig ist es, wie auch Camus meint, eher umgekehrt!

Entwicklungstheoretische Ansätze

Typologien der im vorhergehenden Abschnitt behandelten Art sind ein nützliches und unumgängliches Hilfsmittel für das Verständnis und die systematische Einordnung politischer Phänomene und den Vergleich politischer Systeme insgesamt. Sie liefern aber aus sich heraus keine Aufschlüsse über die jeweiligen dynamischen Faktoren, die eine Veränderung eines Systems in die eine oder andere Richtung bewirken. Der nächste und anspruchsvollere Schritt der politikwissenschaftlichen Theoriebildung besteht daher darin, nach „Gesetzmäßigkeiten" im Ablauf dieser Veränderungen zu suchen. Am aussagekräftigsten sind derartige Gesetze dann, wenn sie nicht nur bestimmte Geschehnisse *ex post* plausibel zu erklären vermögen, sondern auch einen gewissen prognostischen Wert besitzen, der künftig zu erwartende Ereignisse in gewissen Grenzen bestimmbar macht. Diesem Anspruch auf vorausschauende Aussagekraft kann bisher keine der „Entwicklungstheorien" der Politikwissenschaft, zumindest soweit sie empirisch verifizierbar bzw. falsifizierbar sind, genügen. An dieser Stelle müssen wir uns daher darauf beschränken, einige der wissenschaftsgeschichtlich wichtigsten Ansätze hierzu kurz darzustellen, und ihre jeweiligen Beschränkungen, aber auch weiterführenden Möglichkeiten exemplarisch aufzuzeigen. Zunächst wird eine für „zyklische" Konzeptionen der Entwicklungsabläufe charakteristische Theorie dargestellt: die „Entwicklungstheorie" Platos. Dieser folgt ein kurzer Abriß der bisher wichtigsten linearen Theorie sozialer und politischer Entwicklung, der Theorie des „historischen Materialismus" von Karl Marx und Friedrich Engels. Anschließend werden einige zeitgenössische entwicklungstheoretische Konzepte vorgestellt, darunter etwas ausführlicher ein verfeinerter struktureller Ansatz, die Entwicklungstheorie Barrington Moore's, der vor allem verschiedene alternative Entwicklungsgänge beim Übergang vom Feudalismus zur Moderne auf historisch-vergleichender Basis analysiert.

1. Zyklische Entwicklungstheorien am Beispiel Platos: Einer der ersten Versuche, charakteristische Veränderungsabläufe politischer Systeme systematisch zu erfassen, findet sich in einem der „klassischen", nach wie vor bedeutsamen Werke der Politikwissenschaft, Platos „Politeia".[202] Ausgangspunkt ist für ihn hierbei der von ihm konstruierte Idealfall eines von „Philosophenkönigen" regierten „gerechten" Staates. Dieser setzt sich aus drei Hauptgruppen zusammen: der „produktiven" Klasse der Handwerker, Bauern, Händler usw., die alle ökonomischen Funktionen der Gesellschaft wahrnehmen; der „Wächter"-Klasse, die mit den exekutiven Aufgaben des Staates betraut ist (z. B. der staatlichen Verwaltung, dem militärischen Schutz nach außen usw.); und den „Philosophenkönigen" an der Spitze, denen die gesetzgebenden und rechtsprechenden Funktionen obliegen. Den beiden oberen Klassen ist dabei weder privates Eigentum noch ein Familienleben gestattet, um die Verfolgung des Staatsinteresses nicht durch die Berücksichtigung individueller Interessen zu gefährden. Sie leben in spartanischer Einfachheit und sind nur auf das Wohl des gesamten Staates bedacht. Die Angehörigen dieser Klassen rekrutieren sich aus allen Schichten des Volkes, ausschließliches Kriterium für den Zugang zu diesen Gruppen sind natürliche Anlagen und durch eine lange, ausgewogene Erziehung erworbene Fähigkeiten. Die „Liebe zur Weisheit" der Herrscher und die rationale, von eigennützigen Motiven freie Regierungsausübung gewährleisten ein Maximum an Gerechtigkeit für jedermann.

Plato schildert dann, auf welche Weise mögliche Veränderungen in einem solchen Staat einsetzen können und welche logische Abfolge verschiedenartiger politischer Systeme hieraus entsteht.[203] Wichtigster Kausalfaktor für die jeweils bestehende Verfassungsform ist für ihn der in einer Gesellschaft vorherrschende „Menschentyp", dessen „Charakter" dem Gesamtsystem sein Gepräge gibt. Dieser Charakter wird wiederum durch die in einer Gesellschaft vorherrschenden Sozialisationsprozesse, bei denen vor allem die jeweiligen Einstellungen und Werthaltungen der Familienväter eine Rolle spielen, wesentlich beeinflußt. Ein Konzept, das also insgesamt der Theorie der „modalen Persönlichkeit" in der neuzeitlichen „Nationalcharakterforschung"[204] nicht unähnlich ist.

Der erste Wandel tritt ein, wenn die ideale Regierung der Philosophenkönige nach einiger Zeit, was nach Platos Ansicht unvermeidlich ist und wie bei jedem Lebewesen in der „Natur der Dinge" liegt, gewisse Verfallserscheinungen zeigt. In der „Wächter"-Klasse breiten sich Meinungsverschiedenheiten aus und ein Drang nach privater Bereicherung tritt bei einem Teil von ihnen an die Stelle des Strebens nach Tugend und Vernunft. Väter, die ihre Söhne bisher nach den Idealen der Selbstlosigkeit und Tugendhaftigkeit erzogen haben, verlieren durch die Mißgunst der Frauen und das Geschwätz der Sklaven über die neuerworbenen Reichtümer der Nachbarn an Einfluß, und in den Kindern wird zunehmend Ehrgeiz und Gier nach Ruhm und Reichtum entfacht. Wenn diese Tendenzen in einer Gesellschaft dominant geworden sind, wandelt sich ihr politisches System vom Staat der Philosophenkönige zu einer „Timokratie", einer von Ruhmessucht und Ehrgeiz („timé") gekennzeichneten Staatsform. Sie stellt eine Mischung aus noch vorhandenen Elementen des „gerechten" Staates und solchen der „ungerechteren" Formen dar. Autorität wird respektiert und die „Krieger"-Klasse enthält sich weiterhin eigener ökonomischer Betätigungen. Statt dessen ist das ganze Bestreben auf körperliche Ertüchtigung und Vorbereitung zur Kriegsführung ausgerichtet, um Ruhm und Ehre im Kampfe erwerben zu können. Intellektuelle Fähigkeiten und philosophische Besinnung sind demgegenüber weniger gefragt. Das politische System Spartas stand Plato bei dieser Beschreibung vor allem vor Augen.

Aber auch diesem System wohnt eine Tendenz inne, sich weiter in eine bestimmte Richtung zu verändern. So mag ein „timokratischer" Mann, dem bei Verfolgung seiner „Ehre" ein Mißgeschick oder eine Niederlage zugestoßen ist und der demzufolge sein Hab und Gut, aber vor allem die Achtung seiner Mitbürger verloren hat, einen Sohn haben, der diese Schmach unter allen Umständen tilgen will. Der einzige Weg hierzu besteht für ihn nicht mehr in der Verfolgung hoher kriegerischer Ideale, sondern zunächst im nackten Kampf ums materielle Überleben. Durch harte Arbeit, Sparsamkeit und Verzicht auf alle leiblichen Genüsse versteht er es schließlich, sich ein Vermögen zu schaffen. Diese Erfahrungen haben aber nun auch seinen Charakter verändert. Statt nach Ruhm und Ehre zu streben, scheinen ihm nun der Besitz von Geld und Reichtum das höchste Gut zu sein. In dem Maße, in dem Persönlichkeiten dieses Typs zunehmen, verändert auch das politische System wieder seine Prägung. Der Zugang zu öffentlichen Ämtern ist nur noch bei Nachweis eines bestimmten Vermögens möglich, und die Gesellschaft beginnt, sich in zwei Klassen von relativ wenigen Reichen („Plutokraten") und sehr zahlreichen Armen zu spalten. Die „Oligarchie" („Herrschaft der Wenigen"), die auf diese Weise begründet wird, ist durch das vorherrschende Interesse an persönlicher Bereicherung gekennzeichnet. Tugend und Vernunft treten demgegenüber zurück. Die finstersten Begierden der Oligarchen werden aber durch die Angst in Schranken gehalten, das Erworbene unter Umständen wieder zu verlieren. Ein biedermännisches Gehabe, das Wert auf den Anschein der Wohlanständigkeit legt, zügelt die Profitgier und manche „niederen" Instinkte. Entsprechend werden auch Auseinandersetzungen mit außenpolitischen Gegnern vorsichtig gehandhabt und Kriege nach Möglichkeit vermieden.

Auch hier bleibt die Entwicklung jedoch nicht stehen. Mit der zunehmenden Konzentration des Reichtums in den Händen weniger wird die Unzufriedenheit unter denen, die früher selbst einen gewissen Besitz hatten und nunmehr verarmt sind, immer größer. Besonders die junge Generation dieser Klasse übernimmt hierbei die Initiative. Sie hat nichts mehr zu verlieren und fühlt sich körperlich den verfetteten, verweichlichten Söhnen der Oberschicht, die sich nur noch ihrem Vergnügen hingeben und nicht mehr die puritanische Lebensweise ihrer Väter verfolgen, überlegen. Der in einer solchen Situation unvermeidliche politische Umsturz führt zu einer „Demokratie". Die Prinzipien der „Freiheit" und der „Gleichheit" kennzeichnen diese Art von Systemen. Bei nahezu gleichartigen Lebensbedingungen aller herrschen Toleranz, Freizügigkeit und Redefreiheit. Jeder kann weitgehend tun und lassen was er will. Vor dem Gesetz sind alle gleich. Jeder hat das Recht, an den gesetzgebenden Versammlungen teilzunehmen und öffentliche Ämter auszuüben. Diese werden durch das Los vergeben. Die Künste, Erfahrung und Tugend werden hingegen nur gering geachtet. Jeder, der sich ein „Freund des Volkes" nennt, findet statt dessen Anerkennung. Die Verfassung vor allem des athenischen Stadtstaates, dessen Bevölkerung allerdings etwa zur Hälfte aus Sklaven und nicht-stimmberechtigten ausländischen Staatsbürgern bestand, diente Plato bei dieser Beschreibung als Modell.

Die Kette setzt sich aber noch weiter fort. Das die Demokratie beherrschende Prinzip der Freiheit wird nun auch zu seinem Extrem getrieben. Aus „liberté“ wird „libertinage“, und jedem scheint alles erlaubt. Auch hier ist es wieder vor allem die Jugend, die keine Grenzen mehr kennt und die Beschränkungen der Väter von sich weist. Jedem „animalischen Impuls“ wird stattgegeben, und die Rechte anderer werden nicht mehr geachtet. Da die eigenen Mittel auf diese Weise sehr schnell erschöpft sind, rotten sich Gleichgesinnte zu Gruppen zusammen und plündern die Habe ihrer Mitmenschen. An der Spitze solcher Gruppen stehen meist großmäulige Wortführer, die mit demagogischem Geschick und billigen Versprechungen ihre Anhängerschaft zu immer neuen Taten mobilisieren. Wenn der Staat zu diesem Zeitpunkt nicht energisch eingreift (und das ist bei einer „fortgeschrittenen“ Demokratie nach Platos Ansicht unwahrscheinlich), bestimmen solche Demagogen auch bald den Ton in den politischen Versammlungen. Sie reißen dann die Macht an sich und verstehen es mit ihrer Gefolgschaft, den Rest der Bevölkerung einzuschüchtern und ihrem Willen zu unterwerfen. Nach einigen Machtkämpfen wird ein einziger „Despot“ aus diesem Prozeß hervorgehen, der mit Hilfe seiner Leibgarde alle anderen „tyrannisiert“. Außenpolitisch fängt er ständig neue Händel an, um so von den Problemen im Innern abzulenken und seine „Führerschaft“ immer neu unter Beweis zu stellen. Dabei wird er immer von Mißtrauen gegenüber seiner Umgebung geplagt, deren Verrat er ständig wittert. In zunehmender Isolation wird er ein von Furcht und Haß erfülltes Leben führen. Dies ist also das Schicksal des Tyrannen, in Platos Lebzeiten verkörpert z. B. durch den Herrscher von Syrakus. Für Plato ist er der Prototyp des „ungerechten“ Herrschers, die „Tyrannei“ das Modell des „ungerechten“ Staates.

Seine Beschreibung der Entwicklung politischer Systeme endet hier. Obwohl Plato ursprünglich von einer zyklischen Vorstellung der Entstehung und des Verfalls politischer Systeme ausgegangen war, analog zum Lebensgang jeder Kreatur oder dem Lauf der Gestirne, versäumt er es, wie auch schon Aristoteles an ihm kritisiert,[205] den Kreis zu schließen und aufzuzeigen, auf welche Weise die Entwicklung wieder zum ursprünglichen Zustand zurückführen könnte. Auch weist Aristoteles ihm anhand zahlreicher Beispiele nach, daß der von ihm beschriebene Entwicklungsgang keineswegs zwangsläufig sei und sich politische Systeme vielfach auch auf andere Art und in unterschiedlicher Abfolge verändert haben. Das Argument, daß Plato bei seiner Theorie keine konkreten historischen Abläufe im Auge gehabt habe, sondern nur die innere Logik einer solchen Entwicklung aufzeigen wollte,[206] mag zwar zutreffen, es nimmt seiner Entwicklungstheorie aber auch jede prognostische Aussagekraft. Veränderungen von einem konkreten politischen System in Richtung auf ein anderes werden dann wieder weitgehend beliebig und „theoretisch“ ist nicht viel gewonnen. Auch bleiben die von ihm angeführten Kausalfaktoren bei der Entwicklung politischer Systeme, vor allem sozialpsychologischer Art, recht einseitig und die von ihm zugrundegelegte Annahme des Kreislaufs aller Entwicklungen erweist sich in der Neuzeit – angesichts einer eindeutig „gerichteten“, nicht mehr zu ihrem Ausgangspunkt zurückkehrenden, vor allem wirtschaftlichen Entwicklung, aber auch sozialstrukturellen Differenzierung usw. – als nicht mehr haltbar. Andererseits sind viele seiner Einsichten, vor allem im psychologischen und politisch-philosophischen Bereich auch heute noch von bemerkenswerter Aussagekraft und machen die Lektüre seiner Schriften ausgesprochen lohnend.

2. *Lineare Theorien am Beispiel des „historischen Materialismus“:* Wenn eine Entwicklungstheorie politischer Systeme ihren Beliebigkeitscharakter verlieren soll, so muß sie die jeweiligen Kausalfaktoren, die die jeweilige Entwicklung bewirken, präzise bestimmen und die Zwangsläufigkeit der aus ihnen resultierenden Vorgänge näher festlegen können. Eine derartige Entwicklungstheorie ist die Theorie des „historischen Materialismus“ von Karl Marx und Friedrich Engels. Im Gegensatz zur zyklischen Theorie Platos, aber auch vieler anderer Geschichtsphilosophen,[207] stellen sie eine lineare Theorie der Entwicklung auf, die den Fortgang der Menschheitsgeschichte von einfachen „Urformen“ bis hin zu den komplexen großräumigen Gesellschaften der Gegenwart und ihre jeweiligen politischen Systeme mit Hilfe weniger grundlegender „Gesetze“ zu erfassen versucht. Wichtigster Bestimmungsfaktor ist dabei die Produktionsweise der Gesellschaft und die Veränderungen, die in ihr aufgrund bestimmter zwangsläufiger Vorgänge auftreten. Von ihr hängen dann auch die jeweilige politische Ordnung und die ideologische Ausrichtung einer Gesellschaft („Überbau“) ab.[208] Fünf verschiedene Produktionsweisen und demgemäß fünf verschiedene Gesellschaftsformationen und Entwicklungsstufen politischer Systeme lassen sich laut dieser Theorie unterscheiden.[209]

Die historisch erste Produktionsweise der Menschheit ist die Subsistenzwirtschaft der Jäger, Sammler, Hirten und primitiven Ackerbauern. Immer am Rande des Existenzminimums lebend und ständig bedroht von den Fährnissen der Natur, wie der Unbill des Wetters, Seuchen, wilden Tieren usw., produzieren sie gerade soviel, wie sie zum Überleben benötigen. Zeitweilig auftretende Überschüsse werden im Jahreszyklus bei zeremoniellen Anlässen wieder aufgezehrt. Die „Produktionsmittel“, also in erster Linie der jeweils bebaute Boden, aber auch Haustiere u. ä., gehören allen gemeinsam, und alle für diese „Urgemeinschaft“ wichtigen Entscheidungen werden gemeinschaftlich getroffen. Ein spezieller politischer

Überbau wird hierfür, angesichts des geringen Umfangs der Gesellschaft (meist beschränkt auf den gemeinsam produzierenden erweiterten Familienverband) und fehlender gesellschaftlicher Gegensätze, die wiederum einen politischen „Zwangsapparat" überflüssig machen, nicht benötigt. In diesen Gesellschaften, die auf diese Weise, wenn sie nicht durch irgendwelche Naturkatastrophen ausgelöscht werden, sehr lange Bestand haben können, machen sich aber im Laufe der Zeit die dynamischen Kräfte bemerkbar, die auch weiterhin den Entwicklungsgang der Menschheit beeinflussen werden: technischer Fortschritt und zunehmende gesellschaftliche Arbeitsteilung. Beide zusammen bewirken eine Zunahme der Produktivität der Arbeit, die zum ersten Mal die Erzeugung von dauerhaften Überschüssen und alle hieraus später entstehenden Konfliktsituationen ermöglicht. Metallwerkzeuge lösen Steininstrumente ab, selbst erzeugte Produkte werden mehr und mehr gegen von anderen hergestellte Waren getauscht. Der Arbeitsertrag des einzelnen wird durch das nun sich entwickelnde Privateigentum an den erzielten Überschüssen individuell zurechenbar, was einen weiteren Anreiz zur Erhöhung der Arbeitsleistung darstellt. Allmählich entstehen auf diese Weise ärmere und reichere Familien innerhalb einer größeren Gemeinschaft.

Wenn letztere nun in zunehmendem Maße andere zur Verrichtung der Arbeit anstellen, z. B. auch in Form von durch Kriegszüge gegen benachbarte Bevölkerungsgruppen eroberten Sklaven, so bildet sich eine neue Gesellschaftsform heraus, die Marx „Sklavenhalterordnung" nennt. Diese beruht auf dem antagonistischen Gegensatz der Klassen der „Herren" und der „Sklaven". Zur Beherrschung und Kontrolle der letzteren benötigt sie nun auch einen staatlichen Apparat und eine Rechtsordnung, die den Willen der herrschenden Klasse durchzusetzen vermögen. Als Modell hatte er hierbei wohl die römischen Republiken des 1. und 2. Jahrhunderts v. Chr. und die griechischen Stadtstaaten der Antike vor Augen. Der diese Gesellschaftsform bestimmende Klassengegensatz führt aber bei weiterschreitender Arbeitsteilung, höherer Produktivität und zunehmender Konzentration der Erträge in den Händen weniger auch zu seiner Auflösung in einer neuen gesellschaftlichen Ordnung.

Aufstände der Sklaven, unter Umständen verstärkt durch Einflüsse von außen, wie z. B. den Einbruch germanischer Völkerschaften in das durch innere Unruhen geschwächte römische Reich, führen dann zur Entstehung einer neuen Ordnung, der „Feudalgesellschaft". Diese beruht auf einer nach wie vor vorwiegend agrarischen Produktionsweise, bei der das Eigentum an Grund und Boden sich in den Händen weniger Feudalherren befindet. Die breite Bauernschaft steht ihnen gegenüber in einem vielfältigen Abhängigkeitsverhältnis, das allerdings durch ein ausgewogenes System gegenseitiger Rechte und Pflichten einen anderen Charakter hat, als in der vorhergehenden „Sklavenhalterordnung". Politisch dominiert der „Adelsstand“ der Großgrundbesitzer, meist mit einem durch Vererbung des Amtes bestimmten Monarchen an der Spitze. Mit weiterhin fortschreitender Arbeitsteilung und zunehmender Produktivität bilden sich aber auch selbständige „Stände“ von Handwerkern, Kaufleuten usw. heraus, die sich vor allem in den nun entstehenden Städten niederlassen. Die Unterdrückung der Bauern führt zu gelegentlichen Aufständen, wie z. B. im Frankreich des 14. und im Deutschland des 16. Jahrhunderts. Entscheidender aber noch für eine zukünftige Wandlung des Systems ist die Entstehung der städtischen „Bourgeoisie“, die zunehmend durch z. T. hochgradig arbeitsteilige Manufakturen und ein hoch entwickeltes Bankwesen die Warenproduktion und den Kapitalverkehr bestimmt. Sie gerät zunehmend in einen Interessengegensatz zur feudalen Oberschicht und wirft deren Fesseln schließlich in einer „bürgerlichen Revolution“, wie z. B. 1789 in Frankreich, ab.

Das neu entstehende System wird nun gänzlich durch die „kapitalistische“ Produktionsweise geprägt. Sie beruht auf dem Privateigentum an Produktionsmitteln, die nunmehr zunehmend aus Industrieanlagen bestehen, und einer marktwirtschaftlich organisierten Verteilung von Gütern und Entgelten. Sozial führt es zu einem Gegensatz zwischen den Klassen der Kapitalisten einerseits und der Arbeiterklasse andererseits. Politisch nimmt das System die Form einer „bürgerlichen Demokratie“ an, die politische Freiheiten, wie Rede-, Versammlungs- und Organisationsfreiheit, ein parlamentarisches Regierungssystem und die Gleichheit aller vor dem Gesetz in einer „rechtsstaatlichen“ Ordnung gewährleisten soll. Infolge der wirtschaftlichen Ungleichheit wirken sich diese Freiheiten aber vor allem zugunsten der herrschenden Klasse aus. Die kapitalistische Produktionsweise ermöglicht eine ungeheure, bisher nicht gekannte Steigerung der Produktivität. Die Erfindung immer neuer Produkte, die Anwendung ständig verbesserter Technologien zu ihrer Herstellung und die Erschließung neuer Märkte und Rohstoffquellen in Übersee, führen zu einer fortschreitenden Beherrschung der Natur und ihrer Willkür durch den Menschen. Im Erfolg des Kapitalismus liegt aber bereits auch wieder der Keim zu seinem Untergang. Das Kapital konzentriert sich zunehmend in den Händen weniger, die durch Überproduktion hervorgerufenen zyklischen Produktionskrisen werden heftiger, der Mittelstand kleiner Kaufleute, Bauern, Handwerker und selbständiger Gewerbetreibender „verelendet“ und sinkt in das Proletariat ab. Dies ist der Zeitpunkt für die letzte, die „proletarische“ Revolution. Die Industriearbeiter, ihrer Arbeit durch die hochgradige Arbeitsteilung, die sie zu einer lebenden Maschine für nur noch wenige Handgriffe macht, „entfremdet“, solidarisieren sich und erheben sich gewaltsam gegen die herrschende Bourgeoisie. Wichtigstes organisatorisches Instrument hierfür ist die „kommunistische Partei“.

Nach ihrem Sieg, der in einer bestimmten historischen Phase unvermeidlich ist, schafft sie das Privateigentum an Produktionsmitteln und das privatwirtschaftlich organisierte Geld- und Kreditsystem ab, beseitigt so den Grundwiderspruch des kapitalistischen Systems, den Widerspruch zwischen dem gesellschaftlichen Charakter der Produktion und dem individuellen Charakter der Aneignung der produzierten Güter durch die Kapitalisten. Nach der Übergangsphase der „Diktatur des Proletariats", das zur Beseitigung der noch vorhandenen kapitalistischen Relikte in der Gesellschaft dient, ist die Grundlage gelegt für eine klassenlose, eine „kommunistische" Gesellschaft, die frei ist von antagonistischen Gegensätzen. Damit ist das Endstadium der gesellschaftlichen Entwicklung erreicht.

Diese in sich konsequente, auf der sozialstrukturellen Dynamik des Entwicklungsprozesses beruhende Theorie weist aber einige Mängel auf, die sie für die konkrete sozialwissenschaftliche Anwendung in mancher Hinsicht unbefriedigend erscheinen läßt. Ungeachtet möglicher Einwände gegen ihre erkenntnistheoretische Grundlage[210] muß diese Theorie, sofern sie als ein Beitrag zum sozialwissenschaftlichen Wissensstand und nicht als bloße, nicht weiter anzweifelbare gnostische Heilslehre verstanden wird,[211] sich eine Überprüfung an der empirischen Wirklichkeit zur Bestätigung oder Widerlegung ihrer Thesen gefallen lassen. Hierbei tauchen allerdings einige Unstimmigkeiten auf. Zum einen ist die rückblikkende Interpretation der Geschichte in ihrem Stufenablauf sicherlich stark vereinfacht. Dies könnte man noch als den für die Aufstellung jeder abstrakteren und allgemeineren Theorie notwendigen Realitätsverlust bei Betrachtung konkreter individuell doch sehr verschiedener Einzelfälle abtun. Solange die Theorie das grundlegende Muster der jeweiligen gesellschaftlichen dynamischen Veränderungen richtig widergibt, hat sie ihre Aufgabe erfüllt. Aber selbst diese Reduktion auf das Wesentliche erscheint bei einer strikt mono-kausalen deterministischen Auslegung der Theorie sehr forciert zu sein. So waren z. B. „Sklavenhalterordnungen" keineswegs ein universelles, in allen Gesellschaften vergleichbaren Entwicklungsstandes anzutreffendes Phänomen, und auch der Übergang von feudalistischen zu kapitalistischen Gesellschaftsformen vollzog sich in verschiedenen Teilen der Erde in durchaus differenzierten Formen mit sehr unterschiedlichen Resultaten.[212] Ebenso bleibt eine schematische Anwendung der Marx'schen Theorie auf die heutigen Probleme der Staaten der Dritten Welt zur Bestimmung ihrer zukünftigen Entwicklungsphasen unbefriedigend. Entfällt aber ein Glied der entwicklungsgeschichtlichen Kette, so wird auch die strikte Logik des Ganzen zweifelhaft.

Folgende Mängel und Lücken der Marx'schen Entwicklungstheorie scheinen daher (wenn sie, wie gesagt, auf ihre sozialwissenschaftliche Tauglichkeit überprüft und nicht nur dogmatisch nachgebetet werden soll!) vor allem der Ergänzung zu bedürfen: Zum einen erscheint, bei aller offensichtlichen Wichtigkeit, die einseitige Beschränkung auf die strukturellen gesellschaftlichen Gegebenheiten als zu einseitig. Ohne die Frage, welches denn nun tatsächlich in letzter Konsequenz die unabhängige Variable ist, die „strukturelle" Basis oder der kulturelle Überbau, hier beantworten zu wollen, ist doch festzuhalten, daß jede ausschließliche Beschränkung auf die Untersuchung struktureller Faktoren in konkreten empirischen Fällen wesentliche Aspekte der jeweiligen sozial relevanten Realität vernachlässigt und somit nur zu unzureichenden und ungenauen Analysen und auf diesen aufbauenden Prognosen kommen kann. So sind nicht (zumindest nicht unmittelbar) ökonomisch bestimmte Bewußtseinslagen, z. B. religiöser, ethnischer, „nationalistischer" u. a. Art, häufig für das konkrete politische Verhalten der Betroffenen so relevant, daß sie bei einer sorgfältigen, die verschiedenen Bestimmungsfaktoren gründlich prüfenden Analyse politischen Geschehens, einfach nicht vernachlässigt werden dürfen.

Dies führt uns zu einem zweiten Mangel einer einseitig marxistischen Interpretation bei der sozialwissenschaftlichen Analyse konkreter politischer Phänomene. Die ausschließliche Betonung der Klassengesichtspunkte (also der jeweiligen vertikalen sozialstrukturellen Faktoren) führt zu einer Unterschätzung horizontaler gesellschaftlicher Schichtungsaspekte,[213] wie z. B. ethnischer, religiöser, rassischer u. a. Gruppenzugehörigkeiten, die im Wechselspiel der gesamtgesellschaftlichen strukturellen Dynamik durchaus einen wesentlichen, mitunter sogar dominanten (wie z. B. in einigen der neuen Staaten der Dritten Welt) Faktor darstellen können.

Ein dritter Mangel für die sozialwissenschaftliche Anwendung der Marx'schen Theorie, der gerade auch wieder bei der Analyse einiger Probleme der Staaten der Dritten Welt ins Auge springt, ist ihre mangelnde Berücksichtigung und fehlende Differenzierung sozialstruktureller Vorgänge im Agrarbereich. Dieser Sektor wurde bei Marx, bei seinem nahezu ausschließlichen Interesse für die Vorgänge in den Industriestaaten seiner Zeit, fast völlig übergangen und „die Bauern" wurden bedenkenlos, zumindest langfristig, dem „Proletariat" zugeschlagen.[214] Eine differenzierte Analyse der Verhältnisse in diesem Bereich, z. B. der Rolle von Großgrundbesitzern, des Vorhandenseins eines unabhängigen Kleinbauerntums, der Existenz verschiedener traditionaler oder neuzeitlicher Formen, gemeinschaftlicher (z. B. genossenschaftlicher) Produktion usw., ist aber für das Verständnis der weiteren sozialstrukturellen und politischen Entwicklung vieler Länder, die durchaus unterschiedliche Resultate haben kann, unerläßlich.

Ein weiterer Aspekt, den eine schematische Analyse nach dem Marxschen Muster übersieht, ist der aufgrund der „Phasenverschiebung" im

Modernisierungsprozeß verschiedener Länder auftretende „Demonstrationseffekt", der auch einen erheblichen Einfluß auf die Resultate der jeweiligen Entwicklung hat. Ein „reines Modell" der Marxschen Theorie würde daher nur der Fall England, als dem Land, in dem die industrielle Revolution ihren Anfang nahm, bieten. Alle späteren Fälle wurden von diesem bereits wieder in vielfältiger Weise beeinflußt (z. B. durch technische Errungenschaften, Export von Kapital in andere Länder, die „Besetzung" von neuen Märkten usw.) und nahmen daher häufig einen anderen Verlauf.

Diese Mängel, die sich bei der konkreten sozialwissenschaftlichen Anwendung auf Probleme der heutigen Staaten der Dritten Welt zeigen, lassen aber auch ihre Prognosen für die heutigen hochentwickelten Industriestaaten als korrekturbedürftig erscheinen. So folgte die Entstehung der kommunistischen Staaten der Gegenwart keineswegs dem Marxschen Muster (Rußland, China und andere Länder mit autochthon entstandenen kommunistischen Systemen waren hierfür noch viel zu wenig industrialisiert), und auch die Entwicklung der „westlichen" Industriestaaten hat, vor allem in bezug auf das Schicksal der „Mittelschichten", bisher nicht die Marxsche Prognose eingelöst. Durch ein Verschieben der vorhergesagten Vorgänge auf den St. Nimmerleinstag wird die Theorie aber nicht mehr falsifizierbar und ist daher für die konkrete sozialwissenschaftliche Analyse der Gegenwart nicht geeignet. Damit ist sie aber auch als Richtschnur für politisch-gesellschaftliches Handeln nur von sehr begrenztem Wert.[215] Theoretisch untermauertes, sozial relevantes Handeln muß sich auf absehbare Zeiträume beziehen. Das Warten auf das „jüngste Gericht" oder das Eintreten der „klassenlosen Gesellschaft" zur letzten Bestätigung der Marxschen Theorie verdammt den an den Problemen seiner Zeit interessierten Sozialwissenschaftler (und Staatsbürger!) zur Untätigkeit. Aber, wie es Keynes einmal ausdrückte, als er sich über die extrem langfristige Betrachtungsweise der „klassischen" Nationalökonomie mokierte: „In the long run we will all be dead, you know!"

3. Zeitgenössische entwicklungstheoretische Ansätze: Trotz der unbestrittenen Verdienste der Marxschen Analyse und ihrer Betonung struktureller Faktoren für den Ablauf gesellschaftlicher und politischer Prozesse, bleibt die Aufgabe einer mittelfristigen, an konkreten Problemen orientierten sozialwissenschaftlichen Theoriebildung für eine umfassendere Erklärung derartiger Vorgänge nach wie vor bestehen. Einer der bemerkenswerten Versuche der neueren Sozialwissenschaft, zu einer differenzierteren Analyse des Entwicklungsprozesses im Übergang von feudalistischen Formen zu politischen Systemen der Neuzeit zu kommen, ist die vergleichende historische Untersuchung der sozialen und politischen Entwicklung in England, Frankreich, USA, Deutschland, Rußland, China, Japan und Indien von Barrington Moore.[216] Anhand umfangreichen und detaillierten historischen Materials glaubt er, drei wesentliche Entwicklungslinien feudalistischer Gesellschaften auf dem Weg zur Moderne unterscheiden zu können: den bürgerlich-demokratischen, den faschistischen und den kommunistischen. Den wichtigsten Grund für den jeweils in verschiedenen Ländern eingeschlagenen Weg sieht er in der besonderen Konstellation sozial-struktureller Faktoren bei Eintritt und im Verlauf des Modernisierungsprozesses. Alle Gesellschaften, die er beschreibt, hatten zu Beginn der Neuzeit vor allem folgende gesellschaftliche Schichten aufzuweisen: Königtum, Hofadel und hoher Klerus, Landadel, Stadtbürgertum und lehnsabhängige Bauern. Hinzu kamen im Laufe der Zeit ein ländliches und ein städtisches Proletariat verschiedenen Umfangs. Das relative Gewicht dieser Schichten, ihre unterschiedliche Entwicklung und die Allianzen, die sie dabei miteinander eingingen, bestimmen nach Ansicht Moores das Endresultat des politischen Geschehens in diesen Gesellschaften.

Die demokratische Variante war demnach dort erfolgreich, wo der Landadel („gentry") sich die Möglichkeiten einer modernen Landwirtschaft zunutze machte und sich mit dem vor allem Handel, Handwerk und beginnende Manufakturen betreibenden Bürgertum der Städte in einer „bürgerlichen Revolution" gegen das relativ schwache Königshaus und seinen unmittelbaren Anhang verband (wie z. B. in England). Die lehnsabhängigen Bauern wurden dabei im Rahmen einer stärkeren Kommerzialisierung der Landwirtschaft (vor allem durch Schafzucht für die beginnende Textilindustrie Manchesters) von dem gemeinschaftlich bestellten Land („commons") durch „Einzäunungen" („enclosures") vertrieben, und Landadel und Großbauern („yeomen") bestimmten forthin das soziale Bild auf dem Lande. Den ehemaligen Kleinbauern blieb dagegen nur die Lohnarbeit auf den Farmen der Erfolgreichen oder eine Beschäftigung in der beginnenden Industrie der Städte. Ihren politischen Ausdruck fand diese politische Konstellation in einem parlamentarisch-demokratischen System, in dem der städtische und ländliche Mittelstand und die von ihm vertretenen kulturellen Werte und politischen Vorstellungen dominierten.

Die letztlich im Faschismus mündende Variante des Weges zur Moderne entstand dort, wo eine relativ starke Monarchie sich zu Beginn des Modernisierungsprozesses mit dem Landadel (z. B. „Junkern") und dem Großbürgertum verband (wie z. B. in Deutschland und Japan), und durch eine „Revolution von oben" die Industrialisierung und die gewerbsmäßige Nutzung der Landwirtschaft in Gang setzten. Die vordem zwar lehnsabhängigen, aber auf der Grundlage gegenseitiger Interessen in ihrer Position relativ sicheren Bauern wurden dabei als Arbeitskräfte auf den Gütern der Großgrundbesitzer (vor allem für den relativ arbeitsintensiven kommerziellen Getreideanbau, wie z. B. in Nord- und Ostdeutschland) als landwirtschaftliche Tagelöhner nahezu auf den Status von Leibeigenen zurückgedrängt und auch dem mittleren und unteren Bürgertum kam keine dem erstgenannten Falle vergleichbare Rolle zu. Auf diese Weise entstand (in Deutschland zuerst in Preußen, ab 1871 aber auch im gesamten Deutschen Reich; in Japan seit der „Meiji"-Restauration) eine modernisierende Oligarchie, in der der Adel, das Großbürgertum und ein relativ starkes Militär den Ton angaben. Einige sozialstrukturelle, aber auch sozialpsychologische Grundlagen (wie z. B. das Obrigkeitsstaatsdenken) für die späteren faschistischen Systeme in diesen Ländern waren damit gelegt.

Einen dritten, wiederum später beginnenden Weg zur Moderne (der zuvor in zahlreichen Anläufen, z. B. im deutschen Bauernkrieg 1524–25) gescheitert war, nahmen einige der heutigen kommunistischen Länder, wie z. B. Rußland und China. Hier dominierte der Landadel und die zentrale Bürokratie mit einem Monarchen an der Spitze, die sich jedoch nicht, wie im vorgenannten Falle, moderneren, am Markt orientierten Produktionsweisen zuwandten. Auch die Impulse zur Industrialisierung im Bürgertum der Städte setzten relativ spät ein und blieben vergleichsweise schwach. Statt dessen wuchs der Druck auf die lehnsabhängigen Bauern, um mehr „Mehrwert" für die gewachsenen Ansprüche des Adels und des Hofes aus ihnen herauszupressen. Diese Situation führte, verstärkt durch außenpolitische Faktoren (wie z. B. den Ersten Weltkrieg in Rußland), zu einer „bäuerlichen Revolution", im Gegensatz zur „bürgerlichen Revolution" der ersten und der „Revolution von oben" der zweiten Entwicklungsvariante. Ihre Verbündeten fanden die Bauern hierbei in einer Schicht unzufriedener Intellektueller in den Städten, einigen Teilen der, wenn auch insgesamt zahlenmäßig noch geringen, Industriearbeiterschaft und kriegsmüden Soldaten. Die Früchte der Revolution kamen allerdings dann durch die Kollektivierung des Grundbesitzes am wenigsten ihrem Hauptträger, den Bauern, zugute, sondern wieder einmal mußte in der Hauptsache der von ihnen erzeugte „Mehrwert" zur Entwicklung des ganzen Landes herhalten.

Diese drei, hier nur sehr grob skizzierten, von Moore im Detail analysierten wesentlichen Varianten in der Entwicklung der bedeutendsten heutigen Industriestaaten, zeigen einige der wichtigsten sozialstrukturellen Faktoren im Entwicklungsprozeß der Moderne und der hierbei entstandenen politischen Systeme. Auf diese Weise gelingt es ihm, in differenzierter, stärker an den historischen Tatsachen orientierter Form, das relativ starre und deterministische Marxsche Schema zu überwinden und historisch bedeutsame *alternative* Entwicklungsprozesse aufzuzeigen.

Darüber hinaus sind aber auch andere Faktoren, z. B. kultureller Art, Aspekte der internationalen Politik, der jeweilige Zeitpunkt des Eintritts in die Moderne und die jeweiligen besonderen Wechselwirkungen zwischen diesen Einflußgrößen von Bedeutung. So ist das in einem Lande schließlich entstehende Resultat des Modernisierungsprozesses durchaus jeweils einzig in seiner Art, die verschiedenen Variablen, die in diesem Prozeß eine Rolle spielten und ihre jeweilige besondere Kombination können aber in einem konkreten Fall durch eine sorgfältige sozialwissenschaftliche Analyse jeweils näher identifiziert, analysiert und in ihrem jeweiligen relativen Gewicht bestimmt werden. Die idiographische Betrachtung des Einzelfalles und die systematische der vergleichenden Analyse[217] müssen dabei in eine sinnvolle, sich gegenseitig befruchtende Beziehung gesetzt werden. Dies stellt jedoch eines der schwierigsten Probleme der heutigen vergleichenden Politikwissenschaft dar, und nur ein langwieriger Prozeß der Annäherung beider Betrachtungsweisen, der theoretischen Verfeinerung der Konzepte und die empirische Bestätigung bzw. Falsifizierung der Hypothesen wird hier Abhilfe schaffen können. Auch Moore ist, wie er selbst bekennt, diesem Dilemma der noch unzureichenden Vereinigung theoretischer Verallgemeinerungen und konkreter historischer Sachverhalte nicht ganz entgangen. Die Aufgabe einer umfassenden politikwissenschaftlichen Theoriebildung auf diesem Gebiet bleibt daher unverändert gestellt.

Die Zahl der sich mit dieser Frage befassenden Sozialwissenschaftler und der von ihnen verfolgten „Ansätze" ist heute sehr groß. Soweit es sich hierbei nicht um ausschließlich historisch-idiographische Arbeiten handelt, die nicht über die Beschreibung der konkreten historischen Ereignisse bestimmter Länder und der jeweiligen institutionellen politischen Regelungen hinausgehen, sind vor allem fünf Ansätze mit jeweils verschiedenem methodischem Instrumentarium zu nennen, die eine kausale Erklärung der Phänomene politischer Entwicklung versuchen. Der noch am meisten traditionell-idiographischen Erklärungsweisen verbundene Ansatz ist der *„persönlichkeitsorientierte"*. „Große Männer", die „Geschichte machen", werden hierbei als die wichtigsten treibenden Kräfte der politischen Entwicklung angesehen.[218] Theoretisch bleibt ein solches Konzept aber sehr unbefriedigend, da es aus sich heraus keine Erklärungen dafür bietet, unter welchen jeweiligen historischen Bedingungen der Boden am ehesten für solche charismatischen Führer und andere herausragende Persönlichkeiten bereitet ist. Es handelt sich daher bei diesem Ansatz weniger um eine Entwicklungstheorie, als vielmehr um den Versuch einer *ex post*-Erklärung bestimmter Einzelfälle. Einen Schritt weiter geht daher der *„sozialpsychologische"* Ansatz. Er versucht, Faktoren der individuellen Persönlichkeitswerdung mit allgemeineren sozialen Tatbeständen in Beziehung zu setzen. Die „Identität" des jeweiligen Individuums wird dabei in einem komplexen Entwicklungsprozeß von Faktoren beider Art bestimmt.[219] Insoweit solche sozialpsychologischen Prozesse als gewissen wichtigen Gruppen einer Gesellschaft (z. B. einer

„Elite“ oder einer bestimmten Klasse) gemeinsam und für bestimmte Phasen des politischen Entwicklungsprozesses relevant angesehen werden können, werden sie von Theoretikern dieser Art als wichtigste kausale Ursache politischer Entwicklung herangezogen.[220] Methodisch blieben solche Analysen aber meist auf individualpsychologische Untersuchungen und sehr geringe „Stichproben“, deren repräsentativer Charakter meist nicht näher zu bestimmen war, beschränkt. Auch fehlt Untersuchungen dieser Art in der Regel eine plausible Erklärung (außer möglicher „Demonstrationseffekte“ und „Akkulturation“ in Ländern der Dritten Welt) für die Veränderungen bestimmter sozialpsychologischer Einflußfaktoren. Als endogene Entwicklungstheorie ist sie daher nicht brauchbar, und auch bestimmte konkrete Entwicklungsphasen können von ihr bislang, außer auf einem sehr hohen, fast schon wieder bedeutungslosen Abstraktionsniveau (wie z. B. „traditionaler“ und „moderner“ Persönlichkeiten), nicht angegeben werden.

Ein weiterer, von der Kommunikationstheorie geprägter Ansatz versucht daher, äußere Einflußgrößen, die Veränderungen in den Orientierungen und im Verhalten von größeren Bevölkerungsgruppen bewirken können, näher zu erfassen. Als wichtigsten Indikator für das Ausmaß eines solchen Einflusses sehen sie den Grad der Teilnahme verschiedener Bevölkerungsgruppen an modernen Massenkommunikationsmitteln (wie Zeitungen, Radio, Fernsehen) an. Die psychologisch etwas tiefer schürfenden Versuche dieser Art bemühen sich dabei, die Teilnahme an den Kommunikationsmitteln mit einer grundlegenden Verhaltensänderung, der Entwicklung von „Empathie“, d. h. der Fähigkeit, sich in die Lage anderer zu versetzen, in Beziehung zu bringen. Diese Eigenschaft wird von diesen Autoren als wesentlichstes Charakteristikum des „modernen“, „weltoffenen“ Menschen angesehen.[221] Karl Deutsch u. a. bauten diesen Ansatz, unter Heranziehung einiger weiterer Indikatoren wie z. B. des jeweiligen gesellschaftlichen Urbanisierungs-, Industrialisierungs- und Bildungsgrads, zu einer umfassenderen „Theorie sozialer Mobilisierung“ aus.[222] Als Hinweise für den „Entwicklungsstand“ bestimmter Gesellschaften erweisen sich solche Indikatoren zwar als brauchbar, zumal sie relativ leicht zu beschaffen sind, im Gegensatz zu umfangreicherem, durch Umfragen erhobenem sozialpsychologischem Material. Als kausale Erklärung bestimmter Tatbestände bleiben sie jedoch weitgehend an der Oberfläche der behandelten Phänomene und erweisen sich wegen der starken Aggregierung der jeweiligen Daten, die wichtige innergesellschaftliche Gruppenbildungen meist außer acht lassen, als zu undifferenziert. Dennoch ist eine Aussage wie die von Deutsch, daß die „soziale Mobilisierung“ in der Dritten Welt heute im Durchschnitt um 1% jährlich zunimmt (sofern sie zutrifft!), prognostisch bereits von erheblichem Wert für die Bestimmung zukünftiger Ereignisse in diesen Ländern.

Über den kommunikationstheoretischen Ansatz und die Verwendung aggregierter Daten hinaus geht eine weitere Forschungsrichtung, die sich mit Phänomenen des kulturellen Wandels im allgemeinen und mit Veränderungen politischer Kultur im besonderen befaßt.[223] Mit spezifischen Erhebungsmethoden, die nach Möglichkeit repräsentativen Charakter für größere Bevölkerungsgruppen haben, versuchen die Vertreter dieser Richtung, Aussagen über den Wandel von Einstellungen und Werten ökonomischer, religiöser, politischer und allgemein sozialer Art im Modernisierungsprozeß zu machen. Auch die Entwicklung oder Übernahme bestimmter Ideologien, aber auch allgemeiner Werthaltungen wie z. B. des Gedankens der „Gleichheit" aller Menschen, kann hierbei untersucht werden.[224] Die methodischen Probleme, die hierbei auftreten, insbesondere hinsichtlich der Verläßlichkeit („reliability") und Gültigkeit („validity") der Daten und ihrer Vergleichbarkeit mit ähnlichen Untersuchungen in anderen Ländern sind jedoch beachtlich. Auch ist der Aufwand für repräsentative Erhebungen dieser Art erheblich. Aus diesem Grunde sind echt vergleichende Untersuchungen auf diesem Gebiet noch sehr selten,[225] und auch die anstehenden methodischen und theoretischen Probleme (z. B. auch hinsichtlich der Auswahl der jeweils untersuchten Variablen) harren noch einer befriedigenden Lösung. Aussagen, wie die Almonds, daß eine zunehmende Säkularisierung der Einstellungen und Werthaltungen im Entwicklungsprozeß, und damit z. B. auch eine Veränderung der Legitimitätsbasis politischer Systeme, festzustellen sei, bedürfen daher noch der Ergänzung und Differenzierung auch hinsichtlich der jeweils betroffenen, verschiedenen innergesellschaftlichen Gruppen. Insgesamt erfaßt dieser Ansatz aber eine wichtige Dimension politischer Entwicklung. Weitergehende Aussagen für eine präzisere Entwicklungstheorie dieser Art stehen allerdings noch aus.

Eine fünfte Untersuchungsrichtung schließlich greift wieder mehr auf die *strukturellen* Ansätze von Marx und seinen Nachfolgern zurück. Neben dem bereits näher beschriebenen historisch orientierten Versuch von Barrington Moore, sind hier vor allem die neueren Arbeiten von David Apter zu nennen.[226] Ohne Zweifel handelt es sich auch hier um einen wichtigen und erfolgversprechenden Forschungsansatz. Der bei solchen Theorien aber immer inhärenten Gefahr einer gewissen starren Schematisierung ist jedoch auch Apter nicht ganz entgangen, und eine Bewährungsprobe solcher Konzepte durch Umsetzung in konkrete empirische Untersuchungen steht noch aus. In einer Verknüpfung der beiden letztgenannten Forschungsansätze, also des „kulturellen", der mehr die „Subjekt"-Aspekte des politischen Lebens erfaßt, und der „strukturellen", der sich mehr auf die „Objekt"-Aspekte und ihre jeweilige Dynamik bezieht, liegen vielleicht die größten Chancen einer umfassenderen erfahrungswissenschaftlichen Entwicklungstheorie.

Den umfangreichsten bisher vorliegenden Versuch, eine systematische und eine historische Betrachtungsweise zu vereinen, hat Samuel Huntington in seinem Buch „Political Order in Changing Societies“[227] unternommen. Seine Gegenüberstellung von „politischer Partizipation“ und „politischer Institutionalisierung“ scheint als vorläufiges „Kürzel“ für die gesellschaftlichen Voraussetzungen eines politischen Systems einerseits, und die Erfordernisse des politischen Systems selbst andererseits brauchbar zu sein. Auch die Verknüpfung mit konkreten historischen Tatbeständen und Ereignissen gelingt ihm in plausibler Form. Eine weitere Differenzierung seines theoretischen Konzepts, z. B. auch der gesellschaftlichen Grundlagen im Hinblick auf ihre strukturellen und kulturellen Bestimmungsfaktoren, scheint jedoch in Zukunft für eine angemessene Analyse unerläßlich. Auch setzt Huntington ein institutionelles Kriterium („Stabilität“) mit einem normativen (des „guten“ politischen Systems) gleich, eine Annahme, die jeweils im Einzelfall sorgfältiger Prüfung bedarf, die aber auf keinen Fall immer vorausgesetzt werden kann.

Die historischen „Gesetze“, die auf diese Weise aufgestellt werden können, sind nicht unverrückbar und universell, wie z. B. die der Physik. Auch haben sie immer nur für bestimmte mittel- und langfristige Tendenzen eine gewisse Aussagekraft. Viele andere kurzfristig wirksame Faktoren und unvorhersehbare Einflüsse (wie z. B. Faktoren der internationalen Politik, der oft offene Ausgang machtpolitischer Auseinandersetzungen zwischen bestimmten Gruppen, die Bedeutung hervorragender politischer Persönlichkeiten und in ihrem Leben eintretende unvorhersehbare Ereignisse usw.) können dem Geschehen eine durchaus andere Wendung geben. Dennoch können sozialwissenschaftliche Aussagen dieser Art zumindest die Potentialitäten verschiedener denkbarer Entwicklungen näher eingrenzen und wertvolle Anhaltspunkte für das weitere Geschehen in anderen Ländern, z. B. heute vor allem in der Dritten Welt, geben.[228] Damit können sie auch dazu dienen, gewisse, z. B. von einem normativen Standpunkt aus als unerwünscht angesehene, Entwicklungen durch die Antizipierung möglicher Resultate und eine hieraus folgende entsprechende andere „Weichenstellung“ zu vermeiden!

5. Internationale Politik (Beziehungen)

Einführung

Während in diesem Band bei der Betrachtung eines politischen Systems oder beim Vergleich mehrerer politischer Systeme vorwiegend die *inneren* politischen Strukturen und Prozesse und die auf diese wirkenden wichtigsten Einflußgrößen beleuchtet wurden, steht in diesem Abschnitt die Analyse der *Außen*beziehungen eines politischen Systems und der *Wechselwirkungen* verschiedener politischer Systeme aufeinander im Vordergrund. Auch für diesen Teilbereich gibt es vielfältige Bezeichnungen: „Außenpolitik", „Internationale Politik", „Internationale Beziehungen", „Weltpolitik" u. ä. m. Diese werden häufig synonym verwendet, gelegentlich aber auch schärfer voneinander abgegrenzt. Für unsere Zwecke ist eine Beschränkung auf die Begriffe „Außenpolitik" (für den Bereich der Außenbeziehungen *eines* politischen Systems und der auf diese von außen einwirkenden Faktoren) und „Internationale Politik" (für die Gesamtheit der Beziehungen zwischen politischen Systemen, die, für sich genommen, selbst wieder ein „System" mit näher bestimmbaren Eigenschaften bilden) zweckmäßig. Für die Gesamtheit aller zwischengesellschaftlichen Beziehungen (ob auf Regierungs- oder anderer Ebene) und unabhängig von der Betrachtungsweise (ob von einem Staat aus oder unter gleichzeitiger Berücksichtigung der Interdependenz aller) soll der Begriff „Internationale Beziehungen" verwandt werden.

Der gesamte Außenbereich der Politik (ob nun spezifischer Außenpolitiken oder der „Internationalen Politik" insgesamt) weist gegenüber den Prozessen und Strukturen innerhalb eines politischen Systems gewisse charakteristische Besonderheiten auf. Im „Objekt"-Bereich springt hierbei zunächst das Fehlen allgemein akzeptierter übergreifenden Institutionen mit politischer Vollzugsgewalt ins Auge. Während im Innern die Existenz bestimmter gesamtgesellschaftlicher Entscheidungsträger eines der wichtigsten Kriterien zur Bestimmung des Bereichs des „Politischen" überhaupt darstellt,[1] ist die internationale Situation dadurch gekennzeichnet, daß bestimmte institutionalisierte Mechanismen für eine alle Beteiligten bindende Entscheidungsfindung nicht vorhanden sind. Zwar hat es hierfür schon des öfteren gewisse Anläufe gegeben, wie z. B. den Völkerbund oder die Vereinten Nationen (s. a. u.), das Durchsetzungsvermögen solcher Organisationen gegenüber einzelstaatlichen Interessen blieb bislang jedoch sehr begrenzt. Auch die Regelungen des „Völkerrechts" (s. a. u.), die einen Ordnungsfaktor in der internationalen Politik darstellen, binden jeweils nur diejenigen, die von sich aus diese Regelungen als verbindlich anerkennen. Eine zentrale Vollzugsinstanz oder ein „Gerichtsvollzieher" zur Durchsetzung dieser Regelungen fehlt jedoch.

Dementsprechend sieht auch das politische Verhalten der Akteure (oder zumindest die gegenseitigen Vorstellungen davon), also der „Subjekt"-Bereich, in der Außenpolitik anders aus als im Innern. Handelnde Subjekte im internationalen Bereich sind „Staaten" als Ganzes, nicht mehr Einzelpersonen oder bestimmte innergesellschaftliche Gruppen. Grundsätzlich wird hierbei jeder, z. B. auch bei Abstimmungen in den Vereinten Nationen, als „souverän" und „gleichberechtigt" angesehen, unabhängig von der jeweiligen Größenordnung, „Macht“ usw.. Realpolitisch erweist sich diese Souveränität und Gleichberechtigung jedoch häufig als Fiktion. Während in der Innenpolitik in der Regel die Einhaltung gewisser, allgemein akzeptierter Normen und die friedliche Regelung politischer Konflikte überwiegt, ist das politische Verhalten nach außen hin oft von Mißtrauen, Aggressivität, und Feindseligkeit geprägt. Was Hobbes als „Naturzustand“ menschlichen Verhaltens ansah, den „Krieg aller gegen alle“, scheint, wenn schon nicht in der Innenpolitik vieler Staaten, so doch für die Art ihrer Außenbeziehungen, eine gewisse Berechtigung zu haben.

Aufgabe der Politikwissenschaft in diesem Bereich ist es nun, diese Außenbeziehungen, ihre Bestimmungsgründe, Formen, die zu beobachtenden Gesetzmäßigkeiten usw., näher zu erfassen, um so unter Umständen auch gewisse Prognosen über zu erwartendes, internationales politisches Geschehen innerhalb gewisser Grenzen geben zu können. Erkenntnisse dieser Art können dann gerade auch zur Vermeidung bestimmter Ereignisse oder zur Herbeiführung anderer, als positiv angesehener, beitragen.[2]

Aspekte der Außenpolitik

Die Analyse der Außenpolitik bestimmter Staaten, also der Gesamtheit der Außenbeziehungen *eines* politischen Systems, stand traditionellerweise im Vordergrund politikwissenschaftlicher Betrachtungen. Während viele Untersuchungen sich hierbei auf idiographische Fallstudien bestimmter Staaten und Epochen beschränkten, versuchten andere, zu mehr systematischen und stärker generalisierenden Aussagen in diesem Bereich zu kommen. Diese beziehen sich vor allem auf die möglichen Bestimmungsgründe und verschiedenen Instrumente der Außenpolitik.

1. Bestimmungsgründe: Wenn auch die Außenpolitik bestimmter Staaten nur selten als völlig eindeutig durch näher eingrenzbare Faktoren determiniert angesehen werden kann, so lassen sich doch zumindest drei wesentliche Einflußgrößen unterscheiden, die unter Umständen einer näheren Untersuchung und systematischen Bestimmung im Einzelfalle zugänglich sind:

a) Innere Bestimmungsfaktoren: Hierunter fallen alle „Interessen“ eines Staates und der wichtigen, diesen tragenden gesellschaftlichen Gruppen, die in einer Beziehung zum Außenbereich eines politischen Systems stehen. Diese Interessen sind bei der heute bestehenden (wenn auch z. T. sehr ungleichartigen) internationalen Arbeitsteilung oft wirtschaftlicher Art, wie z. B. in bezug auf die vielfältigen Beziehungen des Außenhandels, der internationalen privaten und öffentlichen Kapitaltransfers usw.. Im engeren politischen Sinn gehören zu diesen Interessen ein gewisses

Sicherheitsbedürfnis gegenüber Eingriffen oder Pressionen von außen, die Verteidigung bestimmter „Werte", aber auch macht- und prestigepolitisch motivierte Gesichtspunkte in bezug auf die Vergrößerung des eigenen Einflusses auf andere. Letztere werden oft auch ideologisch begründet, z. B. im Hinblick auf die Durchsetzung der Ziele der „Weltrevolution", des „christlichen Abendlandes", des „freiheitlichen westlichen Systems" u. ä. In nicht wenigen Fällen dient der Bereich der Außenpolitik auch zur Ablenkung von dringenden inneren Probleme, indem für Schwierigkeiten und Versäumnisse im eigenen Land Sündenböcke im Ausland gesucht werden („scapegoating"). Die Summe all dieser verschiedenartigen im Bereich der innergesellschaftlichen Beziehungen begründeten Interessen wird häufig als *„nationales Interesse"* deklariert, das es nach außen hin durchzusetzen gilt.[3]

b) Äußere Bestimmungsfaktoren: Diese beziehen sich zunächst auf die geographische Lage eines Staates und die hieraus entstehenden Bedingungen seiner äußeren Politik („Geopolitik"). Hierzu zählen z. B. Zahl und Größe der Nachbarstaaten, die Art der vorhandenen internationalen Verkehrsverbindungen (wie z. B. das Vorhandensein eines Zuganges zum Meer), die unter militärisch-strategischen Gesichtspunkten zu beurteilende Beschaffenheit des Territoriums eines Landes und seiner Nachbarstaaten u. ä. m.. Darüber hinaus umfassen sie aber die gesamte Reichweite und Struktur der äußeren Beziehungen eines Landes, ihre jeweiligen Veränderungen und die sich hieraus ergebenden Rückwirkungen auf die Außenpolitik. Diese werden unter anderem bestimmt durch die jeweiligen Interessen aller an den Außenbeziehungen auf die eine oder andere Art beteiligten Partner. Auch diese können wieder wirtschaftlicher, machtpolitischer, ideologischer usw. Art sein. Vielfältige Konstellationen und Wechselbeziehungen sind hierbei denkbar, die eine Analyse solcher Faktoren häufig zu einer sehr komplexen Aufgabe machen.

c) „Persönlichkeits"-bedingte Bestimmungsfaktoren: Da der Bereich der internationalen Politik in relativ viel stärkerem Maße eine Domäne der Entscheidungsträger des zentralen politischen Systems darstellt als das beim Bereich der Innenpolitik der Fall ist, in dem die vielfältigsten Gruppen und Interessen zusammenwirken, ist auf dem Felde der Außenpolitik der Einfluß der Persönlichkeiten, die diese gestalten, in der Regel größer als im Innern. Nicht zufällig wird daher oft bei einer persönlichkeitsbezogenen Betrachtung der Politik (getreu der These „Männer machen Geschichte") die internationale Politik als das Feld der „großen" Politik angesehen, der der „Troß" der inneren Gesellschafts- und Wirtschaftspolitik sich unterzuordnen habe; in ähnlicher Weise äußerte sich z. B. auch charakteristischerweise ein so persönlichkeitsbetonter Politiker wie Charles de Gaulle. Auch viele Historiker, vor allem der mehr traditionellen Ausrichtung, neigten und neigen zu einer solchen Betrachtungsweise. So betonte z. B. auch Leopold von Ranke eindeutig den „Primat der Außenpolitik" für die politischen Führer seiner Zeit. Den Eigenschaften der verschiedenen politischen Führer, ihrem Geschick, ihrer Überzeugungskraft, ihrem Durchsetzungsvermögen usw., kommt daher bei der Beurteilung außenpolitischer Tatbestände oft eine nicht geringe Bedeutung zu.

Besonders der letzte Punkt verweist aber bereits auf ein zwar graduell unterschiedlich in konkreten Fällen gegebenes, aber dennoch hervorstechendes Charakteristikum der Außenpolitik überhaupt, ihre relativ größere Unbestimmtheit z. B. durch in ihrem Entwicklungsgang schon eher eingrenzbare innergesellschaftliche (z. B. auch wirtschaftliche) Prozesse und Vorgänge. So sind in diesem Bereich des öfteren radikale Schwenkungen in der politischen Ausrichtung zu verzeichnen, ohne daß dies, wie dies in der Innenpolitik weit eher der Fall ist, auch gravierende Rückwirkungen auf die innenpolitische Position der Führung eines Landes hätte. Ein Beispiel aus der jüngeren Vergangenheit hierfür, ist die plötzliche Neuorientierung der amerikanischen China-Politik unter Präsident Nixon. Aber auch für die Fürsten zu Zeiten Machiavellis oder die Helden der Shakespeareschen Königsdramen war ein häufiger und abrupter Wechsel der Koalitionen und Allianzen geradezu die Regel. Diese relativ größere Indeterminiertheit der Außenpolitik durch innergesellschaftliche, sozialwissenschaftlich eindeutiger zu erfassende Prozesse, macht aber auch verläßliche Aussagen über mit einiger Wahrscheinlichkeit zu erwartende außenpolitische Entwicklungen ungleich schwieriger. Dennoch bleibt eine nähere Analyse der verschiedenen Bestimmungsfaktoren der Außenpolitik in konkreten Fällen unerläßlich, und zumindest Eingrenzungen der jeweils offen stehenden Möglichkeiten und politischen Alternativen lassen sich auf diese Weise erreichen.[4]

2. *Instrumente der Außenpolitik:* Die verschiedenen Bestimmungsgründe der Außenpolitik finden im konkreten Fall in genauer definierten außenpolitischen Zielsetzungen der jeweiligen Regierungen und den für diese bestehenden äußeren und inneren Beschränkungen ihren Ausdruck. Zur Umsetzung dieser Zielsetzung in aktive Politik unter Berücksichtigung der jeweiligen konkreten Beschränkungen, kann eine Regierung verschiedene *Instrumente* einsetzen. Zu den wichtigsten gehören die Diplomatie, die militärische Macht, die Außenwirtschaftspolitik und die Auslandshilfe, aber auch die Möglichkeiten der außenpolitischen Propaganda und subversiver Aktivitäten werden häufig angewandt.

a) Diplomatie: Das wichtigste Mittel zur Regelung außenpolitischer Angelegenheiten in Friedenszeiten ist die Diplomatie. Ursprünglich nur zu besonderen Anlässen in Form von „Sonderbotschaftern" oder speziellen Emissären eingesetzt, entwickelte sie sich seit dem 18. Jahrhundert zu einer dauerhaften, von „Berufsdiplomaten" vieler Staaten wahrgenommenen Institution. Zu ihren wichtigsten Aufgaben gehören der Austausch von Informationen und die Vorbereitung und Durchführung von Verhandlungen im zwischenstaatlichen Bereich. Darüber hinaus sind der Berufsdiplomatie heute mehr und mehr die ursprünglich von separaten „Konsuln" wahrgenommenen Aufgaben zugefallen, z. B. die Ausgabe von Visa und ähnlichen Dokumenten für den internationalen Reiseverkehr, die Betreuung eigener Staatsangehöriger im Ausland, die Förderung wirtschaftlicher Interessen des Heimatlandes usw.. In früheren Zeiten hatten die diplomatischen Vertreter bei der Wahrnehmung ihrer Aufgaben einen relativ großen Ermessensspielraum und konnten weitgehend „Politik auf eigene Faust" betreiben, wie z. B. noch Bismarck als Botschafter in Petersburg. Mit der Entwicklung der modernen Kommunikationsmittel wurden sie aber zunehmend mehr von den Weisungen ihrer jeweiligen Zentralen abhängig und sind heute einer ständigen direkten Kontrolle unterworfen. Andererseits können Diplomaten aber als Kenner der Verhältnisse des jeweiligen Landes heute häufiger bei direkten Konsultationen an den Entscheidungen der Zentrale mitwirken. Die „Geheimdiplomatie", wie sie bis Ende des Ersten Weltkrieges vorherrschte und die häufig konspirative Züge annahm, hat dabei mehr und mehr einer „offenen Diplomatie" Platz gemacht, die in demokratisch regierten Ländern auch einer Kontrolle durch die Parlamente und ihre zuständigen Ausschüsse unterworfen ist. Statt der häufig noch das Berufsbild des Diplomaten in der Öffentlichkeit prägenden Eigenschaften des „Salonlöwen" und der auf großen Fuß lebenden „Cocktail-Diplomaten" sind heute mehr und mehr juristischer, volkswirtschaftlicher und politischer Sachverstand sowie umfassende Sprach- und Landeskenntnisse gefragt. Häufig unterstützen mit besonderen Aufgaben befaßte und entsprechend vorgebildete Beamte, wie „Kultur"-, „Militär"-, „Handels"-, „Entwicklungs"- etc. -Attachés, die Tätigkeit des jeweiligen Botschafters.

Die Tätigkeit der Diplomaten wird dabei durch gewisse auf Gegenseitigkeit beruhende internationale Abkommen, wie z. B. das „Wiener Reglement" von 1815 oder die 1964 in Kraft getretene „Wiener Konvention über diplomatische Beziehungen", geregelt. Diese gewähren ihnen Privilegien, wie den exterritorialen Status des Botschaftsgeländes, persönliche Immunität, Befreiung von Zollvorschriften und Beschränkungen des internationalen Reiseverkehrs. Auch enthalten sie detaillierte protokollarische Vorschriften, z. B. über den „Vortritt" bei Empfängen, den „Rang" bestimmter Vertreter u.ä. Über die in diesen Abkommen geregelten Tätigkeiten, z. B. auch die legale Beschaffung von Informationen hinaus, nehmen Botschaftsangehörige häufig aber auch nachrichtendienstliche oder auch sogar subversive Aufgaben am Rande oder außerhalb der Legalität wahr. Nicht selten werden daher bei solchen Tätigkeiten enttarnte Personen zur „persona non grata" erklärt und des Landes verwiesen.

Neben den routinemäßig wahrgenommenen Aufgaben der Berufsdiplomaten hat die sogenannte „Konferenz"- und „Gipfeldiplomatie" in den letzten Jahrzehnten zunehmend an Bedeutung gewonnen. Hierbei handelt es sich um die Entsendung von mit speziellen Aufgaben betrauten Vertretern eines Landes, die oft sehr hohen Ranges sind, oder gar (bei „Gipfel"-Treffen) in Person des jeweiligen Regierungschefs selbst, die bei internationalen Konferenzen zu bestimmten Themenkreisen die Interessen ihrres Landes wahrnehmen. Meist dauern solche Zusammenkünfte nur kurze Zeit, sie können sich aber auch, wie die 1966 begonnene „Genfer Abrüstungskonferenz" zeigt, sehr lange hinziehen und zu einer „ständigen Vertretung" besonderer Art werden.[5]

b) Militärische Macht: Die friedlichen Mittel der Diplomatie werden in nahezu jedem Staat der Erde durch ein Instrumentarium der, zumindest potentiellen, Gewaltanwendung in Form militärischer Rüstung ergänzt.[6] Nicht selten ist dann „der Krieg eine Fortsetzung der Politik mit anderen Mitteln" (Clausewitz). Die militärische Macht eines Landes wird daher zu einem wichtigen Faktor seiner Außenpolitik. Sie läßt sich am ehesten in den konkreten Einheiten der Truppenstärke, der Art und Zahl der Waffen usw. ausdrücken, wenn andere auch schwieriger erfaßbare Größen, wie Ausbildungsstand, Mobilisierbarkeit, die „Moral" militärischer Einheiten usw., einen wesentlichen Faktor ausmachen. Die Probleme der jeweiligen militärischen Technologie, der Organisationsformen (z. B. Berufs- oder Wehrpflichtigenheere, die Unterteilung in verschiedene Waffengattungen und Einheiten), aber auch der Strategie und Taktik sind heute weitgehend Aufgabe von hiermit besonders befaßten Spezialisten geworden.[7] Ursachen, Funktionen und Typen von Kriegen, mögliche Formen der internationalen militärischen Zusammenarbeit oder die Chancen einer partiellen oder totalen Abrüstung wurden und werden aber auch von zahlreichen Politikwissenschaftlern untersucht.[8] Die militärische Situation der Gegenwart ist dabei vor allem durch das „Gleichgewicht des Schreckens" zwischen den atomaren Großmächten und ihren jeweiligen Bündnissystemen (NATO und Warschauer Pakt) gekennzeichnet. Die militärische Macht der Kontrahenten soll dabei gerade durch ihr Arsenal des Grauens abschreckend wirken und somit ihren Einsatz verhindern. Die Fähigkeit, selbst nach einem Atomangriff der anderen Seite noch mit zur Vernichtung des Gegners ausreichender Kapazität zurückschlagen zu können („second strike capability"), macht hierbei einen wesentlichen Teil des strategischen Kalküls aus. Diese „Drohpolitik" mit ihrem häufig prekären, auf bestimmten technologischen Voraussetzungen beruhenden Gleichgewicht und der Möglichkeit des „overkill" (dies ist in der zynischen Sprache der Militärstrategen diejenige Einheit militärischer Macht, die genügt, den Gegner einmal komplett auszulöschen) überwinden zu helfen, ist eine der ehrgeizigsten Aufgaben der Friedensforschung.[9] Neben diesem bisher nicht zur Anwendung gekommenen Abschreckungspotential der Großmächte werden aber häufig in regionalen kriegerischen Auseinandersetzungen oder Konflikten an der Peripherie der jeweiligen Großmachtsphären, wie z. B. in Indochina, im Nahen Osten usw., militärische Machtmittel durchaus aktiv eingesetzt. Als Mittel der internationalen Politik ist daher dieser Faktor, wenn man das auch bedauern mag, nach wie vor von erheblicher Bedeutung.

c) Außenwirtschaftspolitik: Mit dem besonders seit dem letzten Jahrhundert stark angewachsenen Welthandel gewannen auch die von den einzelnen Staaten im Rahmen ihrer Außenpolitik getroffenen Regelungen der außenwirtschaftlichen Beziehungen an Bedeutung. Die Einführung von Zöllen, Handelskontingenten, Devisenkontrollen und anderen staatlichen administrativen Interventionen bei der Abwicklung des internationalen Handelsverkehrs hat neben den unterschiedlichen Auswirkungen auf die jeweils heimische Wirtschaft auch bedeutende Konsequenzen für die Internationale Politik. Durch Zoll- und andere Präferenzen gegenüber bestimmten Ländern können die bestehenden Bande gefestigt, durch Handelsbeschränkungen bis hin zu einem vollständigen Embargo die Beziehungen eingeschränkt und bestimmte Länder unter Druck gesetzt werden. Die hierfür zur Verfügung stehende Palette möglicher Maßnahmen innerhalb des Instruments der Außenwirtschaftpolitik ist sehr umfangreich. Die Wirksamkeit solcher Maßnahmen hängt von der jeweiligen Wirtschaftsstruktur eines Landes, dem Grad seiner Autarkie u. ä. ab. Insgesamt bietet die Außenwirtschaftspolitik auf diese Weise, besonders gegenüber schwächeren Partnern, wie z. B. vielen Ländern der Dritten Welt, ein indirekter und subtiler wirkendes, darum aber oft nicht minder effektives Instrument der Außenpolitik als die beiden erstgenannten, Diplomatie und militärische Macht.

In der Gegenwart ist die Welthandelssituation vor allem durch die Dualismen zwischen sozialistischen Ländern mit staatlich kontrolliertem Außenhandel und den im GATT („General Agreement on Tariffs and Trade", das 1967 ins Leben gerufen wurde und dem heute mehr als 70 Staaten angehören) zusammengeschlossen, „Freihandel" anstrebenden Staaten einerseits und dem noch allgemeineren Gegensatz zwischen Industrie- und Entwicklungsländern andererseits gekennzeichnet. Internationale Handelskonferenzen, wie die von den Vereinten Nationen ins Leben gerufene „UNCTAD" („United Nations Conference on Trade and Development"), versuchten, bestehende Ungleichgewichte und einseitige Abhängigkeitsverhältnisse, wie z. B. das der meisten Länder der Dritten Welt gegenüber den Industriestaaten, zu beseitigen oder zu mildern, bisher allerdings mit relativ geringem Erfolg. – Ein Faktor, der heute die Verfolgung einer unabhängigen Außenwirtschaftspolitik besonders kleinerer Länder erheblich erschwert oder gar unmöglich macht, ist die Existenz „multi-nationaler Konzerne". Diese können, mit Hilfe ihrer weitverzweigten Geschäftsbeziehungen und zahlreichen Tochtergesellschaften in verschiedenen Ländern, die Währungs-, Steuer-, Handels- oder Konjunkturpolitik eines Staates durch bestimmte Verrechnungs- und Austauschpraktiken innerhalb des Konzerns unterlaufen. Wirksame Mittel zu ihrer Kontrolle sind bisher noch nicht gefunden worden.[10]

d) Auslandshilfe: Ein weiteres, häufig zur direkten oder indirekten Verfolgung außenpolitischer Ziele eingesetztes Instrument, das vor allem nach dem Zweiten Weltkrieg an Gewicht zugenommen hat, ist die Auslandshilfe. In der unmittelbaren Nachkriegszeit wurde sie vor allem für den Wiederaufbau Westeuropas, z. B. in Form des „Marshall-Plans", und zur Festigung der Bündnissysteme in Ost und West verwandt. Heute ist sie vor allem als Entwicklungshilfe gegenüber den Ländern der Dritten Welt von Bedeutung. Die Motive und Formen dieser Hilfe sind sehr unterschiedlich. Neben den gern bemühten „humanitären" Motiven sind die Beweggründe vor allem wirtschaftlicher und politischer Art. Letztere können in der Verfolgung bestimmter tagespolitischer Ziele, z. B. im Hinblick auf das Verhalten bei bestimmten Abstimmungen in der Vollversammlung der Vereinten Nationen u. ä., oder auch in dem Versuch der dauerhaften Aufrechterhaltung politischer Einflußsphären liegen, wie z. B. vor allem durch die beiden „Supermächte" USA und UdSSR, aber auch durch die früheren Kolonialmächte in ihren ehemaligen Territorien. Als direkteste Form der außenpolitisch motivierten Unterstützung anderer Staaten ist dabei die sogenannte „Militärhilfe" anzusehen. Durch die Lieferung von Waffen und anderen militärischen Ausrüstungsgegenständen sowie die Ausbildung von militärischem Personal nimmt sie einen direkten Einfluß auf die außenpolitische, häufig aber auch innenpolitische Machtsituation der betreffenden Länder. Die direkten politischen Effekte von „Kapitalhilfe" (d. h. die Gewährung von Krediten zu vergünstigten Konditionen, z. B. hinsichtlich der Zinshöhe, Laufzeit, Rückzahlungsbedingungen u. ä.), „technischer Hilfe" (d. h. die Entsendung von Experten und Beratern) und „Sach- und Nahrungsmittelhilfe" (d. h. meist unentgeltliche Überlassung von bestimmten Produkten) als den wichtigsten Formen der „Entwicklungshilfe", sind dagegen häufig weniger leicht auszumachen. Dennoch sind sie unzweifelhaft vorhanden und häufig an mehr indirekten Folgen, wie z. B. auch wieder dem Abstimmungsverhalten in der UNO, abzulesen.[11]

Zu den wichtigsten Problemen der internationalen Beziehungen heute

Die internationale Politik der Gegenwart ist durch eine Vielzahl von Auseinandersetzungen gekennzeichnet, die in ihrer Mehrheit mit „friedlichen", zuweilen aber auch mit wenig freundlichen Mitteln ausgetragen werden. Als Beispiele von Konflikten der letzteren Art seien hier als „unruhige" Regionen nur Indochina, der Nahe Osten und das südliche Afrika, als Beispiele von „Nachbarschaftskonflikten" die in den letzten Jahren stattgefundenen Kontroversen zwischen Indien und Pakistan, Malaysia und Indonesien, Uganda und Tansania, Honduras und El Salvador genannt. Wo immer aber Konflikte dieser Art primäre Interessen der Großmächte berühren (wie z. B. in Vietnam oder im Nahen Osten), bergen sie auch Zündstoff für globale Auseinandersetzungen in sich. Die internationale Politik im Weltmaßstab, der wir vor allem unser Augenmerk zuwenden wollen, wird dabei in der Gegenwart von zwei dominanten Gegensätzen geprägt. Diese lassen sich am einfachsten mit geographischen Begriffen umschreiben, obwohl sie ursprünglich, zumindest primär, nichts mit den Bedingungen der geographischen Lage, des Klimas usw., zu tun haben: dem „Ost-West"- und dem „Nord-Süd"-Gegensatz.

1. Der „Ost-West"-Gegensatz: Der nach wie vor in seinen potentiellen Gefahren größte internationale Gegensatz der Gegenwart, die Auseinandersetzung zwischen den „östlichen" kommunistischen und den „westlichen" kapitalistischen Systemen und den jeweils führenden Mächten, UdSSR und USA, nahm mit dem Ende des II. Weltkrieges seinen Anfang. Die gegen die „Achsenmächte" (Deutschland, Italien und Japan) vereinten „Alliierten" (vor allem UdSSR, USA und Großbritannien) waren sich, wie sich herausstellen sollte, nur in dem Ziel der Niederwerfung ihres Gegners einig. Über die nach dem Kriege zu schaffende internationale Ordnung kam es dagegen bald zu Meinungsverschiedenheiten (zuerst auf den Konferenzen von Jalta und Potsdam im Februar und Juli 1945) und nicht lange darauf zum endgültigen Bruch. Der Sowjetunion gelang es, in dem zum Waffenstillstand führenden Abkommen ihren territorialen Besitzstand erheblich zu erweitern und ihre politische Kontrolle auf andere Staaten Osteuropas auszudehnen. Ihr ideologisches Ziel der Ausbreitung des Weltkommunismus paarte sich dabei mit ihrem Sicherheitsinteresse und dem Hegemonialanspruch gegenüber ihren unmittelbaren Nachbarstaaten. Die USA ihrerseits glaubten, ihre Interessen am ehesten in der Einrichtung einer internationalen Friedensordnung gewahrt zu sehen, die 1945 in der Gründung der Vereinten Nationen in San Franzisko[12] ihren Ausdruck finden sollte. Nach einem kurzen Rückfall in den Isolationismus der Vorkriegszeit erkannten sie jedoch bald die durch die Möglichkeit des Vetos im Sicherheitsrat bedingte relative Wirkungslosigkeit dieses Instruments in allen Angelegenheiten, die die Interessen einer Großmacht berührten. Dem Expansionsdrang der Sowjetunion setzten sie daher 1947 die „Truman-Doktrin" der „Eindämmung" („containment") des Kommunismus gegenüber, die in der direkten Konfrontation mit der Sowjetunion bei der Berliner „Blockade" 1948 einen dramatischen Höhepunkt fand. Mit Militär- und Wirtschaftshilfe (Marshallplan) versuchten sie ihren Einflußbereich zu konsolidieren und dort, wo er gefährdet war (wie z. B. in Korea), auch mit dem Einsatz militärischer Mittel zu halten. Dem Versuch eines Zurückdrängens („roll-back“) des Kommunismus, wie er später vor allem vom amerikanischen Außenminister J. F. Dulles proklamiert wurde, war allerdings kein spürbarer Erfolg beschieden.

Nach dem Tode Stalins verzichteten seine Nachfolger auf eine weitere aggressive Expansion des kommunistischen Machtbereichs. Chruschtschow verkündete statt dessen 1956 das Ziel eines friedlichen Wettbewerbs der Systeme im Rahmen einer internationalen „Koexistenz“. Innerhalb ihres Einflußbereiches behauptete die UdSSR allerdings ihre Vorrangstellung, wenn nötig mit Waffengewalt, wie 1953 in der DDR, 1956 in Ungarn und Polen und 1968 in der Tschechoslowakei. Die gegenseitigen Einflußsphären waren damit wirksam abgegrenzt und durch Militärpakte beider Seiten (NATO, SEATO etc. auf der „westlichen“, dem „Warschauer Pakt“ auf der „östlichen“ Seite) zementiert. Am schmerzlichsten spürbar wurde diese Konfrontation an den Berührungslinien der jeweiligen Hegemonialgebiete, die in Korea, Vietnam und Deutschland zu einer Teilung vorher bestehender nationaler Einheiten führte. Einen letzten Höhepunkt fand diese Periode des „Kalten Krieges“ in der „Kuba-Krise“ von 1962, die mit der endgültigen, zumindest faktischen Anerkennung der jeweiligen Einflußbereiche endete. Das „atomare Patt“ führte zu einer gewissen Einsicht in die Grenzen der Macht beider Seiten. Die Konfrontation begann einer tastenden und ansatzweisen Kooperation zur Sicherung der gemeinsamen Interessen Platz zu machen, wie sie z. B. im „Atomtestabkommen“ von 1963, in dem die beteiligten Partner auf überirdische Atomwaffenversuche verzichteten, und im Vertrag über die Nicht-Weiterverbreitung („non-proliferation“) von Nuklearwaffen aus dem Jahre 1968 zum Ausdruck kommt.

In der Zwischenzeit hatte sich die internationale Situation jedoch noch in anderer Hinsicht verändert. Dem Wiederaufbau Westeuropas folgte, zumindest zunächst auf wirtschaftlichem und technologischem Gebiet, ein engerer Zusammenschluß in den „Europäischen Gemeinschaften“ mit anfänglich sechs, später neun Mitgliedstaaten. Die angestrebte Koordinierung der Außenpolitik dieser Staaten und damit die Möglichkeit, gegenüber den beiden Supermächten, aber auch gegenüber Drittländern, ein gewisses internationales Eigengewicht zu entwickeln, läßt allerdings noch zu wünschen übrig. Dennoch ist eine langfristige Kräfteverschiebung und die Betonung eigener Interessen gegenüber den bis dahin in ihrer Führungsrolle unumstrittenen Vereinigten Staaten und der Sowjetunion nicht zu verkennen.

In seinen Auswirkungen langfristig noch folgenreicher ist unter Umständen eine andere Entwicklung, diesmal innerhalb des „sozialistischen Lagers“: das Schisma zwischen der Sowjetunion und China. Nach anfänglichen ideologischen Auseinandersetzungen in den fünfziger Jahren über den „richtigen" Weg zum Sozialismus und die jeweils internationale Rolle der sowjetischen und chinesischen KP hierbei kam es zu Beginn der sechziger Jahre endgültig zum Bruch. Gestützt auf das Selbstvertrauen und die Lehren einer eigenständigen kommunistischen Revolution, bezweifelte Peking den ideologischen Führungsanspruch Moskaus und witterte in der sich anbahnenden „Koexistenz" zwischen der Sowjetunion und den USA den Versuch, bestehende Machtverhältnisse zuungunsten Dritter zu konsolidieren. Dies lief aber sowohl dem machtpolitischen Eigenanspruch Chinas als auch seiner Auffassung von der dynamischen Veränderung der bestehenden internationalen Verhältnisse mit dem letztlichen Ziel der „Weltrevolution" zuwider. Die Entwicklung eigener Atom- und Wasserstoffbomben sowie, zumindest in Ansätzen, der zugehörigen Trägersysteme verschaffte Peking dabei, zusammen mit seinen erheblichen Landstreitkräften, die nötige militärische Rückendeckung.

Aber auch andere Mächte beanspruchten nun eine gewisse Eigenständigkeit gegenüber den „großen Zwei". Japan war wirtschaftlich wieder erstarkt, Indien durch die Auseinandersetzungen mit seinen Nachbarn sich der Notwendigkeit einer militärisch abgesicherten eigenständigen Außenpolitik bewußt geworden, und auch andere „blockfreie" Staaten, vor allem der Dritten Welt, versuchten sich von der Dominanz der Supermächte frei zu machen. Die Bipolarität der ersten Nachkriegsjahrzehnte wurde somit tendenziell durch eine „multipolare" internationale Politik abgelöst, in der jedoch nach wie vor die Sowjetunion und die USA die gewichtigsten Machtzentren sind. Ihren Ausdruck fand diese Entwicklung in der „Anerkennung" des kommunistischen China durch die USA und dessen hierdurch möglich gewordene Aufnahme in die UNO und der „Entspannung" in Mitteleuropa, die wesentlich durch die „Ostpolitik" der deutschen Bundesregierung seit 1969 und die im Rahmen dieser Politik erfolgten Vertragsabschlüsse mit der Sowjetunion, Polen, der DDR und anderen osteuropäischen Staaten mitgestaltet wurde. Von dem Ergebnis der 1973 begonnenen Konferenzen über die „Sicherheit und Zusammenarbeit in Europa" (KSZE) und einen „ausgewogenen gegenseitigen Truppenabbau" („MBFR") wird es abhängen, in welchen Bahnen sich diese Multipolarität weiter entwickelt. Die sich hierdurch abzeichnende Möglichkeit neuer Konstellationen in der internationalen Politik wird eine „Balance" der verschiedenartigen und unterschiedlich starken Kräfte unter Umständen schwieriger machen. Andererseits bietet diese Konstellation aber auch Chancen zu bisher nicht gekannten Formen der internationalen Zusammenarbeit und damit zu Veränderungen in der Welt unter friedlichen Vorzeichen.[13]

2. *Der „Nord-Süd"-Gegensatz:* Seit dem Ende des II. Weltkrieges und verstärkt in den sechziger Jahren trat ein zweiter, weltweiter Gegensatz in

den Vordergrund, dessen unmittelbare mögliche Konsequenzen zwar nicht so bedrohlich erscheinen mögen wie die des ersten (zumindest für einen Teil der davon Betroffenen), dessen Auswirkungen auf lange Sicht aber eher noch größere und unter Umständen schwerer lösbare Probleme mit sich bringen: der Gegensatz zwischen „Nord“ und „Süd“, zwischen Industriestaaten und Dritter Welt. Dieser Gegensatz beruht auf den unterschiedlichen Lebenschancen in „entwickelten“ und „unterentwickelten“ Ländern, zwischen „arm“ und „reich“, zwischen „Proletariat“ und „Bourgeoisie“ im Weltmaßstab. 60% der Menschheit leben in Ländern mit einem Pro-Kopf-Einkommen von weniger als DM 700,– pro Jahr. Ein Zehntel der Menschheit hat demgegenüber ein Pro-Kopf-Einkommen von mehr als DM 7000,– jährlich. Diese Durchschnittswerte, die auch die oft sehr krassen Ungleichheiten in der Verteilung innerhalb dieser Länder nicht berücksichtigen, spiegeln nur sehr unvollkommen die tatsächlichen Diskrepanzen im Lebensstandard, dem Bildungsniveau, der medizinischen Versorgung, der durchschnittlichen Lebenserwartung usw. wider. Was ein Durchschnittseuropäer und ein Durchschnittsafrikaner „vom Leben zu erwarten“ haben, könnte daher kaum unterschiedlicher sein. Und auch in Zukunft scheinen sich, sofern die verfügbaren Statistiken und die auf ihnen basierenden Prognosen hierüber etwas aussagen, die Diskrepanzen eher zu verstärken als abzuschwächen.

In den Jahren 1960 bis 1967 wuchs das Bruttoinlandsprodukt (BIP) der Entwicklungsländer im Durchschnitt um 5% (in konstanten Preisen gerechnet). Diese Wachstumsrate lag geringfügig über der der Industriestaaten im selben Zeitraum (4,8%). Dennoch nahm der Abstand im Pro-Kopf-Einkommen der beiden Gruppen, angesichts des starken Bevölkerungswachstums in der Dritten Welt, weiter zu. Pro Kopf gerechnet stieg das BIP nur um 2,5% in den Entwicklungsländern gegenüber 3,6% in den Industriestaaten.[14] Die Kluft im Lebensstandard vergrößerte sich also weiter, wobei der Tatsache, daß diejenigen, die in den Entwicklungsländern von diesem Wachstum profitieren, in den meisten Fällen selbst nur wieder eine kleine Minderheit darstellen, noch nicht einmal Rechnung getragen ist. Kahn und Wiener bestätigen in ihren Prognosen für das Jahr 2000 weitgehend diese Tendenz: Während 1965 das Pro-Kopf-Einkommen der Industriestaaten etwa zwölfmal so hoch war wie in den Entwicklungsländern, wird es im Jahre 2000 etwa das Achtzehnfache betragen.[15]

Diese zunehmende internationale Stratifikation zwischen Besitzenden und Habenichtsen hat bereits zu einigen Reaktionen auf der internationalen politischen Szene geführt. Die Staaten der „Dritten Welt“, als die sie sich häufig in Betonung des Gegensatzes zur „ersten“ Welt, der „westlichen“ und der „zweiten“ der „östlichen“ Länder bezeichnen, haben dabei versucht, in gemeinsamen Aktionen oder zumindest Deklarationen, den ihnen gemeinsamen Interessen, die u. a. in einem Abbau des Kolonialismus, einer Verdammung der Rassendiskriminierung und einer Beseitigung der vielfältigen Formen der Abhängigkeit von den Industrienationen liegen, Ausdruck zu verleihen. Auf der Konferenz von Bandung im Jahre 1955, der ersten dieser Art, bekundeten daher 23 asiatische und afrikanische Länder ihre Solidarität und versuchten, sich als „blockfreie" („non-aligned") dritte Kraft zu organisieren. Weitere Konferenzen dieser Art, wie z. B. die 1965 in Algier geplante und dann abgesagte, machten allerdings auch die zwischen Staaten innerhalb dieser Gruppe bestehenden Divergenzen und die begrenzten Möglichkeiten einer effektiven Zusammenarbeit deutlich. Eine regionale Kooperation, wie z. B. in der 1963 gegründeten „Organisation für afrikanische Einheit" („OAU") oder der lateinamerikanischen „Organisation amerikanischer Staaten" („OAS") scheint demgegenüber eher möglich, aber auch hier bleiben die Schwierigkeiten der Koordination und gemeinschaftlicher Aktionen erheblich. Wichtigstes internationales Forum für die Staaten der Dritten Welt sind heute die Vereinten Nationen. Zumindest seit der Erlangung der Unabhängigkeit vieler afrikanischer Staaten Anfang der sechziger Jahre besitzen die Länder der Dritten Welt dort die, wenigstens numerische, Mehrheit. Wenn auch konkrete Aktionen der UN nach wie vor durch das Veto der Großmächte im Sicherheitsrat blockiert werden können, so ist die Vollversammlung doch als ein Forum der internationalen Meinungsbildung nicht zu unterschätzen und der „moralische" Druck, der auf diese Weise ausgeübt wird, kann langfristig durchaus auch „reale" Folgen haben.

Die *Perspektiven* des Nord-Süd-Gegensatzes abzuschätzen, ist im gegenwärtigen Stadium sehr schwierig. Während einige Theoretiker den Klassenkampf im Weltmaßstab voraussagen,[16] bauen andere auf eine wachsende „gewerkschaftliche Solidarisierung" der Entwicklungsländer[17] und eine Durchsetzung ihrer Ansprüche mit friedlichen Mitteln. Beide Theorien setzen allerdings eine wachsende Interdependenz aller Beteiligten voraus, die erst die Voraussetzungen für den notwendigen Verhandlungsspielraum der Dritten Welt, ob nun revolutionärer oder evolutionärer Art, gegenüber den Industriestaaten schafft. Diese Interdependenz ist aber bislang relativ gering und, nach dem sinkenden Anteil der Entwicklungsländer am Welthandel zu urteilen, zur Zeit eher im Abnehmen als im Steigen begriffen.[18] Die „wachsende soziale Macht" der Entwicklungsländer scheint daher, wenn sie nicht auf die schiere Kopfzahl, sondern auf die konkreten Durchsetzungsmöglichkeiten bezogen wird, vielfach mehr Wunsch als Wirklichkeit zu sein. Eine globale Auseinandersetzung im Sinne *eines* umfassenden Nord-Süd-Konflikts ist daher aus diesen und anderen Gründen relativ unwahrscheinlich. *Viele kleinere* Konflikte wird es dagegen mit Sicherheit geben, und es ist auch anzunehmen, daß sich die Position der Entwicklungsländer hierbei allmählich, vielleicht auch aufgrund inzwischen eingetretener Veränderungen in den Industriestaaten selbst und der (hoffentlich!) wachsenden Einsicht in die sozialen und humanitären Aspekte dieser Beziehungen verbessern wird. In diesem Zusammenhang ist auch auf die Tatsache aufmerksam zu machen, daß die bei allen derartigen Betrachtungen zugrunde gelegte künstliche begriffliche Zweiteilung in „Industriestaaten" hier und „Entwicklungsländer" dort nach aller Wahrscheinlichkeit irreführend ist. Dieses dualistische Modell, das bei allen diesen Projektionen und Spekulationen über die zukünftige internationale Entwicklung verwendet wird, läßt nämlich leicht die Möglichkeit übersehen, daß es statt zu einer weiteren Polarisierung und Konfrontierung zwischen Industriestaaten und Dritter Welt auch zu einem allmählichen „Aufholen", wenigstens einiger heutiger Entwicklungsländer, kommen kann. Ähnlich wie z. B. Italien und Spanien erst in den letzten beiden Jahrzehnten in den Kreis der Industriestaaten aufrückten, kann sich dieser Kreis auch weiterhin allmählich ausweiten. Insoweit dann von einer (nicht nur statistischen!) Gruppenbildung aufgrund des ökonomischen Entwicklungsstandes verschiedener Staaten überhaupt die Rede sein kann, ist es durchaus denkbar, daß diese vier, fünf oder mehr graduell abgestufte und regional differenzierte Gruppen umfaßt und nicht nur zwei einander entgegengesetzte Kategorien.[19]

Ein wichtiger Faktor bei diesem Prozeß des „Aufholens" kann auch ein allmählicher Rückgang der Zuwachsraten des Bevölkerungswachstums sein. Wenn auch die Bevölkerung der meisten Länder der Dritten Welt, in absoluten Zahlen ausgedrückt, auch weiterhin rasch anwachsen wird, so ist doch eine allmähliche Abnahme der Zuwachsraten (die in einigen Ländern wie z. B. Mexiko, Kenia, Marokko u. ä. mit 3,5% im Jahr bereits nahezu das „biologisch mögliche Maximum" erreicht haben), aufgrund verstärkter Familienplanungsmaßnahmen, die ihrerseits wieder auf einem Einstellungswandel und der, trotz allem, leichten Verbesserung der materiellen Bedingungen beruhen mögen, denkbar. Ein solcher allmählicher Rückgang der Zuwachsraten wird zu einem, zunächst rein statistisch gesehen, höheren Zuwachs des Pro-Kopf-Einkommens führen. Er kann aber darüber hinaus auch einen kumulativen, sich selbst verstärkenden Wachstumsprozeß auslösen, der die bisher immer weiter auseinanderklaffende Schere zwischen Nord und Süd allmählich wieder schließt.[20] Auch dies ist zum gegenwärtigen Zeitpunkt noch weitgehend Spekulation. Hier liegt aber einer der wichtigsten konkreten Ansatzpunkte, die den Kurs dieses „Raumschiffs Erde" am ehesten wieder auf eine günstigere Bahn lenken können.[21]

3. *Ansätze zur weltweiten internationalen Zusammenarbeit:* Der „Krieg aller gegen alle" in der internationalen Politik, der in vielen lokalen und regionalen Konflikten, aber auch in den beiden dominanten Ge-

gensätzen zwischen Ost und West bzw. Nord und Süd immer wieder auszubrechen scheint, wird allerdings auf vielfache Weise durch als gemeinsam anerkannte internationale Rechtsgrundsätze, wie sie z. B. im „Völkerrecht“ enthalten sind, und durch Ansätze zur internationalen Zusammenarbeit, wenn schon nicht immer verhindert, so doch in bestimmter Weise reguliert und zum Teil auch gemildert.

Das *Völkerrecht* oder „internationale Recht“ der Neuzeit, aufbauend auf dem römischen „ius gentium“, entwickelte sich mit der Entstehung moderner „säkularer“, also nicht mehr nach theokratischen Prinzipien organisierter Territorialstaaten – zunächst vor allem in Europa. Der Holländer Hugo Grotius, gelegentlich als „Vater des Völkerrechts“ bezeichnet, faßte dabei als erster die rein weltlich begründeten Grundsätze des sich herausbildenden internationalen Rechts in seinem Hauptwerk „De iure belli ac pacis“ („Vom Recht des Krieges und des Friedens“) aus dem Jahre 1624 zusammen.[22] Die wichtigsten Prinzipien sind dabei die „Souveränität“, d. h. die grundsätzliche Unabhängigkeit und Eigenständigkeit bei allen Entscheidungen, und die „Gleichberechtigung“ eines jeden Staates, ungeachtet seiner jeweiligen Größe, „Macht“, der Art seiner inneren Verfassung usw. Als „Subjekte“ des Völkerrechts sind dabei alle politischen Gebilde anzusehen, die die drei konstituierenden Kriterien eines „Staates“, ein Staatsgebiet, ein Staatsvolk und eine Staatsgewalt zu besitzen, erfüllen. Konkret angewendet wurden rechtliche Überlegungen dieser Art unter anderem in den von Henri Dunant inspirierten „Genfer Konventionen“ des Jahres 1864 und den „Haager Friedenskonferenzen“ von 1899 und 1907, die alle das Ziel verfolgten, bestimmte Formen der Kriegsführung (z. B. den Einsatz von Giftgas) zu ächten, Nichtkombattanten (wie z. B. Sanitätseinheiten, Vertreter des von Dunant ins Leben gerufenen „Internationalen Roten Kreuzes“, aber auch die Zivilbevölkerung im allgemeinen) zu schützen und die Behandlung von Kriegsgefangenen zu regeln. Weitere wichtige Aspekte des Völkerrechts regeln Fragen der territorialen Abgrenzung von Staaten (z. B. auch hinsichtlich der jeweils beanspruchten Küstengewässer), der Formen und Konsequenzen der „Anerkennung“ von Staaten, der „Neutralität“, die Formen und Rechte diplomatischer und konsularischer Vertretungen, verschiedenartige internationale Vertragsformen usw. Das Völkerrecht wurde auf diese Weise zu einem bedeutsamen und in mancher Hinsicht unerläßlichen Instrument für die Regelungen wichtiger Aspekte der zwischenstaatlichen Beziehungen. Andererseits erwies es sich dort als wirkungslos, wo wichtige, seiner Durchsetzung entgegenstehende Interessen mächtiger Staaten berührt wurden. Da ihm zentrale Vollzugsorgane fehlen, können Verstöße gegen das Völkerrecht allenfalls die „moralische Empörung“ der „Weltöffentlichkeit“ hervorrufen, an den jeweiligen machtpolitischen Gegebenheiten vermag es nur wenig zu ändern. Auch die Einrichtung eines „Internationalen Gerichtshofs" im Rahmen des „Völkerbundes" im Jahre 1920 in Den Haag, dem 1946 eine ähnliche Institution der Vereinten Nationen am gleichen Ort folgte, vermochte an der Tatsache der Nichteinklagbarkeit und Nichtdurchsetzbarkeit völkerrechtlicher Prinzipien gegen souveräne, auf ihre eigene Macht bauende Staaten nichts zu ändern.

Einen über die bloße rechtliche, auf dem Konsensus aller Beteiligten beruhende Regelung der internationalen Beziehungen hinausgehenden Versuch, eine Institution zur Sicherung des Friedens in der Welt zu schaffen, stellte daher der vor allem von dem amerikanischen Präsidenten Woodrow Wilson angestrebte, 1919 von 32 Siegerstaaten des I. Weltkrieges gegründete „Völkerbund" („League of Nations") dar. Er sollte durch ein „System kollektiver Sicherheit" kriegerische Aktionen gegen ein Mitgliedsland unmöglich machen, da in diesem Falle alle Mitgliedsstaaten sich angegriffen fühlen und entsprechend reagieren sollten. Darüber hinaus wollte er auf dem Gebiet der internationalen Gesundheitsfürsorge, der Flüchtlingshilfe, der Bekämpfung des Rauschgifthandels usw. tätig werden. Aber auch dieser Versuch erwies sich in der Folge zur Regelung von die Interessen eines mächtigen Staates berührenden Konflikten als weitgehend wirkungslos. Zum einen gehörten dem Völkerbund wichtige Staaten, wie z. B. die USA oder die Sowjetunion (diese wurde erst 1934 Mitglied, als das 1926 beigetretene Deutschland schon wieder ausgeschieden war), nicht an, oder traten, wenn tatsächlich einmal ein Land wegen einer Aggression verurteilt worden war (wie 1933 Japan wegen seiner Intervention in China oder 1935 Italien wegen seiner Besetzung Äthiopiens) einfach wieder aus dem Völkerbund aus und fühlten sich an dessen Beschlüsse nicht mehr gebunden. Die laut Völkerbundsatzung zu erwartenden Sanktionen, z. B. in Form eines Wirtschaftsembargos, des Abbruchs diplomatischer Beziehungen u. ä., wurden meist nicht angewandt oder erwiesen sich gegenüber mächtigen Staaten als unwirksam. Das Prinzip der Einstimmigkeit aller Entscheidungen, das somit jedem Mitgliedsstaat ein Vetorecht verlieh, erwies sich hierbei als ein weiterer Hemmschuh. Insgesamt blieb dem Völkerbund daher, trotz einiger wichtiger Aktivitäten internationaler Hilfsorganisationen auf humanitärem Gebiet, der Erfolg versagt.[23]

Ähnlichen Problemen wie der Völkerbund sehen sich auch die nach dem II. Weltkrieg, wiederum auf Initiative eines amerikanischen Präsidenten, diesmal Franklin D. Roosevelts, ins Leben gerufenen „Vereinten Nationen" (United Nations Organisation, UNO) gegenüber. Die UNO besitzt allerdings eine breitere Basis als der Völkerbund (z. Z. ca. 145 Mitglieder), und auch das Prinzip der Einstimmigkeit für Beschlüsse der Vollversammlung wurde fallengelassen. Es genügt nunmehr eine einfache bzw. bei „wichtigen" Fragen eine Zwei-Drittel-Mehrheit der abgegebenen

Stimmen. Die Gleichgewichtigkeit aller Mitglieder, die ein Prinzip der innerstaatlichen Demokratie („one man – one vote") auf die internationale Ebene („one country – one vote") zu übertragen versucht und dabei Staaten wie Malta, Bhutan oder den Fidschi-Inseln dieselbe Stimmkraft zubilligt wie den USA oder der Sowjetunion, wurde dabei allerdings häufig kritisiert. Versuche, eine angemessene „Gewichtung" der Stimmen zu erzielen, z. B. nach „Groß"-, „Mittel"- und „Klein"-Staaten, blieben bisher erfolglos. Andererseits ist das reale Gewicht der Großmächte, die über erhebliche Mittel zur Beeinflussung der Stimmabgabe anderer Länder verfügen und hiervon auch Gebrauch machen, trotz dieser Beschränkung, wie fast alle Abstimmungen zeigen, immer wieder deutlich geworden. Dafür sorgt nicht zuletzt auch das Vetorecht der „ständigen Mitglieder" des Sicherheitsrats (USA, Sowjetunion, England, Frankreich und China, letzteres bis 1971 vertreten durch das „National-China" Tschiang Kaischeks), des wichtigsten Exekutivorgans der UNO. Dieses verhindert ebenso wie das Einstimmigkeitsprinzip seinerzeit beim Völkerbund Aktionen gegenüber Verletzungen der „Charta der Vereinten Nationen", die die Interessen dieser mächtigsten Staaten der Erde berühren. Andererseits bleiben selbst auf Mehrheitsbeschlüssen beruhende Maßnahmen (wie das 1966 beschlossene Embargo gegen Rhodesien) oft relativ wirkungslos, da es der UNO an wirksamen Instrumenten zu ihrer Durchsetzung fehlt. Sich von einer Abschaffung der Vetorechte der Großmächte zum gegenwärtigen Zeitpunkt eine Verbesserung der friedenswahrenden Funktionen der UNO zu erhoffen, ist daher weitgehend illusorisch. Angesichts der tatsächlichen politischen Kräfteverhältnisse in der Welt kann sie immer nur Spiegelbild dieser Tatbestände, nicht aber ein Mittel zu ihrer Überwindung sein. Ihr mangelnde Erfolge in dieser Hinsicht vorzuwerfen, verfehlt daher die eigentlichen Adressaten. So wenig die Vereinten Nationen aus diesem Grunde zur Überwindung kriegerischer Auseinandersetzungen zwischen Staaten (oder zumindest der Drohung mit diesen) und zur Schaffung eines dauerhaften Friedens beitragen konnten, so wichtig erwiesen sie sich doch in anderer Hinsicht. Zum einen leisten ihre Unterorganisationen [wie das Kinderhilfswerk („UNICEF"), die Weltgesundheitsorganisation („WHO"), das internationale Arbeitsamt („ILO"), die Welterziehungs- („UNESCO") und Welternährungsorganisation („FAO), die Konferenz für Fragen des Welthandels und der Entwicklung („UNCTAD"), die Programme für Fragen des Umweltschutzes („UNEP") und der Entwicklungshilfe („UNDP") usw.] in vielfacher Hinsicht wertvolle Arbeit. Zum anderen war den „friedensbewahrenden" („peace-keeping") Streitkräften der UN zumindest dort ein Erfolg beschieden, wo ihr Einsatz mit der Zustimmung aller Beteiligten zur Aufrechterhaltung einer innerstaatlichen Ordnung (wie z. B. 1960 im Kongo und 1964 auf Zypern) erfolgte. Zum dritten stellt aber auch die Vollversammlung selbst ein wichtiges Forum für die regelmäßige Zusammenkunft von Politikern aus aller Welt und die Darlegung ihrer Standpunkte vor der „Weltöffentlichkeit“ dar. Der Zwang, gewisse Handlungen vor einem solchen internationalen Forum zu rechtfertigen und im Lichte der Prinzipien der Charta der Vereinten Nationen, der Wahrung der Menschenrechte und des Selbstbestimmungsrechts der Völker zu interpretieren, stellt dabei ein zwar nicht immer wirkungsvolles, aber dennoch heilsames Korrektiv für Verstöße gegen diese Prinzipien dar. Überhaupt ist der auf diese Weise bewirkte „wertbildende“Einfluß der Vereinten Nationen auf lange Sicht wohl einer der wesentlichsten Aspekte für ihre Beurteilung insgesamt. Gewisse Strukturmängel, wie sie oben erwähnt wurden, treten demgegenüber, so wichtig Anstrengungen zu ihrer Behebung bleiben, eher zurück. Die UNO zu einem wirksamen Instrument auch der Friedenssicherung zu machen oder zumindest die Notwendigkeit, die vielen bedrohlichen, die Menschheit insgesamt gefährdenden Aspekte der internationalen Politik zu vermindern, bleibt daher eine der zentralen Aufgaben unserer Zeit.[24]

Zur Theorie der internationalen Politik

Die „Theorie der internationalen Politik“ ist eine verhältnismäßig junge Disziplin innerhalb der Politikwissenschaft. Ältere Ansätze dieser Art beschränkten sich vorwiegend auf historiographische Darstellungen der außenpolitischen Entwicklungen früherer Epochen. Die Versuche zu einer stärkeren Systematisierung dieser Forschungsrichtung blieben dabei meist unbedeutend. Lediglich in einigen „Entscheidungsregeln“, wie sie etwa Machiavelli in seinem „Il Principe“[25] gab, und auf dem Gebiet der militärisch-strategischen Literatur, wie z. B. bei Clausewitz,[26] sind wichtige Ansätze hierzu, die allerdings sehr partiell blieben, zu erkennen. Erst vor etwa 50 Jahren begann dann eine intensivere und systematischere Beschäftigung mit dem, was man heute „Theorie der internationalen Politik“ nennt.[27] Insbesondere die Diskussion über die Ursachen und Hintergründe des I. Weltkrieges und seiner Folgen bewirkte damals eine Belebung der theoretischen Diskussion. Eine erste, vorwiegend *normativ* orientierte Theorie ging dabei davon aus, daß alle Staaten als Subjekte des Völkerrechts souverän und grundsätzlich gleichberechtigt seien. Demzufolge hatten sich Staaten in die inneren Angelegenheiten eines anderen nicht einzumischen und strittige Punkte ihrer Beziehungen untereinander auf friedlichem Wege, z. B. durch Anrufung des Internationalen Gerichtshofs, zu regeln. Kriege und andere gewaltsame Auseinandersetzungen seien zu „ächten“. Diese Auffassung wurde u. a. auch vom amerikanischen Präsidenten (und ehemaligen Politikwissenschaftler!) Woodrow Wilson in seinen „14 Punkten“ niedergelegt. Auch die Gründung des

Völkerbundes und später der „Vereinten Nationen", die in ihrer „Charta" diese Prinzipien festhalten, geht auf eine solche Vorstellung über die Grundlagen der internationalen Beziehungen und ihrer Regelungen zurück.[28] Bei dieser Auffassung handelte es sich aber leider mehr um ein Postulat als um eine erfahrungswissenschaftliche Theorie, die vor allem daran krankte, daß es in der Realität an einer allgemein akzeptierten und mit den entsprechenden Zwangsmitteln ausgestatteten internationalen Institution zu ihrer Durchsetzung fehlte.

Dieser *„idealistischen" Theorie* wurde daher eine *„realistische"* gegenübergestellt, die sich weniger an dem orientierte, was sein sollte, als an dem, was war. Zu zentralen Kategorien dieser Theorie wurden die *„nationalen Interessen"* und die ihrer Durchsetzung dienende *„Macht"* der Handelnden der Internationalen Politik und ihre jeweiligen Bestimmungsfaktoren. In konkreten Untersuchungen wurde dann das Machtpotential der verschiedenen Kontrahenten in einer bestimmten internationalen Situation analysiert (z. B. ihre militärische Stärke, die jeweilige Bevölkerungsgröße, die natürlichen Ressourcen, Art und Zahl der tatsächlichen oder potentiellen Verbündeten und ihre jeweilige Stärke, die strategische Position usw.) und hieraus unter der Annahme, daß dieses im Konfliktfall zur Durchsetzung des „nationalen Interesses" auch mobilisiert und eingesetzt würde, Prognosen über den zu erwartenden Ausgang von Konflikten abgeleitet. Auch die „Perzeptionen" der internationalen Situation, also die Vorstellungen der wichtigsten außenpolitisch handelnden Politiker vom Machtpotential und den politischen Absichten der jeweils anderen (also ein „subjektives" Element) wurden hierbei zum Teil berücksichtigt. Mit diesem Ansatz ist vor allem der Name des Amerikaners Hans Morgenthau[29] verbunden, aber auch z. B. Quincy Wright oder Raymond Aron,[30] um nur einige der bekannteren zu nennen, sind ihm zum Teil zuzurechnen. Als Vertreter dieses Ansatzes sind in jüngerer Zeit auch Henry Kissinger, Hermann Kahn u. a. mit strategischen Theorien, die „das Undenkbare dachten", z. B. über den nuklearen Krieg und seine Folgen, hervorgetreten.[31] Aber auch dieser Ansatz erwies sich als nur partiell von Bedeutung. Vor allem der Begriff des „nationalen Interesses" ist in seiner Substanz von diesem Ansatz her nur schwer bestimmbar und auch über die zu erwartenden längerfristigen Entwicklungen, die z. B. auch durch die sozio-ökonomischen Veränderungen in den einzelnen Staaten bewirkt werden, konnte nur wenig ausgesagt werden. Zudem ist eine solche Betrachtungsweise eher dazu angetan, die bestehenden Verhältnisse in all ihrer potentiellen Ungeheuerlichkeit zu bestärken, als zur Überwindung des „Drohsystems" und der „organisierten Friedlosigkeit" (Galtung)[32] beizutragen.

Aus einer anderen Sicht wiederum betrachtet der *marxistische* Ansatz die Internationale Politik. Für ihn ist die Außenpolitik der einzelnen Staaten im wesentlichen durch die *Wirtschaftsinteressen* der wichtigsten gesellschaftlichen Gruppen und vor allem der jeweils „herrschenden Klasse" bestimmt. Teils in der „fallenden Profitrate" im Inland, die durch Unterkonsumption bedingt wird und Kapitalexport hervorruft, teils im zunehmenden Monopolisierungsgrad der Wirtschaft u. ä. Faktoren, sehen die Vertreter dieses Ansatzes (vor allem John Hobson, Karl Hilferding, Karl Kautsky, Rosa Luxemburg und Lenin[33]) die Ursachen für eine zunehmende *Unterjochung* der Welt durch die kapitalistischen Staaten („*Imperialismus* ist die letzte Stufe des Kapitalismus", Lenin). Die auf diese Weise erfolgende Ausbeutung im internationalen Rahmen und die so entstehende internationale „Schichtung" in arme und reiche Länder trägt aber nach ihrer Auffassung auch wieder den Keim ihres Untergangs in sich. – Die internationalen Aspekte der marxistischen Theorie wurden von ihren wichtigsten Vertretern jedoch lange Zeit vernachlässigt. Erst in der jüngsten Vergangenheit, vor allem im Gefolge des Vietnam-Krieges und der Auseinandersetzungen mit den Problemen der „Dritten Welt", wurden wieder verstärkte Anstrengungen in dieser Hinsicht, z. B. auch besonders von lateinamerikanischen Autoren, unternommen.[34] Als erfahrungswissenschaftliche, nicht dogmatisch verstandene Theorie kann aber auch die „marxistische", für sich allein genommen, nicht ganz befriedigen, und ihre Aussagekraft für die Erklärung bestimmter Phänomene und zur Aufstellung konkreter Prognosen läßt häufig zu wünschen übrig. So sind z. B. auch vorhandene (wenn auch z. T. recht unterschiedlich zu bewertende) nicht *nur* auf egoistischen wirtschaftlichen Motiven beruhende Formen der internationalen Zusammenarbeit oder auf anderen als primär wirtschaftlichen Grundlagen basierende Konflikte zwischen Staaten (z. B. auch „Religionskriege", ethnische Auseinandersetzungen usw.) nicht oder nur sehr unvollkommen mit ausschließlich marxistischen Kategorien zu erfassen. Als *ein* sehr wichtiges Element einer komplexeren Theorie der Internationalen Beziehungen bleibt aber der marxistische oder „strukturelle" Aspekt ohne Zweifel von Bedeutung.

Ein weiterer Theorieansatz, der *„funktionalistische"*, stellt weniger die zwischen Nationalstaaten oder ganzen Wirtschaftssystemen bestehenden Antagonismen und widerstreitenden Interessen in den Vordergrund als vielmehr die sich im Laufe einer zunehmenden weltweiten wirtschaftlichen und sozialen Entwicklung und internationalen Arbeitsteilung ergebenden Ansätze der zwischenstaatlichen Kooperation und Zusammenarbeit. Die wachsende wirtschaftliche Verflechtung, die Zunahme von internationalen Kommunikationen jeder Art, die Zugehörigkeit zu gemeinsamen Interessen dienenden supranationalen Organisationen usw. werden als wichtigste Bestimmungsgründe dafür angesehen, daß das Gegeneinander des Hobbesschen Krieges „aller gegen alle" mehr und mehr in einem vielschichtigen Entwicklungsprozeß einem internationalen Miteinander und Füreinander weicht. Als ein Beispiel dieser Entwicklung wird u. a. die westeuropäische wirtschaftliche und zunehmend auch politische Kooperation angeführt, die eines Tages auch zu dauerhafteren Formen supranationaler Integration führen kann. Schon heute, so wird argumentiert, sind aufgrund dieser Entwicklung kriegerische Konflikte zwischen den Staaten Westeuropas, also in einem Gebiet, das jahrhundertelang und bis in die jüngste Vergangenheit Schauplatz blutiger internationaler Auseinandersetzungen war, nahezu undenkbar geworden, da bei gewalttätigen Formen des Konflikts heute jeder der Beteiligten nur verlieren kann. Ähnliche Ansätze zeichnen sich nach Ansicht der Vertreter dieser funktionalistischen Theorie (z. B. Ernst Haas[35]) auch in anderen Regionen und Kontinenten (z. B. bei der „Organisation for African Unity" (OAU) und kleineren regionalen Wirtschaftsgemeinschaften in Afrika, der „Organisation amerikanischer Staaten" (OAS) in Lateinamerika, im arabischen Raum usw.), aber auch bereits auf weltweiter Basis (vor allem in Gestalt der UNO und ihrer Unterorganisationen) ab.

Auch diesem Ansatz kommt eine partielle Bedeutung für die Untersuchung der heute bestehenden und sich weiter entwickelnden internationalen Beziehungen zu. Das Netz der wachsenden gegenseitigen Abhängigkeiten reduziert ohne Zweifel den Spielraum für antagonistisches Verhalten in der Außenpolitik und damit auch die relative Unbestimmtheit der politischen Verhaltensweisen in diesem Bereich. Insofern ist das erwähnte Beispiel des abrupten Wechsels in der amerikanischen China-Politik in der jüngsten Vergangenheit bereits schon wieder atypisch zu nennen, da wegen der nahezu vollständigen Autarkie Chinas noch keine wirtschaftlichen oder anderen Interdependenzen bestanden, durch die bei einem solchen Schwenk die Interessen anderer Länder (hier mit der Ausnahme Taiwans und z. T. Japans) und auch u. U. wichtiger Gruppen im eigenen Land berührt werden. Andererseits neigt der funktionalistische Ansatz dazu, die häufig bestehende Asymmetrie in den internationalen Abhängigkeitsverhältnissen (z. B. die stark einseitige Abhängigkeit der Staaten der Dritten Welt von den Industrienationen) zu verkennen oder zumindest nicht genügend zu berücksichtigen. Die Ansatzpunkte für neue internationale Antagonismen, die gerade aufgrund einer solchen zunehmenden internationalen Stratifikation in „arme" und „reiche" Länder entstehen, werden dann leicht übersehen. Eine effektive, einigermaßen gleichgewichtige internationale Zusammenarbeit kann bislang fast nur zwischen „hochentwickelten" Industriestaaten, für die die Enge einer kleinräumigen nationalstaatlichen Organisation eine Belastung wird (wie z. B. in West-Europa), betrieben werden. Auch die Bedeutung der UN und ihrer nach Funktionen gegliederten Unterorganisationen kann leicht, wenn eine solche „funktionalistische" Betrachtung in nahezu ausschließlicher Form betrieben wird, überschätzt werden.

Wiederum einen anderen Weg ging eine weitere Gruppe von Theoretikern. Sie stellten nicht mehr allein die Außenpolitik einzelner Staaten, ihre Bestimmungsgründe und das hieraus resultierende internationale Zusammenspiel in den Vordergrund ihrer Betrachtungen, sondern gingen dazu über, den Bereich der internationalen Politik als ein *eigenes System* mit charakteristischen Eigengesetzlichkeiten anzusehen. Diese Betrachtungsweise ermöglicht es, von den jeweils konkret vorhandenen Akteuren im internationalen Geschehen (den Staaten und ihren führenden Politikern) zu abstrahieren und statt dessen nach allgemein gültigen Regeln für das jeweils zweckmäßigste Verhalten in bestimmten Situationen zu suchen. Mit Hilfe von *„Spiel“*- und *„Entscheidungs“*-Theorien, aber auch *„Simulationen“* u. ä. kann man dann – ausgehend von bestimmten Annahmen und unter Berücksichtigung gewisser Randbedingungen – auf mathematisch-statistischer Basis zu gewissen „Entscheidungsregeln“ kommen. Diese ermöglichen Aussagen darüber, welche Verhaltensweise in einem konkreten Konfliktfall für alle Beteiligten die optimale bzw. die zweckrationalste ist. Auf diese Weise werden auch Prognosen über die Entwicklung bestimmter Konfliktabläufe möglich. Dieses Verfahren, mit Hilfe von Entscheidungsregeln ein bestimmtes politisches Verhalten zu empfehlen oder vorauszusagen, ähnelt in vieler Hinsicht den in Machiavellis „Il Principe“ und anderen „Fürstenspiegeln“ des Mittelalters und der Renaissance aufgestellten politischen „Gesetzen“, die allerdings mehr auf Lebenserfahrung und gesundem Menschenverstand als auf mathematischer Grundlage beruhten.

An dieser Stelle kann nicht auf die sehr zahlreichen Variationen dieses spiel-theoretisch begründeten Ansatzes, auf die „Kämpfe“, „Spiele“, „Debatten“, „Nullsummenspiele“ oder „Spiele mit variablen Gewinnsummen“, auf „Koalitionstheorien“ usw. eingegangen werden.[36] Festzuhalten ist, daß sich aus solchen spiel-theoretischen Betrachtungsweisen einige wichtige Aufschlüsse über „systemrationales Verhalten“ in der internationalen Politik und einige Entscheidungsregeln hierfür gewinnen lassen. Einige wichtige Begrenzungen bestehen aber auch für auf diese Weise gewonnene theoretische Aussagen: Zum einen sind in der realen Welt „Spiele“ dieser Art nicht oder nur sehr selten wiederholbar, so daß auch das „Lehrgeld“ für mögliche Lernfortschritte auf diesem Gebiet angesichts der heutigen Waffentechnologie unter Umständen mit fatalen Folgen für alle Beteiligten bezahlt werden müßte. Zum anderen sind statistische Aussagen über das Verhalten von Akteuren in der internationalen Politik, die immer große Gesamtheiten voraussetzen, bei der tatsächlich gegebenen sehr geringen Zahl jeweils international Handelnder oft nur von geringem Wert. Das tatsächliche Verhalten von Individuen kann erheblich von statistisch ermittelten „wahrscheinlichen“ Werten abweichen. Ein weiterer Punkt der Kritik betrifft die oft gemachte Annahme eines

„Nullsummenspiels" in der internationalen Politik, d. h. des einen Gewinn ist immer und im gleichen Ausmaß des anderen Verlust und umgekehrt. In der Realität sind dagegen sehr wohl Situationen denkbar, in denen alle Betroffenen gemeinsam gewinnen oder verlieren können. In positiver Hinsicht ist hier z. B. an die für alle potentiell nutzbringenden Folgen der internationalen wirtschaftlichen u. a. Zusammenarbeit, eine ausgewogene Abrüstung u. ä., in negativer Hinsicht an die alle vernichtende Möglichkeit eines unbegrenzten nuklearen Krieges zu denken.

Als letzter der hier kurz vorzustellenden Ansätze zur Theorie der internationalen Politik soll noch die *„Friedensforschung"* erwähnt werden. Wie der Name bereits impliziert, handelt es sich hierbei um die Kombination einer erfahrungswissenschaftlichen, zunächst nicht einseitig methodisch und vom Theorieansatz her festgelegten „Forschung" mit einer normativen, auf die friedliche Bewältigung von internationalen Konflikten hin ausgerichteten Orientierung. In diesem Sinne könnte man Friedensforschung als den Versuch einer Synthese des „idealistischen" Ansatzes der Theorie der internationalen Politik (s. o.) mit den anderen mehr erfahrungswissenschaftlich ausgerichteten (z. B. dem spieltheoretischen, dem „strukturalen", dem „machtpolitischen" usw.) bezeichnen, wobei sie gerade die ethisch negativ zu bewertenden Implikationen des letztgenannten („Drohpolitik", „strukturelle Gewalt" usw.) zu überwinden trachtet. Auch Theorien über die Möglichkeit einer gegenseitigen kontrollierten Abrüstung gehören zum Aufgabengebiet dieser Forschungsrichtung. Als einige wichtige Vertreter dieses Ansatzes sind international vor allem auch Johann Galtung und Karl Deutsch zu nennen, deutsche Protagonisten dieser Richtung, wenn auch in ihren methodischen Ansätzen durchaus unterschiedlich, sind z. B. Karl Kaiser, Ekkehart Krippendorff und Dieter Senghaas.[37] Handfeste Resultate dieses Ansatzes stehen bisher jedoch noch weitgehend aus.

Insgesamt steckt die Disziplin der Theorie der internationalen Politik, wie andere Bereiche der Politikwissenschaft auch, noch weitgehend in den Kinderschuhen. An dieser Stelle konnten nur einige der heute wichtigen Ansätze dieser Forschung kurz skizziert werden. Bei der konkreten Untersuchung eines „Falles", z. B. eines bestimmten internationalen Konfliktes, einer „Konstellationsanalyse", einer bestimmten außenpolitischen Entscheidung u. ä., können die verschiedenen Ansätze und Betrachtungsweisen unter Umständen fruchtbar zusammenwirken. Sowohl in theoretischer als auch in praktischer Hinsicht bleibt aber noch eine Menge zu tun. Die potentielle Bedeutung, die auch einer adäquaten politikwissenschaftlichen Theorie der internationalen Politik zukommt, kann dabei angesichts der internationalen Lage und der heute konkret gegebenen Möglichkeit der Vernichtung der gesamten Menschheit durch bewaffnete internationale Konflikte gar nicht *unter*schätzt werden.

D. Anwendungsbereiche der Politikwissenschaft

1. Vorbemerkung

Unsere, auf die Darstellung der Systematik und der Teilbereiche der Politikwissenschaft konzentrierte „Einführung“, hat Politikwissenschaft bisher vorwiegend als eine moderne Sozialwissenschaft betrachtet; sie war dabei als eine auf systematische *Erkenntnis* in einem bestimmten Gegenstandsfeld (politische Realität) hin ausgerichtete, *wissenschaftlich-theoretische* Bemühung verstanden worden.

Auf den letzten Seiten soll diesem dominanten, wissenschaftlich-theoretischen Aspekt der Politikwissenschaft noch ein anderer, ein *praktischer* Aspekt wenigstens in den Umrissen zugesellt werden, wenn jetzt noch nach den „Anwendungsbereichen der Politikwissenschaft“ gefragt werden soll.

Diese Frage ergibt sich bezüglich der Politikwissenschaft weder zufällig noch aus einem modischen „touch“, der auf die Theorie-Praxis-Beziehung einer jeden Wissenschaft stereotyp insistiert. Das nicht zuletzt deswegen, weil in den voranstehenden Kapiteln nicht ohne sachlichen Grund Politikwissenschaft verschiedentlich als *„praktische* Wissenschaft“ qualifiziert wurde; damit sollte nicht nur auf die sattsam bekannte Tatsache abgehoben werden, daß Politikwissenschaft politische *Praxis* zum Erkenntnisgegenstand habe; vielmehr implizierte diese Aussage bereits einen Hinweis auf konkret *praktische* Bezüge dieser Wissenschaft zur praktischen Politik.

Diese praktischen Bezüge, die gleich an zwei exemplarischen Bereichen etwas näher dargestellt werden sollen, unterscheiden sich qualitativ von den praktischen Konsequenzen, die eigentlich jede sozialwissenschaftliche Erkenntnis allein schon dadurch hat, daß sie mit ihren wissenschaftlich gewonnenen Ergebnissen und Informationen die soziale Realität, der ihre Erkenntnisbemühung galt, verändert, indem diese die Informationen über sich rezipiert und darauf reagiert. Der qualitative Unterschied kommt vor allem dadurch zustande, daß der Praxisbezug der Politikwissenschaft nicht nur unausweichlich gegeben, sondern hier bewußt intendiert, beabsichtigt ist.

2. Politikwissenschaft und praktische Politik

Jede Erwägung des praktischen Verhältnisses der Politikwissenschaft zur praktischen Politik wird heute von dem Faktum ausgehen müssen, daß in der sogenannten wissenschaftlichen oder verwissenschaftlichten Zivilisation der Gegenwart Wissenschaft allgemein „in das Ensemble der lebenswichtigen menschlichen Tätigkeiten eingerückt" und „zur materiellen Bedingung unserer Existenz" geworden ist[1] oder – anders gewendet – daß heute „die positiven Wissenschaften zu *Produktivkräften* der gesellschaftlichen Entwicklung geworden sind".[2] Es versteht sich, daß hierbei vor allem jene Wissenschaften gemeint sind, die die technische Verfügung des Menschen über die Natur sicherstellen und erhöhen, die Naturwissenschaften also vorzüglich, die somit zur „technischen Gewalt" geworden sind.[3] Es versteht sich ebenfalls, daß – aus dieser Einschätzung der Rolle der technologisch verwertbaren Wissenschaften für die moderne Zivilisation – diese Wissenschaften als die entscheidenden Produktivkräfte unmittelbare Wirkung auf die Politik haben, ganz gleich um welches konkrete politische System es sich handelt. Die Rede von der „verwissenschaftlichten Politik" oder „Verwissenschaftlichung der Politik" deutet diesen Zusammenhang an; und H. Schelsky hat in einem vielbeachteten und -kritisierten Aufsatz „Der Mensch in der wissenschaftlichen Zivilisation" (1961) gewissermaßen die negative Utopie dieser Verwissenschaftlichung der Politik entworfen, die dann Anlaß zu der bis heute anhaltenden Technokratie-Diskussion in der Bundesrepublik gegeben hat.[4]

Auf diese Problematik, in der es ja *generell* um das Verhältnis von Wissenschaft und Politik geht,[5] kann hier nicht näher eingegangen werden; hier ist vielmehr zu fragen, inwieweit die modernen Sozialwissenschaften – und mit ihnen die Politikwissenschaft – ebenfalls in diesen offensichtlich unaufhebbaren Prozeß der Verwissenschaftlichung der Zivilisation und Politik, also der gesamten Lebenspraxis, hineingerissen worden ist. Begriffe wie „Sozialtechnik" und „Sozialtechnologie", wie sie in der Bundesrepublik vor allem in der internen sozialwissenschaftlichen Polemik zwischen „Positivisten" und „Dialektikern" im sogenannten „Positivismusstreit in der deutschen Soziologie" Anwendung fanden, scheinen darauf hinzudeuten, daß auch die Sozialwissenschaften in diesen technisch-wissenschaftlichen Verwertungszusammenhang hineingeraten sind.

Aus dieser polemischen Diskussion geht darüber hinaus hervor, so etwa wenn J. Habermas über die empirisch-analytische Soziologie aussagt, sie könne als „Hilfswissenschaft für rationale Verwaltung beansprucht werden",[6] indem sie Sozialtechniken aus sich entwickeln lasse, mit deren Hilfe man sich gesellschaftliche Prozesse wie Naturprozesse verfügbar machen könne, daß offensichtlich in den Sozialwissenschaften unterschiedliche Verhältnisse vorliegen, je nachdem welche erkenntnisleitenden Interessen und Theorie-Ansätze vorliegen.

Im Hinblick auf die Politikwissenschaft hat Fr. Naschold einen ähnlichen Standpunkt vertreten: für ihn hängt die praktische Beziehung der Politikwissenschaft zur praktischen Politik „von den der Politischen Wissenschaft zugrunde liegenden erkenntnisleitenden Interessen und Theoriebegriffen ab". „So wird die Verbindung von Politischer Wissenschaft und politischer Praxis zu einem äußerst differenzierten Beziehungsgeflecht in sich heterogener Größen, welches noch dadurch kompliziert wird, daß vielfältige Rückkoppelungsmechanismen zwischen politikwissenschaftlichem Entstehungs-, Begründungs- und Wirkungszusammenhang bestehen".[7]

Man wird sich dieser Ansicht im Ganzen anschließen dürfen und das praktische Verhältnis der Politikwissenschaft zur praktischen Politik nicht als ein eindimensionales, sondern als ein vieldimensionales, als ein von den verschiedenen Theorie-Ansätzen variiertes und differenziertes Verhältnis vorstellen müssen.

So wird man dann vom normativ-ontologischen Theorie-Ansatz die Entwicklung praktisch-konkreter Handlungsmaximen erwarten, die dem Politiker in Gestalt von Ratschlägen für den konkreten Einzelfall politischer Entscheidung angeboten werden. W. Hennis hat im Hinblick darauf in seinem Buch „Politik und praktische Philosophie" (1963) im Anschluß an die Schrift des Juristen Th. Viehweg „Topik und Jurisprudenz" (1953) und mit Rückgriff auf die antike Topik die *Topik,* unter der er eine am Einzelfall orientierte spezielle „Techne des Problemdenkens" versteht, als die „für alle Disziplinen der praktischen Philosophie (und das heißt nicht zuletzt auch: für die Politikwissenschaft) *grundlegende Methode*" (92) in Erinnerung gebracht.

Demgegenüber liegt die eigentümliche Leistung einer vom empirisch-analytischen Theorie-Ansatz her konzipierten Politikwissenschaft, deren Ziel ja in der Ausarbeitung, Formulierung und Überprüfung von nomothetischen Hypothesen über soziale und politische Einzelphänomene oder Theorien, die größere Komplexe sozialer Phänomene zu erklären vermögen, zunächst einmal in der *Erklärung* sozialer Phänomene, sodann aber auch in der *Prognose* (Voraussage); und gerade hierdurch wird sie für die praktische Politik relevant. Ein bedeutender Vertreter dieser sozialwissenschaftlichen Theorie-Variante, H. Albert, hebt bei der Charakterisierung der prognostischen Funktion der empirisch-analytisch verfahrenden Sozialwissenschaft besonders hervor, daß diese nicht mit der „historischen Prophetie" verwechselt werden dürfe. „Eine wissenschaftliche Prognose knüpft immer an bestimmte, jeweils vorliegende tatsächliche Bedingungen an, die in der Sprache der betreffenden Wissenschaft beschreibbar sind. Sie wird mit Hilfe der generellen Hypothesen einer Theorie aus diesen Bedingungen abgeleitet, kann also ‚unbedingt' nur dann gemacht werden, wenn feststeht, daß diese Bedingungen tatsächlich vorliegen". Dabei ist der empirisch-analytische Theoretiker und Sozialwissenschaftler sich darüber im klaren, daß sich derartige Prognosen nicht über große Zeiträume machen lassen. „Denn die moderne Gesellschaft stellt kein genügend isoliertes, stationäres und rekurrentes System dar, als daß man auf sie wissenschaftliche Theorien zur Ableitung langfristiger Voraussagen anwenden könnte." Sie ist sich zugleich auch der Tatsache der Eigendynamik sozialer Voraussagen bewußt, die in der Literatur unter den Begriffen „self fulfilling" bzw. „self destroying prophecy" bekannt ist und die darin besteht, „daß die Publikation einer Prognose motivierend auf das Verhalten der Personen wirkt, die von ihr Kenntnis erhalten, und dadurch das soziale Geschehen entweder in Richtung auf die vorausgesagten Tatsachen oder in entgegengesetzter Richtung beeinflußt", wodurch eine Prognose in der Praxis ihre eigene Verifikation oder Falsifikation herbeiführen kann.[8]

Schließlich liegt die praktische Leistung des historisch-dialektischen Theorie-Ansatzes auf einer wieder anderen Ebene. Nach Fr. Naschold besteht sie vorwiegend darin, „den in den anderen Forschungsansätzen nicht geklärten gesamtgesellschaftlichen Bezugsrahmen zu erfassen, die immanenten Widersprüche und Entwicklungsgesetze aufzuzeigen und daraus allgemeine Handlungsprogramme abzuleiten."[9] Hier dominiert also eine mehr gesamtgesellschaftlich orientierte, letztlich geschichtsphilosophisch bestimmte Perspektive.

Mit Bezug auf die drei dominanten Theorie-Ansätze spricht man deswegen in der Literatur häufig bezüglich des praktischen Verhältnisses der Politikwissenschaft von *drei Varianten* dieses Verhältnisses, die mit den Termini „praktisch" (in Bezug auf den normativ-ontologischen Theorie-Ansatz), „technologisch" (mit Bezug auf den empirisch-analytischen Theorie-Ansatz) und „emanzipatorisch" (mit Bezug auf den historisch-dialektischen Theorie-Ansatz) bezeichnet werden.

So wichtig fraglos die jeweils zugrundeliegenden Theorie-Ansätze für die praktische Beziehung der Politikwissenschaft zur praktischen Politik auch sind, man darf diesen Gesichtspunkt nicht übersteigern und verabsolutieren. Dies vor allem deswegen nicht, weil der unmittelbare praktische Einfluß der Politikwissenschaft (wie der Wissenschaften überhaupt) auf die Politik (etwa in der Bundesrepbulik) an verschiedene Bedingungen gebunden ist, die nicht die Politikwissenschaft, sondern die Politik, die sich der politikwissenschaftlichen Beratung oder Hilfe versichern möchte, setzt: zwei dieser Bedingungen, die uns in ihrer Wirkung auf den möglichen Charakter des praktischen Einflusses der Politikwissenschaft auf die praktische Politik besonders wichtig erscheinen, seien angeführt: da ist fürs erste die Tatsache zu berücksichtigen, daß die Politik (genauer:

die Politiker) Politikwissenschaft nicht allgemein im Hinblick auf das Machen von Politik („policy making") heranzieht, sondern konkret problem- und projektbezogen. Das ist nicht zuletzt auch deswegen wichtig, weil man vermuten kann, daß politikwissenschaftliche wie wissenschaftliche Beratung der Politik nur dann nützlich und wertvoll sein wird, wenn sie derart problem- und projektbezogen ist, ganz gleich, ob es sich dabei um innenpolitische (Parteienrechts- oder Wahlrechts-) oder entwicklungspolitische Probleme handelt. „Wissenschaftliche Beratung der Politik kann erfolgreich, produktiv und nützlich nur insoweit werden, als sie nicht im Modus geistlichen Beistands erfolgt, sondern bezogen auf lösungsbedürftige Probleme, deren Lösung zwar außerordentlich schwierig sein mag, die aber doch aus der allgemeinen Problematik unseres Daseins und Lebens hinreichend präzis ausgegrenzt sind, um für Wissenschaft lösungsfähig zu sein. Wissenschaft ist eine Praxis, die nur dort erfolgreich sein kann, wo man es sich jedenfalls über eine gewisse Zeit hin leisten kann, nicht alle weiteren und größeren Zusammenhänge mitzubedenken. Wissenschaftliche Praxis setzt eine institutionell garantierte Entlastung von Verantwortung für das Ganze voraus, während der Politiker gerade mit der Verantwortung für jenes Ganze belastet ist, in dessen Namen zu sprechen und zu handeln er sich anheischig macht und auch die formelle Kompetenz hat."[10] Als zweite Bedingung wäre zu erwähnen der Umstand, daß die zur Beratung der Politiker eingesetzten Gremien in der Regel eine pluralistische Besetzung erfahren – pluralistisch in dem doppelten Sinn, daß einmal nicht nur Vertreter *einer* wissenschaftlichen Disziplin, zum anderen auch nicht Vertreter eines und desselben Theorie-Ansatzes in ihnen vertreten sind –, so daß sich die differierenden theoretischen Positionen normalerweise weitgehend neutralisieren werden zugunsten einer dominant sachbezogenen und pragmatischen Einstellung.

Zusammenfassend läßt sich schließlich sagen, daß heute trotz der allgemein beobachtbaren Tatsache, daß sich die Politiker häufig und immer stärker der Sachkompetenz der Wissenschaftler, auch der Politikwissenschaftler bei der Lösung von Problemen zu versichern suchen, die Wissenschaft noch nicht „den politischen Rang einer gesellschaftlichen Führungsmacht" erhalten hat, daß sie vielmehr „Instrument der politischen Führung in ihrem Zuordnungsverhältnis zur Politik geblieben" ist.[11] Das wird manchen, auch wenn er die *Unentbehrlichkeit* dieses Führungsinstrumentes erkennt, noch wenig sein – auch gerade bezüglich der Politikwissenschaft und ihrer praktischen Rolle in der Politik. Man wird einer solchen Meinung jedoch wohl das abgewandelte bekannte Wort entgegenhalten dürfen, daß *die praktische Politik eine viel zu ernste Sache sei, als daß man sie den Politikwissenschaftlern allein überlassen könnte.*

3. Politikwissenschaft und politische Bildung

Um die eigentümliche Leistung der Politikwissenschaft im Bereich der Politischen Bildung anzugeben, ist es erforderlich, auf Ergebnisse zurückzugreifen, die oben im Abschnitt über die „Dimensionen der politischen Realität" gewonnen wurden. Dort wurde u. a. von einer „subjektiven Dimension" der politischen Realität gesprochen, die man auch mit dem Begriff „politische Kultur" belegen kann und zu der die das konkrete politische Verhalten bestimmenden *subjektiven Einstellungen* der Menschen in einem politischen System gehören.

Unter „subjektiven Einstellungen" werden hier einmal die subjektiven Meinungen der Bürger zur Politik insgesamt und zu einzelnen politischen Teilbereichen oder Phänomenen verstanden, darüber hinaus aber auch die stärker affektiv bestimmten Einstellungen und schließlich auch werthaft bestimmte (weltanschauliche, religiöse, ideologische oder anderswie begründete) politische Orientierungen. Systematisiert ergeben sich mithin *drei* verschiedene Ebenen derartiger subjektiver Einstellungen oder Attituden: die Ebene der *kognitiven*, die Ebene der *affektiven* und die Ebene der *werthaften* oder *wertbezogenen* Einstellungen.

Derartige subjektive Einstellungen rechnen deswegen zur „politischen Kultur", weil sie – direkt oder indirekt – *politisch relevant* sind, indem sie das konkrete politische Verhalten der Menschen in einem politischen Gemeinwesen bestimmen und dadurch einen zentral wichtigen Bestimmungsfaktor für den Zustand (etwa die Stabilität) eines politischen Gemeinwesens darstellen. Neuere politikwissenschaftliche Forschungen auf dem Gebiet der „politischen Kultur" haben herausgefunden, daß zwischen dem Bereich dieser subjektiven Orientierungen kognitiver, affektiver und werthafter Art und der Stabilität einer politischen Ordnung eine enge Verknüpfung besteht. Am Beispiel der Weimarer Republik, die nicht selten und berechtigt als „Demokratie *ohne Demokraten*" charakterisiert wird, wird gewissermaßen *ex negativo* die Richtigkeit dieser Einschätzung bestätigt, daß die subjektiven Einstellungen einen wesentlichen Faktor für die politische *Integration* eines Gemeinwesens darstellen und zugleich eine wesentliche Voraussetzung für die Gewinnung einer politischen *Identität* durch diese politische Gesellschaft sind.

Der Politikwissenschaftler, der diesen Zusammenhang oder diese Korrespondenz von *objektiver* und *subjektiver* Dimension eines politischen Gemeinwesens, von Stabilität und Einstellungen untersucht, wird unweigerlich dabei auf das Phänomen der *politischen Bildung* stoßen – und zwar in der doppelten Form der Erscheinung, einmal als *faktische Gegebenheit*, eben als die Summe von politisch relevanten subjektiven Einstellungen der Bürger eines politischen Gemeinwesens zu den Grundfragen der Politik; zum anderen als bestimmte Ziele verfolgende *Tätigkeit* oder *Bemühung*, eben solche politisch relevanten subjektiven Einstellungen in den Bürgern eines politischen Gemeinwesens in der Absicht zu erzeugen, dadurch etwa den Bestand eines solchen Gemeinwesens zu sichern.

Politische Bildung in diesem Sinne als *Bestand* (Summe) von vorhandenen Einstellungen kognitiver, affektiver und werthafter Art und politische Bildung als *Bemühung (Tätigkeit)*, derartige Einstellungen zu erzeugen oder weiterzuentwickeln – beide sind zunächst *Teilmomente* der politischen Gesamtrealität, mit der der Politikwissenschaftler sich befaßt, noch deutlicher: sie sind *Objekte* politikwissenschaftlicher Forschung wie auch die Teilmomente aus den objektiven Dimensionen der politischen Realität (Institutionen und Organisationen etc.). Unter dieser Perspektive des Verhältnisses Politikwissenschaft – Politische Bildung kann noch nicht von einem praktischen Verhältnis oder gar von einem Anwendungsbereich der Politikwissenschaft gesprochen werden.

Die Politikwissenschaft kann der Politischen Bildung jedoch auch noch auf einer anderen Ebene begegnen und zu ihr in eine andere Beziehung treten, die dann schon eher den Namen „praktische Beziehung" verdient: dann nämlich, wenn die Politische Bildung als eine politisch-pädagogische Tätigkeit oder Bemühung sich für die Erreichung ihrer Ziele der Erkenntnisse der Politikwissenschaft versichern will.

Insofern sich die politisch-pädagogische Bemühung der Politischen Bildung auf die verschiedenen Arten subjektiver Einstellungen der Bürger zum Politischen bezieht, bezieht sie sich auf Gegenstände oder Probleme, die die Politikwissenschaft als zu der subjektiven Dimension der politischen Realität gehörig untersucht. So ist es naheliegend, daß die Politische Bildung sich bei ihrer Bemühung um die Mithilfe und die wissenschaftlichen Resultate oder Erkenntnisse der Politikwissenschaft kümmert. Entsprechend der verschiedenen Ebenen von subjektiven Einstellungen, wie sie oben herausgestellt wurden, kann diese Mithilfe der Politikwissenschaft bei der Bemühung der Politischen Bildung auf verschiedenen Ebenen liegen:

1. Auf der *kognitiven Ebene:* Jeder auf Freiheit und Autonomie (Selbstbestimmung) des Bürgers ausgerichteten Politischen Bildung muß es darauf ankommen, den Bereich des Politischen als wesentlichen Teilbereich der Lebenswelt der Menschen soweit wie möglich durchschaubar und verständlich zu machen, d. h. kurz: zu rationalisieren. Dazu wird sie ein möglichst fundiertes analytisches Wissen über alle Bereiche der Politik zu vermitteln suchen, um die Bürger durch diese Informationen etwa zu einer besseren Wahrnehmung ihrer Rechte etc. instandzusetzen. Es handelt sich hierbei nicht so sehr um theoretisches, als vielmehr um praktisches Wissen, das als „politische Verhaltenslehre" (Ellwein) beschrieben werden könnte. Doch dieses Wissen hat – so wichtig es für das konkrete

Verhalten des einzelnen auch sein mag – sein Ziel nicht in sich. Es geht über die Ebene des bloß Kognitiven hinaus und impliziert bereits die grundsätzliche Einstellung des Menschen (Bürgers) zu der politischen Ordnung, in der er lebt.

Speziell in diesem Bereich kann die Politikwissenschaft aufgrund ihrer nahezu unübersehbaren empirischen Forschungen auf dem Gebiet der Innenpolitik (politische Willensbildung), aber auch der vergleichenden Erforschung politischer Systeme und der Internationalen Beziehungen der Politischen Bildung die relevanten Materialien – wissenschaftlich bearbeitet – zur Verfügung stellen.

2. Auf der *affektiven Ebene:* Insofern es der Politischen Bildung ja primär auf die Schaffung von Verhaltensdispositionen in den Bürgern ankommt, wird sie auch affektive Elemente in ihr Konzept aufnehmen müssen, mit deren Hilfe eine Identifizierung des Einzelnen mit der gegebenen politischen Ordnung vorbereitet wird, die ihrerseits dann wieder die Stabilität des politischen Systems stützt.

In diesem Zusammenhang wird die Politikwissenschaft ihren Beitrag zu dieser Bemühung nicht so sehr in der Bereitstellung von Wissen als vielmehr durch den Nachweis der Bedeutung gerade dieser affektiven Sphäre für das Leben eines politischen Gemeinwesens leisten können.

3. Auf der *werthaften Ebene:* Die Ziele Politischer Bildung sind letztlich an bestimmten politischen Wertvorstellungen orientiert. Diese Wertvorstellungen sind für die konkrete Gestaltung einer politischen Ordnung von entscheidender Bedeutung. Eine rationale Einsicht in diese Wertprämissen einer politischen Ordnung ist für jeden Bürger deswegen wichtig. Die Politische Bildung hat auch gerade auf dieser Ebene besondere Aufgaben, an deren Erfüllung die Politikwissenschaft als praktische Wissenschaft mitwirkt. Der Beitrag der Politikwissenschaft für diese wertbestimmten Probleme liegt vor allem in der im Rahmen der Politikwissenschaft geführten philosophischen Diskussion über die einer politischen Ordnung zugrundeliegenden anthropologischen Prinzipien und Werte, von denen die konkrete Praxis in einem politischen System ebenso abhängt wie die Ausgestaltung des Regel- und Institutionensystems. Die philosophisch orientierte Politikwissenschaft vermag den Zusammenhang zwischen diesen leitenden Prinzipien und der praktischen Politik aufzuweisen und jene als Richtmaß für diese zu erweisen. Sie vermag ferner die historische und regionale (kulturelle) Bedingtheit derartiger politischer Prinzipien aufzuzeigen. Durch die Reflexion auf die anthropologischen Grundlagen der Politik vermag sie somit einen entscheidenden Beitrag zur Zielbestimmung der Politischen Bildung zu leisten.

So ist die Politische Bildung bei der Erfüllung ihrer politisch-pädagogischen (d. h. praktischen) Bemühungen auf verschiedene Weise auf die wissenschaftliche, theoretische Arbeit der Politikwissenschaft angewiesen und verwiesen, und die Politikwissenschaft vermag diesen Erwartungen zu entsprechen. Insofern sie sich – gerade als Politische Philosophie – als „kritische Ordnungswissenschaft" versteht, vermag sie der Politischen Bildung nur eine affirmative, das Bestehende einfach und unkritisch bejahende Einstellung überwinden helfen zugunsten einer kritisch-rationalen Position gegenüber der Politik.

E. Anhang

1. Anmerkungen

A. Einführung

1. E. Voegelin, Die neue Wissenschaft der Politik, 1959, S. 18.
2. Ebenda.
3. H. Maier, Politische Wissenschaft – ein historischer Umriß, in: Ders.: Politische Wissenschaft in Deutschland, 1969, S. 235.
4. Ebenda.
5. H. Maier, Ältere deutsche Staatslehre und westliche politische Tradition, in: Ders., Politische Wissenschaft in Deutschland, 1969, S. 136.
6. Ebenda S. 137.

B. Systematischer Teil

2. Begriffe des Politischen

1. E. Voegelin, Die neue Wissenschaft, S. 14.
2. G. Klaus/M. Buhr, Philosophisches Wörterbuch, 1970, S. 855.
3. N. Luhmann, Soziologische Aufklärung, 1970, S. 154.
4. Ebenda.
5. R. Mayntz, Soziales System, in: W. Bernsdorf, Wörterbuch der Soziologie, S. 758.
6. Ebenda.
7. Ebenda.
8. Vgl. Kl. v. Beyme, Die politischen Theorien der Gegenwart, Eine Einführung, 1972, S. 179.

5. Dimensionen der politischen Realität

1. M. Weber, Wirtschaft und Gesellschaft (Studienausgabe 1964), S. 38.
2. M. Weber, a. a. O. S. 1043.
3. Th. Stammen, Zur Geschichte der modernen demokratischen Institutionen, in: L. Reinisch (Hrsg.), Politische Wissenschaft heute, 1971, S. 55.
4. Vgl. dazu E. Voegelin, Was ist politische Realität? in: Ders., Anamnesis, 1966, S. 283 f.; – P. Berger/Th. Luckmann, Die gesellschaftliche Konstruktion der Wirklichkeit, 1969.
5. seinen = des Kosmions.
6. E. Voegelin, Die neue Wissenschaft der Politik, 1959, S. 49/50.

6. Theorie-Ansätze in der Politikwissenschaft

1. Vgl. Th. W. Adorno u. a., Der Positivismusstreit in der deutschen Soziologie, 1969.

2. Kl. v. Beyme, Politische Ideengeschichte, 1969.
3. Vgl. z. B. Fr. Narr/Fr. Naschold, Einführung in die moderne politische Theorie, Bd. 1: Fr. Narr, Theoriebegriffe und Systemtheorie, 1969, S. 41 ff.; – Fr. Naschold, Politische Wissenschaft, 1970, S. 36 ff.; – K. Tudyka, Kritische Politikwissenschaft, 1973. – Um ein abgewogenes Urteil bemüht: Kl. v. Beyme, Die politischen Theorien der Gegenwart. Eine Einführung, 1972, S. 32 ff.
4. H. Maier, Politische Wissenschaft, a. a. O. S. 233.
5. P. Weber-Schäfer (Hrsg.), Das politische Denken der Griechen, 1969, S. 8.
6. Platon: Die echten Briefe (ed. u. übers. von E. Howald), 1951, S. 61–63.
7. Ebenda, S. 63.
8. H. Kuhn, Platon, in: Maier/Denzer/Rausch (Hrsg.), Klassiker des politischen Denkens, Bd. 1, 1968, S. 13.
9. E. Voegelin, Die neue Wissenschaft, a. a. O. S. 93.
10. H. Kuhn, Platon, a. a. O. S. 10.
11. H. Kuhn, Das Wahre und das Gute, 1962, S. 192.
12. Ebenda.
13. E. Voegelin, Die neue Wissenschaft, a. a. O. S. 101.
14. Ebenda, S. 94.
15. H. Kuhn, Aristoteles und die Methode der politischen Wissenschaft, in: R. Schmidt, Methoden der Politologie, 1967, S. 526.
16. H. Kuhn, Aristoteles ... a. a. O. S. 527.
17. H. Kuhn, Aristoteles ... a. a. O. S. 528.
18. Ebenda.
19. H. Maier, Die Lehre der Politik an den älteren deutschen Universitäten, in: Ders.: Politische Wissenschaft in Deutschland, 1969, S. 15 ff. – Vgl. auch H. Maier, Ältere deutsche Staatslehre und westliche politische Tradition (im gleichen Band), S. 133 ff.
20. W. Hennis, Politik als praktische Philosophie, 1963, S. 23.
21. Vgl. E. Voegelin, Die neue Wissenschaft, a. a. O.; – L. Strauß, Naturrecht und Geschichte, 1956; – W. Hennis, Das Problem der deutschen Staatsanschauung, in: Ders. Politik als praktische Wissenschaft, 1968, S. 11 ff.
22. Vgl. etwa E. Voegelin, Order and History, 3 Bde, 1956/57; – L. Strauß, The City and Man, 1964; – Ders., Thoughts on Machiavelli, 1958; – Ders., What is political philosophy? (in: Journal of Politics, 1957); – M. Oakeshott, Rationalismus in der Politik, 1966; – H. Kuhn, Das Sein und das Gute, 1962; – Ders., Der Staat, 1967; – H. Arendt, Vita Activa oder vom tätigen Leben, 1960; Diesl., Fragwürdige Traditionsbestände im politischen Denken der Gegenwart, o. J.; – H. Maier, Die ältere deutsche Staats- und Verwaltungslehre, 1966; – Ders., Politische Wissenschaft in Deutschland, 1969.
23. Beispielhaft mögen hier die Studien und Aufsätze von *W. Hennis* stehen, vor allem der Band ‚Politik als praktische Wissenschaft' (1968) und neuerdings ‚Die mißvestandene Demokratie' (1973) (= Herder TB).
24. Vgl. die unter Anm. 23 genannten Arbeiten von Hennis.
25. S. a. o. Abschnitt 5 dieses systematischen Teils (Dimensionen der politischen Realität), S. 37 ff.

26. Zu diesen „Scheinproblemen" im Werturteilsstreit vgl. z. B. auch R. Dahrendorf, Sozialwissenschaft und Werturteilsstreit, in: Ders., Pfade aus Utopia, 1967, S. 74 ff.
27. Vgl. zu diesem Postulat vor allem M. Weber, Der Sinn der Wertfreiheit, in: Ders., Soziologie, Weltgeschichtliche Analysen, Politik, hrsg. von J. Winkelmann, 1964, S. 263–310; – K. R. Popper, Die Logik der Sozialwissenschaften, in: Th. W. Adorno u. a., Der Positivismusstreit in der deutschen Soziologie, 1969, S. 103 ff.; – H. Albert, Wertfreiheit als methodisches Prinzip – zur Frage der Notwendigkeit einer normativen Sozialwissenschaft, in: E. Topitsch (Hrsg.), Logik der Sozialwissenschaften, [7]1971, S. 181 ff. – Als wissenschaftsgeschichtlichen Abriß dieses Problems: Ch. v. Ferber, Der Werturteilsstreit von 1909–1955, in: F. Topitsch (Hrsg.), a. a. O. S. 165 ff.
28. Vgl. hierzu Abschnitt 7 dieses Kapitels (Das Problem der erkenntnisbedingenden Faktoren).
29. Zur Entstehungsgeschichte dieses Konzepts im sozialwissenschaftlichen Bereich vgl. auch: A. Brecht, Political Theory – The Foundations of Twentieth Century Political Thought, 1959 (deutsche Ausg. 1961).
30. Vgl. auch K. R. Popper, The Logic of Scientific Discovery, 1950 (deutsche Ausg. [2]1966).
31. Vgl. zu diesem Aspekt z. B. auch Kl. v. Beyme, Die Politischen Theorien der Gegenwart, 1972, S. 45 f.
32. Vgl. auch Abschnitt 9 dieses Kapitels (Idiographische Methoden).
33. Vgl. hierzu auch H. Seiffert, Einführung in die Wissenschaftstheorie, 2 Bde., 1970, 2. Teil, 2. Kap., S. 152 ff.
34. Gute Einführungen in die empirisch-analytische Theoriebildung sind: A. Kaplan, The Conduct of Inquiry, 1964; – C. Selltiz, M. Jahoda, M. Deutsch, St. W. Cook, Research Methods in Social Relations, [2]1959. – Mit logischen und wissenschaftstheoretischen Problemen der sozialwissenschaftlichen Theoriebildung befaßt sich besonders: A. C. Stinchcombe, Constructing Social Theories, 1968.
35. Vgl. hierzu auch Kap. C 3 (Die Lehre vom politischen System).
36. S. a. u. Teilgebiete der Politikwissenschaft, Abschnitt 3, S. 179 ff.
37. Vgl. z. B. H. Seiffert, Einführung, a. a. O. Bd. 1, 1969, S. 146 ff.
38. Vgl. ebenda, S. 149 ff.
39. Vgl. Popper, a. a. O.; – s. a. Seiffert a. a. O. S. 160 ff.
40. Vgl. A. Downs, An Economic Theory of Democracy, 1957.
41. Der Versuch einer „allgemeinen" Theorie sozialen Handelns findet sich z. B. bei T. Parsons; – vgl. z. B. T. Parsons/E. Shils, Toward a General Theory of Action, 1954; die hierbei gewählten Abstraktionen bleiben aber häufig inhaltsleer und ließen sich nur in sehr begrenztem Maße in fruchtbare empirische Forschungen umsetzen. Die „allgemeine" Theorie erschöpfte sich daher vielfach in bloßen Klassifikationen.
42. Vgl. hierzu z. B. R. K. Merton, Social Theory and Social Structure, 1961.
43. S. a. u. Teil C (Teilgebiete der Politikwissenschaft).
44. K. Tudyka, Kritische Politikwissenschaft, 1973, S. 7 f.
45. Hegel, Vorlesungen über die Philosophie der Geschichte (= Bd. 12 der v. M. Michel u. E. Mollenhauer edierten Ausgabe Hegel, Werke in 20 Bän-

den, 1971. Die nachfolgenden Seitenangaben beziehen sich auf diese Ausgabe).
46. Marx / Engels, Die Deutsche Ideologie, in: MEW, Bd. 3, S. 73.
47. K. Marx, Zur Kritik der politischen Ökonomie – Erstes Heft (1859), Vorwort, nach: Marx, Werke – Schriften – Briefe (ed. H. J. Lieber u. a.), Bd. VI (Ökonomische Schriften) 1964, S. 838 ff.
48. Kl. v. Beyme, Die politischen Theorien der Gegenwart, S. 61.
49. Ebenda, S. 62.
50. M. Heidegger, Sein und Zeit (1929), S. 382; vgl. dort auch die genauere Explikation von Geschichtlichkeit des Daseins im Rahmen der Heideggerschen Daseins-Analyse.
51. H. G. Gadamer, Wahrheit und Methode, 1965, S. 250 ff.
52. R. Eisler, Kant-Wörterbuch, (1930) Nachdruck 1964, S. 258, Artikel „Idee."
53. I. Kant, Politische Schriften (ed. von der Gablentz), 1965, S. 20.
54. E Topitsch, Vom Ursprung und Ende der Metaphysik, 1958, S. 255.
55. H. Fleischer, Marxismus und Geschichte, 1969, S. 13.
56. Marx/Engels, Werke, Ergänzungsband II, 1967, S. 544 ff.
57. H. Fleischer, a. a. O. S. 24.
58. Marx/Engels, Die Deutsche Ideologie, a. a. O. S. 15–47.
59. Marx, Kapital, in: Marx, Werke (ed. Lieber), Bd. IV, S. XX, Vorwort.
60. Marx, Grundrisse der Kritik der politischen Ökonomie (Rohentwurf 1857 bis 58), 1953, S. 176.
61. Marx, Kapital, Vorwort S. XX.
62. Klaus/Buhr (Hrsg.), Philosophisches Wörterbuch, Bd. I, 1970, S. 402, Artikel „Geschichte."
63. J. Habermas, Theorie und Praxis, 1963, S. 234.
64. R. Eisler, Kant-Wörterbuch, S. 536.
65. Hegel, Vorlesungen über die Philosophie der Geschichte.
66. Marx, Werke (ed. Lieber), Bd. VI, S. 821 (Einleitung zur Kritik der politischen Ökonomie).
67. G. Lukacs, Geschichte und Klassenbewußtsein (1923) TB-Ausgabe) 1970, S. 20, 70 f. und 94.
68. J. Habermas, in: Adorno u. a., Der Positivismusstreit, S. 155 ff.
69. Adorno, ebenda, S. 19.
70. J. Habermas, ebenda, S. 155.
71. H. Albert, ebenda, S. 199 u. 209.
72. Vgl. H. G. Gadamer, Wahrheit und Methode, ^{2}1965.
73. J. Habermas, in: Der Positivismusstreit, S. 158.
74. Ebenda, S. 160.
75. Adorno, ebenda, S. 19.
76. J. Ritter u. a. (Hrsg.), Historisches Wörterbuch der Philosophie, Bd. I, 1972; – H. Krings u. a. (Hrsg.), Handbuch philosophischer Grundbegriffe, 1973 (Studienausgabe, Bd. 2).
77. W. Becker, Selbstbewußtsein und Spekulation, 1972, S. 13.
78. L. Landgrebe, Das Problem der Dialektik, in: Ders., Phänomenologie und Geschichte, 1967, S. 94.

79. Sogenannt durch H. Nohl, dem Erstherausgeber dieser Schriften (1907).
80. L. Landgrebe, a. a. O. S. 92.
81. Ebenda.
82. Hegel, Einleitung zur „Philosophie der Religion“ (= Bd. 16 der Werkausgabe in 20 Bänden), 1969, S. 11 f.
83. L. Landgrebe, a. a. O. S. 94.
84. Ebenda (Hervorhebungen von Landgrebe).
85. G. Lukacs, Der junge Hegel, Neuausgabe 1967 (= Werke Bd. 8), S. 115.
86. Hegel, Theologische Jugendschriften (ed. H. Nohl), 1907, S. 383.
87. Vgl. den Band „Materialien zu Hegels ‚Phänomenologie des Geistes‘“, hrsg. von H. Fr. Fulda u. D. Henrich, 1973.
88. Hegel, Phänomenologie des Geistes, Einleitung (= Bd. 3 der Werke in 20 Bänden) 1970, S. 13.
89. Hegel, Enzyklopädie der philosophischen Wissenschaften, Bd. I (= Bd. 8 der Werke in 20 Bänden), 1970, S. 172 ff.
90. Marx, Werke (ed. Lieber), Bd. I, S. 637.
91. Marx, Brief an Kugelmann vom 6. 3. 1868.
92. MEW, Bd. 23, S. 27.
93. J. Ritter (Hrsg.), Hist. Wörterbuch der Philosophie, Bd. 2, 1972, S. 205.
94. MEW, Bd. 20, S. 11.
95. Ebenda, S. 132.
96. Ebenda, S. 481.
97. (3. Aufl. 1971), vor allem Kapitel V: „Allgemeine dialektische Entwicklungsgesetze“, S. 116 ff.
98. MEW, Bd. 20, S. 307.
99. J. Habermas, Theorie und Praxis (TB-Ausgabe) 1971, S. 395 f.
100. Vgl. z. B. Th. W. Adorno, Negative Dialektik, in: Werke, Bd. 6, 1973.
101. Abgedruckt in: E. Topitsch (Hrsg.), Logik der Sozialwissenschaften, 1965, S. 262 ff., Zitat S. 287.
102. K. Tudyka, Kritische Politikwissenschaft, 1973, bes. S. 38 ff.
103. Fr. Engels, Familie . . ., MEW, Bd. 21, S. 165.
104. Vgl. Braunmühl/Funken/Cogoy/Hirsch, Probleme einer materialistischen Staatstheorie, 1973; – E. Krippendorf (Hrsg.), Probleme der internationalen Beziehungen, 1972.

7. Das Problem der erkenntnisbedingenden Faktoren

1. Vgl. A. Schütz, Gesammelte Aufsätze, Bd. 1: Das Problem der sozialen Wirklichkeit, 1971; – P. Berger/Th. Luckmann, Die soziale Konstruktion der Wirklichkeit, 1969; – ferner: J. Habermas, Zur Logik der Sozialwissenschaften, 1970, S. 188 f.
2. J. Habermas, in: Adorno u. a., Der Positivismusstreit, S. 157.
3. B. Brecht, Das Leben des Galilei (TB-Ausgabe) 1961, S. 150 f.
4. Vgl. H. Kipphart, In Sachen Oppenheimer (TB-Ausgabe), 1964.
5. Th. Kuhn, Die Struktur wissenschaftlicher Revolutionen, S. 28 f. (Hervorhebungen von mir – Th. St.).
6. Vgl. etwa R. Eckert, Wissenschaft und Demokratie, 1971, bes. S. 9 ff.; – R.

Bubner, Was ist kritische Theorie? in: J. Habermas u. a.: Hermeneutik und Ideologiekritik, 1971, S. 160 f.
7. Vgl. H. Albert/E. Topitsch (Hrsg.), Werturteilsstreit, 1971.
8. J. Habermas, Theorie und Praxis (TB-Ausgabe) 1971, S. 16.
9. J. Habermas, Erkenntnis und Interesse (TB-Ausgabe) 1973, S. 418 ff., Literaturanhang.
10. J. Habermas, Theorie und Praxis, S. 16.
11. Fr. Naschold, Politische Wissenschaft, 1970, S. 24.

8. Schlußbemerkung zu den Theorie-Ansätzen

1. H. Baier, Soziale Technologie oder soziale Emanzipation? Zum Streit zwischen Positivisten und Dialektikern über die Aufgaben der Soziologie, in: B. Schäfers (Hrsg.), Thesen zur Kritik der Soziologie, 1969, S. 9 ff.

9. Methodenprobleme der Politikwissenschaft

1. Fr. Naschold, Politische Wissenschaft, S. 51.
2. A. Wellmer, Kritische Gesellschaftstheorie und Positivismus, 1969, S. 13.
3. Kl. v. Beyme, Politische Theorien der Gegenwart, S. 88.
4. G. Klaus/M. Buhr, Philosophisches Wörterbuch, 1970, S. 718.
5. Kl. v. Beyme, Politische Theorien, S. 88.
6. Ebenda.
7. G. Lehmbruch, Einführung in die Politikwissenschaft, 1971, S. 64 ff.
8. Kl. v. Beyme, Politische Theorien, S. 88.
9. G. Klaus/M. Buhr, Philosophisches Wörterbuch, S. 719.
10. Vgl. Windelbands Schrift „Geschichte und Naturwissenschaft“ 1894.
11. J. Habermas, Zur Logik der Sozialwissenschaften – Materialien, 1970, S. 71.
12. Ebenda, S. 72.
13. S. W. Windelband, Geschichte und Naturwissenschaft, 1894; – H. Rickert, Kulturwissenschaft und Naturwissenschaft, [2]1926.
14. Vgl. D. G. Smith, Politologie und Politische Theorie, in: Methoden der Politologie, hrsg. v. R. H. Schmidt, 1967, S. 194.
15. Ebenda, S. 195.
16. Vgl. H. Seiffert, Einführung in die Wissenschaftstheorie II, 1970, S. 16–32.
17. S. I. M. Bochenski, Die zeitgenössischen Denkmethoden, [5]1971, S. 23.
18. Zitat ebenda, S. 25.
19. S. K. Loewenstein, Verfassungslehre, 1959, S. 3.
20. S. H. Seiffert, a. a. O. S. 33.
21. S. K. Popper, Die Logik der Sozialwissenschaften, in: W. Adorno u. a., Positivismusstreit, a. a. O. S. 103.
22. Vgl. A. A. Rogow Stellungnahme zu Smith und Apter oder: Was ist aus den großen zentralen Problemen geworden? in: Methoden d. Politologie, a. a. O. S. 243.
23. Vgl. G. Klaus/M. Buhr (Hrsg.), Marxistisch-Leninistisches Wörterbuch der Philosophie, 1972, S. 474.
24. Vgl. A. Diemer/I. Frenzel (Hrsg.), Fischer Lexikon „Philosophie“ Artikel „Hermeneutik“. 1967, S. 97.
25. S. M. Weber, Wirtschaft und Gesellschaft, 1922, Kap. 1, § 1.

26. Vgl. ebenda S. 4.
27. Vgl. H. Seiffert, a. a. O. S. 93.
28. Vgl. Ebenda, a. a. O. S. 184.
29. Fr. v. Kutschera, Wissenschaftstheorie, 1972, S. 253.
30. Vgl. dazu H. Albert, Probleme der Wissenschaftslehre in der Sozialforschung, in: R. König (Hrsg.), Handbuch der empirischen Sozialforschung (TB-Ausgabe) 1973, Bd. 1, S. 74 ff.
31. H. Seiffert, Einführung in die Wissenschaftstheorie I, 1969 S. 105.
32. G. Klaus/M. Buhr, Philosophisches Wörterbuch, S. 167.
33. H. Albert, Probleme der Wissenschaftslehre, a. a. O. S. 76.
34. Ebenda, a. a. O. S. 79.
35. S. o. Abschnitt 6 dieses Kapitels.
36. Vgl. z. B. A. Etzioni, The Active Society, 1968; – W. D. Narr, Theoriebegriffe und Systemtheorie, 1969.
37. Zu dieser These vgl. M. Weber, Die protestantische Ethik, in: Gesammelte Aufsätze zur Religionssoziologie, Bd. I, ^{5}1963.
38. Zu diesen verschiedenen Forschungstechniken vgl. z. B. aus D. Berg-Schlosser, Politische Kultur, 1972. Kap. III.
39. Vgl. z. B. R. König (Hrsg.), Praktische Sozialforschung, 2 Bde., ^{8}1972.
40. Für Experimente dieser Art vgl. z. B. S. E. Asch, Social Psychology, 1952.
41. Vgl. S. M. Lipset, Soziologie der Demokratie, 1962, S. 33 ff.
42. S. a. u. Kap. C 3 (Die gesellschaftlichen Grundlagen).
43. Auf dieser Basis erarbeitetes interessantes vergleichendes politikwissenschaftliches Material findet sich z. B. in: Ch. L. Taylor/M. C. Hudson, World Handbook of Political and Social Indicators, ^{2}1972.
44. S. a. u. Kap. C 3 (Vergleichende Politikwissenschaft).
45. Vgl. hierzu z. B. A. Lijphart, Comparative Politics and the Comparative Method, in: American Political Science Review (1971), S. 682 ff.
46. Vgl. P. S. Lazarsfeld, Wissenschaftslogik und empirische Sozialforschung, in: E. Topitsch (Hrsg.), a. a. O. S. 37 ff.; oder A. Barton, The Concept of Property-Space in Social Research, in: P. F. Lazarsfeld/M. Rosenberg (Hrsg.), The Language of Social Research, 1955.
47. S. a. u. Kap. C 3 (Die Lehre vom politischen System).
48. S. u. Kap. C 3 (Vergleichende Politikwissenschaft).
49. Studien dieser Art sind z. B. Arbeiten über die „kleinen" westeuropäischen Demokratien, die in vieler Hinsicht zu einer Modifikation gängiger Demokratietheorien geführt haben, die vor allem am angelsächsischen Modell entwickelt worden waren, vgl. z. B.: J. Steiner (Hrsg.), Das politische System der Schweiz, 1970; – G. Lehmbruch, Proporzdemokratie, 1967.
50. H. Seiffert, Wissenschaftstheorie I, a. a. O. S. 246.
51. Ebenda, S. 243.

C. Teilgebiete der Politikwissenschaft

2. Politische Philosophie

1. Fr. Naschold, Politische Wissenschaft, S. 36.
2. A. Schwan, Die Staatsphilosophie im Verhältnis zur Politik als Wissen-

schaft, in: D. Oberndörfer (Hrsg.), Wissenschaftliche Politik, 1962, S. 154 ff.

3. Zitiert nach P. Winch, Die Idee der Sozialwissenschaft und ihr Verhältnis zur Philosophie, 1966, S. 12.
4. H. Braun/A. Hahn, Wissenschaft von der Gesellschaft, 1973, bes. Kap. 1: Soziales Wissen, S. 9 ff. und Kap. 2: Typen sozialer Wissenssysteme und der Beginn der Sozialwissenschaften, S. 16 ff.; – ferner: P. Berger/Th. Luckmann, die soziale Konstruktion der Wirklichkeit, 1969.
5. Vgl. etwa R. König, Das Interview, 71972.
6. H. Braun/A. Hahn, a. a. O. S. 9.
7. Ebenda, S. 9.
8. Vgl Berger/Luckmann, a. a. O., passim.
9. Aristoteles, Politik, 1253, a 3.
10. Vgl. Berger/Luckmann, a. a. O. und A. Schütz, Gesammelte Aufsätze, Bd. I: Das Problem der sozialen Wirklichkeit, 1971.
11. K. O. Apel, Transformation der Philosophie, 1973, vor allem Bd. II: Das Apriori der Kommunikationsgemeinschaft; – J. Habermas, Vorbereitende Bemerkungen zu einer Theorie der kommunikativen Kompetenz, in: J. Habermas/N. Luhmann, Theorie der Gesellschaft oder Sozialtechnologie, 1971, S. 101 ff.
12. Vgl. dazu die philosophische Weltanschauungskritik in den Schriften von E. Topitsch, vor allem in: Ursprung und Ende der Metaphysik, 1958 (DTV 1972).
13. Zitiert nach: J. Musulin (Hrsg.), Proklamation der Freiheit, 1965, S. 63.
14. E. Voegelin, Anamnesis, S. 285.
15. Ebenda, S. 284.
16. Vgl. Artikel „Ordnung" v. H. Kuhn in: H. Krings u. a. (Hrsg.), Handbuch der philosophischen Grundbegriffe, Bd. II, 1973, S. 1037 ff.; – ferner H. Kuhn, Das Sein und das Gute, a. a. O., vor allem S. 171 ff. (Ordnung im Werden und Zerfall).
17. E. Voegelin, Die neue Wissenschaft, S. 14.
18. H. Kuhn, Das Sein und das Gute, S. 187.
19. Ebenda, S. 175.
20. J. Habermas, Philosophische Anthropologie, in: Ders., Kultur und Kritik, 1973, S. 91 ff.
21. E. Voegelin, Die neue Wissenschaft, S. 101.
22. Ebenda, S. 104 (Hervorhebungen von mir – Th. St.).
23. Ebenda, S. 246.
24. B. Willms, Die politischen Ideen von Hobbes bis Ho Tschi Minh. 1971, S. 20.
25. So der Titel „Der Mensch als Schöpfer der Welt" der von Th. Schabert herausgegebenen Essay-Sammlung über „Formen und Phasen revolutionären Denkens in Frankreich 1762–1794", 1971.
26. B. Willms, Politische Ideen, S. 17.
27. Th. Hobbes, Leviathan (ed. I. Fetscher, übers. von W. Euchner), 1966, S. 95 (weitere Zitate nach dieser Ausgabe).

28. H. Medick, Naturzustand und Naturgeschichte der bürgerlichen Gesellschaft, 1973, S. 13 (weitere Zitate nach dieser Ausgabe).

3. Die Lehre vom politischen System

1. Eine sehr gute, kurze Darstellung der Geschichte der politikwissenschaftlichen Beschäftigung mit politischen Systemen ist H. Eckstein, „A Perspective on Comparative Politics, Past and Present" in: H. Eckstein/D. E. Apter (Hrsg.), Comparative Politics – A Reader, 1963, S. 3–32.
2. Ein Überblick und eine Kritik dieser Arbeiten findet sich z. B. bei R. C. Macridis, The Study of Comparative Government, 1955.
3. Vgl. A. de Tocqueville, De la Démocratie en Amérique (zuerst erschienen Paris 1835), deutsche Ausgabe u. a. 1955.
4. Wichtige Werke dieser Autoren sind z. B. D. Easton, A Systems Analysis of Political Life, 1965; – G. Almond/G. B. Powell, Comparative Politics – A Developmental Approach, 1966; – T. Parsons, The Social System, 1951; – N. Luhmann, Soziologie der Aufklärung, 1970.
5. Vgl. z. B. W.-D. Narr, Theoriebegriffe und Systemtheorie, ^{2}1971, insbes. S. 89 ff. oder G. Schmieg, Stichwort „Systemanalyse" in: A. Goerlitz (Hrsg.), Handlexikon zur Politikwissenschaft, ^{2}1972, S. 444 ff.
6. S. a. u. Kap. C 3 (Objekt-Aspekte der gesellschaftlichen Grundlagen politischer Systeme).
7. Vgl. hierzu Kap. B 6 (Empirisch-analytischer Theorieansatz).
8. Vgl. hierzu Kap. B 7 (Das Problem der erkenntnisbedingenden Faktoren).
9. S. a. o. Kap. B 6 (Theorie-Ansätze in der Politikwissenschaft).
10. Vgl. Kap. B 5 (Dimensionen der politischen Realität).
11. Vgl. z. B. Schmieg, a. a. O.; – s. a. W. Gottschalch, Sozialisationsforschung, S. 45 ff.
12. Zur These der Universalität von Herrschaft vgl. z. B. auch R. Dahrendorf, Amba, Amerikaner und Kommunisten, in: Ders., Pfade aus Utopia, 1967, S. 315 ff.
13. S. a. u. Kap. C 3 (Objekt-Aspekt der gesellschaftlichen Grundlagen politischer Systeme).
14. S. a. u. Kap. C 3 (Subjekt-Aspekt der gesellschaftlichen Grundlagen politischer Systeme).
15. Vgl. z. B. Almond/Powell, a. a. O. S. 27 ff.
16. S. a. u. Kap. C 4 (Die Außenbeziehungen politischer Systeme).
17. S. u. Kap. B 3.
18. Zu den bedeutendsten „Klassikern" dieser Epoche zählen u. a. A. Smith mit seinem Hauptwerk „An Inquiry into the nature and Causes of the Wealth of Nations" (1776), D. Ricardo, On the Principles of Political Economy and Taxation, 1817 und J. St. Mill, Principles of Political Economy, 1848.
19. S. a. o. Kap. B 2 (Der marxistische Politik-Begriff).
20. Zuerst erschienen New York, 1957.
21. Vgl. z. B. W. A. Riker, The Theory of Political Coalitions, 1962; – J. C. Harsanyi, Measurement of Social Power for N-Person Reciprocal Power Situations, in: Behavioral Science 7 (Jan. 1962), S. 81–91.

22. Vgl. auch Kap. B 5 (Dimensionen der politischen Realität).
23. S. a. u. Kap. C 3 (Der Subjekt-Aspekt der gesellschaftlichen Grundlagen).
24. Vgl. z. B. D. Lerner, The Passing of Traditional Society, 1958; – S. M. Lipset, Political Man, 1962, auf deutsch unter dem Titel ‚Soziologie der Demokratie' erschienen; – K. W. Deutsch, Social Mobilization and Poltitical Development, in: American Political Science Review, Vol. IV, No. 3, Sept. 1961, S. 493 ff.; – Neuere Datensammlungen, die auf diesem Ansatz beruhen, sind z. B. B. M. Russett u. a., World Handbook of Political and Social Indicators, 1964; – A. S. Banks/R. B. Textor, A Cross – Polity Survey, 1963; – I. Adelman/M. C. Taft, Society, Politics and Economic Development, 1967; – C. L. Taylor/M. L. Hudson, World Handbook of Political and Social Indicators, ²1972.
25. Vgl. R. Dahrendorf, Class and Class Conflict in Industrial Society, 1959, S. 159; – Eine jüngere Stellungnahme Dahrendorfs zu dieser Frage findet sich in seinem Sammelband Konflikt und Freiheit, 1972, S. 12 ff.; – Zu den bekannteren „Integrationstheoretikern" zählen u. a. T. Parsons, The Social System (eines seiner Hauptwerke), M. J. Levy, The Structure of Society, 1952 und R. K. Merton, Social Theory and Social Structure, 1954. Zu den prominenteren „Konflikttheoretikern" gehören z. B. G. Simmel, Conflict and the Web of Group-Affiliations, 1964 (dies ist eine Zusammenstellung der mit diesem Komplex befaßten Texte; wichtigste Quelle ist das Kapitel „Streit" seiner „Soziologie", neuere Ausgabe, 1958), C. W. Mills, The Power Elite, 1956 und L. A. Coser, The Functions of Social Conflict, 1956.
26. Vgl. E. Durkheim, De la Division du Travail Social (zuerst erschienen 1893).
27. S. a. u. Kap. C 3 (Der Subjekt-Aspekt der gesellschaftlichen Grundlagen).
28. Vgl. z. B. K. M. Bolte/D. Knappe/F. Neidhardt, Soziale Schichtung, 1969 oder M. M. Tumin, Social Stratification, 1967.
29. Vgl. z. B. W. L. Warner/P. S. Lunt, The Social Life of a Modern Community, 1941, oder auch Warner u. a., Social Class in Amerika, 1949.
30. Vgl. z. B. H. Moore/G. Kleining, Das Soziale Selbstbild der Gesellschaftsschichten in Deutschland, in: Kölner Zeitschrift für Soziologie und Sozialpsychologie, VII, 1960.
31. Vgl. ebenda; – s. a. Bolte u. a., a. a. O.
32. Dieser wurde vor allen Dingen von den Arbeiten von Karl Marx, vgl. z. B.: Manifest der Kommunistischen Partei (zuerst erschienen 1848) oder sein Hauptwerk: Das Kapital (3 Bde., der dritte Band erschien zuerst 1894) entscheidend geprägt; – wichtige Erörterungen dieses Ansatzes finden sich auch in Th. Geiger, Die Soziale Schichtung des Deutschen Volkes, 1932, insbesondere S. 2 ff. und R. Dahrendorf, Class and Class Conflict in Industrial Society, a. a. O.
33. Zu dem letztgenannten Begriff, der sich auf die relativ gefestigte Stellung der festangestellten, gewerkschaftlich organisierten Arbeiter gegenüber der Masse der Arbeitslosen in vielen Entwicklungsländern bezieht, vgl. z. B. J. S. Saul/G. Arrighi, Socialism and Economic Development in Tropical Africa, in: Journal of Modern African Studies, Vol. 6, No. 2 (1968), S. 141 ff.

34. Es muß in diesem Zusammenhang darauf hingewiesen werden, daß die jeweilige Terminologie, insbesondere der Gebrauch der Begriffe „Schicht“ und „Klasse“, bei verschiedenen Autoren sehr unterschiedlich ist, vgl. auch Geiger, a. a. O.
35. Vgl. Dahrendorf, a. a. O.
36. Für eine Definition dieses Begriffes vgl. z. B. auch M. Weber, Wirtschaft und Gesellschaft, a. a. O. S. 635 f.
37. S. a. u. Kap C 3 [Die Beziehungen Gesellschaft – politisches System („input“-Bereich)].
38. S. a. o. Kap. B 5 (Dimensionen der politischen Realität).
39. Vgl. z. B. Th. Dobzhansky, Dynamik der menschlichen Evolution – Gene und Umwelt, 1965, S. 123 ff., oder P. R. Hofstätter (Hrsg.), Psychologie (= Fischer-Lexikon, Ausgabe August 1971), S. 54 ff.
40. S. a. o. Kap. B 5 (Dimensionen der politischen Realität).
41. Die Behandlung von politischem Verhalten in anderen Teilbereichen des politischen Systems, z. B. in Parteien, in gesetzgebenden Körperschaften, der Verwaltung usw., findet sich jeweils in den mit diesen Bereichen befaßten Teilen dieses Kapitels.
42. Zur Nationalcharakterforschung vgl. z. B. A. Inkeles/D. J. Levinson, National Charakter: The Study of Modal Personality and Socio-Cultural Systems, in: L. Gardener, Handbook of Social Psychology, Bd. 4, 1969; – ein Überblick über die Völkerpsychologie findet sich bei B. Holzner, Völkerpsychologie, 1959.
43. M. Rokeach, Beliefs, Attitudes and Values, 1969, S. 112; – Vgl. hierzu auch P. E. Converse, The Nature of Belief Systems in Mass Publics, in: D. E. Apter (Hrsg.), Ideology and Discontent, 1964.
44. Vgl. zu diesem Problem z. B. M. J. Rosenberg, An Analysis of Affective Attitude Organization and Change, in: M. J. Rosenberg u. a. (Hrsg.), Attitude Organization and Change, 1960.
45. G. A. Almond/S. Verba, The Civic Culture, 1965 und L. W. Pye/S. Verba Hrsg.), Political Culture and Political Development, 1965.
46. Vgl. hierzu G. A. Almond/S. Verba, a. a. O. S. 30.
47. Vgl. z. B. D. Berg-Schlosser, Politische Kultur a. a. O., insbesondere Kap. IV, S. 79 ff.
48. Zu den wichtigsten Arbeiten auf diesem Gebiet zählen z. B. H. Hyman, Political Socialization, 1959; – E. H. Erikson, Childhood and Society, 1950; – F. J. Greenstein, Children and Politics, 1965; – R. E. Dawson/K. Prewitt, Political Socialization, 1967; – D. Easton/J. Dennis, Children in the Political System, 1969; – Eine deutschsprachige Behandlung der Problematik findet sich auch bei W. Gottschalch u. a., Sozialisationsforschung, 1971.
49. Vgl. E. Durkheim, Les Formes Elémentaires de la Vie Religieuse (zuerst erschienen 1912).
50. Eine gute Übersicht über die Kleingruppentheorie findet sich z. B. bei S. Verba, Small Groups and Political Behavior, 1961.
51. Vgl. z. B. H. Eckstein, A Theory of Stable Democracy, in: Ders., Division and Cohesion in Democracy – A Study of Norway, 1966, S. 225 ff.
52. D. Easton, A Systems Analysis of Political Life, 1965.

53. G. A. Almond/G. B. Powell, Comparative Politics: A Developmental Approach, 1966.
54. S. Landshut, Kritik der Soziologie, 1969, S. 364.
55. W. Hennis, Politik als praktische Wissenschaft, 1968, S. 251.
56. H. Neuendorff, Der Begriff des Interesses. Eine Studie zu den Gesellschaftstheorien von Hobbes, Smith und Marx, 1973.
57. L. von Stein, Geschichte der sozialen Bewegung in Frankreich von 1789 bis auf unsere Tage, I. Bd.: Der Begriff der Gesellschaft (Nachdruck 1959), S. 43.
58. Ebenda, S. 42.
59. M. Weber, Wirtschaft und Gesellschaft (Studienausgabe) 1964, Bd. I, S. 21 ff.
60. Aus der schier uferlosen Verbandsforschungsliteratur hervorzuheben: Kl. v. Beyme, Interessengruppen in der Demokratie, 1969 (ausführl. Literatur!); – St. Ehrlich, Die Macht der Minderheit, 1966; – Fr. Naschold, Zur Theorie der Verbände, in: Fr. Naschold/W.-D. Narr, Theorie der Demokratie, 1971, S. 204 ff.; – O. Massing, Parteien und Verbände als Faktoren des politischen Prozesses, in: Kress/Senghaas (Hrsg.), Politikwissenschaft (TB-Ausgabe) 1972, S. 277 ff. Auf die Bundesrepublik bezogen: Th. Eschenburg, Herrschaft der Verbände? 2 1963; – O. Stammer (Hrsg.), Verbände und Gesetzgebung, 1965; – G. Wittkämper, Grundgesetz und Interessenverbände, 1963; – W. Hennis, Verfassungsordnung und Verbandseinfluß, in: Ders., Politik als praktische Wissenschaft, 1968, S. 188 ff.; – R. Breitling, Verbände in der Bundesrepublik, 1955; – K. O. Hondrich, Die Ideologien von Interessenverbänden, 1963; – J. Kaiser, die Repräsentation organisierter Interessen, 1956.
61. Aus der historischen Verbandsforschung: G. Schulz, Über Entstehung und Formen von Interessengruppen in Deutschland, in: Ders., Das Zeitalter der Gesellschaft, 1969, S. 222 ff.; – Th. Nipperdey, Interessenverbände und Parteien in Deutschland vor dem Ersten Weltkrieg, in: PVS (1961), S. 262 ff.; – H. A. Winkler, Pluralismus oder Protektionismus? Verfassungspolitische Probleme des Verbandswesens im Deutschen Kaiserreich, 1972; – H. J. Varain (Hrsg.), Interessenverbände in Deutschland, 1973.
62. Dazu: Fr. Naschold, Zur Theorie der Verbände, a. a. O. S. 210 ff.
63. O. Stammer/P. Weingart, Politische Soziologie (= Grundfragen der Soziologie, Bd. 14), 1972, S. 185.
64. Ebenda.
65. G. A. Almond/G. B. Powell, Comparative Politics, S. 98.
66. M. Weber, Wirtschaft und Gesellschaft (Studienausgabe), 1964, S. 211.
67. Artikel „Partei", in: Röhring/Sontheimer (Hrsg.), Handbuch des deutschen Parlamentarismus, 1970, S. 366.
68. Aus der ebenfalls uferlosen Parteienforschungsliteratur vgl.: H. Kaack, Geschichte und Struktur des deutschen Parteiensystems, 1971; – W. Jäger, Partei und System (eine Einführung in die Parteienforschung), 1973; – J. Dittberner/R. Ebbighausen (Hrsg.), Parteiensystem in der Legitimationskrise, 1973; – W. Hennis, Die Rolle des Parlaments und die Parteiendemokratie, in: Ders., Die mißverstandene Demokratie, 1973; – G. Leibholz, Struktur-

probleme der modernen Demokratie, 1958; – W.-D. Narr, CDU-SPD, Programm und Praxis seit 1945, 1966; – J. La Palombara/M. Wiener (Hrsg.), Political Parties and Political Development, 1966.

69. Vgl. G. Lehmbruchs Artikel „Parteiensysteme", in: Staatslexikon der Görresgesellschaft, Bd. 10 (= 2. Ergängzungsband), 1970, Sp. 864 ff.

70. Artikel „Wahl, Wahlsysteme" (N. Diederich), in: Marxismus im Systemvergleich, Politik Bd. 4, 1973, Sp. 320.

71. Artikel „Wahlsystem" (D. Nohlen), in: Röhring/Sontheimer, Handbuch des deutschen Parlamentarismus, S. 528.

72. N. Diederich, Empirische Wahlforschung, 1965; – E. K. Scheuch/R. Woldemann (Hrsg.), Zur Soziologie der Wahl (= Sonderheft 9 der Kölner Zeitschrift f. Soziologie), 1965; – Fr. Naschold, Zur Theorie des Wählerverhaltens, in: Naschold/W.-D. Narr, Theorie der Demokratie, S. 164 ff.; – Fr. Naschold, Wahlprognosen und Wählerverhalten in der BRD, 1971; – Lazersfeld/Berelson/Gaudet, Wahlen und Wähler, Soziologie des Wahlverhaltens, 1969.

73. O. Stammer/P. Weingart, Politische Soziologie, S. 182.

74. Fr. Naschold, Zur Theorie des Wählerverhaltens, a. a. O. S. 189; Vgl. auch die weiteren Ausführungen dort S. 189 ff., sowie die abschließende Kritik der Wahlforschung, ebenda, S. 198 ff.

75. Vgl. W. Hennis, Aufgaben einer modernen Regierungslehre, in: Ders.: Politik als praktische Wissenschaft, 1968, S. 81 ff.; – Th. Ellwein, Einführung in die Regierungs- und Verwaltungslehre, 1966; – Ders., Regierung und Verwaltung, 1. Regierung als politische Führung, 1970; – J. Hirsch, Ansätze einer Regierungslehre, in: Kress/Senghaas (Hrsg.), Politikwissenschaft (TB-Ausgabe) 1972, S. 231 ff.; – Th. Stammen (Hrsg.), Strukturwandel der modernen Regierung, 1967.

76. W. Hennis, a. a. O. S. 84.

77. H. Maier, Die ältere deutsche Staats- und Verwaltungslehre, 1966.

78. W. Hennis, a. a. O. S. 87.

79. Ebenda, a. a. O. S. 84.

80. Ebenda, a. a. O. S. 90.

81. Th. Ellwein, Einführung in die Regierungslehre, S. 14.

82. Ebenda, S. 11.

83. W. Hennis, a. a. O. S. 93.

84. J. Hirsch, Ansätze einer Regierungslehre, a. a. O. S. 237.

85. Th. Ellwein, a. a. O. S. 124 ff.

86. J. Hirsch, a. a. O. S. 239.

87. Vgl. etwa E. Fraenkel, Das amerikanische Regierungssystem. 1962; – Th. Stammen, Regierungssysteme der Gegenwart, [3]1972.

88. W. Hennis, a. a. O. S. 88.

89. G. A. Almond/B. Powell, Comparation Politics, 1966, S. 16 ff.

90. Vgl. dazu: J. LaPalombara (Hrsg.), Bureaucracy and Political Development, 1963; – Fr. Morstein-Marx (Hrsg.), Verwaltung – eine einführende Darstellung, 1965.

91. J. LaPalombara, Penetration, A Crisis of Governmental Capacity, in: L. Binder u. a., Crises and Sequences in Political Development, 1971, S. 205 ff.

92. J. Nyerere, Freedom and Unity, A Selection from Writings and Speeches, 1952–1965, 1966 (Zitat nach: Berg-Schlosser [Hrsg.], Die politischen Probleme der Dritten Welt, 1972, S. 243).
93. Vgl. J. LaPalombara (Hrsg.), Bureaucracy and Political Development, 1961, darin bes.: S. N. Eisenstadt, Bureaucracy and Political Development, S. 96 ff. (deutsch in: D. Berg-Schlosser [Hrsg.], Die politischen Probleme der Dritten Welt, 1972, S. 262 ff.).
94. Vgl. zu diesen Problemen u. a. C. Leys, Worin besteht das Problem der Korruption? in: D. Berg-Schlosser (Hrsg.), Die Politischen Probleme der Dritten Welt, 1972, S. 276 und die dort angegebene Literatur.
95. Vgl. K. Younger, The Public Service in New States 1960.
96. Vgl. dazu: R. Zoll (Hrsg.), Gemeinde als Alibi – Materialien zur politischen Soziologie der Gemeinde, 1972; – für die deutsche Entwicklung vgl. H. Heffter, Die deutsche Selbstverwaltung im 19. Jh., 1950; – H. Rausch/Th. Stammen (Hrsg.), Aspekte und Probleme der Kommunalpolitik, 1972.
97. Für die deutsche Entwicklung vgl. neuerdings A. Görlitz, Verwaltungsgerichtsbarkeit in Deutschland, 1970.
98. Vgl. dazu oben den Abschnitt „Der Subjekt-Bereich der gesellschaftlichen Grundlagen der Politik".
99. C. N. Parkinson, Parkinsons Gesetz und andere Untersuchungen über die Verwaltung, 1966; – Vgl. auch: H. Jacoby, Die Bürokratisierung der Welt, 1969, vor allem Teil II: Die verwaltete Welt, und Teil III: Herrschaft der Bürokratie und W. Schluchter, Aspekte bürokratischer Herrschaft, 1972.
100. Vgl. dazu: Cl. Koch/D. Senghaas (Hrsg.), Texte zur Technokratiediskussion, 1970; – H. Lenk (Hrsg.), Technokratie als Ideologie, 1973, und vor allem den Aufsatz von H. Schelsky, Der Mensch in der wissenschaftlichen Zivilisation, abgedruckt in: Ders., Auf der Suche nach Wirklichkeit, 1965, S. 439 ff.
101. K. Sontheimer/W. Bleek, Abschied vom Berufsbeamtentum? 1973; – Th. Ellwein/R. Zoll, Berufsbeamtentum – Anspruch und Wirklichkeit, 1973.
102. Für die deutsche Entwicklung vgl.: R. Dahrendorf, Gesellschaft und Demokratie in Deutschland, 1965; – F. A. Hermens, Wirtschaftliche und Staatliche Stabilität, 1964; – W. Kaltefleiter, Wirtschaft und Politik in Deutschland, Konjunktur als Bestimmungsfaktor des Parteiensystems, 1968; – S. M. Lipset, Soziologie der Demokratie, 1962, bes. S. 70 ff.
103. Vgl. dazu weiter oben die Ausführungen zur „politischen Kultur" und ihrer Erforschung.
104. Vgl. außer der oben (Anm. 94) angegebenen Literatur noch neuerdings: C. J. Friedrich, Pathologie der Politik, 1973.
105. Vgl. dazu vor allem: H. Daalder, The Role of the Military in Emerging Countries, 1969; – S. F. Finer, The Man on Horse Back: The Role of the Military in Politics, 1962; – S. P. Huntington, Changing Patterns of Military Politics, 1962; – M. Janowitz, The Military in the Political Development of New Nations, 1964; – J. J. Johnson, The Role of the Military in Underdeveloped Countries, 1962; – B. Tibi, Militär und Sozialismus in der Dritten Welt, 1973.

106. Zu diesen Unterscheidungen vgl. M. Weber, Wirtschaft und Gesellschaft, III. Kap. Die Typen der Herrschaft, 1964 (Studienausgabe), S. 157–222.
107. Vgl. dazu die unter Anm. 16 aufgeführte Literatur, außerdem: L. W. Pye, Die Rolle der Armeen im Prozeß politischer Modernisierung, in: D. Berg-Schlosser (Hrsg.), Die politischen Probleme der Dritten Welt, 1972, S. 230 ff.
108. Vgl. S. P. Huntington, Die politische Modernisierung traditioneller Monarchien, in: D. Berg-Schlosser (Hrsg.), Die politischen Probleme der Dritten Welt, Hamburg 1972, S. 203 ff., zuerst erschienen in: Daekalus, Vol. 95, No. 3, 1966, S. 763 ff.
109. S. a. o. Kap. B 7 (Das Problem des Verhältnisses von Theorie und Praxis).
110. S. a. o. Kap. C 2 (Politische Philosophie).

4. Vergleichende Politikwissenschaft

112. Während bei der Erörterung der Methoden der Politikwissenschaft (s. o. B 9) einiges über das *wie* möglicher Vergleiche gesagt wurde, steht hier die Betrachtung dessen, *was* verglichen wird, im Vordergrund.
113. S. a. o. A 2 (Herkunft und Tradition der Politikwissenschaft).
114. Auf diese Begriffe und andere mögliche Klassifizierungen politischer Systeme wird im nächsten Abschnitt dieses Kapitels noch näher eingegangen.
115. Vgl. hierzu a. B 5 (Dimensionen der politischen Realität).
116. Zu der Problematik von Theorie und Praxis vgl. o. B 7.
117. Die Mängel der Verfassung waren sicher nicht der einzige und wohl auch nicht der wichtigste Grund für das Scheitern der Weimarer Republik. Ihr Scheitern zeigt aber, wie wenig die Verfassung den kulturellen und sozialstrukturellen Gegebenheiten und den politischen Erfordernissen der Zeit angepaßt war. Vgl. hierzu a. H. Eckstein, The Theory of Stable Democracy, in: Ders., Division and Cohesion in Democracy, 1966, S. 248 ff.
118. S. a. o. Kapitel C 3 (Die Lehre vom politischen System).
119. Vgl. z. B. G. A. Almond, Comparative Political Systems, in: Journal of Politics, Bd. XVIII, 1956; – G. A. Almond/J. S. Coleman (Hrsg.), The Politics of the Developing Areas, 1960 und, am ausführlichsten, G. A. Almond/G. B. Powell, Comparative Politics – A Developmental Approach, 1966.
120. Zu diesem gehörten anfänglich G. Almond, L. Binder, R. T. Cole, J. Coleman, H. Hyman, J. LaPalombara, S. Neumann, L. W. Pye, S. Verba, R. E. Ward und M. Weiner. Später kamen P. E. Converse, S. P. Huntington und A. R. Zolberg hinzu. Die wichtigsten Veröffentlichungen dieses Gremiums sind:
L. W. Pye (Hrsg.), Communications and Political Development 1963; – J. LaPalombara (Hrsg.), Bureaucracy and Political Development 1963; – R. E. Ward/D. A. Rustow (Hrsg.), Political Modernization in Japan and Turkey, 1964; – J. S. Coleman (Hrsg.), Education and Political Development, 1965; – L. W. Pye/S. Verba (Hrsg.), Political Culture and Political Development, 1965; – J. LaPalombara/M. Weiner (Hrsg.), Political Parties and Political Development, 1966; – L. Binder/J. S. Coleman/J. LaPalombara/L. W. Pye/S. Verba/M. Weiner, Crises and Sequences in Political Development, 1971.
121. Vgl. z. B. D. E. Apter, The Politics of Modernization, 1965; – F. W. Riggs,

Administration in Developing Countries, 1964; – E. Shils, Political Development in the New States, 1962.

122. S. a. o. B 6 (Der empirisch-analytische Theorie-Ansatz).

123. S. a. o. B 5 (Dimensionen der politischen Realität).

124. Zu Problemen der Typenbildung vgl. z. B. C. G. Hempel, Typologische Methoden in den Sozialwissenschaften, in: E. Topitsch (Hrsg.), Logik der Sozialwissenschaften, ^{7}1971, S. 87 ff.; – s. a. J. C. McKinney, Constructive Typology and Social Theory, 1966.

125. Vgl. hierzu z. B. H. Seiffert, Wissenschaftstheorie I, a. a. O., insbesondere S. 160 ff.

126. S. a. o. Kap. B 9 (Methodenprobleme der Politikwissenschaft).

127. Vgl. hierzu auch Kl. v. Beyme, Die politischen Theorien der Gegenwart, 1972, S. 153 ff.

128. Vgl. Aristoteles, Politik, Buch III, Kap. VI–VIII.

129. Letztere untersucht z. B. S. N. Eisenstadt, The Political Systems of Empires, 1963.

130. Vgl. K. Loewenstein, Verfassungslehre, 1959.

131. Vgl. z. B. K. Marx/Fr. Engels, Manifest der kommunistischen Partei (zuerst erschienen London 1848), 1. Abschnitt.

132. Vgl. z. B. M. Weber, Wirtschaft und Gesellschaft, ^{4}1956, Bd. I, S. 122 ff. und Bd. II, S. 542 ff.

133. Vgl z. B. J. Bodin, Six Livres de la Republique (zuerst erschienen Paris 1576).

134. Vgl. z. B. Duverger, Institutions Politiques et Droit Constitutionel (Neubearbeitung 1970).

135. Vgl. Montesquieu, De L'Esprit des Lois (zuerst erschienen Paris 1752), deutsche Ausgabe v. E. Forsthoff, Tübingen 1951.

136. Vgl. z. B. auch A. Hamilton/J. Madison/J. Jay, The Federalist Papers (zuerst erschienen New York 1787).

137. S. a. o. Kap. C 3 [Die Beziehungen Gesellschaft – politisches System („input-Bereich")].

138. Vgl. z. B. D. E. Apter, The Politics of Modernization, 1965, insbesondere S. 22 ff.

139. Vgl. z. B. E. Shils, Political Development in the New States, 1962.

140. Zu den entwicklungstheoretischen Ansätzen der vergleichenden Politikwissenschaft vgl. auch den nächsten Abschnitt dieses Kapitels (Entwicklungstheoretische Ansätze).

141. Wie z. B. auch K. Marx, Grundlagen der marxistischen Philosophie, 1960.

142. Vgl. z. B. L. Mair, Primitive Government, 1967.

143. Kurz nachdem diese Zeilen geschrieben wurden, erfolgte, wie zur Bestätigung des hier Gesagten, die Ablösung eines weiteren „traditionalen" Systems. Die Monarchie in Afghanistan wurde am 17. 7. 1973 durch einen Militärcoup gestürzt und das Land zur Republik erklärt. Welchen Weg Afghanistan in Zukunft nehmen wird und welchem Typus es sich annähert, ob dem einer statischen Oligarchie, eines prätorianischen Systems oder einer modernisierenden Oligarchie als den drei am ehesten in Frage kommenden Typen ist im gegenwärtigen Zeitpunkt noch unklar. 1974 wurde auch die

Monarchie in Äthiopien durch das Militär gestürzt. Der Systemtypus ist noch ungeklärt.

144. Vgl. auch den übernächsten hier aufgezählten Typus. Eine kritische Analyse der Überlebenschancen traditioneller politischer Systeme findet sich z. B. bei S. P. Huntington, Die politische Modernisierung traditionaler Monarchien, in: D. Berg-Schlosser (Hrsg.), Die politischen Probleme der Dritten Welt, 1972, S. 203 ff.

145. S. a. o. Kap. C 3 (Subjekt-Aspekte der gesellschaftlichen Grundlagen).

146. S. a. o. Kap. C 3 (Subjekt-Aspekte der Beziehungen Gesellschaft – politisches System).

147. Vgl. ebenda.

148. Vgl. z. B. S. P. Huntington, Political Order in Changing Societies, 1968, S. 205 ff.

149. Vgl. den übernächsten hier aufgezählten Typus.

150. Der Typus der modernisierenden Oligarchie wird auch in Shils, a. a. O. S. 67 ff. näher beschrieben.

151. Löwenthal gibt aus diesem Grund solchen Systemen in Staaten der Dritten Welt offensichtlich den Vorzug; vgl. R. Löwenthal, Staatsfunktionen und Staatsform in den Entwicklungsländern, in: Ders. (Hrsg.), Die Demokratie im Wandel der Gesellschaft, 1963; – Apter bezeichnet Systeme dieses Typs in Anlehnung an europäische Staaten zu Beginn der Neuzeit gelegentlich als „neomerkantilistische" Systeme; vgl. Apter, a. a. O.; – Zolberg gebraucht in einem ähnlichen Zusammenhang die Analogie der „politischen Maschine", wie sie vor allem in vielen Kommunalverwaltungen der USA eine Rolle gespielt hat; vgl. A. Zolberg, Creating Political Order, 1966, S. 159 ff.

152. Vgl. hierzu auch den Abschnitt über parlamentarisch-demokratische Systeme in diesem Kapitel.

153. S. a. o. Kap. C 3 (Die gesellschaftlichen Grundlagen).

154. S. a. o. Kap. C 3 [Die Beziehungen politisches System – Gesellschaft („output"-Bereich)].

155. Vgl. z. B. S. P. Huntington, Politische Entwicklung und politischer Verfall, in: D. Berg-Schlosser (Hrsg.), a. a. O. S. 154 ff.

156. S. a. u., S. 226 ff.; S. 230 ff.; S. 240 ff.

157. Vgl. D. E. Apter, a. a. O.

158. Vgl. z. B. D. E. Apter, Political Religion in the New Nations, in: C. Geertz (Hrsg.), Old Societies and New States, 1963.

159. Vgl. A. A. Mazrui, Political Culture and Economic Socialisation in East-Africa, hektographierter Text der Konferenz des East-African Social Science Council, Jan. 1968; – vgl. a. M. Weber, Die protestantische Ethik, in: Gesammelte Aufsätze zur Religionssoziologie, Bd. I, [5]1963.

160. Vgl. z. B. R. Emerson, From Empire to Nation, 1960, S. 281 ff.

161. Vgl. z. B. Marx/Engels, a. a. O.

162. Vgl. z. B. D. E. Apter, Nkrumah, Charisma und der Coup, in: D. Berg-Schlosser (Hrsg.), a. a. O. S. 218 ff.

163. Vgl. z. B. Shils, a. a. O., insbesondere S. 60 ff.

164. S. a. o. Kap. C 3 (Objekt-Aspekte der gesellschaftlichen Voraussetzungen politischer Systeme).
165. Vgl. zu diesem Problem z. B. auch D. Berg-Schlosser, a. a. O. S. 131 ff.
166. Vgl. z. B. A. Béteille, Class, Caste and Power, 1965, oder S. O. Dube, India's Changing Villages, 1958.
167. Vgl. z. B. auch G. Hunter, Modernizing Peasant Societies, 1969, S. 55 ff.
168. S. a. o. Kap. C 3 (Gesellschaftliche Voraussetzungen politischer Systeme).
169. Der Name geht auf die in Italien während des I. Weltkrieges entstandene „faschistische Bewegung" Benito Mussolinis und seiner Anhänger zurück, in Anlehnung an die „fasces", Reisigbündel mit einem Beil in der Mitte, die von den Liktoren im alten Rom als Zeichen der Autorität getragen wurden.
170. Vgl. z. B. S. M. Lipset, Political Man, a. a. O., insbesondere Kap. 5; – s.a. E. Nolte, Die faschistischen Bewegungen, 1966; – K.-D. Bracher/W. Sauer/G. Schulz, Die nationalsozialistische Machtergreifung, ²1962; – Eine frühe wichtige Studie ist auch F. Neumann, Behemoth – The Structure and Practice of National Socialism, 1944.
171. Vgl. z. B. W. Abendroth, Faschismus und Kapitalismus, 1967.
172. Vgl. a. Lipset, a. a. O.
173. Vgl. z. B. G. A. Almond/S. Verba, The Civic Culture, 1963; – s. a. Kap. C 3 (Subjekt-Aspekte der gesellschaftlichen Voraussetzungen politischer Systeme).
174. Diese letztgenannte Komponente erklärt auch die Tatsache, daß der Nationalsozialismus in überwiegend katholischen Gebieten, die eine starke Bindung an die Kirche und mehr traditionell-konservative Einstellungen hatten, relativ weniger erfolgreich war.
175. Zu dieser These vgl. z. B. R. Dahrendorf, Gesellschaft und Demokratie in Deutschland, 1968, insbesondere Kap. 26.
176. Wichtige „Totalitarismus"-Studien, die allerdings häufig auf eine Differenzierung zwischen faschistischen und kommunistischen Systemen verzichten, sind z. B.: C.-J. Friedrich, Totalitäre Diktatur, 1957; – H. Arendt, Elemente und Ursprünge totalitärer Herrschaft, 1955; – J. L. Talmon, The Origin of Totalitarian Democracy, 1955.
177. Vgl. z. B. M. Duverger, Les Partis Politiques, 1955.
178. Wichtige Fallstudien kommunistischer Systeme, die diese und weitere hier aufgeführte Charakteristika ausführlich beschreiben und analysieren, sind z. B. M. Fainsod, How Russia is Ruled, revidierte Ausgabe 1963 (deutsch 1965); – R. A. Bauer/A. Inkeles/C. Kluckhohn, How the Soviet System Works, 1956; – E. Richert, Macht ohne Mandat – Der Staatsapparat in der Sowjetischen Besatzungszone Deutschlands, ²1963; – P. Chr. Ludz, Parteielite im Wandel – Funktionsaufbau, Sozialstruktur und Ideologie der SED-Führung, 1968.
179. Diese These wird z. B. untersucht in der Arbeit von S. P. Huntington/Z. Brzezinski, Politische Macht USA/UdSSR – Ein Vergleich, 1966; – vgl. auch G. Rose, Konvergenz der Systeme – Legende und Wirklichkeit, 1970; – A. G. Meyer, Theories of Convergence, in: Ch. Johnson (Hrsg.), Change in Communist Systems, 1970, S. 313 ff.

180. Vgl. z. B. J. Middleton/D. Tait (Hrsg.), Tribes without rulers, 1958.
181. Die „Theorie der Demokratie" ist bisher bei weitem nicht ausdiskutiert, und verschiedene Autoren betonen z. T. sehr unterschiedliche Aspekte. An dieser Stelle kann daher nur eine grobe Skizze der wesentlichsten Gesichtspunkte gegeben werden. Weitere Erörterungen verschiedener Demokratiebegriffe finden sich z. B. bei K. v. Beyme, Die politischen Theorien der Gegenwart, 1972, S. 208 ff. und W.-D. Narr/F. Naschold, Theorie der Demokratie, 1971, die sich kritisch vorwiegend mit der amerikanischen Demokratietheorie auseinandersetzen. Unterlagen hierzu liefert z. B. der Sammelband von Ch. F. Cnudde/D. E. Neubauer (Hrsg.), Empirical Democratic Theory, 1969; – Eine Zusammenstellung der verschiedenen, teils mehr strukturell, teils mehr normativ orientierten Ansätze der zeitgenössischen Demokratietheorie enthält der Sammelband von H. S. Kariel (Hrsg.), Frontiers of Democratic Theory, 1970.
182. Demokratiebegriffe dieser Art finden sich z. B. bei J. A. Schumpeter, Kapitalismus, Sozialismus und Demokratie, 1950; – R. A. Dahl, A Preface to Democratic Theory, 1956.
183. Vgl. hierzu z. B. die in ihren Grundauffassungen allerdings recht unterschiedlichen Arbeiten von E. Bloch, Naturrecht und menschliche Würde, 1961; – L. Strauss, Natural Right and History, 1953 (deutsche Ausgabe 1956); – s. a. o. Kap. C 2 (Politische Philosophie).
184. Vgl. Apter, The Politics of Modernization, a. a. O.
185. S. a. o. Kap. C 3 (Objekt-Aspekte der gesellschaftlichen Grundlagen).
186. Vgl. G. A. Almond/S. Verba, The Civic Culture, a. a. O. S. 30; – vgl. auch D. Berg-Schlosser, Politische Kultur, 1972, S. 52 ff.
187. An diesem „pluralistischen" Konzept der Repräsentation der verschiedenartigen gesellschaftlichen Gruppen, wie es z. B. von Dahl, a. a. O., vertreten wird, entzündet sich allerdings die heftige Kritik der Proponenten einer „direkten" Demokratie, wie z. B. eines „Rätesystems", vgl. z. B. W. Gottschalch/R. Schwendter, Modelle zur Radikaldemokratie, 1970; – Keiner der in diesen Arbeiten referierten Vorschläge hat sich allerdings bisher in einer längeren praktischen Erprobung bewähren können, und Organisationstheoretiker wie z. B. Fr. Naschold bezweifeln ihre Durchführbarkeit in großräumigen modernen Gesellschaften, vgl. Fr. Naschold, Organisation und Demokratie, 1969.
188. S. a. o. Kap. C 3 (Die Beziehungen Gesellschaft – politisches System).
189. Vgl. auch Th. Stammen, Regierungssystem der Gegenwart, Stuttgart [3]1972.
190. S. a. o. Kap. C 3 (Die Beziehungen politisches System – Gesellschaft).
191. Zur ersten Ansicht vgl. z. B. auch W. Hennis, Demokratisierung – Zur Problematisierung eines Begriffs, 1970; – Zur letzteren z. B. J. Agnoli/P. Brückner, Die Transformation der Demokratie, 1968.
192. Für eine solche Auffassung vgl. z. B. auch Aristoteles, a. a. O.
193. Vgl. hierzu z. B. die seit Ende der 60er Jahre in der BRD in Gang gekommene Diskussion über „Struktur und Legitimationsprobleme kapitalistischer Staaten".
194. Vgl. hierzu z. B. Lipset a. a. O., insbesondere Kapitel 3.
195. Vgl. z. B. Huntington, Die politische Modernisierung, a. a. O.

196. Eine verfeinerte Typographie demokratischer Systeme, die diese Unterschiede berücksichtigt, macht A. Lijphart, Typologies of Democratic Systems, in: Comparative Political Studies, Vol. 1, No. 1, April 1968, S. 3 ff.
197. Vgl. z. B. M. Cohen, America Inc., 1972; – U. Jäggi, Macht und Herrschaft in der BRD. Neuausgabe 1973 unter dem Titel „Kapital und Arbeit in der Bundesrepublik".
198. G. Orwell 1984; London 1949; A. Huxley, Brave New World, London 1932.
199. S. a. o. Kap. C 2 (Politische Philosophie).
200. Vgl. z. B. auch D. Guerin, Anarchismus – Begriff und Praxis, 1967 oder – vor allem auch für neuere Strömungen – D. E. Apter/J. Joll (Hrsg.), Anarchism Today, 1971; – vgl. auch K.-O. Hondrich, Theorie der Herrschaft, 1973, insbesondere Kap. 6.
201. Vgl. auch Huxley's mehr als 20 Jahre nach Erscheinen seines Romans geschriebene Bestandsaufnahme der inzwischen verwirklichten oder sich abzeichnenden technologischen Möglichkeiten, Brave New World Revisited.
202. Vgl. Plato, Politeia (deutsche Ausgabe z. B. in der Übersetzung von Schleiermacher).
203. Vgl. ebenda, Kap. XXIX–XXXII.
204. S. a. o. Kap. C 3 (Subjekt-Aspekte der gesellschaftlichen Grundlagen der Politik).
205. Vgl. Aristoteles, Politik, Buch V, Kap. XII (S. 350 ff. der Barker-Ausgabe).
206. Vgl. z. B. Cornford's Ausgabe der „Politeia", 1966, S. 264.
207. Vgl. z. B. auch Oswald Spenglers Der Untergang des Abendlandes, 2 Bde., 1967/1969; – Viele traditionelle Völker, wie z. B. heute noch die Amhara in Äthiopien, hatten einen zyklischen Zeitbegriff, der alle Daseinsformen als Glieder einer unendlichen Kette von Tod und Wiedergeburt begreift; – Vgl. z. B. D. N. Levine, Wax and Gold – Tradition and Innovation in Ethiopian Culture, 1964.
208. Auf die erkenntnistheoretischen Grundlagen dieser Theorie kann an dieser Stelle nicht eingegangen werden; vgl. hierzu z. B. das Kap. B 6 (Der historisch-dialektische Theorie-Ansatz) und B 7 (Das Problem der erkenntnisbedingenden Faktoren).
209. Eine ausführliche Darstellung dieser Theorie ist z. B. in den beiden sowjetischen Lehrbüchern „Grundlagen des Marxismus-Leninismus" (deutsche Ausgabe 1960) und „Grundlagen der marxistischen Philosophie" (deutsche Ausgabe 1960) enthalten; – Vgl. a. G. A. Wetter, Sowjetideologie heute, Bd. I, 1962, S. 162 ff.; – Ein kurzer Abriß der verschiedenen Gesellschaftsformen findet sich auch im 1. Abschnitt des „Manifests der kommunistischen Partei"; – Eine ausführliche Behandlung der frühen gesellschaftlichen Entwicklungsstadien gibt Engels in: Der Ursprung der Familie, des Privateigentums und des Staats, 1952.
210. S. hierzu a. o. Kap. B 6 (Der historisch-dialektische Theorie-Ansatz) und Kap. B 7 (Das Problem der erkenntnisbedingenden Faktoren).
211. Vgl. zu diesem Aspekt der Marxschen Theorie z. B. E. Voegelin, Wissenschaft, Politik und Gnosis, 1959.
212. Vgl. hierzu auch den nächsten Abschnitt.

213. S. a. o. Kap. C 3 (Objekt-Aspekte der gesellschaftlichen Grundlagen politischer Systeme).
214. Vgl. z. B. „Manifest der kommunistischen Partei", hier benutzte Ausgabe: Berlin 1967, S. 51.
215. Zum Verhältnis von Theorie und Praxis s. a. o. Kap. B 7.
216. Vgl. B. Moore Jr., Social Origins of Dictatorship and Democracy – Lord and Peasant in the Making of the Modern World, 1966 (deutsche Ausgabe 1969).
217. S. a. o. Kap B 9 (Methodenprobleme der Politikwissenschaft).
218. Vgl. z. B. D. A. Rustow, Atatürk as Founder of a State, in: Daedalus, No. 3 (1968), S. 793 ff.; – H. Wriggins, The Ruler's Imperative, 1969.
219. Vgl. z. B. E. H. Erikson, Childhood and Society (zuerst erschienen 1950) und Ders., Identity, Youth and Crisis, 1968.
220. Für eine Untersuchung dieser Art vgl. z. B. L. W. Pye, Politics, Personality and Nation-Building, 1962.
221. Vgl. D. Lerner, The Passing of Traditional Society, 1958.
222. Vgl. z. B. K. W. Deutsch, Social Mobilization and Political Development, in: American Political Science Review, Vol. 55, No. 3 (Sept. 1961) und sein Hauptwerk: The Nerves of Government, 1963.
223. S. a. o. Kap. C 3 (Subjekt-Aspekte der gesellschaftlichen Voraussetzungen politischer Systeme).
224. Zu dieser These vgl. z. B. auch Toqueville, De la Démocratie en Amérique, a. a. O.
225. Der umfassende Versuch dieser Art ist immer noch die vergleichende Untersuchung von Almond und Verba, a. a. O.; – Einzeluntersuchungen, die von diesem Konzept ausgehen, in sich aber durchaus unterschiedlich sind, enthält z. B. der Sammelband von L. W. Pye/S. Verba, Political Culture and Political Development, 1965.
226. Vgl. z. B. D. E. Apter, The Politics of Modernization, 1965, und Ders., Choice and the Politics of Allocation – A Developmental Theory, 1971.
227. Vgl. S. P. Huntington, Political Order, a. a. O.

4. Internationale Politik (Beziehungen)

1. S. a. o. Kap. B 2 (Begriffe des Politischen).
2. Als allgemeine Einführungen und wichtige Lehrbücher für das Gebiet der Internationalen Politik können u. a. dienen: R. Aron, Frieden und Krieg – Eine Theorie der Staatenwelt, 1963; – A. Bergsträsser, Weltpolitik als Wissenschaft – Geschichtliches Bewußtsein und politische Entscheidung, 1963; – K.-D. Bracher/E. Fränkel (Hrsg.), Internationale Beziehungen (= Fischer Lexikon Bd. 7) 1969; – K. W. Deutsch, Analyse internationaler Beziehungen, 1968; – St. Hoffman, Contemporary Theory in International Relations, 1960; – K. J. Holsti, International Politics – A Framework for Analysis, 1967; – M. A. Kaplan (Hrsg.), New Approaches to International Relations, 1969; – H. J. Morgenthau, Macht und Frieden – Grundlegung einer Theorie der internationalen Politik, 1963; – P. Noack, Internationale Politik, 1970; – K. P. Tudyka, Internationale Beziehungen – Eine Einführung, 1962;

– Q. Wright, The Study of International Relations, 1955; – Ders., A Study of War (zuerst erschienen 1942).

3. Zu diesem Begriff s. a. u. Abschnitt 3 dieses Kapitels.

4. Neben den schon erwähnten Einführungen befassen sich u. a. folgende Werke mit spezifischen Aspekten der *Außen*politik z. T. in Form von Fallstudien bestimmter Länder: R. C. Macridis (Hrsg.), Foreign Policy in World Politics, ²1962; – J. Fraenkel, Die außenpolitische Entscheidung, 1965; – A. Wolfers, Discord and collaboration, 1962; – H. K. Jakobson, America's Foreign Policy, 1965; – F. S. Northedge, British Foreign Policy, 1962; – H. Speier/W. P. Davidson (Hrsg.), West German Leadership and Foreign Policy, 1957.

   Das Problem des Zusammenwirkens der verschiedenen Bestimmungsfaktoren der Internationalen Politik, die in ihrem jeweiligen Gewicht von verschiedenen Autoren unterschiedlich gesehen werden, untersuchen u. a.: R. N. Rosecrance, Action and Reaction in World Politics, 1963; – J. N. Rosenau (Hrsg.), Domestic Sources of Foreign Policy, 1967; – E. Krippendorff, Ist Außenpolitik Außenpolitik?, in: Politische Vierteljahresschrift, 4. Jahrg. (1967).

5. Die Diplomatie als Instrument der Außenpolitik behandeln u. a.: H. Nicolson, Kleine Geschichte der Diplomatie, 1955; – H. L. Krekeler, Die Diplomatie, 1965; – E. Satow, A Guide to Diplomatic, ⁴1956; – H. Wildner, Die Technik der Diplomatie, 1959; – F. Ch. Ilké, Strategie und Taktik des diplomatischen Verhandelns, 1964.

6. Zu den verschiedenen Formen der innenpolitischen Kontrollen des Militärs in verschiedenen „Typen“ politischer Systeme, s. a. o. Kap. C 3.

7. Eines der wichtigsten „klassischen“ Werke auf diesem Gebiet ist: C. von Clausewitz, Vom Kriege (zuerst erschienen 1832), ¹⁸1973; – Zu den neuzeitlichen Autoren über strategische Probleme gehören z. B.: H. Kahn mit seinem Buch über „Escalation“, 1966; – Th. C. Schelling, Arms and Influence, 1966 oder der englische Militärtheoretiker L. Hart. Wichtige Einzelstudien in diesem Zusammenhang veröffentlicht auch das „Institute for Strategic Studies“, London.

8. Vgl. z. B. die bereits erwähnten Werke von Aron und Wright, aber auch: K. Boulding, Conflict and Defence, 1962; – A. Etzioni, Siegen ohne Krieg, 1965; – U. Nerlich (Hrsg.), Krieg und Frieden im industriellen Zeitalter, 1966.

9. s. hierzu weiter unten in diesem Kapitel (S. 282 ff.).

10. Allgemeine Darstellungen der Instrumente der Außenwirtschaftspolitik und ihrer Wirkungsweisen finden sich u. a. bei: Kl. Rose, Theorie der Außenwirtschaft ²1966; – A. Kruse, Außenwirtschaft – Die internationalen Wirtschaftsbeziehungen, ²1965; – W. Krause, International Economics, 1965; Eine Kritik der „klassischen“ Außenwirtschaftstheorie, die die auch langfristig sich nicht „von selbst“ auflösenden Ungleichgewichte in den internationalen Wirtschaftsbeziehungen hervorhebt, enthält G. Myrdal's Politisches Manifest über die Armut der Welt (deutsche Ausgabe 1972), insbesondere Kap. 9.

11. Darstellungen dieses Instruments geben z. B.: W. W. Kretzschmar, Aus-

landshilfe als Mittel der Außenwirtschafts- und Außenpolitik, 1964; – J. D. Montgomery, Foreign Aid in International Politics, 1967; Mit den speziellen Aspekten der „Entwicklungshilfe"-Problematik befassen sich u. a.: D. Kebschull, Entwicklungspolitik – Eine Einführung, 1971; – G. Myrdal, a. a. O., insbesondere Kap. 11; – D. Berg-Schlosser (Hrsg.), Die Politischen Probleme der Dritten Welt, 1972, insbesondere Kap. VII; Artikel zu wichtigen Einzelaspekten dieses Problems finden sich auch in: H. Besters/E. E. Boesch (Hrsg.), Entwicklungspolitik – Handbuch und Lexikon, 1966.

12. S. a. weiter unten in diesem Kapitel (Ansätze zur weltweiten internationalen Zusammenarbeit).

13. Zur Entwicklung des „Ost-West"-Gegensatzes vgl. z. B.: F. A. Hermens, Der Ost-West-Konflikt – Gründe und Scheingründe, 1968; – Z. Brzezinski/S. P. Huntington, Politische Macht USA/UdSSR – Ein Vergleich, 1966; – W. Hofmann, Stalinismus und Antikommunismus – Zur Soziologie des Ost-West-Konfliktes, 1969; – G. F. Kennan, Das amerikanisch-russische Verhältnis, 1964. Vgl. auch den kurzen Abriß in Noack, a. a. O. S. 51 ff.; Einzeldarstellungen der amerikanischen Außenpolitik der Nachkriegszeit finden sich bei: W. Besson, Von Roosevelt bis Kennedy – Grundzüge der amerikanischen Außenpolitik 1933–1964, 1966; – H. A. Kissinger, Amerikanische Außenpolitik, 1969. Besonders kritisch gesonnen sind in dieser Hinsicht: D. Horowitz, Kalter Krieg – Hintergründe der US-Außenpolitik von Jalta bis Vietnam, 2 Bde., 1969; – E. Krippendorf, Die amerikanische Strategie – Entscheidungsprozeß und Instrumentarium der amerikanischen Außenpolitik, 1970. Einzeldarstellungen der sowjetischen Außenpolitik sind: A. Buchan, The Soviet Threat to Europe, 1969; – D. J. Dallin, Sowjetische Außenpolitik nach Stalins Tod, 1961; – R. Löwenthal, Chruschtschow und der Weltkommunismus, 1963; – J. M. Machintosh, Strategie und Taktik der sowjetischen Außenpolitik, 1963; Mit den Ansätzen zur westeuropäischen Integration befassen sich u. a.: E. B. Haas, The Uniting of Europe, 1958; – W. Hallstein, Die echten Probleme der europäischen Integration, 1965; – U. W. Kitzinger, The Politics and Economics of European Integration – Britain, Europe and the USA, 1963; – W. Knapp, Unity and Nationalism in Europe since 1945, 1969; – H. R. Kramer (Hrsg.), Die europäische Wirtschaftsgemeinschaft – Texte zu ihrer Entstehung und Tätigkeit, 1965; Zum sowjetisch-chinesischen Schisma vgl u. a.: E. Crankshaw, Moskau – Peking oder der neue Kalte Krieg, 1963; – W. Leonhard, Die Dreispaltung des Marxismus, 1970; – Kl. Mehnert, Peking und Moskau, 1962; – F. Schatten, Der Konflikt Moskau-Peking – Dokumente und Analyse des roten Schismas, 1963.

14. Vgl. International Bank for Reconstruction and Development, Jahresbericht (1969), Tabelle 2, S. 53.

15. Vgl. H. Kahn/A. Wiener, Ihr werdet es erleben – Voraussagen der Wissenschaft bis zum Jahr 2000 (Paperback-Ausgabe), 1971, S. 153.

16. Vgl. z. B. die „Theorie der Dörfer und Städte im Weltmaßstab" von Lin Piao, widergegeben u. a. in: Gäng/R. Reiche, Modelle der kollektiven Revolution – Beschreibung und Dokumente, 1967, S. 180 ff.

17. Vgl. z. B. J. Galtung, Über die Zukunft des internationalen Systems, in: M. Bohnet (Hrsg.), Das Nord-Süd-Problem, 1971, S. 213 ff.
18. Zur Erörterung dieser Theorien vgl. z. B. a.: D. Berg-Schlosser (Hrsg.), a. a. O. S. 364 ff.
19. Vgl. z. B. a. die Einteilung in 6 solcher Gruppen (die allerdings auf rein statistischer Basis erfolgte und keinerlei Annahmen über politische Konsequenzen dieser Gruppierungen beinhaltet) bei Kahn/Wiener, a. a. O. S. 75.
20. Zu diesem Punkt vgl. z. B. a: G. Myrdal, Politisches Manifest über die Armut in der Welt, a. a. O. S. 89 ff.
21. Weitere Werke zum Nord-Süd-Gegensatz sind z. B.: P. A. Baran, Unterdrückung und Fortschritt, 1966; – R. Debray, Revolution in der Revolution? Bewaffneter Kampf und politischer Kampf in Lateinamerika, 1967; – F. Duve, Der Rassenkrieg findet nicht statt – Entwicklungspolitik zwischen Angst und Armut, 1971; – E. Eppler, Wenig Zeit für die Dritte Welt, 1971; – F. Fanon, Die Verdammten dieser Erde, 1966; – A. G. Frank, Kapitalismus und Unterentwicklung in Lateinamerika, 1969; – Illich, Ivan, Almosen und Folter, 1970; – C. Schuler, Zur politischen Ökonomie der Armen Welt, 1968.
22. Zur Geschichte des Völkerrechts vgl. z. B.: E. Reibstein, Völkerrecht – Eine Geschichte seiner Ideen in Lehre und Praxis, 2 Bde., 1958 und 1963. Weitere Darstellungen zum Völkerrecht sind z. B.: F. Berber, Lehrbuch des Völkerrechts, 3 Bde., 1958–1961; – M. A. Kaplan/N. de B. Katzenbach, The Political Foundations of International Law, 1961; – H. Kelsen, Das Problem der Souveränität und die Theorie des Völkerrechts, Neudruck, 1960; – R. Maurach/B. Meissner (Hrsg.), Völkerrecht in Ost und West, 1967; – Qu. Wright, Contemporary International Law, ^{2}1962.
23. Zur Geschichte und den Aufgaben des Völkerbundes vgl. z. B.: O. Göppert, Der Völkerbund, 1938; – P. Guggenheim, Der Völkerbund – Systematische Darstellung seiner Gestaltung in der politischen und rechtlichen Wirklichkeit, 1932; – F. P. Walters, A History of the League of Nations, 2 Bde., 1952.
24. Aufgabe und Wirkungsweise behandeln u. a.: H. A. Alker/B. M. Russett, World Politics in the General Assembly, 1965; – A. Boyd, Die Vereinten Nationen, Ehrfurcht, Mythos und Wahrheit, 1967; – I. Claude, Swords into Plowshares – The Problems and Progress of International Organization, 1959; – L. M. Goodrich, The United Nations, 1959; – H. von Siegler, Die Vereinten Nationen – Eine Bilanz nach zwanzig Jahren, 1966; – A. Vandenbosch/W. V. Hogan, Die Vereinten Nationen, Geschichte, Aufbau, Tätigkeit, 1955.
25. S. a. o. Kap. A 2 (Herkunft und Tradition der Politikwissenschaft).
26. Vgl. Clausewitz, a. a. O.
27. Ein guter kurzer Abriß der Geschichte dieser Disziplin findet sich z. B. bei E. O. Czempiel, Die Lehre von den Internationalen Beziehungen, 1969.
28. Vgl. a. den vorhergehenden Abschnitt.
29. Vgl. H. J. Morgenthau, a. a. O.
30. Vgl. Wright/Aron, a. a. O.

31. Vgl. z. B.: H. A. Kissinger, Kernwaffen und auswärtige Politik, 1959; – H. Kahn, On Thermonuclear War, 1960; – Ders., Thinking about the Unthinkable, 1962.
32. Vgl. z. B. a.: J. Galtung, A Structural Theory of Aggression, in Journal of Peace Research, 2 (1964).
33. Vgl. z. B.: J. A. Hobson, Imperalism, 1902 (deutsche Ausgabe 1968); – R. Hilferding, Das Finanzkapital, 1910; – K. Kautky, Sozialdemokratie und Kolonialpolitik, 1907; – R. Luxemburg, Die Akkumulation des Kapitals, 1913; – W. I. Lenin, Der Imperialismus als höchste Stufe des Kapitalismus, 1915; Vgl. a.: H.-U. Wehler (Hrsg.), Imperialismus, 1970.
34. Vgl. z. B.: Baran/Frank, a. a. O.
35. Vgl. z. B.: E. B. Haas, Beyond the Nation-State, 1964.
36. Vgl. z. B.: J. Neumann/O. Morgenstern, Theory of Games and Economic Behavior (deutsche Ausgabe 1961); – A. Rapoport, Fights, Games and Debates, 1960; – Th. Schelling, The Strategy of Conflict, 1960; – W. A. Riker, The Theory of Coalitions, 1962; – K. W. Deutsch, Analyse internationaler Beziehungen, 1968.
37. Vgl. z. B. J. Galtung, Theories of Peace, 1969; – E. Krippendorff (Hrsg.), Friedensforschung, 2 1970; – D. Senghaas, Kritische Friedensforschung, 1971; – Ders. (Hrsg.), Abschreckung und Frieden – Studien zur Kritik der organisierten Friedlosigkeit, 1972; – K. Kaiser, Friedensforschung in der Bundesrepublik, 1970.

D. Anwendungsbereiche der Politikwissenschaft

1. H. Lübbe, Hochschulreform und Gegenaufklärung, 1972, S. 14.
2. J. Habermas, Theorie und Praxis (TB-Neuausgabe), 1971, S. 308.
3. Ebenda.
4. Vgl. dazu Cl. Koch/D. Senghaas (Hrsg.), Texte zur Technokratiediskussion, 1970; – H. Lenk (Hrsg.), Technokratie als Ideologie, 1973.
5. Vgl. H. Maier/Kl. Ritter/U. Matz (Hrsg.), Politik und Wissenschaft, 1971.
6. Adorno u. a., Der Positivmusstreit in der deutschen Soziologie, S. 166.
7. Fr. Naschold, Politische Wissenschaft, 1970, S. 64.
8. R. König (Hrsg.), Handbuch der empirischen Sozialforschung, Bd. I (TB-Ausgabe), 1973, S. 81.
9. Fr. Naschold, Politische Wissenschaft, S. 64.
10. H. Lübbe, Theorie und Entscheidung, 1971, S. 58.
11. Ebenda, S. 59.

2. Ausgewählte Bibliographie

1. Einführungen in die Politikwissenschaft

Abendroth, Wolfgang u. Kurt Lenk (Hrsg.): Einführung in die Politische Wissenschaft. Bern, München 1968. – TB 1972.

Blanke, Bernhard u. a.: Kritik der Politischen Wissenschaft. 2 Bde., Frankfurt 1975.

Eynern, Gert v.: Grundriß der politischen Wirtschaftslehre. Köln 1968.

Fetscher, Iring: Politikwissenschaft. Frankfurt. Neubearbeitung 1972. – TB.

Flechtheim, Ossip: Grundlegung der Politischen Wissenschaft. Meissenheim 1958.

Friedrich, Carl J.: Die Politische Wissenschaft. Freiburg, München 1961.

–: Prolegomena der Politik. Berlin 1967.

Gablentz, Otto H. v.: Einführung in die Politische Wissenschaft. Köln 1965.

Görlitz, Axel: Politikwissenschaftliche Propädeutik. Hamburg 1972. – TB.

Hättich, Manfred: Lehrbuch der Politikwissenschaft. 1967 ff., 4 Bde.

Kress, Gisela u. Dieter Senghaas (Hrsg.): Politikwissenschaft – Eine Einführung in ihre Probleme. [3]1971. – TB 1972.

Lehmbruch, Gerhard: Einführung in die Politikwissenschaft. Stuttgart [4]1971.

Lenk, Kurt: Politische Wissenschaft. Ein Grundriß. Stuttgart 1975.

Naschold, Frieder: Politische Wissenschaft. Entstehung, Begründung und gesellschaftliche Einwirkung. Freiburg 1970.

Naßmacher, Karl-Heinz: Politikwissenschaft, Politische Systeme und politische Soziologie. Düsseldorf 1970, Internationale Beziehungen, 1973.

Noack, Paul: Was ist Politik? Eine Einführung in ihre Wissenschaft. München, Zürich 1973.

Roloff, Ernst-August: Was ist und wie studiert man Politikwissenschaft? Mainz 1969.

Tudyka, Kurt P.: Kritische Politikwissenschaft. Stuttgart 1973.

2. Nachschlagewerke

Bernsdorf, Wilhelm (Hrsg.): Wörterbuch der Soziologie. [2]1972 – TB, 3 Bde.

Besters, Hans u. Ernst E. Boesch (Hrsg.): Entwicklungspolitik – Handbuch und Lexikon. Stuttgart u. a. 1966.

Görlitz, Axel (Hrsg.): Handlexikon zur Politikwissenschaft. München 1970. – TB 1973, 2 Bde.

–: (Hrsg.) Handlexikon zur Rechtswissenschaft. München 1972.

Kernig, Claus D. (Hrsg.): Sowjetsystem und Demokratische Gesellschaft. Freiburg 1966 ff., 6 Bde.

–: Marxismus im Systemvergleich (= Paperback-Sonderausgabe aus „Sowjetsystem und Demokratische Gesellschaft") Frankfurt 1973.

Klaus, Georg u. Manfred Buhr (Hrsg.): Marxistisch-Leninistisches Wörterbuch der Philosophie. Hamburg 1972. – TB, 3 Bde.

Krings, Hermann u. a. (Hrsg.): Handbuch philosophischer Grundbegriffe München 1973. 3 Bde. – 6 Paperbackbde.

Kunst, Hermann u. Siegfried Grundmann (Hrsg.): Evangelisches Staatslexikon. Stuttgart 1966.

Noack, Paul und Theo Stammen (Hrsg.): Grundbegriffe der politikwissenschaftlichen Fachsprache. München 1976.

Nohlen, Dieter u. Franz Nuscheler (Hrsg.): Handbuch der Dritten Welt. 4 Bde. Hamburg 1974 ff.

Ritter, Joachim (Hrsg.): Historisches Wörterbuch der Philosophie. Basel, Darmstadt 1971 ff. (bisher 2 Bde.).

Röhring, Hans Helmut u. Kurt Sontheimer (Hrsg.): Handbuch des deutschen Parlamentarismus. München 1970.

Sills, David L. (Hrsg.): International Encyklopedia of the Social Sciences. Glencoe 1968 ff., 17 Bde.

Staatslexikon. Recht – Wirtschaft – Gesellschaft. Hrsgn. von der Görres-Gesellschaft. Freiburg 1957 ff., 8 Bde. u. 3 Erg.Bde.

Stern, Carola u. a. (Hrsg.): Lexikon zur Geschichte und Politik im 20. Jahrhundert. Köln 1971, 2 Bde.

Taylor, Charles L. u. Michael C. Hudson: World Handbook of Political and Social Indicators. NewHaven 1972.

3. *Zu Begriff und Herkunft der Politikwissenschaft*

Crick, Bernard: The American Science of Politics. Its Origins and Conditions. London 1959.

Friedrich, Carl J.: Die politische Wissenschaft. Freiburg, München 1961.

Hennis, Wilhelm: Politik als praktische Wissenschaft. München 1968.

–: Politik und praktische Philosophie. Neuwied, Berlin 1963.

Krippendorf, Ekkehart (Hrsg.): Political Science. Amerikanische Beiträge zur Politikwissenschaft. Tübingen 1966.

Laswell, Harold D.: The Future of Political Science. London 1964.

Maier, Hans: Die ältere deutsche Staats- und Verwaltungslehre. Ein Beitrag zur Geschichte der politischen Wissenschaft in Deutschland. Neuwied, Berlin 1966.

–: Politische Wissenschaft in Deutschland. Aufsätze zur Lehrtradition und Bildungspraxis. München 1969.

–: Ältere deutsche Staatslehre und westliche politische Tradition. In: Recht u. Staat. Heft 321. Tübingen 1966.

Oberndörfer, Dieter (Hrsg.): Wissenschaftliche Politik. Eine Einführung in Grundfragen ihrer Tradition und Theorie. Freiburg [2]1966.

Reinisch, Leonhard (Hrsg.): Politische Wissenschaft heute. München 1971.

Schneider, Heinrich (Hrsg.): Aufgabe und Selbstverständnis der politischen Wissenschaft. Darmstadt 1967.

4. *Begriffe und Dimensionen des Politischen und ihre wissenschafts- und sozialgeschichtliche Bedeutung.*

Crick, Bernhard: Eine Lanze für die Politik. München 1966.

Friedrich, Carl J.: Prolegomena der Politik. Berlin 1967.

Hättich, Manfred: Grundbegriffe der Politikwissenschaft. Darmstadt 1969.

Messelken, Karlheinz: Politikbegriffe der modernen Soziologie. Köln 1968.

Scheuner, Ulrich: Das Wesen des Staates und der Begriff des Politischen in der neueren Staatslehre. In: Staatsverfassung und Kirchenordnung. Festgabe für R. Smend. Berlin 1962.

Schmitt, Carl: Der Begriff des Politischen. Berlin 1963.

Voegelin, Eric: Wissenschaft, Politik und Gnosis. München 1959.

–: Anamnesis. Zur Theorie der Geschichte und Politik. München 1966.

Weber, Max: Wirtschaft und Gesellschaft. Studienausgabe. Köln 1964.

5. Theorieansätze und erkenntnisbedingende Faktoren

Albert, Hans (Hrsg.): Theorie und Realität. Ausgewählte Aufsätze zur Wissenschaftslehre in den Sozialwissenschaften. Tübingen 1971. 2. veränderte Aufl.

–: Konstruktion und Kritik. Hamburg 1972.

–: Traktat über die kritische Vernunft. Tübingen 1968.

–: Plädoyer für kritischen Rationalismus. München 1972.

– u. E. Topitsch (Hrsg.): Werturteilsstreit. Darmstadt 1971.

Berger, P. u. Th. Luckmann: Die gesellschaftliche Konstruktion der Wirklichkeit. Eine Theorie der Wissenssoziologie. Frankfurt 1969.

Beyme, Klaus v.: Die politischen Theorien der Gegenwart. München 1972.

Brecht, Arnold: Politische Theorie. Die Grundlagen politischen Denkens im 20. Jahrhundert. Tübingen 1961.

Dahrendorf, Ralf: Pfade aus Utopia. München 1967.

Fetscher, Iring: Grundbegriffe des Marxismus. Hamburg 1976.

Friedrich, Carl J.: Politik als Prozeß der Gemeinschaftsbildung. Eine empirische Theorie. Köln 1970.

Gadamer, Hans Georg: Wahrheit und Methode. Tübingen 1965, 2. erw. Aufl.

Habermas, Jürgen u. Niklas Luhmann: Theorie der Gesellschaft oder Sozialtechnologie. Frankfurt 1971.

Habermas, Jürgen: Zur Logik der Sozialwissenschaften. Materialien. Frankfurt 1970. – TB.

–: Erkenntnis und Interesse. Frankfurt ²1973. – TB.

–: Theorie und Praxis. Frankfurt 1971. – erw. TB.

Kamlah, Wilhelm u. Paul Lorenzen: Logische Propädeutik. Mannheim 1967.

Kaplan, Abraham: The Conduct of Inquiry. San Francisco 1964.

Kuhn, Thomas S.: Die Struktur wissenschaftlicher Revolutionen. Frankfurt 1973.TB.

Kutschera, Franz v.: Wissenschaftstheorie. München 1972. 2 Bde.

Lazarsfeld, Paul E. u. Morris Rosenberg (Hrsg.): The Language of Social Research. Chicago 1962.

Leinfellner, Werner: Einführung in die Erkenntnis- und Wissenschaftstheorie. Mannheim 1965.

Lorenzen, Paul u. Oswald Schwemmer: Konstruktive Logik, Ethik und Wissenschaftstheorie. Mannheim 1973.

Mead, George H.: Geist, Identität und Gesellschaft. Frankfurt 1973. TB.

Narr, Wolf-Dieter: Theoriebegriffe und Systemtheorie. Stuttgart 1969.

Popper, Karl R.: Objektive Erkenntnis. Hamburg 1973.

–: Logik der Forschung. Tübingen ³1969.

–: Conjectures and Refutations. London ³1969.
–: Das Elend des Historizismus. Tübingen 1965.
Prewo, Rainer, Jürgen Ritzert u. Elmar Strache: Systemtheoretische Ansätze in der Soziologie. Hamburg 1973. – TB.
Schlangen, Walter: Theorie der Politik. Stuttgart 1974.
Schütz, Alfred: Gesammelte Aufsätze. Den Haag 1971 u. 1972, 2 Bde.
Seiffert, Helmut: Einführung in die Wissenschaftstheorie. München 1969, 2 Bde.
–: Marxismus und bürgerliche Wissenschaft. München 1971.
Simon-Schäfer, Roland: Dialektik, Kritik eines Wortgebrauchs. Stuttgart 1973.
Theobald, D. W.: Grundzüge der Wissenschaftsphilosophie. Stuttgart 1973.
Weingart, Peter (Hrsg.): Wissenschaftssoziologie. Wissenschaftliche Entwicklung als sozialer Prozeß. Frankfurt 1972.
Wellmer, Albrecht: Methodologie als Erkenntnistheorie. Zur Wissenschaftslehre Karl R. Poppers. Frankfurt 1967.

6. Methodenprobleme der Politikwissenschaft

Adorno, Theodor W. u. a. Der Positivismusstreit in der deutschen Soziologie. Neuwied ²1972.
Alemann, Ulrich v. u. Erhard Forndran: Methodik der Politikwissenschaft. Stuttgart 1974.
Bochenski, Josef M.: Die zeitgenössischen Denkmethoden. ⁵1971. – TB.
Charlesworth, James C. (Hrsg.): Contemporary Political Analysis. New York u. London 1967.
Friedrichs, Jürgen: Methoden empirischer Sozialforschung. Hamburg 1973. – TB.
Hulst, Dirk, Karl Hermann Tjaden u. Margarete Tjaden-Steinhauer: Methodenfragen der Gesellschaftsanalyse. Frankfurt 1973.
Kammler, Hans: Logik der Politikwissenschaft. Wiesbaden 1976.
König, René (Hrsg.): Das Interview. ⁷1972.
–: Beobachtung und Experiment in der Sozialforschung. ⁸1972.
– (Hrsg.): Handbuch der empirischen Sozialforschung. Stuttgart ³1973 ff. – TB.
Mayntz, Renate, Kurt Holm u. Peter Hübner: Einführung in die Methoden der empirischen Soziologie. Köln ³1971.
Opp, Karl Dieter: Methodologie der Sozialwissenschaften. Hamburg 1970. – TB.
Selltiz, Claire u. a.: Untersuchungsmethoden der Sozialforschung. Neuwied 1972, 2 Bde.
Schmidt, R. H. (Hrsg.): Methoden der Politologie. Darmstadt 1967.
Topitsch, Ernst (Hrsg.): Logik der Sozialwissenschaften. Köln und Berlin ⁷1971.
Wright, Georg Heinrich v.: Erklären und Verstehen. Frankfurt 1974.

7. Politische Philosophie

Apel, Karl Otto: Transformation der Philosophie. Frankfurt 1973, 2 Bde.
Arendt, Hannah: Vita activa oder vom tätigen Leben. Stuttgart 1960.
Balandier, Georges: Politische Anthropologie. München 1972.
Beyme, Klaus v.: Politische Ideengeschichte. Probleme eines interdisziplinären Forschungsbereiches. In: Recht und Staat Nr. 376/377, Tübingen 1969.

Bien, Günther: Die Grundlegung der politischen Philosophie bei Aristoteles. Freiburg 1973.
Bloch, Ernst: Naturrecht und menschliche Würde. Frankfurt 1961. – TB 1972.
Borkenau, Franz: Der Übergang vom feudalen zum bürgerlichen Weltbild. Darmstadt 1970. Nachdruck v. 1934.
Cassirer, Ernst: Vom Mythos des Staates. Zürich 1949.
Flückiger, Felix: Geschichte des Naturrechts. Bd I. (Altertum und Frühmittelalter). Zürich 1954.
Koselleck, Reinhart: Kritik und Krise, München ²1959. TB 1973.
Kuhn, Helmut: Der Staat, eine philosophische Darstellung. München 1967.
–: Das Sein und das Gute. München 1962.
Lübbe, Hermann: Politische Philosophie in Deutschland. Studien zu ihrer Geschichte. Basel 1963.
Macpherson, C. B.: Die politische Theorie des Besitzindividualismus. Von Hobbes bis Locke. Frankfurt 1967. – TB 1973.
–: Demokratietheorie. München 1977.
Maier, Hans, Heinz Rausch und Horst Denzer (Hrsg.): Klassiker des politischen Denkens. München 1968, 2 Bde. Bd. I ⁴1972, Bd. II ³1974.
Medick, Hans: Naturzustand und Naturgeschichte der bürgerlichen Gesellschaft. Göttingen 1973.
Popper, Karl R.: Die offene Gesellschaft und ihre Feinde. Bern ²1970 2 Bde.
Riedel, Manfred (Hrsg.): Rehabilitierung der praktischen Philosophie Freiburg 1972.
Ritter, Joachim: Metaphysik und Politik. Frankfurt 1969.
Rocek, R. u. O. Schatz (Hrsg.): Philosophische Anthropologie heute. München 1972.Bd I. 1974 Bd II.
Röd, Wolfgang: Geometrischer Geist und Naturrecht. Methodengeschichtliche Untersuchungen zur Staatsphilosophie des 17. und 18. Jahrhunderts. München 1970.
Ryffel, Hans: Rechts- und Staatsphilosophie, Philosophische Anthropologie des Politischen. Neuwied 1969.
Sabine, George H.: A History of Political Theory. New York ³1958.
Schmidt, Hermann: Seinserkenntnis und Staatsdenken. Tübingen 1965.
Schwan, Alexander: Die Staatsphilosophie im Verhältnis zur Politik als Wissenschaft. In: Oberndörfer, D. (Hrsg.): Wissenschaftliche Politik. Freiburg ²1966.
Strauss, Leo und J. Cropsey (Hrsg.): History of Political Philosophy. Chicago 1964.
Strauss, Leo: Naturrecht und Geschichte. Stuttgart 1956.
–: What is Political Philosophy? and other Studies. New York u. London 1959.
Verdross, Alfred: Abendländische Rechtsphilosophie. Wien ²1963.
–: Grundlinien d. antiken Rechts- u. Staatsphilosophie. Wien 1948, 2. erw. Aufl.
Voegelin, Eric: Die neue Wissenschaft der Politik. München 1959.
–: Order and History. Louisiana 1957. 3 Bde.
Welzel, Hans: Naturrecht und Materielle Gerechtigkeit. Göttingen ⁴1962.
Willms, Bernard: Die politischen Ideen von Hobbes bis Ho Tschi Minh. Stuttgart 1971.

Wolf, Erik: Das Problem der Naturrechtslehre. Karlsruhe [3]1964.
Zippelius, Reinhold: Geschichte der Staatsideen. München 1971.

8. Politisches System

Aleman, Ulrich v.: Parteiensysteme im Parlamentarismus. Düsseldorf 1973.
Beyme, Klaus v.: Interessengruppen in der Demokratie. München 1969.
–: Die politische Elite in der Bundesrepublik Deutschland. 1971.
–: Die parlamentarischen Regierungssysteme in Europa. München 1970.
Bendix, Reinhard: Nation-Building and Citizenship. New York 1964.
Berg-Schlosser, Dirk: Politische Kultur. München 1972.
Binder, Leonhard u. a.: Crisis and Sequences in Political Development. Princeton 1971.
Claessen, Dieter, Arno Klönne u. Achim Tschoepe: Sozialkunde der Bundesrepublik Deutschland. Düsseldors [7]1973.
Coser, Lewis A.: Theorie sozialer Konflikte. Neuwied u. Berlin 1965.
Crick, Bernard: Grundformen politischer Systeme. München 1975.
Dahl, Robert A.: A Preface to Democratic Theory. Chicago 1956.
–: Die politische Analyse. München 1973.
Dahrendorf, Ralf Gesellschaft und Demokratie in Deutschland. München 1965.
–: Konflikt und Freiheit. München 1972.
–: Class and Class Conflikt in Industrial Society. Standford 1959.
Deutsch, Karl W.: Politische Kybernetik. Modelle und Perspektiven. Freiburg 1969.
Dittberner, Jürgen u. Ralf Ebbighausen: Parteisystem in der Legitimationskrise. Köln 1973.
Downs, Anthony: Ökonomische Theorie der Demokratie. Tübingen 1968.
Duverger, Maurice: Die politischen Parteien. Tübingen 1959.
Easton, David: A System Analysis of Political Life. New York 1965.
–: The Political System. New York 1963.
Ehrlich, Stanislaw: Die Macht der Minderheit. Wien 1966.
Ellwein, Thomas: Das Regierungssystem der Bundesrepublik Deutschland. Köln 1973, 3. erw. Aufl.
–: Einführung in die Regierungs- und Verwaltungslehre. Stuttgart 1966.
–: Regierung und Verwaltung. Stuttgart 1971.
Etzioni, Amitai: The active Society. New York 1968.
Fraenkel, Ernst: Das amerikanische Regierungssystem. Köln [2]1962.
Gesellschaftlicher Wandel und politische Innovation (= Sonderheft Nr. 4 PVS), Köln 1972.
Hättich, Manfred: Demokratie als Herrschaftsordnung. Köln 1967.
Hofmann, Hanns Hubert (Hrsg.): Die Entstehung der modernen souveränen Staaten. Köln 1967.
Hondrich, Karl-Otto: Theorie der Herrschaft. Frankfurt 1973.
Imboden, Max: Politische Systeme. Staatsformen. Basel u. Stuttgart 1974.
Jäger, Wolfgang (Hrsg.): Partei und System. Eine kritische Einführung in die Parteienforschung. Stuttgart 1973.
Jäggi, Urs: Kapital und Arbeit in der Bundesrepublik. Frankfurt 1973. – TB.

Kaack, Heino: Geschichte und Struktur des deutschen Parteiensystems. Opladen 1971.
Kluxen, Kurt (Hrsg.): Parlamentarismus. Köln 1967.
Lange, Max G.: Politische Soziologie. Eine Einführung. Berlin 1971.
LaPalombara, Joseph (Hrsg.): Bureaucracy and Political Development. Princeton 1963, ²1967.
Lipset, Seymor: Soziologie der Demokratie. Neuwied 1962 (gekürzte Ausg. v. Political Man, New York 1962).
Loewenberg, Gerhard: Parlamentarismus im politischen System der Bundesrepublik Deutschland. Tübingen 1969.
Miliband, Ralph: Der Staat in der kapitalistischen Gesellschaft. Frankfurt 1972.
Naschold, Frieder: Organisation und Demokratie. Stuttgart 1969.
–: Systemsteuerung. Stuttgart 1969.
–: u. Wolf-Dieter Narr: Theorie der Demokratie. Stuttgart 1971.
Oberndörfer, Dieter (Hrsg.): Systemtheorie, Systemanalyse und Entwicklungsländerforschung. Berlin 1971.
Probleme der Demokratie heute. (= Sonderheft Nr. 2 PVS) Köln 1971.
Schäfer, Gerd u. Carl Nedelmann (Hrsg.): Der CDU-Staat. Analysen zur Verfassungswirklichkeit der Bundesrepublik. Frankfurt ²1969, 2 Bde. – TB.
Scharpf, Fritz W.: Planung als politischer Prozeß. Frankfurt 1973.
–: Demokratietheorie zwischen Utopie und Anpassung. Konstanz 1970.
Sartori, Giovanni: Democratic Theory. New York 1965.
Scheuch, Erwin K. u. Rudolf Wildenmann: Zur Soziologie der Wahl. (= Sonderheft Nr. 9 d. Kölner Z. f. Soziologie) Köln 1965.
Schlangen, Walter: Demokratie und bürgerliche Gesellschaft. Stuttgart 1973.
Sontheimer, Kurt: Grundzüge des politischen Systems der Bundesrepublik Deutschland. München 1971.
–: Das politische System Großbritanniens. München 1972.
– u. Wilhelm Bleek: Die DDR, Politik, Gesellschaft, Wirtschaft. Hamburg 1972.
Stammen. Theo (Hrsg.): Strukturwandel der modernen Regierung. Darmstadt 1967.
– u. Heinz Rausch (Hrsg.): DDR. Das Politische, wirtschaftliche und soziale System. München 1974.
Stammer, Otto u. Peter Weingart: Politische Soziologie. München 1972.
Steiner, Jürg (Hrsg.): Das politische System der Schweiz. München 1971.
Vogel, Bernhard, Dieter Nohlen u. Rainer Olaf Schultze: Wahlen in Deutschland. Berlin 1971.
Zapf, Wolfgang (Hrsg.): Theorien des sozialen Wandels. Köln ²1970.

9. *Vergleichende Politikwissenschaft*

Almond, Gabriel A. u. James S. Coleman (Hrsg.): The Politics of the Developing Areas. Princeton ⁶1970.
– u. G. Bingham Powell jr.: Comparative Politics – A Developmental Approach. Boston ⁴1964.
– u. Sydney Verba: The Civic Culture. Political Attitudes and Democracy in 5 Nations. Princeton 1963.

– u. a. (Hrsg.): Crisis, Choice, and Change. Historical Studies of Political Development. Boston 1973.
– (Hrsg.): Comparative Politics Today. A World View. Boston 1974.
Amin, Samir: Die ungleiche Entwicklung. Hamburg 1975.
Apter, David E. (Hrsg.): Ideology and Discontent. New York, London ²1967.
–: Choice and the Politics of Allocation. NewHaven 1971.
– u. Harry Eckstein (Hrsg.): Comparative Politics. A Reader. New York ⁶1968.
Beer, Samuel H. u. Adam B. Ulam (Hrsg.): Patterns of Government. New York ²1967.
Berg-Schlosser, Dirk (Hrsg.): Die politischen Probleme der Dritten Welt. Hamburg 1972.
Bermbach, Udo u. Nuscheler Franz (Hrsg.): Sozialistischer Pluralismus. Hamburg 1973.
Beyme, Klaus v.: Ökonomie und Politik im Sozialismus. München 1975.
– (Hrsg.): Empirische Revolutionsforschung. Opladen 1973.
Binder, Leonhard u. a.: Crisis and Sequences in Political Development. Princeton 1971.
Blondel, Jean: An Introduction to Comparative Government. London 1969.
– (Hrsg.): Comparative Government. A Reader. London 1969.
–: Comparing Political Systems. London 1973.
Bohnet, Michael (Hrsg.): Das Nord-Süd-Problem. München 1971.
Brzezinski, Zbigniew K. u. Samuel P. Huntington: Politische Macht USA/UdSSR – ein Vergleich. Köln 1964.
Coleman, James S. (Hrsg.): Education and Political Development. Princeton 1965.
Dahl, Robert A. (Hrsg.): Political Opposition in Western Democracies NewHaven 1966.
–: Polyarchy, Partizipation and Opposition. NewHaven 1971.
Doeker, Günther (Hrsg.): Vergleichende Analyse politischer Systeme. Freiburg 1971.
Dunn, John: Moderne Revolutionen. Stuttgart 1974.
Eisenstadt, Samuel N.: Political Systems of Empires. New York, London 1963.
Finer, Samuel E.: Comparative Government. Penguin Books 1974 u. ö.
Finkle, Jason L. u. Richard W. Gable (Hrsg.): Political Development and Social Change. New York, London ²1971.
Fraenkel, Ernst: Deutschland und die westlichen Demokratien. Stuttgart ⁵1972.
Friedrich, Carl J.: Der Verfassungsstaat der Neuzeit. Wien 1953.
Fritsch, Bruno (Hrsg.): Entwicklungsländer. Köln, Berlin 1968.
Gurr, Ted R.: Rebellion. Düsseldorf 1972.
Grube, Frank und Gerhard Richter: Demokratietheorien. Hamburg 1975.
Heintz, Peter (Hrsg.): Soziologie der Entwicklungsländer. Köln 1962.
Holt, Robert T. u. John E. Turner (Hrsg.): The Methodology of Comparative Research. New York, London 1970.
Huntington, Samuel P.: Political Order in Changing Societies. New Haven ²1969.
Jackson, Robert J. u. Michael B. Stein (Hrsg.): Issues in Comparative Politics. New York 1971.

Jäggi, Urs (Hrsg.): Sozialstruktur und politische Systeme. Köln 1976.
Jänicke, Martin (Hrsg.): Herrschaft und Krise. Opladen 1973.
Johnsons, Chalmers: Revolutionstheorie. Berlin 1971.
LaPalombara, Joseph u. Myron Wiener (Hrsg.): Political Parties and Political Development. Princeton 1966.
Lehmbruch, Gerhard: Proporzdemokratie. Tübingen 1967.
Lenk, Kurt: Theorien der Revolution. München 1973.
Loewenstein, Karl: Verfassungslehre. Tübingen 1959.
Löwenthal, Richard (Hrsg.): Die Demokratie im Wandel der Gesellschaft. Berlin 1963.
Macridis, Roy C.: The Study of Comparative Government. New York 1955.
– und Bernhard E. Brown (Hrsg.): Comparative Politics. Notes and Readings. Homewood ³1968.
Merkl, Peter H.: Modern Comparative Politics. New York 1970.
Merrit, Richard L. u. Stein Rokkan: Comparing Nations. New Haven u. London 1966.
Meschkat, Klaus u. Oskar Negt (Hrsg.): Gesellschaftsstrukturen. Frankfurt 1973.
Moore, Barrington: Soziale Ursprünge von Diktatur und Demokratie. Die Rolle der Grundbesitzer und Bauern bei der Entstehung der modernen Welt. Frankfurt 1969. TB 1973.
Myrdal, Gunnar: Asiatisches Drama. Eine Untersuchung über die Armut der Nationen. Gekürzte Ausgabe, Frankfurt 1973.
–: Politisches Manifest über die Armut in der Welt. Frankfurt 1972.
Pye, Lucian W.: Aspects of Political Development. Boston 1965.
– (Hrsg.): Communications and Political Development. Princeton 1963.
Riegel, Klaus-Georg: Politische Soziologie unterindustrialisierter Gesellschaften: Entwicklungsländer. Wiesbaden 1976.
Rokkan, Stein: Vergleichende Sozialwissenschaft. Frankfurt, Berlin 1972. – TB.
Scarrow, Howard A.: Comparative Political Analysis. An Introduction. New York, London 1969.
Schmidt, Alfred: Strategien gegen Unterentwicklung. Frankfurt 1976.
Senghaas, Dieter (Hrsg.): Peripherer Kapitalismus. Analysen über Abhängigkeit und Unterentwicklung. 1974.
Stammen, Theo (Hrsg.): Vergleichende Regierungslehre. Darmstadt 1976.
–: Regierungssysteme der Gegenwart, Stuttgart ²1972.
Sternberger, Dolf u. Bernhard Vogel: Die Wahl der Parlamente. Ein Handbuch (bisher 2 Bde.), Berlin 1969.
Tibi, Bassam: Militär und Sozialismus in der Dritten Welt. Frankfurt 1973.

10. Internationale Beziehungen

Aron, Raymond: Frieden und Krieg – eine Theorie der Staatenwelt. Frankfurt 1963.
Berber, Friedrich: Lehrbuch des Völkerrechts. 3 Bde. München 1958–1963.
Bergsträsser, Arnold: Weltpolitik als Wissenschaft – Geschichtliches Bewußtsein und politische Entscheidung. Köln, Opladen 1965.
Besson, Waldemar: Die Außenpolitik der Bundesrepublik. München 1970. – TB 1973.

Bracher, Karl Dietrich u. Ernst Fraenkel (Hrsg.): Internationale Beziehungen. Frankfurt 1969 u. ö. TB.
Brucon, Silviu: Die Auflösung der Macht. Eine Soziologie der Internationalen Beziehungen. München 1973.
Calamaros, Arthouros-David: Internationale Beziehungen. Stuttgart u. a. 1974.
Chen, Yuan C. u. a.: Politik zwischen Staaten. München 1975.
Czempiel, Ernst Otto (Hrsg.): Die anachronistische Souveränität. (= Sonderheft Nr. 1 PVS) Köln 1969.
–: Die Lehre von den Internationalen Beziehungen. Darmstadt 1969.
Darbach-Mallinckrodt, Anita: Wer macht die Außenpolitik der DDR? Düsseldorf 1972.
Deutsch, Karl W.: Analyse internationaler Beziehungen. Frankf. 1968.
Eppler, Erhard: Wenig Zeit für die Dritte Welt. Stuttgart 1971.
Fraenkel, Joseph: Die außenpolitische Entscheidung. Köln 1965.
–: Nationales Interesse. München 1971.
Frei, Daniel (Hrsg.): Theorien der internationalen Beziehungen. München 1973.
Galtung, Johan: Theories of Peace. Oslo 1969.
Gantzel, Klaus Jürgen: System und Akteur. Beitr. zur vergleichenden Kriegsursachenforschung. Düsseldorf 1972.
– (Hrsg.): Internationale Beziehungen als System. (Sonderheft Nr. 5 PVS) Köln 1973.
– (Hrsg.): Herrschaft und Befreiung in der Weltgesellschaft. Frankfurt 1975.
Gollwitzer Heinz: Geschichte des weltpolitischen Denkens. Bd. I, Göttingen 1972.
Haftendorn, Helga (Hrsg.): Theorie der Internationalen Politik. Hamburg 1975.
Herz, John H.: Weltpolitik im Atomzeitalter. Stuttgart 1961.
Hoffmann, Stanley: Gulliver's Troubles oder die Zukunft des internationalen Systems. Bielefeld 1970.
–: Contemporary Theory in International Relations. 1960.
Junne, Gerd: Spieltheorie in der internationalen Politik. Düsseldorf 1972.
Kaiser, Karl u. Roger Morgan (Hrsg.): Strukturwandlungen der Außenpolitik in Großbritannien und der Bundesrepublik. München, Wien 1970.
Kaiser, Karl: Friedensforschung in der Bundesrepublik. Göttingen 1970.
Kaplan, Morton A. (Hrsg.): New Approaches to International Relations. New York 1969.
Kebschull, Dietrich u. Otto G. Mayer: Multinationale Unternehmen. Frankfurt 1974.
Kern, Lucian u. Horst-Dieter Rönsch (Hrsg.): Simulation internationaler Prozesse. (=Sonderheft Nr. 3 PVS) Köln 1972.
Krippendorf, Ekkehart (Hrsg.): Friedensforschung. Köln 1968.
– (Hrsg.): Internationale Beziehungen. Köln 1973.
– (Hrsg.): Probleme der internationalen Beziehungen. Frankfurt 1972.
–: Die amerikanische Strategie. Entscheidungsprozeß und Instrumentarium der amerikanischen Außenpolitik. Frankfurt 1970.
Morgenthau, Hans J.: Macht und Frieden – Grundlegung einer Theorie der Internationalen Politik. Gütersloh 1963.

Nerlich, Uwe (Hrsg.): Krieg und Frieden im industriellen Zeitalter. 2 Bde., Gütersloh 1966.

Noack, Paul: Internationale Politik. München 1970. – TB.

Reibstein, Ernst: Völkerrecht – Eine Geschichte seiner Ideen in Lehre und Praxis. 2 Bde., 1958 u. 1963.

Rosecrance, Richard N.: Action and Reaction in World Politics. Boston 1963.

Rosenau, James N. (Hrsg.): Domestic Sources of Foreign Policy. 1967.

Scheuner, Ulrich (Hrsg.): Außenpolitische Perspektiven des westdeutschen Staates. München, Wien 1971 ff.

Senghaas, Dieter: Abschreckung und Frieden. Studien zur Kritik der organisierten Friedlosigkeit. Frankfurt ^{2}1972.

– (Hrsg.): Kritische Friedensforschung. Frankfurt 1971.

– (Hrsg.): Imperialismus und strukturelle Gewalt. Frankfurt 1972.

Treviranus, Hans D.: Außenpolitik im demokratischen Rechtsstaat. Tübingen 1966.

Truyol y Serra, Antonio: Die Entstehung der Weltstaaten-Gesellschaft unserer Zeit. München 1965.

Tudyka, Kurt P.: Internationale Beziehungen – eine Einführung. Stuttgart 1971.

– (Hrsg.): Multinationale Konzerne und Gewerkschaftsstrategie. Hamburg 1974.

Wehler, Hans-Ulrich (Hrsg.): Imperialismus. Köln 1970.

Wolfers, Arnold: Discord and Collaboration. Essays on International Politics. Baltimore 1962.

3. Sachwortregister

4. Namensregister